国家社科基金
后期资助项目
GUOJIA SHEKE JIJIN HOUQI ZIZHU XIANGMU

以学堂保国粹

清末存古学堂的兴办进程

郭书愚　著

社会科学文献出版社
SOCIAL SCIENCES ACADEMIC PRESS (CHINA)

图书在版编目（CIP）数据

以学堂保国粹：清末存古学堂的兴办进程／郭书愚
著. -- 北京：社会科学文献出版社，2024.8. -- ISBN
978-7-5228-3953-0

Ⅰ. G529.52

中国国家版本馆 CIP 数据核字第 2024PM6248 号

国家社科基金后期资助项目

以学堂保国粹：清末存古学堂的兴办进程

著　　者／郭书愚

出 版 人／冀祥德
责任编辑／陈肖寒
文稿编辑／李蓉蓉
责任印制／王京美

出　　版／社会科学文献出版社·历史学分社（010）59367256
　　　　　地址：北京市北三环中路甲 29 号院华龙大厦　邮编：100029
　　　　　网址：www.ssap.com.cn
发　　行／社会科学文献出版社（010）59367028
印　　装／三河市龙林印务有限公司

规　　格／开 本：787mm×1092mm　1/16
　　　　　印 张：19.25　字 数：305 千字
版　　次／2024 年 8 月第 1 版　2024 年 8 月第 1 次印刷
书　　号／ISBN 978-7-5228-3953-0
定　　价／98.00 元

读者服务电话：4008918866

国家社科基金后期资助项目
出版说明

后期资助项目是国家社科基金设立的一类重要项目，旨在鼓励广大社科研究者潜心治学，支持基础研究多出优秀成果。它是经过严格评审，从接近完成的科研成果中遴选立项的。为扩大后期资助项目的影响，更好地推动学术发展，促进成果转化，全国哲学社会科学工作办公室按照"统一设计、统一标识、统一版式、形成系列"的总体要求，组织出版国家社科基金后期资助项目成果。

全国哲学社会科学工作办公室

序

郭书愚关于存古学堂的书即将出版，我很荣幸能为此书写序。二十余年前，书愚在本科高年级开始随我念书，后以本科第一名保送读研究生，又随我念硕士。他硕士毕业时我恰引咎辞职去北大教书，为不中断学业，我建议他报考川大其他老师的博士。书愚则担心换导师后此前的研究方向或难以为继，宁可返家学习，待我在北大开始招生后再报考。时川大历史系领导亦看重对书愚的培养，几经协调，他以推免保送的形式成为我在离开川大前的最后一名博士生，然而实际的指导更多是以信件的方式进行，未免有不能顾及的地方，这是让我甚感抱歉的！

对现在的研究生来说，论文选题是一个大关口。在蒙思明看来，一个历史研究者"将来在史学界的成绩，早在此定下了高低"。[1] 正常情形，选题应该从文献、田野等研究对象中产生，即先看史料，然后从史料中发现问题。最理想的是李济所说的"抓住一大批重要材料，解决若干基本问题"。[2] 可是现在的研究生教育基本是"计划学术"，读学位的时间有严格限制，以有限的时间应对无限的材料，很难保证在规定的时间里找出有价值且可操作的问题。

面对"计划学术"的现实，我的基本看法，学位论文的选题首先要尽量考虑性之所近，如徐中舒先生所说，治学要"根据自己的特点，选择那种与自己性之所近的学业"。[3] 因为史学太枯燥，需整日在史料中爬梳，没有兴趣则有苦无乐，很难做好。其次要明确己之所长，扬长避短。最后，选题要限定在力所能及的范围内，但最好能有进一步拓展的空间和进行后续研究的可行性。

---

[1] 蒙思明：《考据在史学上的地位》，《责善半月刊》第 2 卷第 18 期，1941 年 12 月 1 日，香港龙门书店，1968 年重印，第 10 页。

[2] 李济：《傅孟真先生领导的历史语言研究所——几个基本观念及几件重要工作的回顾》（1951 年），张光直主编《李济文集》第 5 卷，上海人民出版社，2006，第 166 页。

[3] 徐中舒：《我的学习之路》，《文史知识》1987 年第 6 期。

在和我讨论硕士论文选题时，书愚受严耕望的指引，表示愿意研究"具体问题"，准备"用可靠史料，下深刻功夫"，以获取"容易站得住脚"的成果。① 或因对此前王东杰有关民国川大国立化运动的研究心向往之，他表示愿意选择文化教育方面的题目，我于是建议他考虑清末的存古学堂。

从今日急于求成的倾向言，这可能不是一个"好"的选题。毕竟现代学术是一种集众的事业，选题不能不考虑学界的接受程度。陈垣最知此意，昔年教子选择论文的标准是，"最好因人所已知，告其所未知"。盖若"人人皆知，则无须再说；若人人不知，则又太偏僻太专门，人看之无味"。② 严耕望也曾明言，"讲学问诚然不应有功利主义"，但若"希望辛勤的著作能获取学术界较大的反应"，就要考虑论题的"实用性"。③

以"随顺世缘"的标准言，我的建议是不够"实用"的。盖存古学堂在清末虽是不可忽视的要角，有着重要的意义，却被不少时人和后人误解，以致长期处于"失语"状态；虽尚未到"人人不知"的程度，对很多人而言确实已够"偏僻"，有点像一个"生活在社会之中但不是社会成员"的流浪者。④ 当年川大历史系不止一位平日对书愚甚好的老师在得知这一选题后，或认为存古学堂无足轻重，或以为那是"复古保守的逆流"，建议他改换题目。⑤ 但书愚自己觉得这个题目比较切合他的兴趣，所以坚持下来。

不过在那个时候，史料匮乏给书愚的研究增加了不小的难度。这一题目不仅冷僻，而且材料相当零散。当时电子书和网络数据库都还未曾出现，成都又偏于西南一隅，在近现代图书资料方面条件有限。细致重

---

① 严耕望：《治史三书·治史经验谈》，上海人民出版社，2016，第51页。
② 陈垣：《致陈乐素》（1940年1月7日），陈智超编注《陈垣来往书信集》增订本，三联书店，2010，第1109页。
③ 严耕望：《治史三书·治史经验谈》，第52—55页。
④ 这是18世纪奥尔良低级法院的法官勒特罗涅（Le Trosne）的话，转引自〔法〕米歇尔·福柯《规训与惩罚——监狱的诞生》修订译本，刘北成、杨远婴译，三联书店，2012，第97页。
⑤ 当年川大历史系师生的关系和老师之间的关系都比较亲和。此前我的另一位研究生选定硕士论文题目后，也有多位老师建议她换题目。一位同辈老师并当面对我直言，"你这是在害学生呀！"他认为那个题目材料非常散，很难做出来，而且意义不大，即使做出来也没什么贡献。

建史事，需要有扎实的史料基础。自 1998 年确定硕士论文题目后，书愚先后查阅了全国主要图书馆的资料，在中国第一历史档案馆查阅赵尔巽档案和学部档案，在中国社会科学院近代史研究所查阅张之洞档案，从中找到了相关章程图表和公文。我和马忠文老师在台北访学时又分别代他复印了"国史馆"藏清末学部档案和台北故宫博物院藏军机处档案。在已故胡昭曦老师的指点下，他在川大档案馆找到四川存古学堂的档案这一尘封已久的"宝藏"。我至今记得他在电话中告诉我档案卷宗目录时激动振奋的声音。

就真正意义的"保守"言，四川是近代中国一个另类的存在。川省政府和民间对"国学"的看重，在清末民初可能是全国独一无二的。清末有十多个省举办存古学堂，或在辛亥前就被本省的谘议局废止，或在民国代清之后被中央政府教育部明令停办。独四川不仅不废止，且想尽办法抵制教育部指令，转换各种名目，以"国学"的名义将其保持下来，直接与今天的四川大学衔接。书愚的太太许丽梅也曾是我的学生，她做过民国时期四川"五老七贤"的研究，位列其中的徐炯等人即曾任教于存古学堂。① 从清季至全面抗战爆发，四川"存古"实践中的"存中"一面始终未曾中断，推动这一"国中的异乡"变成可靠的抗战大后方。②

清末存古学堂的档案因此而归入民国建立的四川大学，在全国可能是唯一的。川大档案馆所藏四川存古学堂档案有 81 卷，时间集中在 1909—1915 年。包括这一时段该校的沿革表，以及民初改办国学馆，继而与四川国学院合并的章程，比较清晰地记录了该校自清季四川存古学堂筹建到民初四川国学馆、四川国学院附设国学专修科、四川国学院附属国学学校、四川省国学学校的办学进程。那时川大档案馆尚无还原设备，又不准复印，幸好还不收费。待书愚完全手抄并核校所有档案后，已临近硕士毕业，于是将论文缩改为四川存古学堂的个案研究；到博士

---

① 参见郭书愚《清末四川存古学堂述略》，硕士学位论文，四川大学，2002，第七章"民国代清后四川存古学堂的改办"；许丽梅《民国时期四川"五老七贤"述略》，硕士学位论文，四川大学，2003，第 40 页。
② 参见王东杰《国中的"异乡"：二十世纪二三十年代旅外川人认知中的全国与四川》，《历史研究》2002 年第 3 期。

阶段，又进一步扩展到全国范围的存古学堂。

书愚在 2008 年获历史学博士学位，大概是第一篇研究存古学堂的博士论文，修改成书历时甚久，可谓十五年磨一剑，现在这本书仍是第一本研究存古学堂的专书。① 本书将存古学堂置于清季的历史语境中，从今日所谓文教学术机构的角度考察官方兴办专门学校以培养"中学"人才的尝试，揭示出传统四民社会解体之前，原为经典传承中流砥柱的"士"阶层已发生裂变，在安顿中西文化时，从基本概念到具体取向出现多层次的分化。通过细致梳理各种办学方案交错缠结、多歧互渗的复杂历史图景，厘清有关"古学"及其保存方式的各种迷思（myths），将诸多办学方案落实到具体的人和事，让读者看到时人对于保存和传承中学曾经有过的思考与选择，弥补了原本丰富的历史进程中那些被湮没的部分，做出了可为教科书拾遗补阙，并充实和修正我们相关"历史记忆"的贡献。

存古学堂由时任湖广总督张之洞在湖北首创，他以军机大臣管理学部后将其推广至全国。故考察存古学堂的历史，须首先复盘张之洞的思路。张之洞何以想要创办存古学堂，他想办一个什么样的存古学堂，以及为何此举不为许多人所理解，有必要略做梳理。

被误解的张之洞

在存古学堂成立前，"国粹"这一新名词已较流行。张之洞办此学堂的一个重要目的，就是针对"国粹"有些凌夷和新学堂里"中学"师资开始缺乏的现状，欲以"学堂"这一新形式来"保存国粹，且养成传习中学之师"。② 惟学堂与张之洞乐道的"中体西用"说相类，自始就成为一个甚被误解的举动。张之洞是晚清重臣，勋业颇盛。然而与他声名

---

① 2015 年台湾花木兰文化出版社出版黄琬柔的《古存则道存：晚清存古学堂学人的学术思想与经世的追求》一书，是作者的硕士论文修改成书，非专论存古学堂而别有侧重，书中关于存古学堂基本状况的叙述多本书愚的博士论文。我自己也曾略论存古学堂，拙作《国家与学术：清季民初关于"国学"的思想论争》（三联书店，2003、2023）一书的第三章即"温故知新：民间的古学复兴与官方的存古学堂"，但只是点到为止。

② 《创立存古学堂折》（光绪三十三年五月二十九日），苑书义等主编《张之洞全集》第 3 册，河北人民出版社，1998，第 1762—1766 页。

密切关联的标志性事件，竟是戊戌维新时写《劝学篇》和晚年办存古学堂两事。

在存古学堂创办之初，给事中李灼华于 1907 年上奏说，"曩者戊戌之乱，张之洞作《劝学篇》以解之；今者学界之哄，张之洞立存古学堂以挽之"，二者皆可视为张之洞的"悔过书"。① 两年后张之洞离世，《申报》有文章说他"忧世教之横流也，则殷然有《劝学篇》之作；忧大雅之陵替也，则毅然有存古学堂之设"。② 褒贬虽异，却都把作《劝学篇》和办存古学堂视为张之洞一生的标志性举动。从政教密切关联的传统认知看，③ 两事皆为时代的大事。而这两件成为表征的大事，却也向来多存歧见，迄今亦然。则张之洞其人长期被误解，也就可以想见了。

胡适曾提出，理解历史人物，"应该保持历史演化的眼光，认清时代思潮的绝大势力"。因为"无论多么伟大的人物，总不能完全跳出他那时代的思想信仰的影响"。凡是当时人"真相信"的，就代表"那个时代的最普遍的信仰"，也就是"最可信的历史"。④ 可问题在于，时人对张之洞的"真相信"就是两歧的。或也只能尽量回到"他那时代"，以"演化的眼光"看看分歧是怎样生成的及其意味着什么。能认识到时人歧见之所由来，也有助于我们了解张之洞所处的时代。

作为方面大员的张之洞，本以趋新著称。而对他较大的误解，即始于《劝学篇》。该书在戊戌维新时为帝后所共同欣赏，张氏本人在政变后不仅没吃亏，反得重用，其书也为朝廷赞助而大力推行。有人说张之洞预写《劝学篇》以图免祸，⑤ 事变后急印之，或不免"倒放电影"。盖张氏本支持维新，《劝学篇》刊于《湘报》时距政变尚早，光绪帝方亟亟于改革，该书的立意恰在从学理层面维护朝廷新政。当时不能逆料后

---

① 《给事中李灼华学堂难恃拟请兼行科举折》（光绪三十三年八月十一日），故宫博物院明清档案部编《清末筹备立宪档案史料》下册，中华书局，1979，第 994 页。

② 《对于张文襄公薨逝之观感》（续），《申报》宣统元年八月二十五日，第 1 张第 3 版。

③ 如张之洞所说，"世运之明晦，人才之盛衰，其表在政，其里在学"。见《劝学篇·序》，苑书义等主编《张之洞全集》第 12 册，第 9704 页。

④ 《〈醒世姻缘传〉考证》，《胡适全集》第 4 卷，安徽教育出版社，2003，第 397、407 页。

⑤ 如《新闻报》有文说，康有为之进用出于张之洞荐举，此后张"深窥宫廷龃龉之情与新旧水火之象，以彼料事之明，逆知后来必有大祸，因授意门下士某君作为此书"。《论张文襄之学术》，《新闻报》宣统元年八月二十五日，第 1 版。

之变化，实在看不出什么预谋退路的意思。不过是慈禧太后无意广为株连，乃借《劝学篇》放张一马。①

但至少可以看出，《劝学篇》是一篇具有多重可诠释性的作品。张之洞去世后，《新闻报》即刊文说，他"由新而复返于旧也，则在戊戌变政之时，其宗旨具见所为《劝学篇》"。② 此语颇有意思，"复返"者，则张之洞先曾由旧转新，此时乃回归于旧。此文在当时被收入《张文襄公事略》，文章作者和该书编者或不知张，或并未认真读其书，却也反映出相当一些时人的认知，即《劝学篇》已被视为张之洞由新转旧的表征。这就提示我们，张之洞以及《劝学篇》的"守旧"形象，很早就被"塑造"出来了，其影响迄今不衰。

而存古学堂这一张之洞晚年最关心的文教事业，③ 也成为他由新转旧的又一重要表征。两个表征都有后人误解的成分，但在思路上确有关联，还真需要结合起来考察。甚至可以说，存古学堂与《劝学篇》办学规划的关联，是整体认识清季"新政"时期学务的一个关键。

张之洞后来为新式学堂设计的"中学"教育方案，就可以追溯至《劝学篇》。他在《劝学篇》中针对"不讲新学则势不行，兼讲旧学则力不给"的困局，为便学生尽快"通晓中学大略"，曾提出以"守约之法"，把关于"中学"的课程大力压缩。同时主张多数学堂读书人应"专力讲求时政，广究西法"，而留少数"好古研精、不骛功名之士"从事相关的"专门著述之学"。④ 这样的教育方案，其基本立意是趋新为主、存旧为辅，并希望能以新存旧。

而以办新型学堂的方式来存古，固然是前所未有之"创举"，⑤ 却也是上述取向的表现。张之洞在筹办存古学堂时明确表示，"近日风气，士

---

① 参见罗志田《张之洞与"中体西用"》，《风雨鸡鸣：变动时代的读书人》，三联书店，2019，第27—29页。
② 《论张文襄之学术》，《新闻报》宣统元年八月二十五日，第1版。
③ 光绪三十四年初，主管学部的张之洞专电继任湖广总督赵尔巽，表示"存古学堂系奏明办理，关系紧要，区区最所关心，万不可令其废坠"。《致武昌赵制台》（光绪三十四年正月二十九日），苑书义等主编《张之洞全集》第11册，第9672页。
④ 《劝学篇·守约第八》，苑书义等主编《张之洞全集》第12册，第9725—9732页。
⑤ "创举"是张之洞自己的用语，参见《创立存古学堂折》（光绪三十三年五月二十九日），苑书义等主编《张之洞全集》第3册，第1766页。

人渐喜新学，顿厌旧学，实有经籍道息之忧"。故拟"设存古学堂，以保国粹"。然其意在借鉴日本前事，于"救时局、存书种两义并行不悖"，且两义中仍以前者为主。① 可知他兴办存古学堂的初衷，在精神上与《劝学篇》的教育思路一致，是清季"新政"时期从上到下推行"新教育"一以贯之的办学方针。

存古学堂的定位，大体在新教育体系之中，而独立于《奏定学堂章程》之外。这是当年唯一的新式存旧学堂，张之洞投入大量心力。他虽将"存古"的重要性提到"延正学而固邦基"的高度，却也从未将此学堂置于当时官办新教育的主要地位，反而明确这是一种列入"专门教育"门类的补充性设施。如他所言，"若以新学为足救亡，则全鄂救亡之学堂已二三百所，而保粹之学堂止此存古一所，于救亡大局何碍？"② 故就办学堂数量而言，张之洞是名副其实的"新学"一派。他不过希望在继续讲求西学的同时不忘中学，并维持中学的指导性地位。③

存古学堂与《劝学篇》前后相承的延续性，是张之洞晚年观念未必"由新转旧"的证据；然二者之间也不无差异，可以看到张之洞教育方案的前后演变。其最大的不同，是科举的存废。张之洞写《劝学篇》时新教育体系尚不"完善"，故仍存一些传统的修学方式；而存古学堂已处于"新政"时期较为完整的教育体系中，至少在形式上已是单一的"学堂"模式了。例如《劝学篇》中大致区分"学堂教人之学"和"专门著述之学"两类，前者属于"有限有程"的新教育体系，④ 而后者仍沿袭传统治学模式，主张"博观深造，任自为之"。在思路上，存古学堂其实侧重"专门著述之学"，但在方式上更多实行西式学制，不过以长达七年的学制来落实"存书种"的意旨。

可以说，从戊戌年的《劝学篇》到与其密切相关的办理新学章程再到存古学堂，张之洞的思想一以贯之，并无多大转变，既没有放弃或放松对西政、西艺的采纳，也从来不曾将其置于次要地位。所以，不论是

---

① 《致瑞安黄仲弢学士》（光绪三十年六月十二日），苑书义等主编《张之洞全集》第11册，第9175—9176页。

② 《致瑞安黄仲弢学士》（光绪三十年六月十二日）苑书义等主编《张之洞全集》第11册，第9176页。

③ 参见罗志田《国家与学术：清季民初关于"国学"的思想论争》，第109页。

④ 《劝学篇·守约第八》，苑书义等主编《张之洞全集》第12册，第9727页。

写《劝学篇》还是办理存古学堂，都看不出多少由新转旧的意思。不过，尽管其立意未曾多变，而他人的认知却已不同。

在张之洞弃世之时就有人观察到，世人对张是毁誉参半，"誉之者则曰沟通新旧、立宪元勋，毁之者则曰骑墙中立、天性执拗"。① 若不计其褒贬之意，这里的"沟通"和"骑墙"多少有些近义词的味道。可知对张之洞的歧见，恰多在时人本存歧异且也往往分边站队的"新旧"之上。而张之洞在近代史上也的确有着亦新亦旧、时新时旧的两面形象。

在他去世后，就有人认为张之洞至少在学术教育方面，有一个由新转旧的过程，说他"所至以兴学育才为亟"，不论是任督学还是任封疆，在各地都建立了具有广泛影响的书院。甲午以后，"知非学无以立国，而又非昔日一二书院可以兴学而育才也，翻然改图，命楚境各书院一律改为学堂，仿东西各国规制"，这是明显的趋新。及被"宣召入京，晋参枢机，管理学部事务"，则"骎骎焉持保存国粹主义为天下倡"。"用人则新旧杂糅，而以老成人为典型；设学则中西并贯，而以十三经为根柢。"② 从趋新到新旧杂糅而偏旧，则其转变也是明显的。最后一语应指办存古学堂，指出了虽"以十三经为根柢"，却也"中西并贯"，倒是难得的解人。

不过持类似看法的人则多倾向于对此不满。另一篇讨论张之洞与教育关系的文章说，张在地方时是推动新教育的先驱，到中央主持学务后，反主保守缓进：

> 十年以前之文襄，树转移风气之功，享学界泰斗之望，莫不景仰而崇拜之。何则？以其对于教育尚提倡尚发达也。十年以来之文襄，居群伦属望之地，握全国学务之权，而教育光芒，不能如东升旭日，一放万丈，反如西下斜阳，转瞬有黑暗之虞。何则？以其对于教育主保守主缓进也。③

---

① 作者说那些"毁者庸或过情，即誉之者亦未必尽得其真"。他认为张之洞在整个光绪朝"能以一身开天下之风气，而不为风气所转移"，显然是针对"骑墙中立、天性执拗"的回应性辨析。《对于张文襄公薨逝之观感》，《申报》宣统元年八月二十四日，第1张第3版。

② 《对于张文襄公薨逝之观感》（续），《申报》宣统元年八月二十五日，第1张第3版。

③ 本段与下段，见《张文襄公与教育之关系》，《教育杂志》第1年第10期，宣统元年九月二十五日，评论，第21—23页。

这过程看似"前后互异",实因张之洞"为政治家,非教育家;为旧日之教育家,非今日所谓之教育家"。盖新教育"必深明教育原理,而后于教育行政无所背戾",而张之洞却"不明教育原理"。故虽"为一代伟人,惜其生于过渡时代,致有此不新不旧之宗旨"。当"欧风东来,学说为之一变。文襄不能调和利用,以促进国家之文化,乃牢守保存国粹之政见,不论有益无益,概斥之为西人谬论,尽力反对之,压制之"。可以说"无一事不与世界大势反对,无一事不袭科举之精神",进而"侈言存古,倡设存古学堂",实"误我国文化之进步"。

《申报》的评论进而明言,张之洞任湖广总督期间"首先采用欧西学制,开办文武各学堂,注重科学,学界翕然称之曰新",然而他"入都以后管理学部,则翻然一变,不喜西国科学,一意注重经学,以保国粹,学界又哗然贬之曰旧",可以说是"学界上之两截人"。① 此评论人对张之洞的不满,已跃然纸上了。

按中国的传统,在人弃世之时,宜多说好话。此时出现今日所谓"差评",大概是久积胸中,不吐不快。《时报》一份想要"盖棺论定"的时评也说:

> 张之洞之得名也,以其先人而新,后人而旧。十年前之谈新政者,孰不曰张之洞、张之洞哉?近年来之守旧者,又孰不曰张之洞、张之洞哉?以一人而得新旧之名,不可谓非中国之人望矣。然以骑墙之见,遗误毕世,所谓新者不敢新,所谓旧者不敢旧,一生知遇虽隆,而卒至碌碌以殁,惜哉!②

此文旋被收入当时人所编之《张文襄公事略》,编者收录了上引《申报》之文,也提到对张之洞的两歧认知,即誉之者视张"为改革之元勋",而毁之者则视其"为宪政之假饰",其实两者皆未"得其真相"。盖张之洞胸中未必真有"革新守旧之定见",不过"见于时势之所趋,民智之渐开,知非言变法不足以自保其名位;而又虑改革过甚,而己益

---

① 《张文襄》,《申报》宣统元年八月二十七日,第 2 张第 4 版。按,此文并谓张之洞为"实业上之两截人"和"政界上之两截人"。
② 《张之洞之盖棺论定》,《时报》宣统元年八月二十三日,第 2 版。

不能恣其野蛮之自由"。于是"出于万不得已，而为此一新一旧之状态，以中立于两间"。①

　　这位编者实以"自私"的眼光看张之洞，而其所言之"中立"，或即半新半旧，甚或不新不旧之谓。另一持类似观察取向的人则说这是因为张之洞"好立异于人"，故"初由旧而之新，复由新而返于旧"。先是张之洞在持节开府以后即"以新学名世"，但"非真有见于变法之不可缓，特以举世之所不为，欲独辟非常之境界"。到戊戌变政之时，又"由新而复返于旧"。② 这种认为张专好立异的揣摩，和前面说张不敢新也不敢旧的骑墙实正相反。所以不仅对张之洞趋新还是守旧的认知是歧异的，甚至对张不新不旧是骑墙还是立异的判断也是两歧的。

　　上述诸人的共同特点，即一方面承认张之洞由新变旧有一个历时性的进程，另一方面又得出一种共时性的认知，以"自私"、"立异"和"不明教育原理"等缘由来诠释其态度的不一样，实即并不视其为一种"变化"，而是某一固有特性的不同"表现"。

　　这样的歧见产生于当时，发酵于后来，说明不论是时人还是后人，对存古学堂的立意及其办理，其实并不怎么了解。当时趋新的质疑者或许是听其名便生反感，于是感觉有责任站出来"表态"。后来一些研究者或受清季以来趋新思想的影响，往往先存趋新便"政治正确"因而也"学术正确"的"成心"（未必是有意识的），故一面视兴办存古学堂为张之洞已转向"守旧"的重要象征，却一面对这一张氏"守旧"的要证或简单提及便下褒贬，或存而不论，或竟全不语及，要皆暗存此类"保守逆流"可以不必认真理会的态度。

　　此态度与前引将存古学堂视为"复古逆流"的见解相类，揭示出一个时代的变化，即新旧之争不仅普遍化，且已开始遮蔽一些世相——那时新的学堂体系尚在发展，却已被视为常规，实际更"古"更"旧"的书院等模式虽仍存在，不少人已对其视而不见，或存而不论。他们看见

---

① 《张文襄公事略》，《中国野史集成》编委会、四川大学图书馆编《中国野史集成》第48册，巴蜀书社，1993，第590页。按，《张文襄公事略》为某编者辑录当时报刊文章所成之书，桑兵兄对该书各节出处有清晰的追寻和考证（参见桑兵《盖棺论定"论"难定：张之洞之死的舆论反应》，《学术月刊》2007年第8期）。此系全书开头语，或为编者自己的话。

② 《论张文襄之学术》，《新闻报》宣统元年八月二十五日，第1版。

的和担心的，是在新学堂体系中显现出来的"复古"意图。其结果，便是在我们的历史叙述中，存古学堂因"落后"往往成为被"遗忘"的往事，亟须重访。

被"遗忘"的存古学堂

近代中国一个显著的特点是西潮冲击引发剧烈而频繁的变动，与此相伴随的一个特点即传统的中断（并非全断）。钱锺书曾指出，当"一个传统破坏了，新风气成为新传统"之后，"旧传统里若干复杂问题"，后人"也许并非不屑注意，而是根本就没想到它们一度存在过"。① 存古学堂并不全是旧传统中的问题，而是时人在新旧过渡时代试图以新形式保存旧传统的一种举措。但在当时即被目为复古，在"新风气成为新传统"之后，或被"不屑注意"地对待，② 或有意忘记它们也"一度存在"。③

后来的研究，一般多因张之洞而兼顾及湖北存古学堂，把存古学堂本身作为研究对象的实不多见。迄今为止，关于存古学堂的专书基本未见，④ 在"中国知网"上查到以存古学堂为题的论文仅 12 篇，其中 5 篇为书愚所作。多年前我曾谈到近代中国处于"新""旧"两极之间的"失语"群体，⑤ 存古学堂本身，以及兴办学堂的官绅和师儒，可以说就是近代历史叙述中的被"遗忘"者。有些人或许不愿承认其历史地位，更多人可能真是根本就不知道"它们一度存在过"。

从民初到现在，在提到存古学堂的研究中，早年的相对中性，褒贬兼具。中间则逐渐"回归"到晚清的否定见解，把存古学堂视为趋新大

① 钱锺书：《中国诗与中国画》，《七缀集》，上海古籍出版社，1994，第 3 页。
② 傅斯年就曾说，"清季有所谓存古学堂，本是咕哗咿唔之化身，不待论矣"。《傅斯年致朱家骅》（抄件，1940 年 7 月 8 日），王汎森等主编《傅斯年遗札》第 2 卷，"中研院"历史语言研究所，2011，第 1085 页。所谓"不待论"，即是一种明显的"不屑"。
③ 如苏云峰的《张之洞与湖北教育改革》［"中研院"近代史研究所专刊（35），1976］一书便几乎不提及存古学堂，偶尔出现一两次也是在引文之中，当然这也许是因为苏先生不认为该学堂属于"教育改革"的范围。
④ 如前所述，黄琬柔的《古存则道存：晚清存古学堂学人的学术思想与经世的追求》虽论及存古学堂，实别有侧重。
⑤ 罗志田：《新旧之间：近代中国的多个世界及"失语"群体》，《四川大学学报》（哲学社会科学版）1999 年第 6 期。

势和新式教育的对立面。到 20 世纪晚期又折返民国前期的中性主张，多
从西方近代学科体制的视角考察，将存古学堂的章程及课程表作为中国
学术分科演变的一个参考系，以探讨中国传统学术向近代学科体制的
"转化"或"接轨"进程。进入 21 世纪后趋向又变，王先明认为张之洞
建存古学堂是在"新学取得制度性胜利的特定条件下"保存古学，"不
会也不可能影响'新学'的地位"，并非"逆时代而行的'复古主义'
的回潮"。① 李细珠更强调张氏倡办存古学堂"并不反对新学"，而学堂
对保存中国传统文化有"重要的意义"。②

　　从学界一般的认知看，存古学堂虽不如《劝学篇》那么引人注目，
但在具有多重可诠释性方面，也有些相似。的确，存古学堂倡议、成立
之初，即被一些人目为复古。《大公报》记者曾说，"居今日而犹言尊经
复古，何异夏裘冬葛"。③ "夏裘冬葛"谓其不合常理，然而当事人缘何
如此想如此说，却需认真领会。

　　胡适提醒我们，历史的"最不近情理处，他的最没有办法处，他的
最可笑处，也正是最可注意的社会史实"。对这类见解，我们"不应该
讪笑他，也不应该责怪他"，而是要回到时人所在的时代，以当时的眼光
考察"在地"的现象。④ 丹屯（Robert Darnton，也译作达恩顿）也提出，
凡是"对当地人特具意义，而你却不得其门而入的什么东西"，是最值
得注意的，因为"最不透光的地方似乎就是穿透异文化最理想的入口
处"，可以借此理解"一套素昧平生的意义系统"。⑤

　　从"过去就是外国"的视角看，晚清对我们就已经不啻某种"异文
化"了。昔年的"当时人"，正可视为丹屯所说的"当地人"。那时的存
古学堂，就是在尊西趋新的时代潮流中被视为"守旧"而被"责怪"的
史事，后人更或加以"讪笑"。其实在当年新旧之争日烈的语境中，由

① 王先明：《近代新学——中国传统学术文化的嬗变与重构》，商务印书馆，2000，第
　194—197 页。
② 参见李细珠《张之洞与清末新政研究》增订版，中国社会科学出版社，2015，第 148 页。
③ 阳羡长溪潘氏：《今日所为尊经复古果否能挽风俗正人心且征其往效》，《大公报》光
　绪三十四年正月初九日，附张（《大公报二千号祝典增刊》）第 8 版。
④ 《〈醒世姻缘传〉考证》，《胡适全集》第 4 卷，第 407、397 页。
⑤ 〔美〕罗伯特·达恩顿：《屠猫狂欢：法国文化史钩沉》，吕健忠译，商务印书馆，
　2014，第 100 页。

官方以开办新型学堂的方式来保存国粹，是个前所未有的大举动。这一在"新教育"系统中"存古"的办学形式，当时已形成全国性的规模，具有广泛的影响。不仅学堂本身的史实值得梳理，尤其时人所"真相信"或"不相信"的面向，以及相关的政治、思想、学术等，都与清末的"意义系统"密切关联，非常值得深入研究。

蒙文通先生提倡的治学取向是读书当观照"前后左右"，[①] 受此影响，书愚这本书以存古学堂为中心，而所论所述又向其"前后左右"延伸。他尽力重建全国各存古学堂的办学履迹，同时又并不局限于存古学堂兴办的时段（1904—1911），而向前延伸至张之洞的办学规划，以及新政之初改废科举、改书院为学堂与保存国粹的关联；又向外扩张到大约同时其他形式的存古办学努力，以及时人对各种"保存国粹"学堂的反应，以呈现张之洞"存古"思路的渊源和演变，以及存古学堂与其他"存古"办学方案那交错缠结而多歧互渗的图景。

学部对以学堂保存国粹的态度，经历了由驳斥改办到积极推广再到规范划一并限制发展的演变过程，后纳入宣统二年的筹备宪政办学计划。各地办学之时，也大体遵循前引张之洞提出的"救时局、存书种两义并行不悖"且以前者为重的办学方针。但在更宽广的范围里，这样的方针并未得到理解。尽管办理存古学堂的人希望在注重"救时局"的同时也能"存书种"，但在那些可以影响甚或制造舆论的时人心目中，"存书种"本身似可不必考虑，而其以"存古"的名义出现，就已对"救时局"形成威胁。

反倒是张之洞本人和学部一再辨析存古学堂与旧式书院的区别。其实对嘉道以降兴起的"不课举业、专勉实学"的书院办学经验，[②] 存古学堂是部分承继的。更具体言，湖北存古学堂在师资、典籍、教学以及办学功能等方面，皆可看到来自经心、两湖书院的学脉传承轨迹。而江苏存古学堂与"学古堂"（正谊书院）和南菁书院，四川存古学堂与尊

---

① 蒙先生说，治学若"自前后左右之书比较研读，则异同自见，大义顿显"（蒙文通：《治学杂语》，蒙默编《蒙文通学记》增补本，三联书店，2006，第3页）。此蒙先生总结沈曾植和欧阳竟无研读俱舍宗之意。

② 参见谢国桢《近代书院学校制度变迁考》，《张菊生先生七十生日纪念论文集》，商务印书馆，1937，第281—321页。

经书院，广东存古学堂与广雅书院、应元书院、菊坡精舍等，也可见类似的承继关系。但作为新教育体系成员的存古学堂，的确改变了《劝学篇》所言的"博观深造，任自为之"这一贴近传统的研习模式。

欲以新的学堂方式保存国粹，即面临着新旧两种"教育"方式的紧张。"有限有程"的西式学制与"国学浩博"①之间，存在着难以化解的矛盾。不论是因西学而得名的"中学"，还是刚从东瀛传来的"国学"，其"浩博"是名副其实的。要在规定的时间里掌握贯通，实非易事。即使把学程放宽到七年，仍带有以"杯水"熄"车薪"的不等意味。张之洞的方式是"损之又损"，其所"损"可以说已到伤筋动骨的程度，②使人不免质疑那样存下来的"书种"究竟能否生根发芽。但随着细分的"科学"之逐渐引入，以前一辈子修习的学问要在有限的学程中"完成"，恐怕是时人和后人都须因应和反省的大问题。

如《奏定学堂章程》规定读书人至中学堂毕业（约21岁）始读完五经，到大学堂阶段（至少26岁）才能"通晓中学大略"。③而在《奏定学堂章程》颁布后不久，学部即发现"自近年学堂改章以来，后生初学大率皆喜新厌故，相习成风，驯驯乎有荒经蔑古之患"，因而担心"大学经科一项，几无合格升等之人"。④同理，存古学堂的生源也成问题。张之洞将湖北存古学堂招生定位在尚未读完五经的高等小学堂毕业生，意味着学子尚未完成普及学程就进入提高阶段，把"通晓中学大略"和"专力中学，务造精深"两层合为一途。⑤中学虽经"损之又损"，在几年间要完成这样的学习任务，仍相当困难。

不过在废科举之后，学堂已成唯一的"正途出身"。故以"学堂"的方式来存古，不仅是以新存旧，多少也是学子可得"出身"的鼓励，

① 罗振玉：《集蓼编》，《雪堂自述》，江苏人民出版社，1999，第31页。
② 参见罗志田《张之洞与"中体西用"》，《风雨鸡鸣：变动时代的读书人》，第26—27页。
③ 《奏定初等小学堂章程》、《奏定高等小学堂章程》（光绪二十九年十一月二十六日），璩鑫圭等编《中国近代教育史资料汇编·学制演变》，上海教育出版社，1991，第291—317页。
④ 《学部请由各省选员入经科大学肄业片》（宣统元年），北京大学校史研究室编《北京大学史料》第1卷，北京大学出版社，1993，第358—359页。
⑤ 《创立存古学堂折》（光绪三十三年五月二十九日），苑书义等主编《张之洞全集》第3册，第1765页。

颇能体现今日所说的"现实关怀"。另外,张之洞也试图在所谓"专门"层面培养不计名利的高等学术人才,以为中国传统学术探寻一条疏离于功名利禄,而以学问"化民成俗"之路。从《劝学篇》中"好古研精、不骛功名"的"专门著述之学",到存古学堂的培养方案,甚少见到"入官用世"的考虑,从一个侧面体现出新学堂与科举时代读书治学的重要区别。

据书愚提示,存古学堂办学规划中仅有两处为学生考虑"作吏治民"之需:一是在"外国警察监狱"课上"讲外国安民防患、慎狱恤刑大意",以"备入仕临民之用";二是在"农林渔牧各实业"课上教学生"略知治生之法,于寒士谋生及作吏治民,皆有裨益"。① 两皆多少体现出以新学问"化民成俗"之意。而沈曾植在安徽办存古学堂,一面提出"科学宜用西国相沿教法,古学宜用我国相沿教法",一面主张"取外国大学高等教法","有研究而无课本,有指授而无讲解"。② 这样以中国"相沿教法"为主体并兼通中西的苦心孤诣,值得进一步梳理。③

存古学堂的创办,原本是个新旧兼顾的"复调"进程,但从一开始就被误解为"守旧"的单一旋律,在很大程度上即因此而被历史叙述"遗忘"。其实存古学堂虽成为历史叙述中的"流浪者",在清季的实际历史"生活"里却是一个极富冲击力的创举。如此重要的历史变动,在教科书中尚不能一笔带过,又岂能让它浪迹于我们的历史叙述之外。

从本书中可以看出,清季参与"存古"事业诸人,对中西新旧之学都有所了解,力图以此学堂因应中学在中西"学战"中惨败而致的文化危机,却也虑及中国自身的问题。他们对于如何在接受西学的背景下传承中国学问,有独具特色的思考。辛亥鼎革后,这些人中仍存者多以

---

① 《存古学堂各学科分年教法》,《湖北官报》光绪三十一年三月二十一日,本省公牍,第 34A—40B 页。

② 沈曾植:《致缪荃孙》(宣统二年四月十四日),《艺风堂友朋书札》上册,上海古籍出版社,1980,第 174 页;沈曾植:《致程朝仪书》(宣统二年四月初五日),引在程希濂述,胡元吉、王立中合撰《征君程抑斋先生年谱》,收入薛贞芳主编《清代徽人年谱合刊》下册,黄山书社,2006,第 850 页。

③ 沈曾植眼光通达,他对于国学,便主张"以世界眼光,扩张我至美、至深、至完善、至圆明之国粹,不独保存而已"。沈曾植:《与罗振玉书》(宣统二年十二月初九日),许全胜《沈曾植年谱长编》,中华书局,2007,第 353 页。

"守旧"著称，有些更是"清遗民"群体的成员，成为王汎森兄所谓"执拗的低音"，[1] 因此而"失语"。书愚遵循"把隐去的'人'召回历史"的取向，以平实的眼光，梳理并再现了沈曾植、赵启霖、曹元弼、叶昌炽、姚永概等长期被"遗忘"的存古学堂创办者之行事和言说，是一个不小的贡献。

章学诚说，"学者之于术业，不难于辨异，而难于辨同中之异"。[2] 自庚子后，清季朝野虽在政治上日益走向对立，在文化方面却曾分享"保存国粹"的口号，并对"欧化"取容纳的态度，可见明显的共性。那时民间所谓"国粹学派"是倾向于革命党的，但官办学堂中也曾正式采纳《国粹学报》的文字以为教材；而与官方在很多方面充满歧异甚至对立的"国粹学派"，对张之洞等想要"保存国粹"的努力和一些具体的学术倾向，却有不同程度的认可。[3] 就此而言，存古学堂及其办理，实有重审的必要，而本书的学术价值亦由此显现。

随着近二十年清末新政研究的"显学化"和国学风潮的复兴，整个学术语境已有所变化。如果让书愚重温当年选定存古学堂这个题目时的种种纠结，或不无今昔之感。存古学堂固然从属于清末的整体学制改革，却又折射出学制改革中某些特别的面向。对其兴办进程的重建，有助于增进我们对新政时期的整体认识。而读者在今天关注"国学"的新风下，重温昔人如何尝试探索一条疏离于功名利禄而以学问"化民成俗"的路径，或许也会对我们的传统别有新知。

最后我要说，现在精力不及以往，而杂事仍多。书愚给我的时间，实不够细读全书。以上所述，仅是略加翻阅而得到的印象，有时或不过是我自己的看法，未必与书中见解契合，这是要向书愚和读者预先致歉的！

罗志田

2024 年 6 月 26 日于川大江安花园

---

① 参见王汎森《执拗的低音：一些历史思考方式的反思》，三联书店，2014。
② 章学诚：《与周次列举人论刻先集》，仓修良编注《文史通义新编新注》，浙江古籍出版社，2005，第 750 页。
③ 参见罗志田《清季保存国粹的朝野努力及其观念异同》，《近代史研究》2001 年第 2 期。

目　录

导　言

庚子后，清季朝野皆有保存国粹的办学努力。晚清重臣张之洞光绪三十年（约1904）[1] 在武昌倡办的存古学堂，是"新教育"体系中保存国粹的主要办学形式，具有全国性的兴办规模，相当数量的精英士人参与其中。学校教职员多为饱学之士，且不乏学术影响甚巨的"硕学通儒"，为民国文教学界储备了一批师资和部分"文史专修"之才。

但在日益激进的尊西趋新世风中，对存古学堂的质疑和反对声自张之洞倡办伊始即不绝于耳。诸如"顽固守旧""窒塞新机"等负面评议成为该校在舆论中的主流"形象"，几乎贯穿其由湖北到全国的推广履迹（详见第八章），不仅影响着时人对官方办学旨趣的认知，也在相当程度上影响到民元后很长时间里学术界对该校的理解和定位。傅斯年在1928年说，"国故本来即是国粹，不过说来客气一点儿；而所谓国学院也恐怕是一个改良的存古学堂"，实是将存古学堂与"国故"、"国粹"和"国学院"等一并视作历史语言研究所"工作之旨趣"的对立面。[2] 至1940年，傅先生在致朱家骅的信中更将该校称作"咕哗咿唔之化身"。[3]

实际上，傅斯年是目前所知少数对存古学堂有过无论正面、负面表述的民国知识精英。即便是在专门的近代教育史和学术文化史研究中，该校也一直处于较明显的"失语"（voiceless）状态，大体可说是晚清以降日益激进的社会思潮持续影响学术研究的一个典型例证。民元以后的

---

① 本书所用的清季史料皆为阴历，其中的财经类档案尤以阴历编排财政年度和月份，叙述时不便精确对应到阳历年月，故以下所述凡民元以前者皆依照当时人的做法和习惯出以清帝年号纪元及阴历日期。民元鼎革之际，常常是新旧历并用，凡不能确定者，出以民国纪年，此外皆用公元纪年。又，本书以下引用作者全名时一概不尊称先生，谨此说明。

② 傅斯年：《历史语言研究所工作之旨趣》，《史料论略及其他》，辽宁教育出版社，1997，第46页。

③ 《傅斯年致朱家骅》（抄件，1940年7月8日），台北"中研院"历史语言研究所藏"傅斯年档案"，转引自罗志田《民国趋新学者区分国学与国故学的努力》，《社会科学研究》2001年第4期，第118页。

近代教育史论著多不述及存古学堂，少数提及该校者也多将其视作"新教育"的对立面。舒新城 1929 年问世的《近代中国教育思想史》有关"旧思想对于新教育之影响"的论述，在早期的研究中相当有代表性：

> 清末因国家的压迫，而不得不改行新教育制度，但在当时看来，所谓新教育者，不过将书院改为学堂，将八股改为教科而已。教育底效用，仍与八股无异。……教育上一切常为囫囵吞枣地模仿，而不合中国社会的需要，社会旧俗尚无适当的替代而不能改革。教育者与一般社会底潜意识，则对于中国的旧文化仍为无决择地骸骨迷恋。于是一面趋新，一面复古。复古的教育思想，绵延的时间最长：薛福成、李鸿章之提倡西学固以复古为言，张之洞辈之提倡新政亦以提倡古学为号召（他并在湖北设立存古学堂），乃至民国十四年章士钊长教育部，十六年刘哲长京师大学亦莫不以复古为唯一的要务。所谓名流如唐文治辈，其教育思想更无不如此。所以数十年来新教育不能获得其应有的结果。这是旧思想支配新教育之又一例。①

在这里，存古学堂被举列为"旧思想支配新教育"，终致近代"新教育不能获得其应有的结果"的实例之一。后起的研究者虽然在着墨的详略上参差不齐，但舒先生的研究思路大体得以沿袭。陈翊林所著《最近三十年中国教育史》一书，在考察"新教育中旧教育的权威"时也举存古学堂为例。② 而陈青之的《中国教育史》更明确指出，清末教育"表面上虽号称新教育，而骨子里面仍是旧教育的势力来支配"。存古学堂，"尤其是复古主义之最露骨的地方"。③

此外，商务印书馆 1931 年出版的《最近三十五年之中国教育》一书未提及存古学堂。④ 丁致聘在其 1934 年版的编年体著作《中国近七十年来教育记事》中，仅记有张之洞奏设存古学堂，未及其他省份和中央政

---

① 舒新城编《近代中国教育思想史》，中华书局，1929，第 434—436 页。
② 陈翊林：《最近三十年中国教育史》，上海太平洋书店，1932，第 170 页。
③ 陈青之：《中国教育史》，《民国丛书》第 1 编第 48 册，上海书店，1989 年影印本，第 621—622 页。
④ 商务印书馆编《最近三十五年之中国教育》，《民国丛书》第 2 编第 45 册，上海书店，1990 年影印本。

府的办理举措。① 周予同 1935 年版的《中国现代教育史》一书以及书尾所附《中国现代教育史年表》，皆未提及存古学堂。大约 40 年后，苏云峰著《张之洞与湖北教育改革》一书，除引文中偶尔出现一两次外，全不论及存古学堂，显然是将该校排除在晚清"教育改革"之外。② 至 20 世纪 90 年代，桑兵的《晚清学堂学生与社会变迁》一书认为，存古学堂是"借保存旧学来维系专制统治的命脉，防范学生在新学薰陶下思想言行日趋离经畔道"。结果这一"为抵御学潮而办的道学染坊，反倒成了学潮的渊薮"。③

同样是在 90 年代，不少学者较关注"中国教育近代化"问题。相关研究或不述及存古学堂，或将其归入"近代化"的对立面。董宝良和熊贤君主编的《从湖北看中国教育近代化》认为湖北存古学堂是"教育怪圈"。④ 王运来则将江苏存古学堂视作江苏"高等教育近代化"过程中"曾经一度可说是'枯木逢春'"的特例。⑤ 刘正伟在 2001 年版的《督抚与士绅——江苏教育近代化研究》中没有述及江苏存古学堂。⑥ 熊贤君 2006 年发表的论文指出，存古学堂"作为挽救'中学'的堡垒"，"在一定程度上起到了力挽'中学'的掩人耳目作用"。⑦

张之洞不仅是存古学堂的首倡者，而且是推动清季中央政府在全国范围内兴设存古学堂的重要官员之一。张氏晚年在无论正面、负面的舆论中，基本是以"保守"为主的形象。至宣统元年（1909）八月张氏去世后，有关其晚年办学取向"由新返旧"的说法几乎成为毁誉双方"盖棺论定"的共识，而存古学堂正是被普遍举列的重要例证之一（详第八章）。在百余年来研究张之洞教育思想和事业的论著中，同样可见清季时

① 丁致聘编《中国近七十年来教育记事》，国立编译馆，1934。
② 苏云峰：《张之洞与湖北教育改革》，"中研院"近代史研究所专刊（35），1976。
③ 桑兵：《晚清学堂学生与社会变迁》，学林出版社，1995，第 178—179 页。值得注意的是，桑先生在 10 年后的研究中肯定四川存古学堂在近代蜀学传承中的作用，参见桑兵《民国学界的老辈》，《历史研究》2005 年第 6 期，第 6 页。
④ 董宝良、熊贤君主编《从湖北看中国教育近代化》，广东教育出版社，1996，第 158—171 页。
⑤ 王运来：《试论江苏高等教育主体的近代化》，《民国档案》2000 年第 1 期，第 96 页。
⑥ 刘正伟：《督抚与士绅——江苏教育近代化研究》，河北教育出版社，2001。
⑦ 熊贤君：《现代中国国学教育运动形成原因破译》，《华东师范大学学报》（教育科学版）2006 年第 1 期，第 77 页。

人相关"论说"的持续影响。

任时先在 1936 年版的《中国教育思想史》中即提出，清季"新教育"所订的课程纲要和学堂章程，"十足表现封建的保守思想的遗迹"，而张之洞"恰是代表这个时代思想的人物"。① 至 20 世纪 40 年代，程俊英观察到张之洞的教育思想"影响于今日教育界至巨。惟晚年思想较顽固"，设立存古学堂即是事例之一。② 而据黎仁凯、乔丽荣的观察，在 1949 年以后的近 30 年里，"立足于批，对张之洞的活动持基本否定态度"是张之洞研究的主要特征。③

自 80 年代起，张之洞创办存古学堂的活动开始进入部分学者的研究视野中，但绝大多数论著仍对其持否定态度。陈景磐和吕达认为存古学堂的设立是戊戌变法后张之洞"教育活动的侧重点越来越趋于扬旧抑新"的"明证"。④ 冯天瑜认为存古学堂是"封建旧学堂"，"虽有'学堂'之名，实则与中国旧式书院无异"。张之洞晚年"企图以封建旧学对抗新学。这是他的'中体西用'论向守旧和反动一面的发展"。⑤ 在 80 年代的相关研究中，上述三位学者的观点相当有代表性。⑥

至 90 年代，马东玉认为，张之洞创办的存古学堂是"与新学堂相对立的旧学堂"。⑦ 蔡振生观察到张之洞办存古学堂"有着与旧教育离异的

---

① 任时先编著《中国教育思想史》，《民国丛书》第 4 编第 43 册，上海书店，1992 年影印本，第 451—452 页。

② 程俊英编《中国大教育家》，中华书局，1948，第 84 页。

③ 黎仁凯、乔丽荣：《建国以来张之洞研究述评》，收入黎仁凯、钟康模《张之洞与近代中国》，河北大学出版社，1999，第 249 页。

④ 陈景磐、吕达：《张之洞的教育活动及其基本的教育思想——"中学为体，西学为用"》，《教育研究与实验》1982 年第 2 期，第 2 页。

⑤ 冯天瑜：《张之洞与湖北近代教育》，《武汉师范学院学报》（哲学社会科学版）1984 年第 3 期，第 73 页。

⑥ 20 世纪 80 年代持类似观点的相关研究有：乔志强《辛亥革命前夕学堂的兴起》，《山西大学学报》1981 年第 4 期；吕达《论张之洞的教育思想》，《上海师范大学学报》（哲学社会科学版）1983 年第 3 期；黄继宗《剖析二十世纪初年的教育改革》，《西南师范大学学报》1986 年第 2 期；董宝良《重视改革清末封建传统教育的张之洞》，《华中师范大学学报》（哲学社会科学版）1986 年第 4 期；黄玉兰《张之洞与我国近代教育》，《历史教学》1986 年第 5 期；黄继宗《论戊戌时期两种不同的劝学观》，《社会科学研究》1987 年第 4 期。以上所列或许不全，但大致可以肯定的是，在这一时期有关晚清"新教育"的研究中，提到存古学堂的论著只是一小部分。

⑦ 马东玉：《论张之洞洋务思想的多元性》，《文史哲》1992 年第 4 期，第 43 页。

一面"，然而"其主导方面是对旧教育的回归，因而也是历史的倒退"。
该校与曲阜学堂"同是新学制后教育过渡期内一对流产的复古怪胎"。①
喻大华认为，办存古学堂的张之洞"认识到西学（新学）是'救亡之
学'，中学（儒学）是'保粹之学'，二者是相互对立的"。② 黎仁凯和
钟康模认为，开办湖北存古学堂"在一定程度上反映了张之洞晚年恋旧
复古的心理及抵制革命的思想倾向"。③

值得注意的是，据黎仁凯和乔丽荣的观察，80 年代中期以后学界
"对张之洞与教育问题的研究，虽有了较大的进展，但微观的个案研究尚
少"。④ 这一情形近年来已有改变。关晓红的《张之洞与晚清学部》一文
将张氏创办存古学堂作为"逆流而兴"的"复古运动"进行了不小篇幅
的专节论述。⑤ 不过整体看，黎先生等提出的张之洞与教育问题的"微
观的个案研究"取向似仍有较宽广的发展空间。

此外，罗福惠在研究"辛亥时期的精英文化"时认为，张之洞建存
古学堂，"仅用三纲五常来概括儒学的核心精神，就把内容丰富的儒学化
约成了非理性的说教公式。这个被扭曲的核心不仅与当时文化构成的众
多部分相脱离相违背，而且极易招致误解和反感"，"犯了简单化的错
误"。该校"归于失败的事实证明：完全由传统教育造就，并且始终以
维护旧有主流文化的支配地位为目的的体制中人，是不可能深刻反思，
真正改造旧有主流文化的"。⑥ 章征科和刘学照在述及张之洞开办存古学
堂时，也认为张氏"晚年教育思想更趋保守"。⑦ 杨国强新近的论文注意
到，张之洞在光绪三十三年奏请将"立停科举"的奏折原拟三科后即行停

---

① 蔡振生：《张之洞教育思想研究》，辽宁教育出版社，1994，第 224—232 页。
② 喻大华：《张之洞在晚清儒学没落过程中的卫道活动》，《南开学报》2000 年第 1 期，
　　第 31 页。
③ 黎仁凯、钟康模：《张之洞与近代中国》，第 214 页；黎仁凯：《张之洞历史定位之我
　　见》，《历史教学》2003 年第 9 期。
④ 黎仁凯、乔丽荣：《建国以来张之洞研究述评》，收入黎仁凯、钟康模《张之洞与近代
　　中国》，第 258 页。
⑤ 关晓红：《张之洞与晚清学部》，《历史研究》2000 年第 3 期。关教授另有《晚清学部
　　研究》（广东教育出版社，2000）一书。
⑥ 罗福惠：《辛亥时期的精英文化研究》，华中师范大学出版社，2001，第 52—53 页。
⑦ 章征科、刘学照：《张之洞对近代化追求的政治文化特色新论》，《学术月刊》2004 年
　　第 1 期。

止的优拔考试改为"永远留存"，"不会没有一点内省之后的惆怅与追悔"。同年，张氏奏设存古学堂"以补救各学堂之不足"，所谓"补救"一词，"无疑正是在说自我纠错。然则以乙巳年'停罢科举'为分界，显见得相隔不过两年，曾经呕呕乎趋进的张之洞又一变而在转身回归之中"。①

另外，尽管认为张之洞晚年由趋新转向保守的观点在学术界长期居于主流地位，但对这一观点的质疑早已出现并延续下来。卡梅伦（Meribeth Cameron）在 20 世纪 40 年代为恒慕义（Arthur W. Hummel）主编的《清代名人传略》撰写张之洞传记时指出，存古学堂意在"扭转现代学校忽视这些学科的倾向"。张氏兴建该校"被很多人看作是张最终否定了他的改革宏愿。其实，这与他毕生致力于把孔子学说作为中国文明的核心是完全一致的"。②

至 70 年代，艾尔斯（William Ayers）在《张之洞与中国教育改革》一书中说，张之洞力图阻止中国传统学术衰落的行为"被许多人认为是向保守主义倒退并背离其早年的改革热情。但实际上，这些举动与他终生坚守作为中国文明中心的儒家学说是一致的"。艾尔斯并以不小的篇幅对张之洞办理湖北存古学堂的思路做了较平实的叙述。③ 此后不久，马丁·贝尔纳（Martin Bernal）在《刘师培与国粹运动》一文中指出，"很多人认为（张之洞）既致力于兴办存古学堂，就表示他已弃绝了早年所领导的西化运动。这个想法是一种误解，因为它忽视了张一向所强调'中学为体，西学为用'的主张"。张之洞等人开办存古学堂是"趋向国粹学派的举动"。在办理存古学堂的过程中，"极端的热望蒙蔽了张等人的眼睛，他们看不见这项计划的明显缺点。不过，张氏对此保持了天生的警觉，在数以百计的（湖北）学堂中，他只计划设立一个存古学堂。然而这是一个重要的象

---

① 杨国强：《千年历史的一朝终结：科举造就士人和士议倾覆科举》，《华东师范大学学报》（哲学社会科学版）2021 年第 3 期。

② Meribeth Cameron, "Chang Chih-tung," in Arthur W. Hummel, ed., *Eminent Chinese of the Ch'ing Period*（1644 - 1912），Washington：U. S. Government Print Office，1943. 中译本参见〔美〕A. W. 恒慕义主编《清代名人传略》下册，中国人民大学清史研究所《清代名人传略》翻译组译，青海人民出版社，1995，第 460 页，其中的张之洞传为林征译，叶凤美校订。

③ William Ayers, *Chang Chih-tung and Educational Reform in China*（Cambridge，Mass.：Harvard University Press，1971），pp. 248，251.

征举措，有助于掀起新的文化保守主义浪潮"。①

　　中国学者较平实中性地考察张之洞办存古学堂可以追溯至 20 世纪 20 年代。郭秉文 1922 年版的《中国教育制度沿革史》一书，在考察清末"新教育制度之设立"时将存古学堂举列为专门教育的种类之一。② 郑鹤声 1935 年发表《张之洞氏之教育思想及其事业》一文，认为张之洞晚年"提倡国粹教育，以补普通教育之不足，亦有可取"。该文对张氏兴办存古学堂的方案有不小篇幅的叙述，并约略兼及张氏离鄂后湖北存古学堂的办理情形，在早期的相关研究中并不多见。③

　　至 80 年代，周汉光在考察"张之洞对于教育的贡献"时注意到，张之洞倡建存古学堂的同时并未"忽视其他学堂，对推动普遍教育亦不遗余力"。而学部宣统三年三月奏准颁行的《修订存古学堂章程》"除了求各省此类学堂划一外，尚有压抑多设之意"。④ 谢放 1995 年版的《中体西用之梦——张之洞传》一书用不小篇幅对张氏晚年办存古学堂进行了中性而平实的叙述。⑤ 李喜所也将存古学堂归入清季教育改革的"各种专业性的高等学堂"中。⑥

　　在近代文化史和学术史研究领域，也有学者对张之洞办存古学堂持相对肯定的观点。龚书铎和黄兴涛在《"儒臣"的应变与儒学的困境——张之洞与晚清儒学》一文中指出，存古学堂是"借助新兴学堂的形式讲经研经，赖于'存古'"。⑦ 龚先生另与宋小庆合撰《辛亥革命时期文化四题》一文，认为张之洞"以忠孝为本，以经史之学为基"的立学宗旨"发自真

---

① Martin Bernal, "Liu Shih-p'ei and National Essence," in Charlotte Furth, ed., *The Limits of Change：Essays on Conservative Alternatives in Republican China*, Cambridge：Harvard University Press, 1976, pp. 90 – 112. 这里所引马丁·贝尔纳的观点参考了刘静贞的译本，收入傅乐诗等《近代中国思想人物论——保守主义》，时报文化出版事业有限公司，1985，第 79—107 页。惟该译本的部分译文与原著似有出入，已对照原著酌改，特此说明。
② 郭秉文：《中国教育制度沿革史》，《民国丛书》第 3 编第 45 册，上海书店，1991 年影印本，第 84—85 页。
③ 郑鹤声：《张之洞氏之教育思想及其事业》（上），《教育杂志》第 25 卷第 2 期，1935 年，第 23—38 页；郑鹤声：《张之洞氏之教育思想及其事业》（下），《教育杂志》第 25 卷第 3 期，1935 年，第 109—127 页。
④ 周汉光：《张之洞与广雅书院》，中国文化大学出版部，1983，第 228—238 页。
⑤ 谢放：《中体西用之梦——张之洞传》，四川人民出版社，1995，第 336—339 页。
⑥ 李喜所：《辛亥革命时期的教育改革》，《南开学报》2001 年第 5 期。
⑦ 龚书铎、黄兴涛：《"儒臣"的应变与儒学的困境——张之洞与晚清儒学》，《清史研究》1999 年第 3 期。

诚，他对儒学地位的捍卫亦是不遗余力。但另一方面，张之洞又是识时务的。他不愿看到儒学的衰微，但却从未奢望还能以科举、书院来拯救儒学的命运。他所做的不过是防范在前（加强经学课程），以及补救于后（奏设存古学堂）"。① 王先明认为，张之洞建存古学堂是在"新学取得制度性胜利的特定条件下，提议一定程度上保存具有传统文化特色的经、史、词章等'旧学'，使中国传统文化脉系不绝，当然不会也不可能影响'新学'的地位"，故不能"认定为逆时代而行的'复古主义'的回潮"。② 史革新认为，张之洞拟定的存古学堂课程方案表明，他是"主张在'通经致用'的宗旨下提倡实学"的。③

在近些年研究晚清新政史的热潮中，同样有学者质疑"存古学堂为张之洞转向复古倒退的例证"的观点。李细珠即认为张氏晚年力倡存古学堂，却"并不反对新学"。他主管学部期间所做的"主要工作"，是"关于学制体系与教育设施的建设及其普及教育的工作"，在处理新旧之学关系时"仍然是以他终生信奉的'中体西用'思想作支持"。存古学堂的设立，"对于保存中国传统文化有着重要的意义"。④ 罗志田在比较"民间的古学复兴与官方的存古学堂"时指出，张之洞"虽将'存古'的重要性提到'延正学而固邦基'的高度，却也从未将此学堂置于当时官办新教育的主要地位，反而明确其是一种列入'专门教育'门类的补充性设施，不过希望在继续尽力讲求西学的同时不忘中学，并维持其指导性地位而已"。⑤

总体上看，学界对清季官办存古学堂的研究相当薄弱，以此为题的专门研究相当少见。刘迪香的《存古学堂：从书院到学堂的过渡》一文用 6000 字左右的篇幅概述存古学堂的"兴衰"、章程演变及其"消亡的原因"，所述极简略且有不少失实的地方。⑥ 苏全有"以存古学堂为中

---

① 龚书铎、宋小庆：《辛亥革命时期文化四题》，《北京师范大学学报》（人文社会科学版）2001 年第 6 期。
② 王先明：《近代新学——中国传统学术文化的嬗变与重构》，商务印书馆，2000，第 194—197 页。王教授另有《张之洞与晚清"新学"》一文，载《社会科学研究》2000 年第 4 期。
③ 史革新：《略论晚清汉学的兴衰与变化》，《史学月刊》2003 年第 3 期，第 91—92 页。
④ 参见李细珠《张之洞与清末新政研究》，上海书店出版社，2003，第 156—163 页。
⑤ 参见罗志田《国家与学术：清季民初关于"国学"的思想论争》（三联书店，2003）一书的第三章"温故知新：民间的古学复兴与官方的存古学堂"（第 83—142 页）。
⑥ 刘迪香：《存古学堂：从书院到学堂的过渡》，《湖南大学学报》1999 年第 1 期。

心"，对"清末道德教育失败"进行反思，主要是对学界已重建的相关
史实进行分析和评论。① 朱贞聚焦"晚清变局中的存古困境"，认为存古
学堂是"癸卯学制体系外培养旧学的专门途径"，无论是书院还是学堂，
"都无法恰当描述存古的立意"。尽管该校给"趋新者"和"守成者"皆
带来"极大困扰"，但要"理解晚近以来时人对于中西学交融碰撞的思
考，探究《奏定学堂章程》颁行后学制框架内外对于旧学的处理，却是
不应避免的一个脉络"。② 笔者曾初步梳理并重建晚清学部成立后直至辛
亥鼎革中央政府对存古等保存国粹学堂态度演变的大致进程，以及张之
洞兴办湖北存古学堂的努力。③

　　进而言之，存古学堂在清季有全国性的办理规模。当时无论是中央还
是在地方，开办存古学堂的相关事宜都不只是张之洞一人在推动。④ 既存
相关研究多因张之洞而将关注的目光落在湖北存古学堂上，其他十多个省
份办理存古学堂的努力大多被冷落。罗志田曾考察湖北、四川、甘肃等省
兴办存古学堂旨趣的异同。⑤ 关晓红在《晚清学部研究》一书中述及清季
江苏、山西、安徽、福建、贵州、陕西、广东、四川、甘肃等省仿照湖
北兴建存古学堂。⑥ 笔者曾利用相关档案和报刊、文集等资料，初步构
建出四川、江苏、安徽等省兴办存古学堂的历史履迹。⑦

---

① 苏全有：《对清末道德教育失败的反思——以存古学堂为考察中心》，《贵州社会科学》
　　2007 年第 6 期。
② 朱贞：《晚清变局中的存古困境》，《学术研究》2018 年第 5 期。朱先生另有专著《清
　　季民初的学制、学堂与经学》（社会科学文献出版社，2019）。
③ 郭书愚：《清季中央政府对保存国粹学堂的态度演变》，《南京大学学报》（哲学·人文
　　科学·社会科学版）2013 年第 2 期；郭书愚：《开放而不失其故：张之洞兴办湖北存
　　古学堂的努力》，《社会科学研究》2014 年第 6 期。
④ 郑师渠教授在考察章太炎和刘师培的交谊时，注意到刘师培曾向两江总督端方上
　　书，请建"两江存古学堂"一事，认为刘氏上书时的"文化主张"较此前"大异
　　其趋"。参见郑师渠《章太炎刘师培交谊论》，《近代史研究》1993 年第 6 期，第
　　19 页。
⑤ 罗志田：《国家与学术：清季民初关于"国学"的思想论争》，第 33—142 页。
⑥ 关晓红：《晚清学部研究》，第 183 页。
⑦ 郭书愚：《四川存古学堂的兴办进程》，《近代史研究》2008 年第 2 期；《官绅合作与学
　　脉传承：民初四川国学研究和教学机构的嬗替进程（1912—1914）》，《四川大学学报》
　　（哲学社会科学版）2011 年第 5 期；《"在传统中变"：清季安徽的学术沿承与"存古"
　　履迹》，《四川大学学报》（哲学社会科学版）2017 年第 1 期；《"总教治校"：清季江苏
　　存古学堂的校务运作》，《近代史研究》2021 年第 6 期。

　　与存古学堂相比，清季其他保存国粹的办学努力处于更加"失语"的状态。笔者管见所及，除罗志田曾考察山东粹化学堂、四川致用学堂外，[①] 专门以此为题的研究论著，迄今为止，似乎尚付阙如。实际上，目前所知当时仅京官提出的保存国粹办学方案即有七八种（详第一章），各省以保存国粹为宗旨而不冠以"存古"之名的办学努力更是数以十计（详见第七章），它们与存古学堂不无关联，但又明显具有歧异，实是一幅精彩纷呈的复杂历史图景。

　　不仅如此，在清季民初那个激变的时代，兴办存古学堂的官绅以及该校的教职员、学生群体同样因时势所趋而基本处于被迫"失语"的状态。他们普遍处于"新""旧"两极之间而被近代激烈思想压制，成为"执拗的低音"，其中不乏在近代学术嬗替以及思想文化论争中举足轻重者。近年来，各地存古学堂师生在区域文化与学术的传承和演进中的作用已引起部分学人的关注。王汎森的研究揭示出在"近代从经学向史学过渡的复杂学术背景"下，廖平、蒙文通师徒自民初的"四川国学院附设国学学校"（清季四川存古学堂嬗递者）开始的学术传承和发展。蒙文通是宣统三年四川存古学堂收录的学生，廖平是该校的教员之一，民元后更长期执掌校务。[②] 王东杰在考察四川大学历史学科的发展（1924—1949）时认为，从师资的角度看，川大史学的"三个学术源头"之一即"近代'蜀学'的传统"，其中就包括四川存古学堂史学教员杨赞襄等"川内名学者"。[③]

　　但对相关人物的研究仍有相当宽广的拓展空间。如兴办安徽存古学堂的沈曾植，即是近代中国士大夫阶层在行将落幕时的重要代表人物，也是清季民初首屈一指的大学问家。葛兆光早在 1995 年即有专文谈学术史研究对沈曾植的长期"遗忘"。[④] 此后沈氏的学术成就及其学术交游得

①　罗志田：《国家与学术：清季民初关于"国学"的思想论争》，第 115—136 页。

②　王汎森：《从经学向史学的过渡——廖平与蒙文通的例子》，《历史研究》2005 年第 2 期。关于廖平在清季的思想，另可参见王汎森《从传统到反传统——两个思想脉络的分析》，《中国近代思想与学术的系谱》，河北教育出版社，2001，第 91—116 页。

③　王东杰：《学术"中心"与"边缘"互动中的典范融合：四川大学历史学科的发展（1924—1949）》，《四川大学学报》（哲学社会科学版）2006 年第 4 期。

④　葛兆光：《世间原未有斯人——沈曾植与学术史的遗忘》，《读书》1995 年第 9 期。

到学界较多关注。① 但其办学理念、兴学实践及其背后浸透的文化观，仍是研究相对薄弱的环节。葛兆光 2008 年的文章就明确提出，我们对于沈曾植"和调新旧，泯绝异同"的理想，还应有更多的"同情之了解"。②

相当数量的存古学堂兴办者和教职员，如沈曾植、赵启霖、朱孔彰、朱家宝、吴庆坻、冯煦、李详、柯劭忞、孙德谦、张尔田、曹元弼、梁鼎芬、叶昌炽、赵尔巽、缪荃孙、罗振玉等，③ 民元后皆为"清遗民"的一员。学界有关这一群体的研究更多侧重其政治立场、态度及其复辟活动，文化学术方面的研究则相对薄弱，除罗振玉、王国维等少数人外，大多未受到充分关注。他们在清季兴办或参与文教事业的相关活动，多数既存研究或忽略不言，或一笔带过。已有学者注意到，政治之外的"文化关怀"可能是我们进一步认知民初"遗老"群体的重要取径。桑兵即明确指出，"清遗老"其实更应被看作"文化遗民"。④

此外，当时一些学术流派的兴起和嬗替，与存古学堂的历史履迹密切相关。以刘师培、廖平为代表的"主于礼制"的研经学派，即形成于四川存古学堂的民初变体中；以程朝仪、胡元吉为代表的"徽州理学"，则与安徽存古学堂相辅相成，成为清季民初皖学中风行一时的重要面向，似乎尚未怎么进入学人的研究视野。而源远流长、积蕴深厚、影响甚巨的桐城派虽已得学界较多关注，但由文教事业的兴办视角看，仍有相当的"重访"价值。

马其昶、姚永概无疑是清季民初桐城派的头面人物。学界较多关注他们在辛亥鼎革及民初时政治上的"保守"，以及文教学术上与章太炎

① 管见所及的代表性论著包括钱仲联《沈曾植诗学蠡测》，《文学遗产》1996 年第 1 期；钱仲联《论沈曾植的学术成就：〈海日楼文集〉等三书前言》，《苏州大学学报》1996 年第 1 期；钱仲联、严明《沈曾植诗歌论》，《文学遗产》1999 年第 2 期；胡逢祥《沈曾植与晚清西北史地学》，《史学史研究》2014 年第 1 期；许全胜《〈西游录〉与〈黑鞑事略〉的版本及研究——兼论中日典籍交流及新见沈曾植笺注本》，《复旦学报》（社会科学版）2009 年第 2 期；彭玉平《论王国维与沈曾植之学缘》，《中山大学学报》（社会科学版）2010 年第 2 期。
② 葛兆光：《欲以"旧道德新知识"六字包扫一切——读许全胜〈沈曾植年谱长编〉再说学术史的遗忘》，《书城》2008 年第 5 期。
③ 这里所列仅是目前史料相对较充盈，故在本书中有专节述论者，其余因史料所限只能一笔带过或暂时阙疑待考者相对较少，但也绝非个别。
④ 桑兵：《民国学界的老辈》，《历史研究》2005 年第 6 期。

弟子和新文化派的论战。惟据桑兵的观察，"五四"前后桐城派被章太炎弟子和新文化派猛烈抨击，"大有被妖魔化之势"。实际章太炎本人后来对桐城派及"桐城义法"多有肯定。[①] 王达敏的研究也发现，曾对桐城派有持久而深刻批判的周作人，在 30 年代同样正面肯定桐城派是新文学的开端和导引。[②] 惟"桐城谬种"一词不仅在当时广为人知，而且至今仍备受瞩目，可见上述"妖魔化之势"力道甚强，在一定程度上影响了时人及后之研究者对桐城派的整体认知。实际上，马其昶、姚永概皆曾支持并参与兴办安徽存古学堂，姚永概更是官方相当倚重的办学员绅和师资骨干，其办学理念和文化观是当时注重"家法"而又开放包容的皖学风尚的重要代表。对相关史实的梳理应该可以为我们初步呈现出与此前学界习知的"妖魔化"表述明显不同的历史图景。

值得注意的是，存古学堂并不是单纯的教学机构。湖北、江苏、四川存古学堂不仅通过各种方式收罗了大量的中学典籍，而且还整理刊印了不少古籍和教职员的学术著作，为民元后各省地方文献的收集整理、图书馆的发展打下了基础。已有学者注意到存古学堂刊印典籍的版本价值。张国淦、刘起釪在考察历代《石经》刻本时，皆举列出湖北存古学堂以孙退谷藏本和黄易小蓬莱阁藏本合刻的，并将蔡嘉藏本增刻在一起的重刻拓本《石经》。[③] 赵俊芳在对比由陶濬寅参与校刻的存古学堂增辑本《汉魏丛书》所收《华阳国志》和蜀庐氏红杏山房刻本《汉魏丛书》所收的《华阳国志》以后，认为前者较精审。[④]

清季"新教育"中各类学堂的章程及课程表是考察西学冲击下近代中国学术分科演变的"重要参考系"之一。中国传统学术在近代为因应西学的冲击进行了长期的努力，清季存古学堂是这一努力中不应忽略的一环。桑兵在研究"近代知识与制度的转型进程"时，即将存古学堂置于晚清"科举与西学之争以及中西学校（堂）之争"的脉络中，认为该

① 桑兵：《从北洋军阀史到北京政府时期的民国史》，《南京大学学报》（哲学·人文科学·社会科学版）2014 年第 3 期。
② 王达敏：《论桐城派的现代转型》，《安徽大学学报》（哲学社会科学版）2015 年第 6 期。
③ 张国淦：《历代石经考》，1930 年铅印本；刘起釪：《〈尚书〉与历代"石经"》，《史学史研究》1983 年第 3 期。
④ 赵俊芳：《〈华阳国志〉汉魏丛书本述略》，《古籍整理研究学刊》1998 年第 6 期。

校"首先就是要依照中国本来的状态保存固有学问"。①

　　刘龙心认为，清季存古学堂的出现是"并行于（《奏定学堂章程》）学制之外的另一套教育系统"。该校的国学主课内容"繁重"，"事实上已不可能再有其他学科讲授的空间"，"几乎等于只以经史词章之学作为讲授内容，而其'一经穷毕再究一经'的地毯式研习方式，更是把其他一切知识拒于门外，在史学门中甚至连西史也一概剔除，几乎是回到新式学堂未设之前的书院考课型态，唯一不同的是存古学堂里不论经学抑或史学课程设计得如何繁密，最后一年的学习内容仍指向'通经史以达致用'的目的"。就此而言，存古学堂"意欲培养师资的目的尚在其次，统治者恐惧中学式微的心态应该才是最主要的原因"。②

　　程巍和谈火生观察到，张之洞认为"讲西学的学堂只足以'救时局'而不足以'保国粹'"，故而"在现有的新式学堂之外另立类似于传统书院的'存古'学堂"。在清末的教育改革中，"中学、西学的结构关系出现了一种奇特的轮回：西学从民间、从地方的书院进入国家正式的教育体制，而完整意义上的中学则退出了中央和地方的学堂体制之外，赖书院以'存古'"。③ 左玉河认为，"清政府采取种种保存中国旧学之措施，无论是各级新式学堂保留经学科，还是设立存古学堂，均是一种面对西学冲击而采取的被动应对之策。虽然这种应对有助于保存中国旧学，但却无益于转化旧学。中国旧学要想获得生存与发展，必须与西方近代学科体系接轨，以西学之新知、新理、新法来研究中国旧学，通过'援西入中'方式，将中国旧学逐步纳入到西方近代学科体系及知识系统中"。④

① 桑兵：《科举、学校到学堂与中西学之争》，《学术研究》2012年第3期；桑兵：《国学形态下的经学——近代中国学术转型的纠结》，《近代史研究》2019年第6期；桑兵：《经学与经学史的联系及分别》，《社会科学战线》2019年第11期。
② 刘龙心：《学科体制与近代中国史学的建立》，罗志田主编《20世纪的中国：学术与社会·史学卷》下册，山东人民出版社，2001，第497—503页。
③ 程巍、谈火生：《分科设学和清末民初中国的学术转型》，《山西大学学报》（哲学社会科学版）2002年第2期。
④ 左玉河：《从四部之学到七科之学——学术分科与近代中国知识系统之创建》，上海书店出版社，2004，第410页。左先生2007年发表的《现代学科体系观照下之经学定位》（《江海学刊》2007年第3期）一文，有专节论述清季官方在存古等学堂中维护经学地位的努力。

相关既存研究的一个明显特点是大多从西方近代学科体制的立场立论，关注中国传统学术向近代学科体制的"转化"或"接轨"进程。如果坚持以"返其旧心"的中立眼光观察，在清季官方办理存古学堂的过程中，曾不止一次地出现西式"学堂办法"与中国传统书院模式的分歧。被当时的趋新士人和舆论猛烈抨击的清政府（包括中央及各省地方）在这一问题上总体是倾向前者的。而倾向于利用中国传统书院的部分长处保存和传承中学的方案，虽与近代以后学堂取代书院这一历史演进的大方向不符，却未必不是值得我们思考的面向，至少可以让我们更清晰地看到历史的非线性发展和延续性的一面，从而多少弥补"倒放电影"式的研究思路可能存在的缺失。

晚清以降"国家"（state，下同）与"民间"或"社会"（society）的关系是学界长期关注的论题。近些年较凸显的研究思路是从州县以下的基层视角，自下而上地考察近世中国的历史演进。① 清季时人普遍将救亡图强的希望寄于教育。新政学务无疑是观察当时"国家"职能扩张和官、绅、民关系演进的重要视域。惟相关研究多聚焦州县及其以下的基层办学，相对较忽略省府的较高层级学堂。尤其是高等"阖省公共"性质的官立学堂，多为官方大员代表"国家"创办并主管，或有不小的研究空间。

而近年有关晚清官绅关系的论述似乎也多关注州县以下基层乡绅，相对较忽略中上层精英群体。② 有学者观察到，在不少"涉及晚清'地方'督抚与'地方'士绅之关系"的研究中，所谓"地方"士绅其实并非"能与督抚并举"者。③ 实际清季直接与督抚、提学使等官方大员合作的办学员绅，即多为有"阖省"乃至全国影响者，大体属于孔飞力所

① 相关论著参见罗志田、徐秀丽、李德英主编《地方的近代史：州县士庶的思想与生活》，社会科学文献出版社，2015。
② 这多少与"新文化史"和"微观史学"的风行有关。近些年来学界对"微小人物和事件"的关注度明显提升，这当然有助于我们以宏阔的眼光认识历史的丰富和多面性。但已有学者提醒我们"不要一窝蜂地寻找'草根'的课题"，中国文化自有崇尚精英的传统，仍应注重对"文化精英"的研究。王晴佳：《我们究竟应该怎样学历史？》，《新史学讲演录》，中国人民大学出版社，2010，第1—13页。
③ 徐佳贵：《始进终退：再论近代地方士人与"国"的关系变迁——以刘绍宽〈厚庄日记〉为个案》，《史林》2017年第3期，第118页。

谓包括"全国名流"（national elites）和"省区名流"（provincial elites）在内的"大绅"（big gentry）范畴，值得进一步考察。[①] 存古学堂通常以"大绅"和办学大员合作为根基，可为深入认知清季"新政学务"在"阖省"一级"地方"的实际运作，尤其是考察办学实务中的官绅关系，提供一个具体的视角。

本书以档案、报刊和相关人物文集等资料为基础，以存古学堂为中心，考察清季民初朝野以保存国粹为宗旨的办学努力。首先梳理清季中央政府对保存国粹学堂的态度变化过程，侧重学部的态度演变，以及中央政府内部的办学分歧和各种保存国粹办学方案的异同；继而尝试重建清季存古学堂由湖北扩及全国的动态历史图景，并以湖北、江苏、安徽、四川四省存古学堂为个案，详述其各自的兴办进程，侧重各存古学堂在办校原则、规模、规格、待遇等方面的共性特征，以及在学程安排、课程设置、教学授受方式、毕业出路等方面各自存在的一些特有面向，兼及相关办学官绅对"国粹"保存范围及方式的认知分歧；再考察清季朝野创设其他保存国粹学堂和"学社"的努力，比较其与存古学堂的异同；最后将存古学堂等清季保存国粹的办学努力回置到当时的思想言说中，尽可能还原出时人对其的反应和认知，侧重清季朝野在兴办存古学堂问题上的相互对立、在野趋新士人和舆论对张之洞晚年办学和保存国粹努力的评论等面向。

本书尝试采用"从细节入手认识整体"的研究取向。针对既存研究的不足，以钩撷史料、重建史实为基础，力求将群体与个案研究相结合，兼顾中央与地方。无论"述"与"论"，皆尽可能落实到具体的人和事，并以"中立之心"给各方较充分的"发言权"。在研究的范式和方法上，取较开放的态度，争取既重视既存诠释典范（paradigm）的指导和启示意义，也注意微观实证研究的特殊性和多歧性。同时，尽力避免某些在学界已"化民成俗"的研究倾向可能存在的缺失。

如"人"作为历史主体在思想史和人物研究中的消隐，是近些年来

---

① Philip A. Kuhn, *Rebellion and Its Enemies in Late Imperial China： Militarization and Social Structure, 1796－1864* （Cambridge：Harvard University Press, 1970）, pp. 3－4.

不少学者已有洞察并竭力纠正的研究倾向。① 本书以文教事业为选题，自应以重建存古学堂等办学机构发展的动态历史图景为研究主线。但任何文教学术机构的核心和灵魂都是"人"，官绅办学理念背后浸透的文化观以及众多精英士人的论争、冲突乃至博弈皆是本书着力关注的面向。笔者的研究愿景是以"叙事"为主干，同时取"在地化"（glocalization）的眼光，将思想和人物都回置到历史现场中，在史料允可的范围内，尽量呈现出以人（包括单数个体及复数的学术流派）为基本单位和核心主体的历史实况，让思想和学术回归到个人鲜活的历史履迹中。这一研究设想有些理想化，在实践中效果未必显著，但不失为值得持续努力的方向。

对于近年来不少学人推重的跨学科或者说"科际整合"的研究取向，笔者也心向往之。旨在保存国粹的存古学堂与当时的"中西学战"、朝野对立、官绅关系、文化论争紧密缠结，往往又成为当地图书文教事业发展和学脉传承的重要环节，在有些省份更是士林心态、学术风尚乃至社会思潮的缩影。若将清季民初的"新教育"简单视作教育建制，将存古学堂及其民初变体仅仅看成办学机构，的确很可能会错失其背后蕴藏的丰富而珍贵的历史信息和启示。但因学力有限，为免误入"泛滥无所归"的歧途，本书整体的学术架构（framework），仍坚持以"讲故事"的方式呈现出存古学堂及其民初变体的办学进程。在不忘这一"初心"的前提下，在材料相对充盈而自觉稍有把握的部分章节，笔者尝试跳脱出"教育"范畴，由具体而微的办学视角进一步观察和认知当时的社会、文化、思想以及相关人物，努力呈现出一幅主干清晰而又枝繁叶茂的动态历史图景。如果这一想法可以部分实现，则这本基于"教育史"的小书或许可以多少有一些不囿于"教育史"的取径与关怀。

傅斯年曾提倡"于史料赋给者之外，一点不多说；史料赋给者之内，一点不少说"。② 笔者的体会是，对于初学者而言，这绝对是努力的方

---

① 参见王汎森《思想是生活的一种方式：中国近代思想史的再思考》（北京大学出版社，2018，第314—350页）一书的第十章"人的消失？！——兼论20世纪史学中'非个人性历史力量'"；罗志田《风雨鸡鸣：变动时代的读书人》（三联书店，2019，第1—9页）一书的"自序"。

② 《中国古代文学史讲义》，欧阳哲生主编《傅斯年全集》第 2 卷，湖南教育出版社，2003，第 51 页。

向，但确实很难在实践中两全其美。在承认鱼和熊掌不可兼得的情形下，本书愿意更多地向"不多说"一面倾斜，宁可没有"说出"史料赋予的东西，也要最大限度避免出现"多说"的情况。因为"少说"最多是将自身学力的不足坦诚地显露在读者面前，而"多说"则有可能误导读者，而且一旦形成习惯，更会害己。如果尽可能详尽地梳理史料，重建史实，读者或可在直接参与的过程中"发现"笔者"少说"的部分，从而在一定程度上弥补笔者学力的不足，这对于作为"天下之公器"的学术研究而言，应该是有益的。

第一章　清季中央政府对保存国粹
学堂的态度演变

存古学堂是清季官方在"新教育"体系中尝试保存国粹的主要形式，自光绪三十年发端，直至清朝覆亡后基本停办，有全国性的办学规模（详见第二章），其间中央政府对保存国粹学堂的态度是影响各省保存国粹办学努力的要素之一。学部成立后，中央政府一直坚持尊西趋新的办学趋向，但其内部在应否设立及怎样兴办保存国粹学堂问题上一直存在分歧，具体的"存古"思路甚纷纭。学部对保存国粹学堂的态度经历了由驳斥改办到积极推广再到规范划一并限制发展的演变过程。存古学堂是在诸多保存国粹办学方案中被中央政府确立为"新教育"体系内的主要"存古"形式。张之洞的设立存古学堂思路与其他京官的保存国粹主张有明显区别。即便是罗振玉、乔树枏、陈衍等与张之洞过从甚密且相当倾向保存国粹的学部官员，在具体的办学方案上也有不小的歧见，相当能体现"多歧互渗"这一近代中国较明显的时代特征。

第一节　学部成立初期对保存国粹学堂的消极态度

清季官办保存国粹学堂既不是发端于最高统治者的谕旨，也不是导源于学部的统一布置，中央政府是在地方大员自下而上呈递相关奏折后做出因应的。光绪三十年六月，湖广总督张之洞札饬设立湖北存古学堂，[①] 但张氏至光绪三十三年五月才正式奏请开办该校（详见第三章）。中央政府较早收到的是河南、湖南两省奏呈的兴办保存国粹学堂方案。

光绪三十一年十月，河南巡抚陈夔龙、学政王垿奏请在省会设立尊

---

① 许同莘编《张文襄公年谱》，商务印书馆，1946，第 184 页。

经学堂，"以保存国粹为先务"。① 翌年正月，护理湖南巡抚庞鸿书、学政支恒荣会奏将省城的成德、达材校士馆，岳麓景贤堂以及衡阳府船山书院分别改为成德、达材、景贤、船山各学堂以"专课经史"，明确提出"拟仿照湖北存古学堂并参酌河南尊经学堂章程"办理。②

光绪三十一年十一月成立的学部并不认可豫、湘两省的上述奏案。翌年三月初一日，学部进呈《奏湘省学堂不合定章拟令改正折》，认为《奏定学堂章程》"于周知四国之中，仍寓保存国粹之意，经纬本极分明。是在办理人员守定章程，毋稍缺略，自无原奏中学日微、中师渐绝之虑"。达材等四校"以学生程度而论，非学堂积累而升，普通学术未必完全"。让"未习普通之生徒"在这些学堂"专习"大学分科的经、史、理、文等专门课程，"名实似觉不符，先后亦未免失当"。何况"四校同时并举，一律课授古学，当此财力未丰、兴学孔亟之候，一有偏重，放弃必多"。当前"科举既停，师范最重。各省中小学堂教员皆乏合格之选，亟宜多设优级、初级两等师范学堂以储教材"。③

有鉴于此，学部奏请饬令湘省官方将景贤学堂改办高等学堂，将成德、船山两校改办师范学堂，仅达材一校准"如原奏所请，招考举贡生员，肄习经、史、理、文各学。惟须先行补习普通，按照定章高等学堂第一类学科讲授，庶将来升入分科大学，得以画一学程"。学部并提出，湘省"原奏叠称仿照湖北存古学堂、河南尊经学堂办法。湖北存古学堂未据咨报，应俟另案核议。至河南尊经学堂，与湘省办法大同小异，应由臣部咨令改办师范学堂，以归一律"。此折奏呈当日"奉旨依议"。四天后，学部"恐各省学堂有与湘、豫两省办法相同者未经奏咨"而"无从核议"，特"恭录谕旨，抄黏原奏"，专文通咨各省"一律钦遵，如有

---

① 《河南巡抚陈夔龙、学政王垿会奏遵旨拟设尊经学堂及师范传习所，以保国粹而广师资折》（光绪三十一年十月），朱有瓛主编《中国近代学制史料》第2辑下册，华东师范大学出版社，1987，第527—530页。

② 《护理湖南巡抚庞、学政支会奏改设学堂以保国粹而励真才折》（光绪三十二年正月），《东方杂志》第3卷第3期，光绪三十二年三月二十五日，第43—49页。关于河南尊经、湖南达材等学堂的具体办学设想，详见第七章第三节。

③ 本段及下段所述除特别注明外，皆参见《学部奏湘省学堂不合定章拟令改正折》（光绪三十二年三月初一日），《东方杂志》第3卷第6期，光绪三十二年五月二十五日，第128—130页。

（类似湘、豫两省）前项学堂，即行酌量情形，按照奏章改办两级师范学堂"。①

学部此举与其当时将小学堂作为振兴教育的"基础"、"全力注重师范"的办学取向有关。② 学部注重的是在《奏定学堂章程》内养成中小学堂及师范学堂所需的各科教员。而旨在保存国粹的专门学堂，即使有预备经史文学师资的性质，也不在其列。就在进呈《奏湘省学堂不合定章拟令改正折》两天后，学部收到军机处抄交的四川总督锡良、学政郑沅会奏《添设致用学堂折》。奏折提出，致用学堂拟设经学、政学、艺学三科，选录各属举贡生员入堂肄业，并明言办学目的之一即"及时预备"已有"缺乏之虞"的经史文学师资，也没有提出仿办任何学堂之意。③

同年六月初八日，学部奏呈《四川致用学堂改办师范折》，认为"经学、政学、艺学三者，奏定学科已赅括无遗"，"无庸另立章程，转滋歧异"。致用学堂"经学、政学两科不设教员，暨考验惟凭札记、论说，皆与学堂办法不合。且艺学重在实验，如止就已习者设问，尤恐虚悬科目，徒托空言"。欧美、日本等"教育隆盛"的事例表明，"多立师范学堂乃今日最急之务"。此前"湖南船山、成德各学堂，河南之尊经学堂均经臣部奏明，令其改办师范。川省事同一律"。可知学部就是要将致用学堂纳入《奏定学堂章程》规定的普通学制中，而不是专意"养成经史国文之资"，正如其对湖南拟设成德、船山学堂以及对河南拟设尊经学堂的处置一样。④

学部对豫、湘、川三省保存国粹学堂奏案的批驳均着眼于它们"与学堂办法不合"之处，尤其强调学堂有别于书院的"新"教学方式。学

---

① 学部：《通行各省湘省达材学堂、豫省尊经学堂改办两级师范文》（光绪三十二年三月初五日），《学部官报》总第 1 期，光绪三十二年七月初一日，文牍，第 6A—7A 页。
② 大约在奏驳豫湘两省保存国粹办学预案的同时，学部通电各省提出，"振兴教育以小学堂为基础，而教员亟须养成，故师范尤要……现在请以全力注重师范"。学部：《通行各省推广师范生名额电》（光绪三十二年三月十八日），学部总务司编《学部奏咨辑要》，宣统二年，沈云龙主编《近代中国史料丛刊》第 3 编第 96 册，文海出版社，1986 年影印本，第 21 页。关晓红教授在《晚清学部研究》（第 354 页）中已注意到这一点。
③ 锡良、郑沅：《添设致用学堂折》（光绪三十二年三月），中国科学院历史研究所第三所主编《锡良遗稿·奏稿》第 1 册，中华书局，1959，第 563—565 页。
④ 学部：《四川致用学堂改办师范折》（光绪三十二年六月初八日），《学部官报》总第 3 期，光绪三十二年九月初一日，本部章奏，第 49B—50B 页。

部在奏驳湘省所奏达材等学堂时即指出，这些学堂"学生之修业无异而以举贡生员分别校舍，教员之讲授不时而以年考月试区判殿最。外标学堂之名，仍沿书院之实，揆之奏章，不免歧异"。① 光绪三十二年闰四月，御史乔树枏奏请饬下各省添设法政学堂，指出"科举停止以来，各省多就旧日书院改设存古学堂。湘、豫两省首先创办，其余各省亦次第举办，意在体恤寒畯，三年毕业，一律奖给出身。立意非不甚善，顾但求疏通之路，而不善筹造就之方，则受益其浅"。② 学部认为，令举贡生员学习法政，比"设立类似书院之学堂，但求疏通之路、不筹造就之方"更为"切实"，故抄录乔氏原奏，咨行各省查照办理。③ 在乔树枏看来，"湘、豫两省首先创办，其余各省亦次第举办"者皆是"但求疏通之路、不筹造就之方"的"存古学堂"。学部进而将其一律视作与《奏定学堂章程》内的常规学堂有所不同的"类似书院之学堂"。学部随后对江西明经学堂、江苏"南菁文科高等学校"的态度即凸显其对《奏定学堂章程》办学模式的坚持。

　　光绪三十二年四月二十六日，江西明经学堂正式开学，"援照湖南达材学堂成案"，选录本省举贡生员入堂讲习，"于保存国粹之中寓恤寒畯之意"。该校办学员绅在拟定章程时比照学部对湖南达材学堂的办学要求，对"科学程度尤为注意"。所有学科程度拟"按照定章高等学堂第一类讲授"。学生在进入高等"正科"前，须"先行补习"历史、地理、算学、格致、图画、东语、英语、体操等八门"普通"课程。此外"依中学程度增入讲经一门。盖因学堂取义显揭'明经'，循名核实，理似应尔"。如此办法"既系参照高等（学堂）讲授，而肄业之举贡又皆国文凤有根底"。④

---

① 《学部奏湘省学堂不合定章拟令改正折》（光绪三十二年三月初一日），《东方杂志》第3卷第6期，光绪三十二年五月二十五日，第128—130页。

② 乔树枏：《奏请饬各省添设法政学堂片》（光绪三十二年闰四月二十），《学部奏咨辑要》，宣统二年，沈云龙主编《近代中国史料丛刊》第3编第96册，第77页。

③ 学部：《通行各省御史乔树枏奏请各省添设法政学堂文》（光绪三十二年五月十六日），《学部奏咨辑要》，宣统二年，沈云龙主编《近代中国史料丛刊》第3编第96册，第78页。

④ 本段所述参见《江西巡抚咨学部文》，引在学部《咨覆赣抚明经学堂学生应请转饬拨入师范学堂肄业文》（光绪三十三年六月），《学部官报》总第26期，光绪三十三年六月初一日，文牍，第313A—320B页。关于明经学堂的详情，参见第七章第四节。

学部核办时则认为，明经学堂在"补习普通学"方面较定章多有"缺陷"。① 举贡生员出身的学生从前未曾研习"普通学"课程，"不能不由初步教起"。《奏定中学堂章程》规定的五年"普通学"课时钟点总计4040小时，而明经学堂一年补习学程仅1200小时，尚不及三分之一，"于普通各学万难毕业"。该校"算学"课程"于补习时并未及几何、三角。而正科第一年遽语以解析几何，学者何能领悟？"如果在一年补习学程中"加入几何、三角二门，则既有算学，又有代数，以一年二百四十点钟平均计算，每门才六十点钟，仅两月之程度，所得有几？"此外，该校声明"注重大学分科第一类之经学、政法、文学等科"，实际却并未照章开设"法制理财"课。以上各条若通通照章办理，则"各门补习期限至少须延长为三年，庶几程度相合"。

就在学部核办期间，该部奏派的"调查江西学务员"罗振玉又报告说，明经学堂虽"意在保存国粹，用意至善，但经学渊源即夙有根柢者亦不能于三四年中遽能养成专家，况在堂更须修普通学科，则养成经学专家更无可望"。② 故学部于光绪三十三年六月咨覆赣抚指出，该部此前准许湖南设立达材学堂，"系因湘省已有成德、船山两学堂所改之师范学堂及景贤学堂所改之高等学堂，于专门师范人才不患缺乏。故留一达材，以为举贡、生员肄业之地"。而赣省师范学堂"设立无多"，且"小学堂之教员皆非由师范出身，故小学规模甚不完备"，应将明经学堂所有学生"按其年龄、学力分拨入师范学堂或中学堂肄业。所有经费亦移作扩充师范学堂及中学堂之用"。

大约同时，江苏教育总会会长张謇等人禀请将江阴南菁高等学堂改办

① 本段及下段所述除特别注明外，皆参见学部《咨覆赣抚明经学堂学生应请饬拨入师范学堂肄业文》（光绪三十三年六月），《学部官报》总第26期，光绪三十三年六月初一日，文牍，第313A—320B页。

② 学部：《奏派调查江西学务员报告书·江西明经学堂调查总表》，《学部官报》总第34期，光绪三十三年八月二十一日，京外学务报告，第288B—289A页。按，据罗继祖《永丰乡人行年录》（京都中文出版社，1990，第32页）所记，光绪三十三年罗振玉被"学部奏派视察河南、山东、江西、安徽四省学务"，可知上引报告书为罗振玉所撰。有意思的是，罗氏其实是学部成立初期该部少数较注重中学的官员之一，曾因反对"遽废国子监"、提议"设国子丞及各郡县学，留教官一人奉祀孔庙"，而被学部同僚视作"顽固愚惷"者。罗振玉：《集蓼编（雪堂自述）》，《罗雪堂先生全集》第5编第1册，大通书局有限公司，1973，第21页。

"南菁文科高等学校"。学部回复说，"文科所包甚富，必须先习普通，兼修外国文，方可贯通新旧而有优美之实。现在中学堂设立未多，普通毕业者尚鲜。遽设此科，恐根柢未立，仍蹈考据词章之旧而无裨于实用。迩来各处兴学皆有缺少教员之叹。江阴滨临大江，地势利便，不如改立优级师范学堂，则造就师资，既适于今日之要需，且其第一类之学科亦已包有文科之实"。①

不过，当时最高统治者慈禧太后与学部的办学趋向并不全同。概而言之，学部有较浓郁的趋新氛围，而慈禧太后虽同样注重教育普及和养成师资，但似乎较关注新式学堂的中学教育。光绪三十二年五月二十三日，慈禧太后在召见即将赴日考察的各省首任提学使时谕示："蒙小学堂最要，旧学不可弃，教员尚苦不足，尔等到东洋宜认真考查。"② 同年十一月十七日的上谕指出，学堂旨在"培养通才，必当首重德育。着学部堂官慎纂教科书善本，择发明经传、有益身心之言，汇为一编，以资教授。伦常之道、礼义之防，尤于风俗有关。各种科学，固应讲求；经史国文，尤为根柢，断不宜有所偏废"。③ 学部尚书荣庆在当天的日记中写道："奉谕，（学堂）重经史国文及学生行检，谨遵办以挽颓风。"④

五日后，湖北按察使梁鼎芬奏请设立曲阜学堂以"广孔教教人之法"，并请"特旨派令"湖广总督张之洞督同湖北提学使黄绍箕"招集天下通经守正之士"，办理此事。⑤ 奏呈当日，内阁奉慈禧太后懿旨："曲阜为圣人之乡，自应建设学堂，以拓宏规而启后进。着张之洞督同湖北提学使黄绍箕等悉心筹画，妥慎办理，所需经费即着该督筹办并颁发帑银十万两，由山东藩库发给。"⑥ 此后不久，江苏道监察御史赵炳麟奏

① 学部：《为南菁改办文科事复江苏教育总会函》，《申报》光绪三十三年五月十一日，第2张第10版。关于南菁学堂的具体兴办进程，详见第四章第四节。
② 黄绍箕：《致张之洞》（光绪三十二年五月二十四日），中国社会科学院近代史研究所藏，张之洞档案（以下简称"张之洞档"），甲182–181。
③ 朱寿朋编《光绪朝东华录》第5册，中华书局，1985，总第5607页。
④ 《荣庆日记》，光绪三十二年十一月十七日，谢兴尧整理点校，西北大学出版社，1986，第110页。
⑤ 《湖北按察使梁鼎芬请建曲阜学堂折》，《申报》光绪三十二年十二月初一日，第1张第2版。梁鼎芬：《致张之洞》（光绪三十二年十一月二十二日），张之洞档，甲182–422。
⑥ 《清德宗景皇帝实录》卷567，《清实录》第59册，中华书局，1987年影印本，第504页。

请责成张之洞会同学部"慎选师儒，注重行谊。求孔孟之正宗，破门户之陋习。详定（曲阜学堂）规则，奏核施行"。① 同年十二月初一日，内阁再奉慈禧太后懿旨："所有曲阜学堂应如何慎选师儒、注重行谊，着学部会同张之洞悉心妥议，详定规则，奏明办理。"②

赵炳麟此奏可能与办学权的争夺有关。梁鼎芬光绪三十二年十二月初二日有急电致张之洞："曲阜学堂事拟旨时，闻空宪台名与东抚双请，否则允其事交学部议覆。慈谕未许，全照折所请。日来学部堂官谓：此绝大事，而部不与议，以为大耻。昨荣（庆）单见，面及此事。今赵炳麟奏请归学部议已准。"③ 时人也以"赵折所指与梁片所言印证，恰成反比例，其用意可知"。④ 实际上，赵炳麟当年九月曾奏请"每省设国学专门学堂一所"，从而减少高等学堂所有中学课程的课时数，以便学生可以"悉力于各种科学"；⑤ 而张之洞正因"各学堂经史汉文所讲太略"，故倡设保存国粹学堂。二者明显异趣。

慈禧太后对梁氏奏设曲阜学堂"夸赞"有加。光绪三十二年十二月初梁鼎芬请训时，慈禧太后曾谕示："曲阜学堂奏得好，这件事情张（之洞）必能料理得好。"⑥ 并对梁鼎芬说："你湖北学堂办得好。"梁氏"对：'皆系张发迹指示。'慈谕：'发迹稍停。'赶对：'张出的主意，臣照主要认真办理。故湖北学生读经书、作中文的多，又不穿洋装。'慈连声称赞，又谕：'我最不喜人说改服色，国家强不在此'"。⑦ 翌年初继而有报道说，给事中左绍佐奏参梁鼎芬"品行不端，妄议学务，两宫览奏谓：梁臬司前次条陈奏请尊孔暨修建曲阜学堂等事，尚属正大。该给事中所奏未免太过，遂将原折留中"。⑧（该校后来的兴办进程详见第七章）

① 《御史赵炳麟奏请定教育宗旨折》，《申报》光绪三十二年十二月十三日，第3张第17版。
② 《清德宗景皇帝实录》卷568，《清实录》第59册，第509页。
③ 梁鼎芬：《致张之洞》（光绪三十二年十二月初二日辰时），张之洞档，甲182－422。
④ 《赵炳麟参劾梁鼎芬之详情》，《盛京时报》总第87号，光绪三十二年十二月二十三日，第2版。
⑤ 赵炳麟：《请立国学专门疏》，《赵柏岩集》上册，黄南津等点校，广西人民出版社，2001，第422—423页。
⑥ 梁鼎芬：《致张之洞》（光绪三十二年十二月初五发初六到），张之洞档，甲182－422。
⑦ 梁鼎芬：《致张之洞》（光绪三十二年十二月初六发初七到），张之洞档，甲182－422。
⑧ 《两宫不以左给谏奏参鄂臬为然（北京）》，《申报》光绪三十三年二月初三日，第1张第3版。

学部在兴办曲阜学堂问题上基本处于消极被动的状态，提示着其整体上较趋新的办学取向仍在延续。光绪三十二年九月初，翰林院撰文李传元以上月参加学部考试的游学毕业生"于中国学问素未窥见"，奏请"饬下学部大臣择各生之优等者，拨入各学堂补习中文三年，其补习期中不准各处奏调，庶几可成全才"。① 大约同时，《申报》报道，学部游学毕业生考试同考官严复"因见各学生欧美科学均极优长，独于国文一门未窥堂奥，特上条陈于学部各堂，请代奏设立国文专馆，延聘湛深中学之士充当教习，将已取各生派入肄习，限以三年毕业，然后延试给予出身"。②

但学部极看重游学生专长的"欧美科学"，对其中的"中文尚浅"者实际取相当宽容的态度。该部同年十二月议覆李传元奏折，虽然承认此次所考游学毕业生中"间有中文尚浅者"，但强调他们"科学颇有所长，亦足应一时之用。现当世变纷乘，需才孔亟。如兵农工商路矿诸要政，尤非专门之选，不足以资赞助。且该毕业生内，其学业精进、有足颉颃外人者。若既经专门学或出任兵工路矿之事，又复令其补习中文三年，揆诸事势，实属缓不济急。惟于办公之暇，仍令留心讲求中文，兼习公牍，以资实用"。③

至光绪三十三年四月，学部议覆候选道许珏条陈学务一折。许氏上年在家乡"见十龄外幼童入学堂已四五年，尚未读《四书》"，故奏请"申明《奏定章程》，凡十龄以前，必诵读《孝经》《四书》；十龄以外，仿从前专经之例，许专读一经"。学部覆奏不仅没有接受许氏的提议，反而留意到许氏以"儿童日力有限"为由，拟减少《奏定学堂章程》规定的小学堂经学教授内容，进而表示部中已在"筹议"酌量减少初、高两

---

① 李传元：《奏请令游学之士补习中文折》（光绪三十二年九月初七日），引在学部《议覆翰林院撰文李传元奏请令游学之士补习中文折》（光绪三十二年十二月），朱寿朋编《光绪朝东华录》第5册，总第5625—5626页。

② 《严观察条陈设立国文专馆（北京）》，《申报》光绪三十二年九月二十四日，第1张第3版。

③ 学部：《议覆翰林院撰文李传元奏请令游学之士补习中文折》（光绪三十二年十二月），朱寿朋《光绪朝东华录》第5册，总第5625—5626页。当时部中权势格局的消长变化似乎也倾向于更激进趋新的严修、李家驹等人。同年十一月十四日梁鼎芬在致张之洞的电文（张之洞档，甲182－422）中说，学部是"严（修）、李（家驹）当家，乔（树枏）暗下"。

等小学读经课时。①

同年五月底，湖广总督张之洞正式进呈《创立存古学堂折》（以下简称《存古奏折》）。奏折以两年多前张氏所拟《札设存古学堂文》（以下简称《饬设札文》）为蓝本修改而成。张之洞一贯注重奏折文字，这些改动的部分值得注意。比如奏折在此前札文基础上添有一段陈述当时学堂弊端的文字："近来学堂新进之士，蔑先正而喜新奇，急功利而忘道谊。种种怪风恶俗，令人不忍睹闻。至有议请废罢四书五经者，有中小学堂并无读经讲经功课者，甚至有师范学堂改订章程，声明不列读经专科者。"②《盛京时报》报道，学部原拟删去《奏定学堂章程》中小学堂"读经讲经、历史、舆地诸门，而仅以国文一门包括之，并缩短初等小学之毕业期限"，因恐张之洞"力持正论，姑先将删改稿本行文咨商各省，窥探各督抚意旨"。上引张氏奏折所言学堂弊端即是"专指斥此项删改之新章而言"。③ 这当然只是时人的推测，但至少从一个侧面说明时人已注意到张氏奏设存古学堂与学部办学取向有相当的距离。

实际上，张之洞奏设存古学堂时确实考虑到学部此前对保存国粹学堂的批驳态度。《存古奏折》提出存古学堂课程应"略兼科学，以开其普通知识，俾不致流为迂拘偏执，为谈新学者所诟病"，也是在先前札文基础上新添者。稍后张之洞曾私下对罗振玉表示，存古学堂课程"不加科学，恐遭部驳"，可知该校意在为学生"开其腐陋、化其虚骄"的西学课程，的确不无避免学部批驳的考虑。④ 在张之洞眼中，当时学部注重的正是"普通知识"，该部的办学倾向整体上更接近"谈新学者"。《存古奏折》在先前札文基础上还特意申明该校"与旧日书院积习绝不相同"。河南尊经、湖南景贤等学堂的"章程似与向来书院考课相仿，

---

① 《学部议覆候选道许珏条陈学务折》《续学部议覆候选道许珏条陈学务折》（光绪三十三年四月初六日、初七日），《申报》光绪三十三年五月初三日、初四日，均为第2张第10版。

② 《创立存古学堂折》（光绪三十三年五月二十九日），苑书义等主编《张之洞全集》第3册，河北人民出版社，1998，第1762—1766页。按，以下所述张之洞兴办存古学堂的思路和规划，除特别注明外皆参见此件，兹不赘注。

③ 《鄂督暗驳学部新章之意见（湖北）》，《盛京时报》光绪三十三年七月初七日，附张。

④ 本段及下段所述罗、张二人会谈内容参见罗振玉《集蓼编（雪堂自述）》，《罗雪堂先生全集》第5编第1册，第21页。

与鄂省存古学堂判然不同，毫不相涉"。这样的改动固有发挥西式教育在"管理"方面的长处以祛除"书院积习"之意（详见第三章），似乎也与学部对豫、湘两省奏案的批驳有关。

罗振玉在上述与张之洞的会谈中还提到，学部在张氏主管前曾"集议"存古学堂一事，当时他曾有推广张氏保存国粹之意的"说帖"。对此张氏表示以后"当谋奏行"。可知此前学部的"集议"应该没有就罗氏的"推广说帖"达成广泛共识，至少是没有出台正式的"推广"决议。

第二节 中央政府推广存古学堂的努力

光绪三十三年七月二十七日，张之洞奉旨补授军机大臣，翌月奉旨管理学部。① 这为存古学堂的发展创造了条件。同年七月二十九日，《申报》登出学部"拟通咨各省先饬添设存古学堂以存国粹"的消息。② 张氏抵京的同日，该报继而报道："学部乔（树枏）丞堂议于京师设立存古学堂一区，仿照湖北办法，召集举贡考职之落第者为一班，另招举贡生监为一班。一俟筹定巨款，即当开办，以为各省之模范。"③ 时任学部主事陈衍也在张之洞管部后提出，将湖北存古学堂"推广各省，省设一区，所以存中国学问于万一。上备大学文科、经科学子之选，下储伦理、国文、史学、舆地教授之材，所操甚约，而收效甚大也"。④

在张之洞管部时期，乔树枏、陈衍两人是相当倾向存古学堂的学部官员，且皆与张氏关系较密。他们提出的仅是京师及各省"设一区存古学堂"的推广方案，提示着即便是在张氏主管学部以后，存古学

---

① 许同莘编《张文襄公年谱》，第205页。
② 《京事小言》，《申报》光绪三十三年七月二十九日，第1张第4版。
③ 《京事小言》，《申报》光绪三十三年八月初五日，第1张第4版。乔氏此议似乎更多考虑到"宽筹旧学出路"的需要。而张之洞奏设存古学堂时提出，该校应招录高等小学堂毕业生，只因小学堂尚未造就成才，故就"各学生员考选，不拘举、贡、廪、增、附皆可"，但不收录监生和童生。乔、张二人的方案虽皆向旧式读书人敞开大门，但其初衷明显不同。
④ 陈衍：《与唐春卿尚书论存古学堂书》，陈步编《陈石遗集》上册，福建人民出版社，2001，第492页。

堂也远未成为中央政府的头等兴学要务。当时的报章已注意到张之洞抵京后以"普及教育"为兴学要端之首的言论。抵京当月，张氏奏陈立宪"要政七事"，第一条即是"宽筹学费，教育普及"。① 光绪三十四年初，张氏在军机处倡议，"谓现在中国最要之政有二，一为普及教育，二为戒净全国洋烟。老夫虽耄，定当决计黾勉，将此二事办有成效，方为满意"。② 同年五月，他在召对时仍以"教育普及"为第一要务，"两宫极为嘉纳"。③

另外，张之洞主管学部后确实对"保存国粹"倾注了不少心血，不仅将湖北存古学堂视为"最关心"的文教事业（详见第三章），而且在到部的次日单独约谈罗振玉时，即征询其对存古学堂的意见。④ 罗氏提出存古学堂"年限至短，复添科学"与"国学浩博"之间的矛盾，对该校的成效表示疑虑，进而建议，"各省宜设国学馆一所，内分三部，一图书馆，二博物馆，三研究所。因修学一事，宜多读书；而考古则宜多见古器物"。"研究所"应"选国学有根柢者，无论已仕未仕及举贡生监，任其入所研究，不限以经、史、文学、考古门目，不拘年限，选海内耆宿为之长，以指导之，略如以前书院。诸生有著作，由馆长移送当省提学司，申督抚送部。果系学术精深，征部面试。其宿学久知名者，即不必招试，由部奏奖。如是则成效似较可期"。这里的"国学馆"已是涉及颇广的官立综合性文教机构，教学仅为各项职能之一。

对于存古学堂"年限至短，复添科学"与"国学浩博"之间的矛盾，张之洞认为罗振玉"所论极是"，该校"年限太短，成效必微，但究胜于并此无之耳"。他进而对罗氏提出的"国学馆"方案赞许有加，并允诺"当谋奏行"。这场谈话是在张之洞主管学部后私下进行的，从

---

① 《相国政见汇志》，《广益丛报》第 5 年第 20 期，光绪三十三年八月二十九日，纪闻，第 1A—2A 页。这大体也是此前学部办学方针的延续。该部在同年七月初咨发各省的公文（引在《学部咨查各省学堂》，《直隶教育杂志》第 11 期，光绪三十三年七月初一日，时闻，第 96 页）中明确提出："本部兴学之宗旨，不在得少数之博学而欲收普及之中才，盖缘国家富强之基，本在于全国人民普及与否以为断。"

② 《张中堂之壮志》，《大公报》光绪三十四年二月初八日，第 1 张第 3 版。

③ 《中堂奏对之述闻》，《大公报》光绪三十四年五月十八日，第 1 张第 3 版。

④ 本段引述张、罗两人言论皆参见罗振玉《集蓼编（雪堂自述）》，《罗雪堂先生全集》第 5 编第 1 册，第 25—26 页。

一个侧面提示着张氏或许未必将存古学堂视作最佳的保存国粹办学方案，但至少是不反对兴办"略如以前书院"的"国学馆"。①

但张之洞并未奏呈罗振玉的"国学馆"方案，中央政府随后仍是在"新教育"体系内将存古学堂确立为保存国粹的主要办学形式。光绪三十三年九月，内阁会议政务处会同学部议覆翰林院侍读周爰谞奏请整顿学务各折片，"奉旨依议"。周氏原折"鉴于新学流弊致有近日乱党之祸，因思整顿补救之方"，设立存古学堂即办法之一。内阁会议政务处与学部会奏表示："湖北奏设之存古学堂，法良意美，应请饬下各省督抚，参照湖北章程，于省会量力建置。但各省财力不同，或另筹简易办法，惟期保存国粹为第一义。"② 中央政府明确认同湖北方面以"保存国粹为第一义"的办理存古学堂取向，并提倡各省参照"法良意美"的湖北章程"于省会量力建置"，但没有订立期限，也未划一规模，而是允许"另筹简易办法"，这对存古学堂在各地的发展产生深远影响（详见第二章）。

不过，京官对于是否有必要兴办存古学堂仍有不小分歧。光绪三十三年十一月初，有报道说，"赴欧洲考查实业专员"吴熙恩向学部提出六条注重实业建议，第五条即是"减立中学及存古学堂，移款设立各种实业学堂"。③ 翌年初，有报道称，张氏与学部尚书荣庆"议定"在京师设立"尊孔学堂"，"一切章程均仿存古学堂办理"。④ 同年六月，掌山西道监察御史李浚以"经学亟宜注重"，奏请"饬下学部、各直省督抚，于国子监地方及各直省城一体设立存古学堂，以为倡始。所有学堂课程、毕业年限以及一切详细事宜悉照湖北、江苏两省奏定章程参酌办理"。⑤ 同月的《大公报》有报道说，"学部某堂"在会议李浚奏折时表示，"分

---

① 罗振玉实际认为中西教学体制和方法各有所长，故主张中西学教育沿承各自的"教法"，虽与当时"中体西用"的主流思想言说不同，但类似的观念在清季并非特例。对于"中西学各自作为一个长期相对独立发展的文化体系是否可分"这一根本问题，严复、沈曾植等人同样给出了否定的答案，详见第五章。

② 《内阁会议政务处议覆周爰谞奏请整顿学务折》，《政治官报》第 7 号，光绪三十三年九月二十六日，折奏类。

③ 《考查实业之报告》，《直隶教育杂志》第 17 期，光绪三十三年十一月初一日，时闻，第 108 页。

④ 《尊孔学堂决计成立（北京）》，《大公报》光绪三十四年正月初七日，第 1 张第 5 版。

⑤ 《掌山西道监察御史李浚奏经学亟宜注重请立存古学堂折》，《政治官报》第 260 号，光绪三十四年六月二十日，折奏类。

科大学已列有经学一科"，京师存古学堂"似可毋庸另设"。①

李浚奏折虽力主推广存古学堂，但开篇提出该校意在"补科举之不足"，与张之洞试图借以"养成（学堂）传习中学之资"的原意多少有些截然相反的意味。实际上，当时京官提出的"存古"方案相当驳杂，不少人将保存国粹与停废不久的科举联系在一起，其中既有支持存古学堂者，也有不认同该校者。光绪三十三年七月二十一日，《申报》披露"沈御史陈奏推广张中堂存古学堂办法：凡童生入堂，必先由府县试取中后，送提学司核准，方可入学。然后再由提学使保送存古学堂，以七年毕业保给优等奖励"。② 翌月，给事中李灼华奏请将科举、学堂"并行不悖"，主张"复行岁科两试"，各省会高等学堂"须曾经考取入庠"而"中学精通、稍知伦理"者方准入学，如此则"读书种子借科举稍可绵延"。奏折批评张之洞办"新教育"，"糜款巨万，精疲力竭，不独养成痛患有如是者"。其"开办存古学堂奏牍，于学生则深恶痛绝，不遗余力。其追悔诟病，情见乎词"。先前"戊戌之乱，张之洞作《劝学篇》以解之；今者学界之哄，张之洞立存古学堂以挽之，二者谓为张之洞悔过书可也。独是一误再误，天下事能铸几大错哉！"③

另有京官提出开设"制科"以"保存古学"的方案。光绪三十四年九月，都察院代递吏部文选司员外郎黄允中"保存旧学必开制科"条陈，具体办法为"三年三试。小试为生员，省试为举人，京试为贡士、进士、庶吉士"，"出身名目与学堂同，惟考取年分与科举等"。④ 同月十一日，会议政务处议覆御史俾寿《奏请特开制科》一折，认为俾寿原奏请开"博学鸿词一科，我朝康熙、乾隆年间曾两次举行。试以经史、论策、诗赋，题义精实，文章宏伟，得人甚盛。且方今中国文学渐微，实有道丧文敝之忧。诸臣条陈议及此事者颇多，是保存国粹为今日急务，

① 《会议李侍御条奏之纪闻》，《大公报》光绪三十四年六月二十五日，第1张第3版。

② 《京事小言》，《申报》光绪三十三年七月二十一日，第1张第3版。

③ 李灼华：《学堂难恃拟请兼行科举折》《变通学堂规制复行岁科两试片》，光绪三十三年八月十一日军机处原折，故宫博物院明清档案部编《清末筹备立宪档案史料》下册，中华书局，1979，第993—997页。

④ 《都察院代递吏部文选司员外郎黄允中条陈保存旧学必开制科呈》，《政治官报》第375号，光绪三十四年十月十七日，折奏类。据黄氏在条陈中所述，他此前还曾奏请"翰林复汉博士职，立经、史、文学三科，层取递升，以存古学"。

拟请饬下学部详加筹议"，惟此科"系专为提倡中国文学，各有取义，勿庸牵涉时务以免淆杂"。①

实际上，张之洞兴办存古学堂的思路确与当时"数见不鲜"的"规复科举"奏案判然不同。时人注意到，张氏入京后对规复科举的倾向"诋驳甚力"。他在光绪三十三年九月的"朗润园集议"上"宣言"，奏复科举"实出情理之外，嗣后再有此等事，即以莠言乱政例治罪"。② 同月，学部奏驳湖南中书黄运藩请复科举折，力主"求整顿于学堂之中，断不能言造就于学堂之外"。③ 至宣统元年初，据报道，学部曾集议御史李灼华奏请"规复科岁试"一折，张之洞"之意非以学堂为不然，亦非以词章诗赋为不可废。惟中国为数千年礼义之邦，文学开化最早，实为应行保守之国粹。经史词章可不重而不可尽废，故以学堂注重经史、毕业考验注重国文二层为主义"。④ 若复行科岁试，则不仅使"学堂前功尽弃，且与立宪之前途大有妨碍"。⑤

"立宪之前途"正是当时朝野关注的焦点。学部随后的做法是将存古学堂纳入筹备立宪的"正轨"。该部宣统元年闰二月底奏准颁行《分年筹备事宜清单》。这份与"预备立宪"配套的"新教育"发展规划明确规定，在"预备立宪第三年"（宣统二年），"行各省一律设立存古学堂"。⑥ 存古学堂由此成为清季官方筹备立宪的办学事项并订有明确的办理期限。但该校仅仅是上述清单中宣统元年至"宣统九年"诸多筹备立宪事项之一。"京师筹办大学分科"一项被排在宣统元年。按照《奏定学堂章程》的规定，经、文两科大学是其中应有之义。⑦ 此外似乎就只

① 《会议政务处又奏议覆御史俾寿奏请特开制科片》，《政治官报》第 340 号，光绪三十四年九月十二日，折奏类。
② 《科举绝不规复》，《大公报》光绪三十三年八月十九日，第 3 版；《奏请复科举者请听》，《大公报》光绪三十三年九月十四日，第 4 版。
③ 学部：《议覆中书黄运藩整顿学务请复科举折》（光绪三十三年九月二十一日），《政治官报》第 16 号，光绪三十三年十月初五日，折奏类。
④ 《学部议覆规复科岁试之意见》，《广益丛报》第 7 年第 5 期，宣统元年闰二月初十日，纪闻，第 1A 页。
⑤ 《学部会议请复科岁试纪闻（北京）》，《申报》宣统元年二月十三日，第 1 张第 4 版。
⑥ 本段及下两段除特别注明外皆依据学部《奏分年筹备事宜折（并单）》（宣统元年闰二月二十八日），《学部官报》总第 85 期，宣统元年三月，本部章奏，第 1A—5A 页。
⑦ 张之洞等：《奏定大学堂章程》（光绪二十九年十一月二十六日），朱有瓛主编《中国近代学制史料》第 2 辑上册，第 770—823 页。

有"创设图书馆（附古物保存所）"的计划是与"存古"取向直接相关者。

　　整个筹备清单的前三项分别是颁布"简易识字学塾"章程和"简易识字"、"国民必读"课本，而"京师及各省设简易识字学塾""各厅州县及城镇乡推广两等小学堂"等项也被列在宣统元年项下。整体上，筹办清单在注意提升专门教育地位的同时，仍是以普及教育为筹备宪政的头等兴学要务。学部在"新教育"体系中对存古与其他学堂关系的处理大体是张之洞在湖广总督任内办学主张的延续，即"救时局""存书种"两义并行不悖且以前者为重。

　　学部在进呈筹备清单的奏折中说，各省"情形不一，筹备之事有缓急难易之不同"，具体办理事宜应由"各直省饬司妥速筹议，限期报部核定，再行开单奏明办理"。可知学部虽将包括存古学堂在内的分年筹办事项称作"事关大局、各省应同时并举者"，实际仍为各省办存古学堂留有余地。宣统元年八月，《宪政编查馆会奏核覆各衙门九年筹备未尽事宜折（并单）》指出学部所奏历年筹备事宜"于灌输科学之中，仍寓保存国粹之意，尤为能见其大"。① 这大体可说是"救时局""存书种"两义并行不悖且以前者为重的另一种文字表述。

　　自张之洞主管学部至宣统元年闰二月学部奏准颁行《分年筹备事宜清单》，中央政府推广存古学堂的努力确有相当成效。由目前掌握的资料看，在此期间江苏、贵州、陕西三省奏请建立存古学堂，广东官方在学部的具体指示下筹办存古学堂，京师、安徽、江西、河南、浙江、福建、吉林等地也都有拟办存古学堂的提议（详见第二章）。光绪三十四年八月裁缺国子监司业萌桓甚至奏请分别按十分之二、十分之三的比例设立"国粹学堂"和"国粹武备学堂"，二者合计占所有"京外学堂"的半数左右，如此恢宏的规模远远超出张之洞拟各省设一所存古学堂的设想。② 各地的"存古"热情日渐升温引起中央政府的注意。就在学部奏呈《分年筹备事宜折（并单）》前后，京师传出张之洞及其主管的学部拟"核

---

① 《宪政编查馆会奏核覆各衙门九年筹备未尽事宜折（并单）》，《申报》宣统元年八月二十二日，第1张第3、4版。

② 《裁缺司业萌桓奏请速筹海军并整顿学务折》（光绪三十四年八月初十日），中国第一历史档案馆藏宪政编查馆档案，档案号：68。

议"存古学堂办法、"完善"该校章程以避免"持之过当"的消息。

第三节　避免"有碍新机"并修订存古学堂章程

宣统元年二月初，《申报》报道，浙江官书局总纂姚丙然禀请"速饬举办存古学堂"，张之洞"深以为然，已饬司核议办法，以便通饬各省遵照举行"。① 翌月二十五日，该报又有报道："学部堂宪以各省设立存古学堂原为保存经学国粹起见，惟恐持之过当，以致沾染迂陋腐败之习，于新学隐相反对，殊为学务前途之障碍。现议由部拟定完善章程，颁布行各省以便遵照。"② 实际张之洞在奏设存古学堂时已明确表示，该校是"创举"。湖北"试办"后，如"课程条目毫无窒碍"，即由学部"核定"章程，"通行各省，一律仿照办理"。③ 考虑到该校章程后来确实被修订，且《修订存古学堂章程》（以下简称《修订新章》）实寓限制规模、"整齐划一"办法之意，上述两则报道似大体可立。

姚丙然主张浙江所有"中学毕业而于经、史、国文分数不足者须入存古学堂补习后，方予奖励"，意味着该校实际成为普通中学堂经、史、国文课的辅助教育机构，与湖北存古学堂造就"研精中学"之才且"养成传习中学之师"的性质明显异趣，其"经、史、掌故、文学"的分科计划也与鄂省方案不同。④ 由目前掌握的资料看，当时安徽、江西、江苏、河南、四川、云南等省确有与张之洞办学思路明显歧异的创设存古学堂方案，也不乏较张氏主张远更恢宏的提案，说明中央政府"拟定完善章程，颁布行各省以便遵照"的努力有实际的针对性。

当时舆论较关注存古学堂章程修订工作的进展。宣统元年五月十九日，《大公报》报道称，张之洞再次饬令学部迅将存古学堂章程"先行编订，一俟草案告成"，即送呈他"亲自核阅"。⑤ 七月下旬，该报又报

---

① 《京师近事》，《申报》宣统元年二月初四日，第 1 张第 5 版。
② 《京师近事》，《申报》宣统元年闰二月二十五日，第 1 张第 6 版。
③ 《创立存古学堂折》（光绪三十三年五月二十九日），苑书义等主编《张之洞全集》第 3 册，第 1762—1766 页。
④ 姚丙然等：《禀呈学部文》，引在《禀办存古学堂》，《大公报》宣统元年正月二十八日，第 2 张第 2—3 版。
⑤ 《张相国与存古学堂》，《大公报》宣统元年五月十九日，第 4 版。

道，存古学堂章程"业经核订，将次脱稿。一俟张相国假满，呈请核夺后，即可颁发照行"。①

至同年八月张之洞逝世后，中央政府对是否更动张氏生前所拟办学事项颇有争议，其中即包括拟设通儒院等意在保存国粹者。② 但修订存古学堂章程既为张氏生前数次"交谕"学部的事项，其限制办学规模的努力又是意在防止"持之过当，有碍新机"，故秉承张氏遗志继续"核订限制章程"，成为中央政府内部在办理存古学堂问题上相对较易达成的共识。

就在张氏去世的当月底，《大公报》登出"学部人士"透露的消息，称该部侍郎宝熙"日前与荣（庆）尚书提议：曩者张相国（之洞）于未请假时曾经交谕'以存古学堂次第设立，恐各省士子偏重稽古，转昧通今，应由部核订限制章程，颁令遵守，以冀维持'等语，立意最为完善。今相国虽已逝世，仍当接续核订，以继其志。闻荣相国亦颇以为然"。③ 十月初十日的《申报》也有报道："京师以张文襄公（之洞）病假前曾会议各省存古学堂成立日多，恐流于泥古，有碍新机，拟由部改订划一专章，颁发各省实行等因。兹该部各堂以此议实为维持教育之最美办法，已拟继续前议，订章施行。"④

不过，《修订新章》的具体"限办"方案迟迟没有定议。宣统元年底，学部按例进呈《奏遵章陈明次年筹备事宜折》，确认存古学堂翌年"应按期举行，一律开办"。⑤ 可知在宣统二年的筹办宪政工作正式启动前，《分年筹备事宜清单》原拟推广存古学堂计划并未被更改。至宣统二年二月唐景崇出任学部尚书后，学部司员陈衍曾上书唐氏，请其"着力"主持存古学堂的推广事宜。⑥ 同年三月二十五日，《大公报》登出消

① 《存古学堂章程将次颁发》，《大公报》宣统元年七月二十日，第2张第1版。
② 相关情形可参见关晓红《晚清学部研究》，第191—194页。
③ 《拟续订限制存古学堂章程》，《大公报》宣统元年八月三十日，第2张第1版。
④ 《京师近事》，《申报》宣统元年十月初十日，第1张第5版。
⑤ 学部：《奏遵章陈明次年筹备事宜折》（宣统元年十二月二十八日），《湖北教育官报》第1期，宣统二年正月，章奏，第1A—2A页。
⑥ 陈衍：《与唐春卿尚书论存古学堂书》，陈步编《陈石遗集》上册，第492—493页。不过陈衍认为"存古"之名不合时宜，主张每省设一所"文学堂，专习经史文学，三年卒业"，学制年限及招生规模较湖北存古学堂大幅缩减。

息称，唐景崇"入署检阅张文襄在时所奏关于学务各折件，曾提及建设存古学堂一事。拟咨行各省，凡未设立者均于年内筹办成立，已饬本部司员缮文，日内当即咨致"。① 此议大体仍在预备立宪的办学规划中。下半年，江苏存古学堂经学总教曹元弼因该省谘议局议决通过停办存古学堂议案而上书唐景崇求助。唐氏对江苏存古学堂取支持态度。②

不过，从整体的办学取向看，学部在宣统二年实际的办学运作中相当坚持"灌输科学"与"保存国粹"的主次之分。宣统二年上学期末，山东办学员绅对如何使用即将停办的优级师范选科学堂所遗校舍争议不定，"有主张办实业学校者，有主张办存古学堂者"。山东提学使司"详院咨部请示"。学部复文指出，"曲阜学堂之学科程度均与存古学堂相符，而其经费均为东省所筹，则该省之存古学堂自以归并曲阜学堂办理为宜。所有师范选科校舍应即改为中等工业学堂，就定章中等工业各科中酌设教科，认真办理"。③

此后不久，山东巡抚孙宝琦又将山东绅士朱寿蕃等人"合辞吁恳仍准以优级选科所遗校舍款项改设本省存古学堂"的禀文转咨学部。④ 宣统二年六月初二日，学部咨覆孙宝琦指出，《分年筹备事宜清单》将"中等实业学堂列入第二年内，存古学堂列入第三年内，分年筹设，均为重要事项。但实业为民人生计所关，尤宜多筹款项，多立此项学堂，期于广裕人才，有资实用"。故山东方面应将优级师范选科原有每年36000两经费"酌提万余两以办存古学堂，余者应即移作实业学堂之用"。学部确对力主保存国粹的山东官绅有所让步，但存古学堂与实业学堂之间原本相当分明的轻重缓急之别再次得到确认，整体上依然是学部的办学意见占上风。

实际上，学部在宣统二年上半年的具体运作中已用"变通办法"取代了原拟当年"行各省一律设立存古学堂"的筹备宪政办学计划。该部

---

① 《拟饬各省设立存古学堂》，《大公报》宣统二年三月二十五日，第2张第1版。
② 曹元弼：《与张次珊前辈书》（宣统三年正月），《复礼堂文集》，华文书局，1969年影印本，第905—909页。
③ 学部：《咨覆山东巡抚文》，引在《存古学堂归并曲阜大学》，《教育杂志》第2年第5期，宣统二年五月初十日，学堂消息，第44页。
④ 本段所述参见学部《咨覆鲁抚准将优级师范校舍改办存古学堂文》（宣统二年六月初二日），《学部官报》总第133期，宣统二年八月二十一日，文牍，第3B—4B页。

在同年九月奏报"预备立宪第三年（宣统二年）上届筹办事宜"时表示，"各省存古学堂现由臣部拟定变通办法，分别已设、未设省分，酌量设立"。① 大约在十一月，学部备文答复资政院议员孟昭常"质问奖励、考试、存古学堂三项应否废止"的"说帖"，表示江、鄂等省设立存古学堂，"全国之大，不过数处，固出于调停新旧之苦心。然本部于湖南景贤、成德、达材、船山等学堂曾经先后奏驳，可见审时度势，本部原自有权衡。当资政院开会时，本部尚书（唐景崇）演说教育方针云：拟将存古学堂酌量财力，归并办理。该议员谅已闻之矣"。② 大约四年前奏驳湘省景贤等学堂的前例成了此时学部防御"谈新学者诟病"的"挡箭牌"。③

随着预备立宪期限由九年缩改为五年，学部因无法兼顾而将更多精力投入被视为"宪政始基"的普及教育上。存古学堂当然要为此让路。宣统二年底，学部奏准颁行"改订筹备宪政办学清单"，以期"与普及教育本旨切合无间"。④ 时任云南提学使叶尔恺因上述清单规定宣统三年"养成小学单级教员并拟订章程"，呈请学部准许将云南存古学堂"缓办一年"，用该校原拟宣统三年度预算经费开办"初等单级教员讲习总所"，"借资急需"。宣统三年二月底，学部咨覆指出，存古学堂"所以保全国粹，而小学普及尤为教育根本。滇省地处边远，财力困乏，既不克兼顾并筹，自不能不因地制宜，先其所急。应准如该提学使所请"。⑤

宣统三年三月初五日，学部正式将《修订新章》奏准颁行各省。奏折中说，"前于（宪政）筹备单内奏定各省一律设立存古学堂，按之现在各省教育经费支绌情形，实觉力有未逮"，故"应由各省体察情形，

---

① 学部：《奏预备立宪第三年上届筹办事宜折》（宣统二年九月），《湖北教育官报》第 9 期，宣统二年九月，章奏，第 1A—2B 页。

② 《学部负固不服之答复（北京）》，《申报》宣统二年十一月二十日，第 1 张第 5 版。

③ 学部：《答复资政院议员孟昭常质问说帖文》（宣统二年十一月），引在《学部负固不服之答复（北京）》，《申报》宣统二年十一月二十日，第 1 张第 5 版。

④ 学部：《奏酌拟改订筹备教育事宜折并单》（宣统二年十二月二十六日），《湖北教育官报》第 2 期，宣统三年二月，章奏，第 13B—15B 页。

⑤ 学部：《复云贵总督、云南学司缓办存古学堂改办单级教员研究所文》（宣统三年二月二十八日），《学部官报》总第 153 期，宣统三年四月二十一日，文牍，第 19B—20A 页。

其财力实在艰窘者，暂准缓设或与邻省合并办理"。①《修订新章》明确规定"存古学堂每省以设一所为限"，显然意在落实不得"有碍新机"的办理原则。"暂准缓设"并允许相邻省份合设一所的规定相当灵活宽松，中央政府最终不再坚持将该校列为各省"一律"的"宪政筹备"事项，可办可不办的决定权实际已由学部下移至各省。

当月晚些时候，学部奏报"第三年（宣统二年）下届"筹办宪政办学事宜，明确表示，"存古学堂章程本年复加厘订，亦经奏准"，且"已咨行各省钦遵切实办理"。②厘定并奏准颁行存古学堂章程成为学部对筹备宪政办学事项中有关存古学堂部分的工作总结。中央政府办理存古学堂的政策和具体规定终以修订该校章程的方式确立下来。这份以张之洞所订《湖北存古学堂课表章程》（以下简称《鄂省旧章》）为蓝本修订而成的新章，无论是整体的办学趋向，还是具体的学制年限、课程设置、钟点配备，较《鄂省旧章》均有不小变化，相当能体现学部的办学倾向。③

学部在进呈《修订新章》的奏折中以"吾国古学精深，比之他项科学研究更为不易"为由，将学制由《鄂省旧章》的七年延为八年，"以资深造"。这与《修订新章》实际的课时安排取向迥然异趣。《修订新章》在每周总计36个教学钟点保持不变的情形下，将经、史、词章各科学生前两年的"主课"周课时数由《鄂省旧章》的24个钟点降至20个钟点，第3—5学年更由《鄂省旧章》的24个钟点减至18个钟点，第6—8学年每周同样只有18个钟点，仅仅是维持与《鄂省旧章》最后两学年相同的水平而已。这样一来尽管《修订新章》延长为八年学程，但八年学制的"主课"总课时数反而较《鄂省旧章》七年学制下有所减少。"古学"课程不仅不是学制年限延长的实际受益者，反而成了被缩减的对象。《修订新章》

① 学部：《奏修订存古学堂章程折（并单）》（宣统三年三月初五日），《政治官报》第1249号，宣统三年三月二十六日，折奏类。按，以下所述学部《修订新章》的倾向和具体规定，除特别注明外皆参见此件，兹不赘注。
② 学部：《奏第三年下届筹备宪政事宜折》（宣统三年三月十五日），《学部官报》总第151期，宣统三年四月一日，本部章奏，第7B—9A页。
③ 本段及以下四段所述张之洞拟订的湖北存古学堂办学方案，除特别注明外，皆参见《咨学部录送湖北存古学堂课表章程》（光绪三十三年五月），苑书义等主编《张之洞全集》第6册，第4387—4389页。

并未缓解反而进一步加剧了先前张之洞、罗振玉等人担心的"国学浩博"与存古学堂"年限至短"的矛盾。①

中学授课钟点减少后，其"教授法"也有相应的变化。比如《古文苑》《续古文苑》在《鄂省旧章》中原为词章科学生需"点阅"的"古人有名总集"，《修订新章》以其"卷帙过多"，只要求学生"义取求备，以备参考"即可。而二卷本《经史百家杂钞》则被增列为该科学生"必要"的"点阅书籍"。类似的调整并不限于词章门范围，可以说《修订新章》的中学主课"分年教授法"基本上是沿张之洞既存理路进一步精简压缩中学典籍的教学方案。②

与之形成鲜明对照的是，《修订新章》不仅在《鄂省旧章》的基础上大幅增加了所有与西学有关的"通习课"授课钟点，而且这些课程的设置和教学内容大多较《鄂省旧章》更细密周详。在《修订新章》的所有通习课中，"诸子学"（《鄂省旧章》原名为"博览古今子部诸家学"）是唯一不涉西学的中学分支科目，也是唯一一门课时数较《鄂省旧章》有所减少的通习课。兼讲中西的"算学"课在《修订新章》中的课时增幅约为62%，其余各门皆成倍增长。同样兼讲中西的"舆地学"课时总数较《鄂省旧章》增加一倍。③"农林渔牧各实业"课改为"农业大要"后，课时数也增加一倍。"体操"课的每学年课时增加一倍，八学年总课时数的实际增幅达129%。"外国史""博物""理化"等课的学程皆由原来的一学年延为两学年，前两门的总课时数分别是《鄂省旧章》的4倍，"理化"课更达到《鄂省旧章》的6倍。

此外，《鄂省旧章》的"工商各实业""外国政治法律理财""外国警察监狱"等课均为一年学程。《修订新章》将"工商各实业"分为"工业大要""商业大要"，各为一年学程，合计课时总数是《鄂省旧章》的4倍；中等科开"法制""理财"课，高等科设"政治学"课，皆为三年学程，三课合计课时数是《鄂省旧章》法政理财课程的

---

① 类似的情形也出现在江苏存古学堂"分节"式的"简易办法"中，详见第二章。
② 对于《修订新章》的这一动向，陈衍颇有微词。参见陈衍《与秦右衡学使书》，陈步编《陈石遗集》上册，第494页。按，右衡，即秦树声。
③ 《鄂省旧章》的中西算学课时之比为3∶10，《修订新章》中变为2∶5；两部章程中，"舆地学"课程的中西课时皆大体平分。

6.5倍。课时大幅增加后，授受内容更为具体细密，其中也不乏课程整体配置的调整。如《鄂省旧章》的"外国政治法律理财"课讲"外国立政大意"，"外国警察监狱"课讲"外国安民防患、慎狱恤刑大意"。《修订新章》将后者取消，专设"法制"课讲"法学通论及宪法、民法、刑法之大意"，"理财"课授"经济学原论及统计泛论、簿记学原理等"财政方面的"普通知识"，"政治学"课讲"政治学、财政学原论及行政法之大要"。

《修订新章》尚有力图统一各省兴办模式之意。学部在进呈《修订新章》的奏折中说，湖北存古学堂"已设立数年，各省亦渐有仿照设立者。惟章程迄未通行，未免彼此歧异，或有名而无实，或费多而效少。非将原章修订通行，不足以收整齐划一之效"。新章颁行后，学部确实相当维护其权威，曾因湖南、陕西、甘肃所呈存古学堂办理方案与《修订新章》不符，分别咨覆三省，强调须照《修订新章》办理。[①]不过，区域发展的不同步和多歧性是近代中国普遍存在的显著现象。对于各省办理存古学堂过程中出现的与《修订新章》相抵牾乃至突破学部既存禁令的情形，学部也表现出一定的灵活性。[②]此外，《修订新章》颁行后，趋新士人曾通过资政院、中央教育会等渠道向学部施压，要求废止存古学堂，但基本没有实际成效（详见第八章）。在时局动荡的辛亥年，学部坚持推行《修订新章》，至少是部分收到了"整齐划一之效"。

综上所述，清季学部对保存国粹学堂的态度经历了由驳斥改办到积极推广再到规范划一并限制发展的演变过程。中央政府内部在应否设立及怎样兴办保存国粹学堂问题上一直存在明显分歧，具体的"存古"思路甚纷纭，目前所知当时京官提出的保存国粹办学方案有七八种。张之洞兴办存古学堂的思路既非激进趋新，更算不上"守旧"。

除张之洞外，罗振玉、陈衍、乔树枏等与张之洞和湖北"新教育"

---

① 学部：《宣统三年四月咨覆湖南巡抚杨文鼎文》《宣统三年六月二十七日咨覆陕甘总督文》，台北"国史馆"藏清末学部档案（以下简称"清学部档"），档案号：195/141、195/138；学部：《咨度支部、陕西巡抚该省存古学校造送开办常年经费清册详核尚符，惟册内节赏等项系靡费一并裁省文》（宣统三年四月初五日），《学部官报》总第157期，宣统三年六月十一日，文牍，第14A—15A页。

② 川省的例子较典型，详见第六章。

关系较密切者是学部官员中推动办理存古学堂的主要力量。但他们在办学观念上明显歧异甚而相互对立的情形也不鲜见。乔树枬在学部成立初期曾公开反对创办存古学堂。早年曾为张之洞幕僚并在湖北学堂任教、后任学部专门司科长的王季烈并不认同张之洞主管学部期间的行事方针。① 而梁鼎芬和乔树枬更因"学事"不合，二三十年交情"几至决裂"。② 概言之，"多歧互渗"是近代中国的时代特征之一，其在清季中央政府的诸多保存国粹言说中体现得相当明显。类似的情形也出现在清季各地兴办保存国粹学堂的过程中，当时官方与民间各式各样的保存国粹办学努力同样是一幅动态纷呈的复杂历史图景。相关面向，后文还要讨论。

---

① 王季烈（1873—1952）民元后在为荣庆作传（《蒙古鄂卓尔文恪公家传》，卞孝萱、唐文权编《辛亥人物碑传集》，团结出版社，1991，第685—686页）时说，荣庆与严修办事"皆以循序渐进、黜华崇实为主旨"。张之洞管部后，"务为恢为。各分科大学同时并举。部中又增设机关甚多，而经费乃增至数倍"。荣庆"莫能阻，乞休不获请"。此言倾向性相当明显。

② 梁鼎芬：《致张之洞》（光绪三十二年十二月初二未时），张之洞档，甲182-442。

第二章 清季各省的"存古"履迹

清季存古学堂有全国性的办学规模。从光绪三十年到清朝覆亡，目前所知湖北、安徽、江苏、陕西、广东、四川、甘肃、山东等省正式办有存古学堂，京师、江西、浙江、福建、贵州、湖南、江宁、广西、河南、云南、直隶、吉林、黑龙江等地也都有仿办存古学堂的提议或规划。

本章拟初步考察各省兴办存古学堂的概况，尝试在现有资料范围内重建清季存古学堂自张之洞首倡后由湖北扩及全国的动态历史图景，侧重各省所办存古学堂在办校原则、规模、规格、待遇等方面的共性特征，以及在学程安排、课程设置、教学授受方式、毕业出路等方面各自存在的一些特有面向，兼及相关办学官绅对保存国粹的范围及方式的认知分歧。湖北、江苏、安徽、四川四省存古学堂的兴办进程后文拟专章探讨，这里仅述及其与他省兴办进程有关的面向。

第一节 由湖北扩及全国

清季官方为保存国粹而开办的学堂虽不是都冠以"存古"一名，但大多以湖北存古学堂为兴办依据。前章已述，光绪三十年下半年，湖广总督张之洞饬设湖北存古学堂，"殚心竭虑，筹计经年"。该校直至光绪三十三年八月才正式开学，而筹设伊始，即得报章关注。此事一时间广为传播。①

在安徽，光绪三十一年春有报道说："皖省大吏现与江督所派调查皖省学务之某观察议，仿湖北存古学堂办法，在省垣藏书楼亦设一存古学堂。"② 同年夏，又有报道说，安徽黟县绅士余桂莱呈请将翠阳书院改建存古学堂，"顷奉学务处批准在案。计其学程以十五岁至二十为率，计其课程则曰：

---

① 有关清季舆论对官方兴办存古学堂的反应，详见第八章。

② 《皖省仿办存古学堂（安庆）》，《申报》光绪三十一年三月二十三日，第2张第9版。

国文、历史、舆地、算学、体操等类，闻（中）秋节后即可择期开学"。①

在山东，光绪三十一年十月初九日，山东学务处议员、增生宋恕禀请署理山东巡抚杨士骧设立"粹化学堂"，旨在"融国粹、欧化于一炉，专造异材，以备大用"。该校似未进入实际的运作阶段。② 同年底，杨士骧认为湖北创设存古学堂与河南奏立尊经学堂"忧世之衷，若出一辙"，札饬用山东省城的"尚志堂"旧址开办国文学堂，意在"为朝廷养人材，为中国正学术"。目前所知山东官绅正式兴办存古学堂的努力发端于宣统元年，似与该省先前拟办粹化和国文学堂的努力没有直接关联。此外，山东的特殊性在于曲阜为孔子宗庙所在地。前章已述，光绪三十二年十一月，湖北按察使梁鼎芬奏请创设曲阜学堂，得到慈禧太后的鼎力支持。但该校的实际办学进展并不顺利，直至辛亥鼎革总共历时五年有余而一直处于"筹办"阶段。③

在河南，光绪三十一年十月，河南巡抚陈夔龙、学政王垿奏请将省城大梁校士馆（原大梁书院）改为尊经学堂，明确提出"以保存国粹为先务"，但未言及存古学堂。④ 翌年初，护理湖南巡抚庞鸿书、学政支恒荣奏请将达材校士馆（原为"通省举人肄习之所"的孝廉书院）、成德校士馆（原为学政调取高才生肄业其间的校经堂）、景贤堂（原为岳麓书院）分别改为达材、成德、景贤学堂，明确表示仿照湖北存古、河南尊经两学堂办理。达材"专收举人五贡入学肄业"，成德"仍取高材生入堂"，景贤仍招"通省中年以上生员"。衡州府船山书院也应衡永郴桂道谭启瑞等所请，改办船山学堂，参照达材等三学堂规则，专收该管四府州属生员。⑤ 前文已述，学部同年三月饬令湖南景贤堂改办高等学堂，

① 《书院开学（安徽）》，《广益丛报》第3年第18期，光绪三十一年八月初十日，纪闻，第7B页。

② 《上东抚请奏创粹化学堂议》（光绪三十一年十月），胡珠生编《宋恕集》上册，中华书局，1993，第371—374页。

③ 关于山东国文学堂与粹化、存古学堂的异同，以及曲阜学堂的兴办进程，详见第七章第五节。

④ 《河南巡抚陈夔龙、学政王垿会奏遵旨拟设尊经学堂及师范传习所以保国粹而广师资折》（光绪三十一年十月），朱有瓛主编《中国近代学制史料》第2辑下册，第527—530页。

⑤ 《护理湖南巡抚庞、学政支会奏改设学堂以保国粹而励真才折》（光绪三十二年正月），《东方杂志》第3卷第3期，光绪三十二年三月二十五日，第43—49页。

成德、船山两校以及河南尊经学堂皆改办师范学堂，仅达材一校准"如原奏所请"，但学生"须先行补习普通，按照定章高等学堂第一类学科讲授"。

当月，湖南官立达材学堂在长沙城北门内"又一村孝廉坊"的"达材校士馆"原址正式开学，用该馆原有经费办理。举贡三年毕业，生员五年毕业，聘孔宪教任"堂长"，主持全堂事务。① 另聘庶务长、斋务长、监学、管书斋长、经学教员、史学兼政学教员、理学教员、文学兼艺学教员、算学兼舆地学教员各一人。这是目前所知湖北存古学堂筹办期间唯一一所得到中央政府认可并正式开办的保存国粹学堂，也成为后来湖南方面正式兴办存古学堂的基础。

在四川，光绪三十二年三月总督锡良、学政郑沅奏设致用学堂，选录各属举贡生员入堂肄业，明确提出有意培养中学师资，但未言及仿办任何学堂。同年六月，学部饬令川省将其改办师范学堂，与河南尊经、湖南成德等学堂"事同一律"。在江西，光绪三十一年十月有报道说，南昌举人胡其敬等人禀请设立"孝廉存古学堂"，用赣省"各属旧有宾兴、采芹、公车"等款项，为"年齿已长"的"旧学之士"宽筹"进身之阶"。此议被时任江西巡抚胡廷干驳回，理由是"伦常礼教、经史词章，学堂中无不备具。此外种种科学皆有关于实用，似不必另立名目，致涉歧趋"。对于"年齿已长"的"旧学之士"，袁世凯等人在奏准停废科举时已充分考虑到其"进身之阶"。②

问题的潜在核心可能是传统办学资源的使用。稍早时候先有报道说"某孝廉"禀请赣州府以公车费兴办孝廉学堂。赣州府认为废科举后，举人日见其少，且"分途并进，未必有暇来堂肄业"。新式学堂自有举

---

① 本段所述参见《湖南省官立达材学堂光绪三十三年下学期一览表》《湖南省官立达材学堂光绪三十四年上学期一览表》《湖南省官立达材存古学堂宣统元年上学期一览表》，清学部档，档案号：195/141。据上引"一览表"显示，孔宪教为长沙人，光绪十二年（1886）进士，历任翰林院庶吉士，分省补用道。光绪二十五年正月，时任都察院左都御史徐用仪奏准延聘孔氏主讲孝廉书院。该书院在光绪二十九年经时任湖南巡抚赵尔巽奏准改为"达材校士馆"。赵尔巽：《奏整顿书院分别改为学堂校士馆折》，《申报》光绪二十九年十一月十七日，附张。

② 本段及下段引文除特别注明外，皆参见《禀设存古学堂批词（江西）》，《申报》光绪三十一年十月二十一日，第1张第3版。

贡名目奖励出身，无须再办孝廉学堂。办学堂"必以地方科举应有公款为基础"，"识时英俊"应"慎为保守，不稍动用"。① 而赣抚胡廷干在批示中也强调"各属旧有宾兴、采芹、公车等公项多寡不一，昨已专札饬查，应俟复齐，查看公款盈绌，饬学务处分别筹议"。可知对于各项传统"公款"，尽管精英士绅仍有"保守"之责，但官方已在加紧清查并收拢其使用权，以便投入枢府饬令推行的"新教育"中，而非用于为旧式读书人筹谋"进身之阶"。②

但大约半年后，江西方面即"援照湖南达材学堂成案"开办明经学堂，选录本省举贡生员入堂，"于保存国粹之中寓恤寒畯之意"，为免重蹈此前河南尊经等学堂被学部批驳的覆辙，"一切学科程度按照定章高等学堂第一类讲授"，对"科学程度尤为注意"。惟倾重科学的"普通课程"引起"旧学寒儒"不满，而在《奏定高等学堂章程》内兼顾普通学科的"经学专家养成"方案也被学部调查员罗振玉认为没有现实可行性。光绪三十三年六月，学部饬令江西官方将明经学堂所有学生"按其年龄学力分拨入师范学堂或中学堂肄业。所有经费亦移作扩充师范学堂及中学堂之用"。③

在省城以外的府县，甚至有主政者将存古学堂作为在"新教育"内以传统考课安顿"旧学寒儒"的名目和依据。在江宁扬州府，主管学务的两淮盐运使司先于光绪二十八年初将安定、梅花书院一半常年经费用于兴办学堂，剩余一半用于改建安定、梅花校士馆，④ 大约三年后，又拟将两校士馆改为新式学堂，用剩余约一千两常年经费，仿照湖北存古学堂办法，改办尊古学堂。但湖北存古学堂"规模极大，经费浩繁，断

---

① 《赣守批孝廉以公车费办孝廉学堂禀（江西）》，《申报》光绪三十一年十月十二日，第1张第3版。

② 另外，虽然代表"国家"的地方大员逐渐掌控了对传统办学资源的主导权，传统的"公领域"也呈崩解之势，但与官方积极寻求合作的部分中上层精英士绅仍密切关注传统"公产"的去向。至少在部分地方，官方对传统办学资源的处置仍明显体现"大绅"的意志。稍后江苏士绅力主将"宾兴公款"留作"推广公立学校之需"，即得主政大员的支持。详见第四章。

③ 学部：《咨覆赣抚明经学堂学生应请转饬拨入师范学堂》（光绪三十三年六月），《学部官报》总第26期，光绪三十三年六月初一日，文牍，第313A—320B页。有关该校的兴办详情，参见第七章。

④ 《书院改章》，《申报》光绪二十八年二月初九日，第2版。

非（校士馆）五成课士经费所能集事，不得已，即就'尊古'之名，先为课士之计"，而另筹款仿办存古学堂。① 仿办事宜，目前未见其他史料述及。而"仅借膏奖以为课士"的尊古学堂成为新旧纷争的焦点，最终在江宁提学使和两江总督的过问下，于光绪三十四年改办两淮师范学堂。②

实际上，"新政改革"之初，如何安抚和安顿相当数量"年齿已长"、没有进入"新教育"体制内的"旧学寒儒"，确为各地政务运作的要项。在改书院为学堂以及停废科举的政令压力下，各地的安抚和安顿努力多以"保存国粹"为依据。上述豫、湘、川、赣四省拟办学堂皆是因应中央政府停废科举的政令，重在为具有科举功名的旧式读书人"宽筹出路"，并为科举停废后保留的优拔考试做准备。而类似扬州府这样以仿办存古学堂之名，在"新教育"内"安旧学"的努力也并不鲜见。张之洞倡办存古学堂伊始，该校在各地的推广进程即与"安旧学"的地方事务缠结在一起。相关面向，第七章还要讨论。

整体看，湖北筹办存古学堂期间，各省的仿办努力大多出现在"安旧学"的地方政务运作中，与张氏"重在保存国粹且养成传习中学之资"的办学初衷异趣。它们或遭部驳，或被削减大半，或无果而终，正式开办者寥寥无几。这样的情形至光绪三十三年五月张之洞正式奏设存古学堂后开始改变。同年七月二十四日，湖北存古学堂正式开学。九月，清政府将其确立为"新教育"体系中保存国粹的主要形式。至宣统元年初，该校被列入筹备立宪的办学清单，各省兴办存古学堂有了统一的期限。

在此氛围中，安徽、广东、江苏、陕西、四川、甘肃、山东等省皆正式办有存古学堂。贵州方面也曾专折奏请设立存古学堂。在安徽，光绪三十四年上半年，署理布政使沈曾植与署理提学使吴同甲拟"踵继"湖北，仿设存古学堂，得到巡抚冯煦支持。但下半年，筹建工作因故中止。至宣统二年四月，时任安徽巡抚朱家宝决定"重行兴办"安徽存古

---

① 《禀留尊古学堂之批词》，《申报》光绪三十三年六月十六日，第11版。
② 《筹议改良尊古学堂》，《申报》光绪三十三年七月十五日，第11版；《筹议改革尊古学堂事宜》，《申报》光绪三十三年八月十四日，第11版；《两淮师范报名寥落》，《申报》光绪三十四年六月二十四日，第2张第3、4版。

学堂。翌年三月一日，该校正式开学。①

在广东，大约在光绪三十四年初，署理广东提学使王人文将粤秀山麓的应元书院、菊坡精舍旧址合并改建广东存古学堂，得两广总督张人骏批准。② 张氏委派广东学务公所"普通科副长"陈佩实赴湖北、上海等地"调查学务，于鄂尤注意存古学堂，以便酌照办理"。③ 陈氏当年正月中旬抵鄂考察后，为广东开办存古学堂提出了详细而具体的建议。在招生方面，他认为应"严定考选资格，任缺勿滥，务得裁成之实益，不骛广育之美名"，并可"师仿各国校外之意"，允许已为各学堂教员者附学。④

经费方面，陈氏力主广东存古学堂务实而节约，凡"用得其当，虽万分竭蹶，不能计论有无；用失其当，即丝毫开支，亦应视为糜〔靡〕费"。在书籍配置方面，教学所需点阅诸书，宜由学生"分年分程，陆续自行购置"，"校中只储备一份，以供教长、教员平时查考、临堂指授之需"。学务公所先前"接管广雅书局各书多适此项学堂之用"，应"照单移送，可省外购"，并以成本价印售，"学者易于措办"。⑤ 此外，如"南菁书院所刊《续皇清经解》暨各行省局刻官本"，由两广总督"备咨调取"，并循"古物保存"这一"今日文明各国之达例"，征集私家搜藏的"精板图籍、金石拓本以及前代礼器、名人翰墨"，刊刻善本行世。⑥

光绪三十四年底，新署广东提学使沈曾桐出示招考存古学堂首届学员，原拟照学部电示，"以举贡生员及高等小学毕业生充选"。实际运作中，因粤省"举贡生员多就各学堂教席，其高等小学毕业人数无多"，故放宽限制，凡"文理优胜、年在二十以上、性气驯良、不染嗜好者"，

① 关于安徽存古学堂的兴办进程，详见第五章。

② 《两广总督袁树勋咨呈广东存古学堂章程册及职员学生名表并呈报该堂开办成立情形文》，宣统元年十一月十四日，清学部档，档案号：195/142。

③ 《派员调查存古学堂章程》，《申报》光绪三十四年正月十六日，第2张第3版；《决设存古学堂（广东）》，《四川教育官报》第3期，光绪三十四年三月，别录，页码残。

④ 陈佩实：《考查湖北存古学堂禀折》，《广东教育官报》第5期，宣统三年，第104A—106B页。按，以下所述陈氏言论皆参见此件，不再赘注出处。

⑤ 此议与川省办学官绅在办理存古学堂时利用尊经、锦江两书院旧藏书板的做法相似，详见第六章。

⑥ 清季湖北、四川两省在兴办存古学堂时皆不同程度地提倡"保存古物"，详见第三、第六两章。

由"各地方官暨素有名望之正绅查明保送",概予一体收考。但取录时坚持陈佩实先前提出的"任缺毋滥"原则。① 陈氏务实而节约的办学方针也见之于行事,与湖北存古学堂极优厚的学生待遇不同,广东官方决定存古学生既不给膳,也不提供住宿。开办一学期后,"如有屡列上考、品业兼优者,酌予膳资,以示优异"。而"专为笃志好古、不能入堂肄业者"附设"校外生"学额的做法,应该也是陈氏建议"师仿各国校外之意,广为陶成"的结果。②

宣统元年六月,广东存古学堂正式开学,原定学额 180 人,考录 120 人,实际到堂 80 人。③ 该校的办学宗旨与张之洞的存古理念并不全同,除"研求古学、永保国粹、养成教材"以外,还要"兼备从政之选"。张之洞拟订的存古学堂国学课程未有只字言及"入官用世",而广东存古学堂虽同样以"学"为重心,但仍兼具"学而优则仕"的官途升阶性质,在目前所知晚清各存古学堂的办学实践中,是仅见的一例。④

在师资方面,广东方面没有采纳陈佩实的建议,仍"仿鄂章延聘名誉学长九人以备谘问"。按,湖北存古学堂聘缪荃孙、蒯光典为"名誉教长",仅开办时到堂一次,未领薪水,此后似乎也基本未莅堂参与办学活动。⑤ 广东存古学堂的"名誉学长"不仅规模大许多,且要"每星期设会讲习,妥筹教授管理诸法",似乎更务实,而不完全是"名誉"上

---

① 本段所述参见沈曾桐《广东提学使开办存古学堂招考示(附简章)》,《政治官报》第519号,宣统元年闰二月二十日,示谕报告类。这样的招考思路在当时并不鲜见。四川存古学堂在招生过程中也尽量放宽投考资格限制,但严把取录关口,详见第六章。

② 其实"校外附课"("附学")的形式在清代书院中并不鲜见,惟广东方面更多以外国为榜样,力图在张之洞的办学方案之外,将"存古之风"导扬到更广阔的范围。类似的做法也见于安徽、四川、江宁等地兴办存古学堂的努力中,详见第五章。

③ 《两广总督袁树勋咨呈广东存古学堂章程册及职员学生名表并呈报该堂开办成立情形文》(宣统元年十一月十四日),清学部档,档案号:195/142。本段及下段所述除特别注明外,皆参见此件。

④ 张之洞:《存古学堂各学科分年教法》,《湖北官报》第3册,光绪三十一年三月二十一日,本省公牍,第34A—40B页。实际上"官、学分途"正是张之洞的存古学堂方案颇受时人质疑的面向,从一个侧面提示着科举停废后,"学而优则仕"的观念仍在相当程度上深入人心,详见第八章。

⑤ 湖北省官立存古学堂光绪三十四年上学期、宣统元年上学期、宣统二年上学期一览表,清学部档,档案号:195/135。

的虚衔。① 沈曾桐强调广东存古学堂重在传承学海堂、广雅书院以降的学术薪火，在师资方面体现得尤为明显。② 开办当年的六位中学主课教员中，经学教员杨寿昌、词章教员胡肇麟为广雅书院肄业生，经学教员胡象江、史学教员梁式英是广雅书院毕业生，史学教员凌鹤书为学海堂专课生。监督丁仁长及"名誉学长"姚筠为前学海堂学长。"名誉学长"梁鼎芬曾任广雅书院院长，而姚筠、陈庆修、陈宗颖三人尤以"时任广雅书院分校"的身份兼充"名誉学长"。此外，监学许文瀚是前广雅书院肄业生，文案黄隆栋为"前学海堂专课生，广雅书院毕业生"。③ 湖北存古学堂与两湖、经心书院，四川存古学堂与尊经书院也可见类似的学脉传承（详见第三章、第六章）。

　　整体上，广东兴办存古学堂有较长时间的准备，筹备工作也较认真细致，虽然在办学旨趣、教学内容、学生待遇等方面与湖北存古学堂有所不同，④ 但保留了湖北存古学堂较宏远的七年学制和主要的课程教学模式，在目前确知清季正式办有存古学堂的省份中，是仅有的一例。而大约同时的江苏存古学堂虽然也声称仿照湖北存古学堂办理，但实际上开创了"分节"式的"简易办法"，对此后其他省份兴办存古学堂有深远影响。

---

① 九位"名誉学长"为：前湖北按察使梁鼎芬，广东高等学堂监督、学务公所议长吴道镕，翰林院检讨劳肇光，广州府中学堂监督、谘议局副议长丘逢甲，广雅书局分校姚筠、陈宗颖（陈澧子）、陈庆修，广东学务公所议绅汪兆铨以及晚清名儒汪兆镛。监督丁仁长历任翰林院侍读、礼部礼学馆顾问官、广东学务公所议绅、广东高等学堂监督等职。这一师资阵容强大，凸显出该校相当高的办学规格。《广东省立存古学堂宣统元年第一学期一览表》，清学部档，档案号：195/142。
② 沈曾桐在《广东提学使开办存古学堂招考示（附简章）》（《政治官报》第519号，宣统元年闰二月二十日，示谕报告类）中说："在昔仪征（阮元）建节，学海朝宗；广雅（张之洞）造才，珠江汇秀。远将百载，近亦廿年，于兹为群，大雅宏达。过此以往，余韵流风。不有先秦传经之老师，安来炎汉立学之博士？今日粉榆薪火，犹遗东塾（陈澧）之书；草木菁华，尚贡南方之状。及耆宿之未尽，倘文献之足征。"
③ 《广东省立存古学堂宣统元年第一学期一览表》，清学部档，档案号：195/142。
④ 广东存古学堂学生膳宿皆需自理，仅"屡列上考、品业兼优者，酌予膳资"。广东方面并注意到湖北存古学堂课程教法缺少理学内容，故规定"每周授经学时插入理学一两点钟"，安徽、陕西、山东、四川、湖南等省办存古学堂时也列有理学的教学内容。安徽、四川存古学堂对理学尤为看重，详见第五章、第六章。《广东存古学堂章程》，引在《两广总督袁树勋咨呈广东存古学堂章程册及职员学生名表并呈报该堂开办成立情形文》（宣统元年十一月十四日），清学部档，档案号：195/142。

第二节　躐等与速效：江苏的"简易办法"

光绪三十三年九月，内阁会议政务处会同学部奏准饬令各省"参照湖北章程，于省会量力建置"存古学堂，但考虑到各省财力不同，没有订立期限，也未划一规模，而是允许"另筹简易办法"，从而为各省的办学运作留出了自主空间。①

翌年五月江苏巡抚陈启泰奏设存古学堂时，即以上引政令为据，提出"苏省财力支绌，自应遵筹简易办法"，拟"以三年为节，一切章程悉师湖北学堂之意而稍约之。如有笃志之士，不安小就，再学四年"，则"援照湖北奏定成案升入大学"。② 这样的"简易办法"并非仅仅将湖北存古学堂的七年制分为前三后四的两段学程，还隐伏着培养方式、办学目标的调整，甚至整个学堂的定位也与张之洞的设计有所不同。

张之洞办存古学堂的思路是造就"研精中学"之才与"养成传习中学之师"同步进行。而江苏方面的变通方案则是三学年后"先行考验一次，给予文凭"，"好学之士"再留堂深造四年，给予"完全毕业文凭"。虽然只有学满七年者才可升入大学，但所有学生只要有"文凭"，皆可"由提学使按其程度之深浅，派至中学堂以及两等小学堂等处充当中文教员"。③ 这样一来，造就"研精中学"之才固然仍是长远的办学目标，但"养成传习中学之师"的学程却较灵活：学员仅需习满三年，即可获得充任新式学堂教员的机会。

当然，三年毕业者可能因"程度浅"而被派至两等小学堂这样层级较低的学堂任教。但在科举停废，读书人"上升性社会变动"（social mobility）的机会和希望不增反减的大背景下，层次较低的两等小学堂教员，乃至初等小学堂教员未必不是一个可以接受的出路。实际上，清季社会的动荡和剧变可能已不适宜多数读书人立下长远计划静心求学。对

---

① 《内阁会议政务处议覆周爰谘奏请整顿学务折》，《政治官报》第7号，光绪三十三年九月二十六日，折奏类。

② 《江苏巡抚陈启泰奏仿设存古学堂折》，《政治官报》第236号，光绪三十四年五月二十六日，折奏类。

③ 陈启泰：《苏抚宪招考存古学堂学生示文》，《南洋官报》总第113册，光绪三十四年四月二十日，学务类，第2B—3B页。

于那些以获取学堂教职为目标的"安于小成"者（数量上未必超过笃志深造的"好古研精之士"，但绝非个别）而言，江苏"分节"模式提供的"中期分流"方案恐怕有相当的吸引力。

不仅如此，江苏方面以湖北存古学堂"规模宏远"为由，提出"分节"式的"简易办法"，实有相当的针对性。① 一方面，"分节"思路虽然整体上仍维持七年学制，但改变了湖北模式在培养中学师资方面的"远"。在立停科举而"新教育"建制（institution）远未成熟即仓促上马的情形下，中学师资的匮乏的确是困扰各省办学运作的难题。张之洞办存古学堂的初衷之一正是力图在一定程度上缓解上述难题。而江苏办存古学堂看重的，显然是一个较湖北"存古"模式更速效、更能解"新教育"燃眉之急的中学师资培养方案。

另一方面，江苏"简易办法"针对的，则是湖北存古学堂的"宏"。实际上，该校无论是招生人数、教职员规模，还是课程设置、经费投入，较湖北存古学堂确有相当程度的"简约"。陈启泰奏呈的《江苏存古学堂现办简章》（以下简称《江苏简章》）拟招存古学生 180 人，但其中120 人是"不住宿，亦无膳资"的"外班生"。住宿堂中、由校方发给"膳资笔墨各费"的"内班生"只有 60 人，仅为湖北拟招官费生名额的四分之一。② "内班"实录 52 人，也不到湖北首班实招人数（120 人）的一半；而"外班"名额后来更大幅削减至 40 人，实录 44 人。③

在校务管理方面，江苏办法的一大特点是"教员皆兼管理学生，以期品学并勖"，从而精简职员规模。在实际运作中，形成以"绅"为主体、"权在总教"的校务运转格局，"总理"（相当于监督）一职先是成为"萧规曹随"的虚衔，后更长期空缺，在提学使督办下，走"总教治校"之路。这一办学模式虽与当时"职官化"的建制要求明显异趣，但在节省经费方面成效显著（详见第四章）。在教学授受方面，江苏办法的课程门类较湖北存古学堂也有大幅削减。学时安排的调整从一个侧面

---

① 《江苏巡抚陈启泰奏仿设存古学堂折》，《政治官报》第 236 号，光绪三十四年五月二十六日，折奏类。

② 本段及下段除特别注明外，皆参见《江苏存古学堂现办简章》，《政治官报》第 214 号，光绪三十四年五月初四日，法制章程类。

③ 《江苏省苏州官立存古学堂光绪三十四年第一学期一览表》，清学部档，档案号：195/134。

体现出江苏办学员绅在奏折和章程中不明言，实际却相当看重的办学意图。为便考察，现将该校第一学年课程设置列表（见表 2 – 1）。

表 2 – 1　江苏存古学堂第一学年课程设置

		主课	补助课	通习课
光绪三十四年下学期（总第一学期）	经学科	经学 18，小学 3	史学 6，词章 6	算学 6
	史学科	史学 24	经学 6，词章 6	算学 6
	词章科	词章 12	经学 6，史学 6	算学 6
宣统元年上学期（总第二学期）	经学科	经学 18，小学 6		算学 6，西史地理课 6（其中西史、地理各 3）
	史学科	史学 24		算学 6，西史地理课 6（其中西史、地理各 3）
	词章科	词章 12		算学 6，西史地理课 6（其中西史、地理各 3）

注：所有数字皆为周课时数。

资料来源：《江苏省苏州官立存古学堂光绪三十四年第一学期一览表》《江苏省苏州官立存古学堂宣统元年第二学期一览表》，清学部档，档案号：195/134。

由表 2 – 1 可知，江苏存古学堂沿用了湖北的"主课—补助课—通习课"模式：学生一入校即在经、史、词章三者中选择一门作为"主课"，而以另两门为"补助课"，其余课程皆为"通习课"。江苏存古学堂将张之洞拟订的 11 门通习课裁并为 2 门：所有 6 门旨在避免"迂拘偏执""腐陋虚矫"倾向的西学通习课被删除殆尽，而"诸子学"和"体操"两课也不开设；"外国史"和"舆地学"合并为"西史地理"，仅"算学"一门保留。①

江苏方面大幅缩减通习课，更完全删除所有 6 门西学通习课，固然大大简约了课程设置和师资聘任规模，从而节省了办学开销，但课时配置却并未向"国学"倾斜，仅有的两门通习课有相当惊人的周课时数。第一学期只开"算学"一门通习课，每周 6 个钟点，已相当于湖北存古学堂所有通习课的周课时数总和。第二学期新增同样课时的"西史地理课"后，整个通习课的课时数已是湖北存古学堂的两倍。在每周课时总数基本饱和的情形下，通习课周课时数的猛增自然给"国学"课程相当

---

① 本段及下两段除特别注明外，皆参见《江苏省苏州官立存古学堂光绪三十四年第一学期一览表》《江苏省苏州官立存古学堂宣统元年第二学期一览表》，清学部档，档案号：195/134。

大的压力。第二学期的课表中经、史、词章各科皆没有开"补助课"。在大幅缩减西学通习课的同时，"国学"主要课程的课时数不仅没有增加，反而有相当程度的削减。前文说过张之洞和罗振玉皆考虑到"国学浩博"与存古学堂年限课时之间的矛盾，而以不加科学课程为最理想的"存古"方案。江苏的做法与前章所述学部宣统三年颁行的《修订新章》类似，不仅没有缓解，反而进一步加剧了上述矛盾。若说国学研究和教学机构是否应该添加以及怎样添加"科学"课程，是困扰当时知识精英的难题，似不为过。

问题的潜在核心可能是江苏办学员绅对"简易办法"的实际定位。他们所以倍增仅有的两门通习课周课时数，甚至不惜挤占"国学"课时，意在确保三年学程结束时上述两门课的总课时数与七年制的湖北存古学堂大体相当。这样一来，在"通习课"教学运作上，江苏"分节"模式的前半段学程不仅相当完整且独立。

实际上，将"分节"模式的前半段"提升"为一个完全独立的学程，正是江苏办学员绅在实际办学运作中为进一步追求"速效"而努力的方向。中国传统的治学之道，讲求老师"指授"和"发凡起例"，重在学生自修，原不怎么特别注重学程计划的规整和严密。实际上，近代西式大学高等教育的"专门著述之学"似乎也有较灵活而具弹性的一面。或可说在"博观深造"的"专门"层面，中西教育不无相通之处。①但存古学堂的通习课，显然是"普通"层面的"普及"性质，其特点正是"举要切用，有限有程"（详见第三章）。更重要的是，正如第一章所述，在尊西趋新的世风愈演愈烈之际，学部看重的其实是以西学为主体的"普通学"课程。江苏方面既已奏准施行"简易办法"，当然可以裁并课程设置。但若实际开设的通习课不能在三学年内完成足够的课时数，则"分节"模式的前半段仍然只是一个"非完全"的"半截学程"。

江苏方面倍增通习课周课时数的做法，为进一步变更存古学生三年毕业时的待遇和进行身份认定扫清了障碍。《江苏简章》规定，学生修

---

① 沈曾植已注意到这一点。他办安徽存古学堂，既坚持以传统书院日程为基石，又明确主张鉴取"外国大学高等教法"，详见第五章。

满七年后，"援照湖北奏定成案升入大学"，没有言及任何奏奖出身事宜。[①] 但在宣统三年上学期末，校方却为所有修满三学年的学生奏请奖励出身。入校时原系拔贡者，"奖以中书科中书衔"；原系廪、增、附生者，按毕业考试成绩，最优等奖拔贡，优等奖优贡，中等奖岁贡。[②] 廪、增、附生就读三年后即得到与五年制中等学堂毕业生同等的毕业奖励出身机会，明显"逾于常格"。

在江苏办学员绅看来，即便是三年"简易办法"，毕竟仍为高等专门的办学性质，故学生仍可用较短的时间得到相对较高的身份认定。不仅如此，校方甚至还提出，存古学生中的监生、高等小学和师范简易科毕业生应与生员一体给奖。监生为捐纳所得而非实际考取，通常不大为人瞧得起。张之洞即规定湖北存古学堂不招录监生。[③] 江苏存古学堂力图将监生与生员一体给奖，是十足的"躐等之举"。不仅如此，该校招录的廪、增、附生甚至在读期间还被允准参加科举停废后保留的优拔考试，赶上了由科考通往"上升性社会变动"的末班车，明显有违中央政府三令五申的禁令（详见第四章）。

由上可知江苏存古学堂分节模式的前半段三年学程有饱满的通习课学时配置，毕业生不仅可以继续深造，还有较理想的就业前景、高规格的毕业奖励出身。如此完整的培养模式已与当时"新教育"中完全建制的新式学堂在形式上没有什么差别，甚至还有特殊的科考"出路"。"毕业奖励"意味着比照旧功名的资格，正是当时的学生和办学员绅所普遍看重的。江苏办法整体上仍维持七年学制，但其奏折和简章皆未提出七年毕业照湖北模式奏奖出身，应非疏漏。或许尚不能由此说江苏方面只是将"七年大成"视作虚悬的名目，但其办学重心无疑是完全放在了"三年小成"上。以今日的后见之明看，江苏兴办存古学堂的履迹大体可说是先以"财力支绌"为由提出"分节办理"，以便得到学部认可，再以一系列超常规的办学运作，将前三年名义上的"半截学程"提升为

---

① 《江苏巡抚陈启泰奏仿设存古学堂折》，《政治官报》第 236 号，光绪三十四年五月二十六日，折奏类。

② 程德全：《咨呈学部江苏存古学堂毕业表册文》，清学部档，档案号：195/134。

③ 《创立存古学堂折》（光绪三十三年五月二十九日），苑书义等主编《张之洞全集》第 3 册，第 1762—1766 页。

几乎完全独立而完整的教育流程。

概而言之，清季江苏的办学基础和条件相对并不差，前文所述"分节"式的"简易办法"由江苏提出，从一个侧面提示着清季"新教育"的实际办学运作中，弥漫着追求"速效"的办学心态和取向。由于江苏模式大幅缩减了张之洞原拟办学规模和经费投入，明显契合中央政府"不得有碍新机"的"存古"方针，故得学部青睐，甚至成为该部限定存古学堂经费投入的尺度。宣统二年八月，学部即以"江苏等省存古学堂常年经费每年均止万两左右"，饬令山东方面"比照办理"。[①] 至翌年三月学部奏准颁行《修订新章》，新章将学制分为"中等科"和"高等科"两个阶段，正是鉴取江苏"分节"模式的做法。[②]

但学部并非没有察觉江苏办法的"逾越"之处。《修订新章》规定，"中等科"是长达五年的学程，总体八年学制较湖北办法还多一年。且西学"通习课"的设置在湖北办法基础上更细密周详，课时数也大幅增多。"中等科"毕业考试及格不愿升习"高等科"的学生固然可充高等小学堂教员，但并不奏请奖励出身。这些规定明显与前文所述江苏做法背道而驰。

关键是在学部《修订新章》颁行之前，江苏办法已取代湖北模式，成为多数省份参仿的范例。在贵州，光绪三十四年十月，时任贵州巡抚庞鸿书会同云贵总督锡良专折奏呈开办贵州存古学堂缘由，并将该校章程咨送学部备案。据庞氏在奏折中所述，他曾数次"会商提学使，竭力筹办存古学堂"。时署理贵州提学使柯劭忞会同贵州布政使松墉、署理按察使严嵲熙等划此事，原拟将贵州省城旧有经世学堂用为存古学堂基址，"复因该处改设高等小学分校，已难就用"。而贵州优级师范学堂"原议就中学堂添设讲室开办，因中学堂建筑未竣，先就次（省城）南门外之前四川督臣丁宝桢祠内房宇借设"。[③] 时值中学堂"新校落成，气局宏

---

① 学部：《咨覆鲁抚准将优级师范校舍改办存古学堂文》（宣统二年六月初二日），《学部官报》总第133期，宣统二年八月二十一日，文牍，第3B—4B页。

② 本段及下段参见学部《奏修订存古学堂章程折（并单）》，《政治官报》第1249号，宣统三年三月二十六日，折奏类。

③ 本段及下段除特别注明外，皆参见柯劭忞、松墉、严嵲熙《会详贵州巡抚庞鸿书文》，引在《贵州巡抚庞鸿书奏开办存古学堂折》，《政治官报》第377号，光绪三十四年十月十九日，折奏类。

敝，优级师范已于中学堂划拨堂舍，刻期迁入"。柯氏等人遂会详庞鸿书，提请将优级师范学堂腾出的丁宝桢祠内房宇作为存古学堂基址，同时缮呈该校"简易章程"。庞鸿书认为章程办法"尚属妥洽"，故饬令"择期开办，务须实事求是，以收体用兼备之效"。至翌年闰二月底，《申报》报道，贵州官方"顷奉（学）部咨催，将教员、学生、姓名、人数造册报部。现当道正筹备一切，经学一项闻拟聘丁勉初侍读出任其事"。① 该校后来的情形目前未见相关史料，只能阙疑待考。

在陕西，宣统元年初，时任陕西巡抚恩寿会同陕甘总督升允奏请将存古学堂经费"作正开销，以惠士林而规久远"，并将此事咨呈学部备案。② 奏折中说，湖北、江苏各省均办有存古学堂，御史李浚光绪三十四年六月奏请敕令各省一体建设存古学堂，"用意至为深远"，经"与司道等悉心筹议，意见相同，拟就省城贡院旧址建设存古学校一所，讲求经、史、词章各学，辅以舆地、算术"。学员拟从"举贡生员及中学堂毕业生中择尤考取。学额暂定五十名，如多成就，再行扩充。一俟三年毕业，循序而进，推展四年。上之则升入专门大学以蔚通才，次之则养成中学教员以资传习。其毕业奖励办法，均请仿照湖北学堂奏准章程办理。至教授、管理一切规则，遵照《奏定学堂章程》，毋或逾越"。

宣统元年五月，陕西"官立存古学校"正式开学。③ 时任陕西布政使许涵度、提学使余堃兼充学校"总理"（至翌年上学期由新任陕西布政使余诚格接任）。聘前太常寺少卿高赓恩为"校长兼总教"，署理西安府知府尹昌龄任"提调"（至翌年上学期由新署西安府知府瑞清接任）。这种由地方主要行政官员兼任学堂管理职位的做法应是仿照自湖北存古学堂，也见于安徽、江苏等省兴办存古学堂的进程中，从一个侧面凸显出该校在清季"新教育"体系中相当高的地位和规格。

在甘肃，宣统二年下半年，甘肃省城初级师范学堂"经清理财政议，裁并优级师范"学堂。署理甘肃提学使陈曾佑详文呈请陕甘总督长庚用

---

① 《存古学堂之筹备（贵州）》，《申报》宣统元年闰二月二十九日，第 2 张第 4 版。
② 本段所述参见《陕西巡抚恩寿奏遵设存古学校折》，《政治官报》第 475 号，宣统元年二月初六日，折奏类。
③ 本段及下两段所述除特别注明外，皆参见《陕西省官立存古学校宣统元年一览表》《陕西省官立存古学校宣统二年上学期一览表》，清学部档，档案号：195/137。

初级师范学堂旧址开办存古学堂，"房舍尽多余地，建筑亦可节省"。一切经费即由前任甘肃布政使毛庆蕃宣统元年时"详明酌提筹济市面银拾万两发商生息项下开支"。① 同年十二月二十六日，陕甘总督长庚将陈曾佑《详请创立存古学堂文》转咨学部。② 翌年初，甘肃存古学堂"所有延订教习、考录学生一切诸事渐次就绪"。学校监督刘尔炘③"遵照《湖北奏定存古学堂章程》，参以甘肃情形，酌定简章"，咨呈陈曾佑并转详陕甘总督查核。陈氏认为"简章均属妥协，自应准予立案"。④ 约在同年三月初，甘肃存古学堂正式挂牌。⑤

　　不少明确提出仿照江苏模式办理的省份，在实际办学运作中各有不同程度的变通，但追求"速效"甚至"躐等而为"的取向仍相当明显。尤其值得注意的是在招生方面颇具共性的变化：包括贵州、陕西、四川在内的多数仿办省份皆将新旧读书人一并纳入招考范围。但被允许与旧式读书人一起报考该校的，是中学堂毕业生。⑥ 如前所述，江苏存古学堂学生以廪、增、附生为主体，三年期满后，校方按成绩高低，申请分别奖励拔贡、优贡、岁贡出身。这一比照五年制中等学堂毕业奖励的做法，已明显有些逾越。而贵州等省将招录的新式读书人定位在中等学堂

---

① 这里及以下三段所述除特别注明外，皆参见陈曾佑《详请创立存古学堂文》，引在长庚《陕甘总督为设立甘肃存古学堂事咨呈学部文》（宣统二年十二月十六日），清学部档，档案号：195/138。

② 长庚：《陕甘总督为设立甘肃存古学堂事咨呈学部文》（宣统二年十二月十六日），清学部档，档案号：195/138。

③ 刘尔炘，字又宽，号晓岚，又号果斋，晚年自号五泉山人，甘肃兰州人。光绪十五年进士，历任翰林院庶吉士、翰林院编修，后任甘肃文高等学堂总教习。宣统元年五月，学部奏派其为甘肃学务公所议长。民元后任甘肃省临时议会副会长，对地方政学两界多有影响。治学"从安溪（光地）入朱子之门，从朱子以窥圣人之堂奥"，著有《果斋一隙记》《劝学迩言》《果斋集》等。学部：《奏编修刘尔炘充甘肃学务议长折》，《政治官报》第595号，宣统元年五月初八日，折奏类，第159—160页；刘宝厚：《甘肃近代著名学者、教育家刘尔炘》，《兰州大学学报》（社会科学版）1991年第4期。

④ 陈曾佑：《详请陕甘总督鉴核存古学堂简章文》，引在长庚《咨请学部查核甘肃存古学堂简章文》（宣统三年五月二十日），清学部档，档案号：195/138。

⑤ 韩定山：《我所亲历的甘肃存古学堂》，朱有瓛主编《中国近代学制史料》第2辑下册，第519页。

⑥ 《贵州巡抚庞鸿书奏开办存古学堂折》，《政治官报》第377号，光绪三十四年十月十九日，折奏类；《陕西巡抚恩寿奏遵设存古学校折》，《政治官报》第475号，宣统元年二月初六日，折奏类；赵启霖：《本署司详请奏设存古学堂文（简章附）》，《四川教育官报》第4册，宣统二年，文牍类，第2B页。

毕业生，意味着江苏存古学堂廪、增、附生学员三年毕业后的身份，仅大体相当于贵州等省存古学堂的入学资格。供中等学堂毕业生进一步深造的，当然是高等性质的学程。换言之，贵州等省办存古学堂，已完全跨越了中等教育阶段。若以张之洞原拟选取高等小学堂毕业生入学的方案为参照，贵州等省的"简易办法"已是一个标准的"升等"计划。

各省为追求"速效"和较高的办学规格，已到殚精竭虑的程度，更有突破学部禁令的办学运作。在四川，宣统二年三月，时任四川总督赵尔巽奏准开办存古学堂。筹办期间，监督谢无量等办学员绅认为，即便是采用江苏的"简易办法"，"遽办"高等性质的存古学堂，也非"物力维艰、交通不便"的川省所能一蹴而就，故决定"先行开办预科"，"姑筹基础之粗具，以徐俟规模之扩充"，得到官方认可。① 尽管较江苏模式多出一个学程，但能够办预科，当然是高等性质的学堂。考虑到办学基础较薄弱这一川省官绅的自我认知，先办"预科"恐怕已是相当有"速效"而又不至于"降格"的理想方案。这一做法明显有违此前早已生效的学部停办预科禁令，② 却在四川存古学堂的实际办理运作中延续。③

而同样是在宣统二年，山东存古学堂监督毛承霖筹办该校时，则对张之洞拟订的存古学生毕业奖励方案采取视而不见的态度，以张氏奏案"并未定有何项奖励"为由，提出存古毕业生以后"酌照优级师范学堂给奖"，得到山东巡抚孙宝琦认可。④ 按，张之洞规定存古学堂学制七年，涵盖中、高两等学程，较《奏定学堂章程》规划的五年中等、三年高等建制少一年；其课程设置又极倾重中学内容，"普通学"课程远未达到《奏定学堂章程》对中、高等专门学堂的统一规定。故张氏提

---

① 《四川存古学堂咨呈试办预科预算表呈文》、赵启霖《札饬克日兴功建筑文》，四川大学档案馆藏，四川存古学堂档案（以下简称"存古档"），第50卷。按，本书所用四川大学档案馆藏四川存古学堂档案，其标题及日期原为该馆工作人员整理时添加并编入卷宗目录，其与内容明显不符之处，已据实核对酌改，特此说明。

② 参见《各学堂停止招考及考选详细办法章程》中有关高等学堂禁设预科的规定，引在朱有瓛主编《中国近代学制史料》第2辑上册，第582页注释1。

③ 学堂正式开办后，校方在《宣统三年预算经常临时开支各款简明说帖》（存古档，第50卷）中提出，将首届学生升入"正科"，另添招预科学生百名。

④ 孙宝琦：《咨学部呈送山东存古学堂更定课程、需用书籍分类清册文》，清学部档，档案号：195/140。

出存古学生若毕业照高等学堂例奏请奖励，必须"兼习外文"，否则奖励和毕业升迁出路皆"须量减一等"。① 这已经是多少有些"逾于常格"的方案。

而优级师范学堂属高等专门性质，学生如毕业考列中等及中等以上，可获"师范科举人"的奖励，但必须履行充任若干年学堂教员的"义务"，才能得到"应升之阶"。② 毛承霖将存古学堂视作"国文师范学堂"，进而提出毕业生"照优级师范学堂给奖"，显然相当看重存古毕业生应尽的"师范科举人"义务。就实际的就业出路言，山东方面拟将存古毕业生派充"高等国文教员"，比照章只能充任中学堂或初级师范学堂教员的优级师范学堂毕业生还高出一格。

实际上，张之洞为存古学生安排的周课时数已相当饱满，故该校并未开外文选修课。学生需要就近附入外国语学校兼习外文并得到成绩认定，实非易事，恐怕只有极少数真正"学有余力"者可以尝试，多数学生毕业时只能"量减一等"奖励出身。山东的方案虽然没有缩短年限，但摘除了张之洞原拟较严苛的附加条件，大大降低了毕业奏奖出身的难度。对于多数存古毕业生而言，用较《奏定学堂章程》规定的学制少一年的时间，获得高等性质的"学堂奖励出身"成为可能。与湖北"存古"模式相比，山东方面大幅删减了"普通学"课程，学生毕业的规格和身份认定整体上反而有所提升。这样的办学运作尽管没有缩短学程，实质上仍是"躐等"之举，说其是变相的"提速"也不为过。

惟山东官绅对于兴办存古学堂一直没有达成共识，尤其该省谘议局明确反对办存古学堂，对该校在山东的推广进程有相当程度的影响，类似情形也出现在江苏、福建、湖南三省兴办存古学堂的进程中。以下论述聚焦鲁、闽、湘三省围绕存古学堂的兴废缓急之争，江苏的纷争拟在第四章详述。

---

① 本段及下两段所述张之洞的"存古"方案，参见笔者《开放而不失其故：张之洞兴办湖北存古学堂的努力》，《社会科学研究》2014 年第 6 期。

② 张之洞等：《奏定各学堂奖励章程》，朱有瓛等编《中国近代学制史料》第 2 辑上册，第 117—123 页。

第三节　鲁、闽、湘三省的兴废缓急之争

宣统元年闰二月底，学部奏准颁行《分年筹备事宜清单》，规定各省于宣统二年"一律设立存古学堂"。[①] 另外，作为当时筹办宪政的头等要务，各省基本遵照中央政府的规划，自宣统元年下半年陆续开办谘议局。各省已办存古学堂的年度预算或是拟办存古学堂方案，皆须交谘议局审议；而谘议局也可通过提案、议案直接介入"新教育"的办学运作。能否得到谘议局支持，成为影响各省拟办存古学堂计划能否顺利实施，乃至已经开办的存古学堂能否赓续办理的重要环节。

在福建，礼部左侍郎张亨嘉光绪三十四年二月丁母忧回籍后，与闽浙总督松寿商议设立存古学堂。[②] 翌年，张氏又函请松寿礼聘京师大学堂史学教员陈衍归省担任该校监督，但陈衍没有同意。[③] 至宣统二年下半年，松寿在编制宣统三年闽省"地方行政预算案"时，专项列出存古学堂的预算经费10000两。同年九月，福建谘议局召开常年会，就该预算案与松寿争执不下。两个多月后，谘议局"第二次临时会"通过表决，全体赞成将存古学堂经费预算"全裁"，"缓至宣统四年再行开办"。[④]

松寿与福建省谘议局在办学方针和思路上明显存在分歧。双方皆相当注重"新教育"，但松寿主张扩充省城各校经费，而谘议局则认为更急需扩充的是基层教育经费，尤其是省城以外各州县的中小学简易学塾，以缓解省城各校生源严重不足的问题。福建谘议局并未一概反对松寿交由该局覆议的预算案，但坚持认为"补助各府州中学、各属初级师范学堂"的预算案不可裁减，而可以缓办的正是存古学堂。显然，对于"新教育"诸多办学事项的先后次序，尤其是中国传统学问在"新教育"中的轻重缓急地位，福建谘议局与松寿有完全不同的认知。若说存古学堂

---

① 学部：《奏分年筹备事宜折（并单）》（宣统元年闰二月二十八日），《学部官报》总第85期，宣统元年三月十一日，本部章奏，第1A—5A页。

② 陈衍：《礼部左侍郎张公行状》，陈步编《陈石遗集》上册，第445—447页。

③ 陈声暨、王真等编《侯官陈石遗先生年谱》，陈步编《陈石遗集》下册，第2010页。

④ 《第四次福建谘议局（临时会）议事速记录第二号》，《福建省谘议局宣统二年会议记录》，中国社会科学院近代史研究所图书馆藏，出版日期残。

由此而成为双方论争的焦点事项，应不为过。

　　双方的分歧实不可谓小。在第二次临时会上，福建谘议局对松寿交令覆议的预算案仍"多执前议"。故该局在将"覆议议决预算表册"呈送松寿的同时，也将该表册录呈京师资政院"察鉴"。① 松寿及资政院的反应暂不得知。惟据陈衍所述，福建存古学堂虽由地方大员勉力筹办，但因"有梗其事者，遂中止"。张亨嘉"忧旧学自此沦亡，常以为憾"。②

　　同样认为存古学堂应缓办而与官方论争的还有山东谘议局。但与福建不同，山东办存古学堂是遵奉学部政令行事。宣统元年上半年，因山东优级师范选科学堂即将停办，士绅朱寿蕃等人禀请山东巡抚孙宝琦用该校所遗校舍款项开办存古学堂，也有人主张用其兴办实业学堂，为此山东官方"咨部请示"。学部起初反对开办存古学堂，后经朱寿蕃在孙宝琦支持下再次"合辞吁恳"，最终于宣统二年六月初二日同意山东方面在优级师范选科学堂原有 36000 两常年经费中，"每年酌提万余两"办存古学堂，其余部分用于办实业学堂。③

　　不过，同年下半年，山东谘议局"全体议员公同议决"暂缓开办存古学堂，将优级师范选科学堂所遗校舍及经费全用于开办中等工业学堂。该局在呈报孙宝琦的"学务案"中说，就山东当前情形而论，学部《分年筹备事宜清单》列出的事项中，有不少比存古学堂"重要十倍"。实业尤其是"救贫要策"，而存古学堂只不过是个可以安置十多位教职员的"名目"而已，究竟有何实际效用？像这样"本非甚重且急之事，此时又何必如此急急？"④

　　宣统二年十月初九日，孙宝琦批复说，存古、工业两校并举的计划，学部已批准在案，山东的学务预算并无不足。如果敷衍铺张，即使成倍增加工业学堂经费，也无实效。当前"新教育"极重科学课程，经、

---

① 福建谘议局：《本局关于预算事呈请督部堂文》《本局覆议议决预算册呈送资政院文》，《福建省谘议局宣统二年会议记录》文尾，出版日期残。
② 陈衍：《礼部左侍郎张公行状》，陈步编《陈石遗集》上册，第 445—447 页。
③ 本段所述参见学部《咨覆鲁抚准将优级师范校舍改办存古学堂文》，《学部官报》总第 133 期，宣统二年八月二十一日；《存古学堂归并曲阜大学之决定（山东）》，《申报》宣统二年四月初三日，第 1 张后幅第 3、4 版。
④ 山东谘议局：《呈请山东巡抚孙宝琦咨明学部暂从缓办存古学堂文》，《山东谘议局议案》第 2 册，宣统二年。

史、国文课程却只是粗粗涉猎而已。存古学堂旨在保存国粹，也是储备经、史、文学的师范人才。谘议局说该校只不过是安置教职员的"名目"，"未免轻于诋毁"。此事"遵奉部章举行，又经专请部示核准"，且九月已委任孙葆田为存古学堂"总教习"，"岂容尚有异议！"① 至宣统三年上半年，山东存古学堂正式开学。② 整体看，山东存古学堂有学部政令为依托，更得孙宝琦的鼎力支持，且孙氏在与山东谘议局的论争中处于相当强势的地位，确保该校的兴办进程基本没有受到谘议局缓办主张的影响。

同样得到官方大员鼎力支持的湖南存古学堂却没能顺利开办。光绪三十二年三月，前文已述的达材学堂正式开学，成为湘省官方后来兴办存古学堂的基础。档案显示，该校光绪三十三年下学期和光绪三十四年上学期的正式名称是"官立达材学堂"，至宣统元年上学期时，改为"官立达材存古学堂"。③ 同年，湖南提学使吴庆坻在拟订全省九年筹备立宪办学规划时提出，湘省早有专门"存古"的学校——达材学堂，只是"办法未甚完全"，故拟整合原有成德校士馆、岳麓景贤堂和达材学堂三校的办学资源，"参仿"湖北存古学堂办理。但在吴氏已开始具体的筹备运作后，湖南谘议局议决通过"整顿全省教育议案"，明确提出要"将景贤、成德、达材三校一律改办法政"学堂。吴庆坻则认为，筹备立宪，法政人才固然重要，而存古学堂也是"刻不容缓之图。两者相权，本无偏重，亟应同时并举"。④ 宣统二年五月，吴氏饬令景贤堂改办法政学堂。⑤ 至于成德、达材两校，吴氏在详呈新任湖南巡抚杨文鼎的"修正（全省教育）议案"中声明，"仍拟并设存古学堂"。

不过，湖南谘议局在议覆上述修正案时，坚持要将成德学堂也

① 孙宝琦：《批复山东谘议局呈请咨明学部暂从缓办存古学堂文》，《山东谘议局议案》第 2 册，宣统二年。
② 据陈衍所述，山东存古学堂"在金线泉上，是易安居士（李清照）故宅"。陈声暨、王真等编《侯官陈石遗年谱》，陈步编《陈石遗集》下册，第 2015—2016 页。
③ 《湖南省官立达材学堂光绪三十三年下学期一览表》《湖南省官立达材学堂光绪三十四年上学期一览表》《湖南省官立达材存古学堂宣统元年上学期一览表》，清学部档，档案号：195/141。
④ 本段除特别注明外，皆参见吴庆坻《移奉抚批筹设存古学堂拟将成德达材两校合并改办文》，《湖南教育官报》第 13 期，出版日期残。
⑤ 《景贤堂改良之通告》，《申报》宣统二年六月二十八日，第 1 张后幅第 4 版。

"另办法政"，存古学堂则由达材学堂改设，可知双方皆有所退让，但并未达成共识。对于谘议局议覆的办学方案，吴庆坻不肯再做让步。他继而提出，湖南法政学堂早已开办在先，最近景贤堂又改办法政学堂，且宣统二年省城士绅已筹设两处公立或私立法政学堂，而"闻风继起者当尚不止此数"。存古学堂则湘省"虽有旧设之校，而一切设备尚在萌芽"。达材学堂"原有经费岁只八千金，即使撙节开支，势难敷用。况此次改办，原期整理扩充为全省学子观摩之地。一切规制经营，岂容苟简？"且"久奉部饬，限年成立，更不容视为缓图。若如谘议局所请，谨就达材一校改设，实有万难措置之势"。有鉴于此，吴氏于宣统二年底详请杨文鼎仍将成德学堂并入达材学堂，自宣统三年上学期起"正名为存古学堂"办理，"一切开办要需，则成德学堂尚有存款可资动用"。

　　吴庆坻因谘议局反对而放弃了原拟"三校合一"的恢宏计划，已是不小的退让。在他看来，成德学堂的存款是"正名"扩办存古学堂不可或缺的启动资金，实是无路可退。但这一退而求其次的"两校合一"方案也未能付诸实施。吴氏为湖南存古学堂拟订的"分年功课表"与主流的"存古"办学模式明显不同，被学部饬令"修正"，该校因此而未能在学部顺利立案。[①] 当时湘省官方人事变动频繁，该校的筹办运作过于依赖吴氏个人，也非长久之计。宣统三年四月，也即学部饬令湘省修正存古方案的当月，吴庆坻卸任。至闰六月初，《申报》有报道说，由于学部饬令湘省修正存古学堂章程，以及湖南提学使的人事变动，兴办存古学堂的计划被"搁置"起来。[②]

　　以上所述福建、山东、湖南三省兴办存古学堂的努力，分别浸透了张亨嘉、孙宝琦、吴庆坻等热心官绅的心力。他们对中国传统学术与文化多有深厚情怀，故锲而不舍地致力于"存古"事业；而三省谘议局反对兴办存古学堂，大体是基于议员们对当地办学基础和条件的观察，以及对当时"新教育"诸事项轻重缓急的理解和认知。他们与官方论争、博弈进而引发对立冲突，其中或不无权力争斗和利益冲突的因素，但究

---

① 学部：《咨覆湖南巡抚文》，清学部档，档案号：195/141。

② 《存古学堂缓办之原因（长沙）》，《申报》宣统三年闰六月初八日，第 1 张后幅第3—4 版。

其根源，似乎更多还是办学方针、思路乃至具体方案上的分歧。若说思想观念的歧异是上述各省谘议局与地方官围绕存古学堂论争的主要面向，应不为过。

但就全国而言，区域多歧性仍是显著特征。在湖北，士绅内部尤其是"名宿大老"间的权力争斗和利益冲突，成为影响存古学堂兴办进程的重要因素；在江苏，围绕存古学堂的论争也发端于士绅内部并持续发酵，苏州绅界俨然由此而分裂成两个阵营，江苏谘议局成为矛盾与论争、对立与博弈汇聚的平台。相关情形分别详见第三章、第四章。

第四节 其他省份兴办存古学堂的拟议和规划

河南方面对于兴办存古学堂有明显分歧。但与上节所述情形不同，河南部分士绅和基层地方官对兴办存古学堂似较热心，主管全省学务的官员似乎态度较消极。光绪三十四年秋，祥符县生员张绍渠等人禀呈署理河南提学使孔祥霖，请准"仿照存古学堂办法"，开办民立"国粹学校"。孔祥霖认为当时各学堂的课程设置"未尝不寓保存国粹之意"，存古学堂"不在部定章程之列，必须奏明办理，未闻有民立者"。张氏所呈"国粹学校"章程"拟照中学堂毕业奖励发给文凭，何所援据？殊属荒诞！且细核课目，国文只《昭明文选》一种，其为国粹者仅矣！况又有词章一门与《文选》重出。历史只'编年'一类，地理只方舆两种，规模太狭，不足以言'国粹'。格致三门，不伦不类；体操三目，非东非西。所定章程庞杂紊淆，殊不足以存古学而掖后进，所请创办立案断不准行"。①

此后不久，曾供职于河南学务公所的代理辉县知县戴宗喆以御史李灼华"请复岁科试之奏，持论甚大，所见甚远"，禀请河南巡抚吴重熹"代奏通饬各属一律普设各等存古学堂"：各州县、各府厅以及省会分设"存古小学堂""存古中学堂""存古高等学堂"一处，"以次递升，与

---

① 孔祥霖：《批祥符县生员张绍渠等禀呈办理国粹学校章程由》（光绪三十四年十月初二日），《河南教育官报》总第 44 期，宣统元年五月十五日，文牍，第 365A—B 页。据报道，该国粹学校被孔氏批驳时，已进入实际的筹办阶段。《各省新闻·又是国粹学校（河南）》，《盛京时报》光绪三十四年九月初五日，第 3 版。

现时学堂并行不悖"。① 吴重憙则认为《奏定学堂章程》对中学"已加意注重"，如果各处学堂"遵章切实授课，断无蔑古荒经之虑。若李侍御浚所奏江、鄂等省设立存古学堂，亦仅于省城创设一处。且各该省风气早开，各种学校皆已林立，恐学子日骛新奇，致荒本学，始有此救弊补偏之举"。而豫省学务"尚未发达"。"分等普设"存古学堂，"不惟无此办法，且恐此议一创，其知者以为国粹之保存，不知者以为科举之复燃。流弊所趋，不独无以兴未兴之学，即已成立者亦必立时解散，群以存古为名，相率弃学"。戴氏禀文"词意倚于一偏，未便率准照办"。②

　　吴重憙的意见得到孔祥霖的支持。孔氏在"核议详覆"时进而强调《奏定学堂章程》中并无存古学堂章程。"鄂省奏案在先，部中亦未核定通行。何能援以为例？况前次河南请设尊经学堂与湖南请设景贤学堂，先后均经部驳有案。乃不二三年间遽请自省城以至府厅州县广设存古学堂，匪惟无此财力，即有之，其能免学部驳诘耶？"且"既曰'存古'，则必举古学而尽存之。故江、鄂此举体大用繁，以非此不相称也。若置经、史、文集数种，聘一从前工贴括者主讲其中，名曰'存古'，实诬古矣。且如此则直曰'复书院'可矣，何必强名为'学堂'？若仿江、鄂体制为之，断非一府一州一县所能举"。③

　　据孔祥霖的观察，当时河南各处已是"新旧交讧之案层见叠出"的局面，④ 一旦设立存古学堂，则"守旧者固当入古学，维新者仍薪入今学。学判古今、党分新旧，各树一帜，势成水火，安得并行而不悖？"孔氏还查得已有上谕明确饬令官员"当以李灼华等为戒，勿蹈故辙"。戴宗喆禀文引据李灼华请复岁科试奏案，"未免显违谕旨，应予申饬，以为

① 戴宗喆禀文引在孔祥霖《详覆抚院遵议辉县戴令宗喆禀请广设存古学堂文（院批附）》（宣统元年闰二月二十二日），《河南教育官报》总第45期，宣统元年六月初一日，文牍，第368B—372A页。

② 吴重憙：《批饬河南提学司核议戴宗喆禀请分等普设存古学堂文》，引在孔祥霖《详覆抚院遵议辉县戴令宗喆禀请广设存古学堂文（院批附）》（宣统元年闰二月二十二日），《河南教育官报》总第45期，宣统元年六月初一日，文牍，第368B—372A页。

③ 本段及下段参见孔祥霖《详覆抚院遵议辉县戴令宗喆禀请广设存古学堂文（院批附）》（宣统元年闰二月二十二日），《河南教育官报》总第45期，宣统元年六月初一日，文牍，第368B—372A页。

④ 当时在野知识精英也以"新旧交讧"为显著的时代特征。这一朝野共同的观察相当值得注意，而存古学堂正是"新旧交讧"的焦点之一，详见第八章。

无识妄言者儆"。此外，戴氏未将有关学务事宜禀呈河南提学使司，而是径禀河南巡抚，也属"不合体制"。

孔祥霖核议详覆后，吴重憙宣统元年闰二月二十二日批示指出，河南早年拟设尊经学堂被学部奏驳改办师范学堂，后张之洞奏设存古学堂时申明"河南尊经、湖南景贤各学堂均系规仿鄂省而误会者"，故"此项偏重古学之学堂揆度（豫省）现情，断在不应提议之列"。① 实际上孔祥霖此前在核议详覆时也援引学部奏驳尊经学堂一事为据，可知三年前拟办尊经学堂未果确实影响到后来河南官方在办理存古学堂问题上的决策。

按，戴宗喆的"分等普设"存古学堂之议，意在建立省会、府厅、州县三级的一整套中学人才培养体制，实较张之洞等人拟在各省省会创设一所高等专门性质的存古学堂方案远更恢宏，恐怕已属当时中央政府担心并试图抑制的各省存古学堂"成立日多"，"流于泥古，有碍新机"的倾向。吴重憙、孔祥霖对李灼华规复科举的努力不以为然，更不认同戴宗喆将存古学堂与之联结在一起的做法。他们对存古学堂的定位和认知相当接近张之洞兴办该校的原意，对戴氏的批驳也契合当时中央政府整体上尊西趋新的办学方针。惟孔祥霖所言"鄂省奏案在先，部中亦未核定通行。何能援以为例"，多少有些牵强。实际上枢府早在约一年前即明确肯定湖北存古学堂"法良意美"，并要求各省"参照湖北章程，于省会量力建置"。对此吴重憙、孔祥霖皆只字未提，恐怕不是一时疏漏不察，而是有意为之。

就在孔氏议覆戴宗喆禀文六天后，学部将存古学堂纳入筹备立宪的办学计划中，规定宣统二年各行省一律设立存古学堂。② 但河南方面对兴办该校的消极态度似乎没有变化。同年五月初孔祥霖核议河南教育总会"条陈学务改良办法"时，虽将保存国粹视为仅次于教育普及的办学要务，但重心却在"改良小学教授"而未言及存古学堂。③ 至宣统三年

① 孔祥霖：《详覆抚院遵议辉县戴令宗喆禀请广设存古学堂文（院批附）》（宣统元年闰二月二十二日），《河南教育官报》总第45期，宣统元年六月初一日，文牍，第368B—372A页。

② 学部：《奏分年筹备事宜折（并单）》（宣统元年闰二月二十八日），《学部官报》总第85期，宣统元年三月十一日，本部章奏，第1A—5A页。

③ 孔祥霖：《详抚院遵批核议教育总会条陈学务改良办法文》，《北洋官报》总第2109册，宣统元年五月初六日，第6—7页。

四月，孔祥霖向河南巡抚及学部呈报宣统二年全省办理学务的"重要大概事宜"时，也未提及存古学堂。①

值得注意的是，与戴宗喆提案类似的恢宏计划在清季尚有他例。在吉林，光绪三十四年底，有报道说候选训导杨维垣禀请在省垣开设存古学堂，且"各属亦令仿办"，被时任吉林巡抚陈昭常批驳，理由是吉林"人才罕见，较内地相去不可以道里计，至能入存古学堂者更难其选"，如果各学堂对于读经课程能切实"研究"，则"古学自无式微之虑"。②从目前掌握的资料看，清季从中央到各省的办学官员大多不认可拟设基层存古学堂的计划。③

当然，也有少数例外的情形。在云南，大约在宣统元年四月，署理云南通海县知县胡思义拟为该县有志进修的廪、增、附生"捐廉创办存古学堂"，即得到署理云南布政使叶尔恺支持。但叶氏认为胡思义所拟章程的科目设置"尚须详酌"。中学课程方面，除"宋五子外，如陆象山、王阳明、刘蕺山暨国朝颜习斋、李刚生〔主〕各家学说，均切中近来时弊，学者均应潜心研究"。而"新学科目亦嫌太少。盖学也者，所以求世界之公理。欲存中学，非深明西学不可。日本保存国粹之说，出于欧化时代之后。盖必经欧化阶级，而后古圣贤所以卓然自立、不可磨灭之处，自能存在于世界，断非欧西所能掩，亦非空言保守者所能存"。叶氏批饬胡思义应"兼体此意"，并候护理云贵总督沈秉堃"批行（云南提）学司查核饬遵"。④

但叶氏的态度并非当时云南官方的共识。署理云南提学使郭灿即将胡思义办存古学堂视为"守阙抱残"的"风雨鸡鸣之意"，虽未明令不得兴办，但以"存古学堂学部未定奖章"为由，不同意该校"毕业给奖"，实是相当有力的保留。郭氏转而告诫胡思义，应将办学重心放在小

---

① 孔祥霖：《详报学部宣统二年本省办理学务情形拟具重要大概事宜折呈请示文（折附）》（宣统三年四月十九日），《河南教育官报》总第89期，宣统三年，出版日期残，文牍，第755A—761A页。

② 《时事·吉林·驳设存古学堂》，《大公报》光绪三十四年十二月初七日。

③ 四川、江苏两省主持学务的大员虽对兴办存古学堂持积极态度，但皆驳回了基层州县兴办存古学堂的计划，详见第六章、第七章。

④ 《署藩司叶批署通海县胡允思义筹办存古学堂酌拟开办章程乞示遵禀》，《云南教育官报》第20期，宣统元年四月，文牍，第12A—B页。

学的改良扩充上，为有志进修的廪、增、附生"筹设二年以上毕业之初
级师范简易科，毕业后派充各区小学堂教员，庶体恤寒畯之中仍合普及
教育之旨"。

此后不久，郭灿主持拟订并详呈云贵总督转咨学部的"分年筹备宪
政办学清单"，将"省会筹办一所存古学堂"纳入宣统二年"专门教育
类"的办学计划中。① 同时他提出，滇省"物力艰难，学款支绌，不应
屡有建筑，亦不应多设管理员。故凡办师范、普通、实业、专门各种学
堂，须用附设例，以类附设"。故"省会存古学堂即附设于图书馆"中，
以便"费省事倍"。② 按，学部当年初奏准颁行的《分年筹备事宜清单》，
是将各行省设立图书馆和存古学堂分列为宣统二年的办理事项。③ 云南
方面将存古学堂"以类附设"在省垣图书馆中，在目前所知清季各省兴
办存古学堂的努力中是仅见的一例。

但"以类附设"存古学堂的方案似未付诸实施。宣统元年七月，
护理云贵总督沈秉堃在筹办云南图书馆的奏折中并未提到"以类附设"
存古学堂。④ 至宣统二年，云南方面拟订的宣统三年度全省办学预算原
本列有存古学堂预算经费9056两，但云南提学使司当年十月奉到学部饬
令各省"妥速办理"初等教育的专电后，提出将存古学堂"缓办一年"，
用原拟该校预算经费开办初等小学"单级教员讲习总所"，得到学部
批准。⑤

至宣统三年，云南方面又在《宣统四年地方岁出新增特别重要事件
预算附表》中的"学部所管预算"项下，列出存古学堂预算共计7444

---

① 《本署司郭详奉院行部电照四项教育按年预拟筹备事目一案分别议拟列表附说呈请核咨
文（并护督院批）》，《云南教育官报》第22期，宣统元年六月，文牍，第10A—B页。

② 《云南专门教育分年筹备事宜表》，《云南教育官报》第22期，宣统元年六月，第7A—
B页。

③ 学部：《奏分年筹备事宜折（并单）》（宣统元年闰二月二十八日），《学部官报》总第
85期，宣统元年三月十一日，本部章奏，第3B—4A页。

④ 《护理云贵总督沈秉堃奏筹办图书馆折》，《政治官报》第658号，宣统元年七月十二
日，折奏类。

⑤ 学部：《覆云贵总督云南学司缓办存古学堂改办单级教员研究所文》（宣统三年二月二十
八日），《学部官报》总第153期，宣统三年四月二十一日，文牍，第19B—20A页；李
经义：《准学部咨核准暂将滇省存古学堂经费改办单级教员讲习所札提学司文》（宣统三
年三月二十三日），《云南官报》第8期，宣统三年四月二十日，文牍，第5B—6A页。

两，其中"开办及购买书器费"3700两，"常年费"（包括"管教各员薪水、书役薪工、火食"三项）3744两。① 同样延迟兴办的还有直隶省。该省《试办宣统四年地方岁出预算比较表》列出存古学堂开办费20000两，常年费10000两。②

此外，湖北存古学堂正式开办后，江西、江宁、浙江、黑龙江、广西等地也有仿办存古学堂的提议或规划。在江西，白鹿洞书院自科举停废后，"仅留月课考试策论，诸生并不住院，屋宇已渐失修，其岁费亦为他处兴学所需挪拨殆半"。大约在光绪三十三年八月，南康知府王以慜拟筹款修复，并照湖北存古学堂办法改设学堂。时任江西巡抚瑞良表示支持，但担心改设存古学堂"规制必阔，需款更巨，恐岁费四千金未必敷用"，当时赣省已办各新式学堂"皆因财政困难未能完全组织，筹款不易，可见一斑"；且王以慜提出的"邻省协助，奏拨内帑"方案"究竟有无把握，亦难预料"，故饬令江西提学使司"派员赴鄂详细考察办法章程，由司通盘筹划，详候核夺并转饬知照"。③ 实际上两江总督端方虽然对王以慜的存古计划赞许有加，但以"宁省正筹设南洋大学、法政学堂，财政竭蹶"，表示"无力筹助"。④

至宣统元年下半年，署理江西提学使林开謩详文呈请江西巡抚冯汝骙开办存古学堂，拟请时任江西谘议局议长谢远涵、"书记长"宋名璋分任监督、"议绅"。据《大公报》报道，林氏以存古学堂为"联络绅士之手段"，意在"夤缘接洽"谢、宋两人。冯汝骙因"筹款维艰"，原"拟从缓办。然又恐开罪谢绅，诚属左右两难，遂特批行藩司酌夺，以为透卸之计"。⑤ 同年底，原籍江西的甘肃布政使毛庆蕃被度支部参劾，"奉旨革职"后，又有"江西人士"拟推举毛氏出任存古学堂监督的消

---

① 《云南省试办宣统四年地方岁出新增特别重要事件预算附表》，中国第一历史档案馆藏晚清学部档案（以下简称"晚清学部档"），财经类，档案号：307。
② 《直隶省试办宣统四年地方岁出预算比较表》，收入《直隶省试办宣统四年预算表册》，晚清学部档，财经类，档案号：324。
③ 《援案改办存古学堂（江西）》，《申报》光绪三十三年八月二十五日，第2张第12版。同年十一月二十日的《申报》又有报道说，江西巡抚瑞良特委童挹芳昨天抵鄂调查湖北存古学堂章程。《赣抚委员调查存古学堂章程（武昌）》，《申报》光绪三十三年十一月二十日，第2张第3版。
④ 《禀请书院改作学堂（南京）》，《申报》光绪三十三年九月十九日，第2张第11版。
⑤ 《时事·林提学之善于笼络》，《大公报》宣统元年十一月初三日，第2版。

息传播。①

翌年初，新任江西提学使王同愈抵任伊始，即筹议兴办存古学堂，"只因造端宏大，措置为艰，又拟缩小范围，设立国文专修科，为各校国文师资张本，亦因本省财政困难达于极点，教育经费尤形竭蹶，以致所议俱无所成"。② 至宣统三年八月辛亥鼎革前夜，有报道说，江西谘议局议员、安义举人黄兰芳等禀请酌拨校舍开办"公立存古学堂，推举胡侍御思敬为监督"。冯汝骙批饬王同愈查明"有无余闲房屋可以拨用"。王氏回复称该校按部章只有官立性质，"并无准予公立明文"，故须"转咨学部，再行遵办"。③

在江宁，光绪三十四年五月江苏存古学堂开办后，刘师培呈请两江总督端方仿照湖北、苏州成例，"奏设两江存古学堂，暂以城西朝天宫为校址"，学额 80 人。学科设置"略仿湖北定章"，学程则取江苏模式，学制三年，学生毕业后"施教于其乡，以膺国学教员之任"。此外，刘氏建议将"教师所编讲义月刊成册，颁发所属各州县，使官立、民立各校奉为参考之资"，意在将"昌明旧学、保存国粹"的宗旨扩及校外广泛的读书人群体，与前文所述广东存古学堂的附学方案相通。惟刘氏似乎更注重导扬基层州县的"存古风气"，类似的努力也见于安徽、四川存古学堂的兴办进程中（详见第五章、第六章）。④

不过，刘氏的提议似未付诸实施。至宣统元年十一月，江苏举人沈维骥与蒋鸣庆、梅茇、陈作霖、丁立中、茅谦、宋文蔚、张是保等人联名禀请新任两江总督张人骏设立"江宁存古学堂"。惟据沈氏民元后所述，张人骏的"批词有'具有同心，筹款兴办'之语，然世变已无暇计及于此也"。⑤

在浙江，前章已述，大约宣统元年初，官书局总纂姚丙然等人禀呈

---

① 《毛庆蕃革职余闻》，《申报》宣统元年十二月初一日，第 1 张第 5 版。
② 王同愈：《为黄兰芳等禀办公立存古学堂事回复江西巡抚瑞良文》，引在《江西官绅筹办存古公学》，《教育杂志》第 3 年第 9 期，宣统三年九月初十日，记事，页码残。
③ 《官绅筹办存古公学（江西）》，《申报》宣统三年八月十二日，第 1 张后幅第 4 版。
④ 本段及下段参见刘师培《上端方书》，《左盦集》，收入《刘师培全集》第 3 册，中共中央党校出版社，1997 年影印本，第 534—535 页。
⑤ 沈维骥：《公呈张制军在江宁设立存古学堂书》，《海粟子初存文》，京华印书局民国年间印本，第 8A—B 页。

学部以及浙江巡抚增韫、提学使支恒荣，请用官书局旧有屋宇和经费兴办存古学堂。实际上姚氏等人的提议更多是应对浙江官方裁撤官书局的举措。先是增韫认为官书局自"停止刊刻，专事印刷"以来，"工本加昂，销流渐滞"，实是"以有用之款耗于无用之地"，故拟将其裁撤归并藏书楼办理。浙江布政使颜钟骥与支恒荣奉增韫饬令合议后，主张以该局为基础，兴建浙江省图书馆。官书局员绅具禀保全该局未果，继而提出在官书局内设存古学堂，"以现有官书局每年经费八千余元暂作常年开支"。姚丙然在禀文中强调："木板之书，岂能尽废？所有官书局事宜应即责成（存古学堂）办学诸员绅兼管。事属公益，无须另行开支，以节糜费。此诚一举而两得焉。"①

对于姚丙然等人的禀文，增韫批饬"核议"，颜钟骥、支恒荣照会姚氏等人"拟议章程，妥为筹画"。姚氏等人"未敢草率从事，特往江苏抄录该省存古学堂章程，考察组织情形，以凭仿照办理"，② 可知此前官书局员绅提出将存古学堂办成普通中学堂经、史、国文课辅助教育机构，这一与张之洞初衷明显异趣的"变通"方案，只是初步而笼统的设想，远非周详成熟的具体方案，说其更多是抵制官方裁撤官书局的抗争手段，似不为过。

官书局的屋舍、经费等姚丙然所谓"公益"范畴的资源，恐怕是官绅双方纷争的重点。当时有关裁撤官书局的方案，除了归并藏书楼、改设图书馆外，尚有将其经费"分拨补助各学堂之议"。颜钟骥以官书局常年费早已用于筹办图书馆为由，明确驳回姚丙然等人将其留作存古学堂兼官书局常年开支的请求，但允另行"量力筹措"该校开办经费。③至宣统二年初，署理浙江提学使袁嘉毂在当年的"筹备宪政办学经费表"中列出存古学堂开办费12000元，常年费15636元，预算规模在同列各项中仅次于设立"省城工业教员讲习所"。④ 该堂后来的情形因未见相关史料，暂时只能阙疑待考。

---

① 《禀办存古学堂（浙江）》，《大公报》宣统元年正月二十八日，第2张第2、3版。
② 《存古学堂之筹议》，《甘肃官报》第2期，宣统元年四月，新政杂志，第22A—B页。
③ 《存古学堂之筹议》，《四川教育官报》第5期，宣统元年，别录，第1B页。
④ 《提学司袁详复将宣统二年筹备宪政应需经费分别确估开折请示文》，《浙江官报》第12期，宣统二年四月十四日，第114B—115B页。

同样是在宣统二年初，时任黑龙江巡抚周树模在奏报兴学情形时表示，存古学堂为"应行展拓之端"，已"豫作筹措之计"。[①] 但周氏更注重师范和普通教育，坚持高等专门各学堂应"俟中学毕业学生可以升入，再行分别添设"。而当时该省仅省城设有一所中学堂，显然不具备兴办存古学堂的条件。实际上，办学基础和条件的确是影响存古学堂在部分省份（尤其偏远边疆）推广的重要因素。在广西，宣统元年下半年，署理广西提学使李翰芬虽将存古学堂列为"宣统二年广西筹备教育各项事宜"之一，但在详呈巡抚魏景桐核定的翌年"添设学堂经费约表"中却无存古学堂的名目。[②] 截至宣统二年，该省仅有一所"法科"性质的中等以上专门学堂。[③] 而宣统二年底广西谘议局通过并得魏景桐认可的宣统三年学务决议案，仍无开办存古学堂的计划。[④]

关晓红在《晚清学部研究》一书中指出，湖北存古学堂正式开学后，"各地闻风而起，江苏、山西、安徽、福建、贵州、陕西、广东、四川、甘肃等省纷纷仿建"。[⑤] 这是迄今为止对清季各省办理存古学堂情况最全面的表述。由上文所述可知，清季存古学堂的确有全国性的兴办规模，张之洞在湖北倡办存古学堂的影响力及其主管学部后官方在全国范围内推广存古学堂的成效，似乎皆超过我们先前的认知。各地无论是正式开办存古学堂或拟有兴办计划，基本是按照中央政府拟订的"救时局""存书种"两义并行不悖且以前者为重的办学方针行事。而拟在省城以外"普设"存古学堂的提议大多没有得到从中央到各行省主政者的认可。"新政学务"整体上没有出现"有碍新机"的情形。

---

① 《黑省筹办各项学堂情形（北京）》，《申报》宣统二年正月二十二日，第 1 张第 5 版。

② 《抚部院批学司详送预备宣统二年教育议案请核定交谘议局会议文（附件）》（宣统元年七月二十九日），《广西官报》第 36 期，宣统元年八月二十七日，教育，第 423B—441A 页。

③ 《广西省学堂处数增减比较表（宣统二年分）》，《广西官报》第 29 期，宣统三年七月二十五日，教育，第 46A—B 页。

④ 《护院魏据谘议局呈覆议决学务一案核定公布札覆查照文（附件三）》，《广西官报》第 97 期，宣统二年，教育，第 1627A—B 页。

⑤ 关晓红：《晚清学部研究》，第 183 页。

第三章　彰显其新、暗承传统：张之洞与湖北存古学堂

光绪三十年初，张之洞主导的《奏定学堂章程》奏准颁行全国。此后不久，张氏即倾注大量心血，在湖北武昌倡设存古学堂。无论经费投入还是办学规模，湖北存古学堂在同类学堂中均首屈一指。湖北存古学堂是清末"新政"几乎所有官办保存国粹学堂的源头，也是当时民间各种形式的相关办学努力（无论"新""旧"，也无论旨在"保存古学"还是"安旧学"）普遍效仿或是刻意有所区别的典范。本章拟初步考察湖北存古学堂的兴办进程，侧重张之洞"彰显其新、暗承传统"的苦心孤诣及其与实际办学运作的落差，凸显该校不仅在张氏心目中，而且在清季湖北的"新教育"乃至区域学术文化传承中的独特地位，希望成为进一步研究清季其他官办存古学堂以及民间相关办学努力的基础。

第一节　张之洞晚年"最关心"的文教事业

清季湖北的"保存古学"努力发端甚早，存古学堂的筹建历时较长。大约在光绪三十年四月初，湖北有将经心书院改建为方言学堂之议，当时人在江宁的湖广总督张之洞"反复思之"，认为经心书院"不可废"，故于七日致电湖北巡抚端方及署理武昌知府梁鼎芬（节庵），提出留经心书院"为保存中国古学之地"，方言学堂"仍照原议，就农务学旧堂改用为善"。① 两天后，端方回电说，方言学堂"即遵就农务学堂旧堂改用。节庵意亦如此。保存古学，至急之务，方与节庵均所兢兢也"。② 最后一句的刻意"表态"，或正提示着他和梁鼎芬作为当时湖北

---

① 《致武昌端抚台、武昌府梁太守》（光绪三十年四月初七日），苑书义等主编《张之洞全集》第 11 册，第 9156 页。

② 端方：《致张之洞电》（光绪三十年四月初九日），张之洞档，甲 182 - 167。

负责兴学的主要官员，此前对"存古"皆不怎么积极。① 张之洞倡办存古学堂之初，在鄂省多少有些"孤怀闳识"的意味。

张之洞为筹办湖北存古学堂"殚心竭虑"。他在光绪三十年下半年正式札饬设立该校，派委候补直隶州、本任江夏县知县陈树屏为提调，将经心书院原有屋宇"量加修改添造"，② 又"督同（湖北）提学司及各司道并各学堂良师通儒，往复商榷数十次"，拟定出一整套分科教学模式以及具体的课程设置和钟点配备方案。③ 光绪三十二年四月，张氏将《存古学堂章程》50本、《学堂歌》100本、《军歌》30本寄给门人樊增祥，并在致樊氏的信中表示，"愿质同志，兼贻学者。炳烛思明，亦借以见近日用心之端耳"。④

此外，张之洞还亲自过问招生、聘请师资等具体筹办事宜。为"鼓舞多方、网罗殆遍"，他示谕，存古学生凡"入堂以后，如果于所认习之学科曾经用功、具有门径者，准其于定章七年毕业之期减一二年以示优异"。原拟招收生员入学的规定也被放宽，具体做法是："悬一特别之格，招考举贡考职、生员考优之正取、备取并各师范学堂毕业生，列为优待一项。"⑤ 这些灵活变通的举措显然有助于该校在较广的范围内网罗到具有天资且诚挚"存古"的高才士子。"备取"考生总计达142人，超出正取名额22人。首届学员中甚至有已经派充师范学堂、高等小学堂

① 三四年后，时任两江总督端方在江苏因兴办存古学堂而引发的"绅与绅战"中实际支持反对兴办该校的一方（详见第四章）。一般认为梁鼎芬较"保守"（苏云峰：《张之洞与湖北教育改革》，第67—69页）。惟光绪二十九年张之洞在京修订学堂章程期间，梁氏提出"学堂必办，科举必废，书院速改学堂"等"要旨"，被张氏采纳。可知梁氏办学较开放而前瞻，其对张之洞影响之大超过我们此前的认知。梁鼎芬：《致张之洞电》（光绪二十九年闰五月初五日发），张之洞档，甲182-163；梁鼎芬：《致张之洞电》（光绪二十九年七月二十四日发、七月二十八日发、八月初四日丑刻发未刻到、八月初四日午刻发亥刻到），张之洞档，甲182-165。
② 《鄂督张设立存古学堂札》，《湖南官报》第891号，光绪三十年十二月初九日，时政录要，第33A—34B页。
③ 张之洞：《存古学堂计粘附各门功课钟点单》《存古学堂各学科分年教法》，《湖北官报》第3册，光绪三十一年三月二十一日，本省公牍，第31A—33B、34A—40B页。
④ 《致樊云门》（光绪三十二年四月初十日），苑书义等主编《张之洞全集》第12册，第10276—10277页。
⑤ 张仲炘：《详署理湖北提学使王寿彭文》，引在瑞澂《湖广总督为存古学堂事咨学部文》（宣统三年四月），清学部档，档案号：195/135。

教员者，说明该校确有相当的吸引力。①

最棘手的筹备工作是聘请教职员。许同莘在《张文襄公年谱》中说，张之洞办湖北存古学堂，"先后延孙仲容（诒让）主政为监督、曹叔彦（元弼）中翰为总教习，皆不就。会赵侍御（启霖）罢职归，敬其风骨，延之主讲，已允矣而不果来。最后奏留杨惺吾（守敬）大令为总教习，称为鄂省旧学宿儒之首选"。② 这里所言较简略，部分内容也与事实有出入。

在张之洞的主导下，湖北方面将"延访名师"作为最重要的筹办工作。张氏或嘱托亲信代请，或亲自出面，敦请钱桂笙、赵启霖、杨守敬、缪荃孙、叶德辉、曹元弼、王先谦等人出任湖北存古学堂监督或教职员。其中尤以礼聘孙诒让一事繁复曲折，背后还隐伏着精英士人办学乃至"救亡"理念的分歧，相当值得注意。早在光绪三十年五月，张之洞即嘱托门人黄绍箕力劝也是张氏门生的孙诒让到湖北担任存古学堂监督。六月初十日，黄氏电复张之洞说，孙诒让"极感盛意"，但认为保存国粹虽"是要义"，而当前的情势应"以救亡为急"。存古学堂"似可略缓。且英俊有志者多愿习科学，恐办不好，转辜委任"，故请黄绍箕代其向张之洞"婉辞陈谢"。③

两天后，张之洞致电黄绍箕，详细说明了他对当时社会风气的看法以及拟办存古学堂的宗旨：

> 近日风气，士人渐喜新学，顿厌旧学，实有经籍道息之忧。仅恃各学堂经史汉文功课，晷刻有限，所讲太略，文学必不能昌，久之则中国经史文字无师矣。故拟于武昌省城，特设存古学堂，以保国粹。若以新学为足救危亡，则全鄂救亡之学堂，已二三百所。而保粹之学堂，止此存古一所，于救亡大局何碍？有才有志之士知保粹之义者，尚不乏人，断无虑无人信从也。救时局、存书种两义，并行不悖，日本前事可鉴。④

---

① 《存古学堂考试案揭晓（武昌）》，《申报》光绪三十三年十月十七日，第 2 张第 4 版。
② 许同莘编《张文襄公年谱》，第 208 页。
③ 黄绍箕：《致张之洞》（光绪三十年六月初十日），张之洞档，甲 182 - 168。
④ 《致瑞安黄仲韬学士》（光绪三十年六月十二日），苑书义等主编《张之洞全集》第 11 册，第 9175—9176 页。

张氏并强调存古学生"将来专供各学堂中学、国文数门之师"，故请黄绍箕务必再力劝孙诒让担任该校监督以"存此圣脉"。这段电文颇受学界关注。罗志田、李细珠据此对学界较长时间以来认为张之洞办存古学堂是"守旧"和"倒退"的观点提出质疑。① 这一质疑显然是成立的。值得注意的是，民元后许同莘、王树枏等在编辑张之洞遗稿时未将张氏拟聘孙诒让担任存古学堂监督的相关电文全部刊行于世。此后历次的重刊本以至今日较通行的《张之洞全集》（苑书义等主编，河北人民出版社，1998）也没有进行相应的增补，故学界似较少注意到张氏聘请孙诒让一事的整个经过以及张、孙二人的观念分歧。若以"前后左右"之法将上引电文放回到当时电牍往还的过程中，可以看出，张氏所言"若以新学为足救危亡"等语既是阐述其办学主张，也是明显针对孙诒让此前所言办学应"以救亡为急"，存古学堂"似可略缓"的言论而发。

在上引电文中，张之洞将存古学堂的宗旨表述为"存书种"。清季"新教育"应在确保以"救时局"为重的前提下将"救时局"与"存书种"两义并行不悖。正因"经籍道息之忧"，新学"足救危亡"在张氏的表述中其实只是一种假设。以"新学"为主的学堂当然是"救危亡"的重心所在，但以"保粹"为主的学堂不仅无碍"救亡大局"，而且本身似乎就是"救危亡"中应有之义，故而不能像孙诒让说的那样将存古学堂视作"救亡急务"以外可以"缓办"的事项。

张、孙二人虽皆以"救亡大局"为重，但对清季"危亡"的局面和用以"救危亡"的办法，显然有不同的认知。就如何"救危亡"而言，或可说张之洞正是因意识到当时"新学"和以"新学"为主的学堂已不足以"救危亡"，故而力主创办存古学堂并将其看作不容缓办的要务。上引电文所说大体即是《饬设札文》所言办理该校的全部意旨所在。大约三年后张氏奏设该校时，这些主张基本仍在延续。惟在札文基础上修改而成的奏折有更多笔墨述及学堂的种种弊端和"正学衰"、"人伦废"

---

① 参见罗志田《清季保存国粹的朝野努力及其观念异同》，《近代史研究》2001年第2期；李细珠《张之洞与清末新政研究》，第159—163页。

给"国家"和"世道"造成的"危亡"局面。① 这种基于"国家"和
"世道"，尤其针对新教育种种弊端的"救亡"思路对湖北存古学堂的实
际经办者影响甚大，进而影响到湖北存古学堂的课程教学。

　　张、孙二人的观念分歧实不可谓小。黄绍箕收到张之洞电文后不久，
即遵嘱再次"力劝"孙诒让至鄂担任存古学堂监督。据黄氏当年六月十
九日回复张之洞电文所述，孙诒让虽"甚佩（张之洞）钧筹深远。惟自
云多病，难胜任，拟荐宋芸子及浙人林颐山自代"。② 至光绪三十三年七
月湖北存古学堂临近开学时，张之洞重申前议。时礼部已奏派孙诒让充
任"礼学馆总纂"，张之洞主动提出孙氏可以"半年留京，半年住鄂"，
甚至可将在京师未完成的工作"携至鄂办理，或即以三个月住鄂，固亦
甚好"。湖北存古学堂"尚有协教、分教各员，分任教课。劳剧之事，
不以相烦。但望到堂时开导门径，宣示大义，为益已多"。③ 后因孙氏不
能驻鄂，张之洞又拟聘其为"名誉总教"，只"偶然抽暇来鄂一游"即
可。④ 但孙诒让直至光绪三十四年五月逝世，都未出现在湖北存古学堂
的教职员名录中。

　　不仅是孙诒让，张之洞对所欲聘请的"通儒宿学"皆相当优容宽

---

① 如奏折中说："近来学堂新进之士，蔑先正而喜新奇，急功利而忘道谊。种种怪风恶
俗，令人不忍睹闻。至有议请废罢四书五经者，有中小学堂并无读经讲经功课者，甚
至有师范学堂改订章程，声明不列读经专科者，人心如是，习尚如是，循是以往，各
项学堂于经学一科，虽列其目亦止视为具文，有名无实。至于论说文章、寻常简牍，
类皆捐弃雅故，专用新词，驯至宋明以来之传记词章，皆不能解，何论三代？此如，
籍谈自忘其祖，司城自贱其宗。正学既衰，人伦亦废。为国家计，则必有乱臣贼子之
祸；为世道计，则不啻有洪水猛兽之忧。此微臣区区保存国粹之苦心，或于世教不无
裨益。"《创立存古学堂折》（光绪三十三年五月二十九日），苑书义等主编《张之洞全
集》第3册，第1762—1766页。
② 黄绍箕：《致张之洞》（光绪三十年六月十九日发），张之洞档，甲182-169。实际上，
当时孙诒让办学确实相当注重西学西艺。据其自述，他曾"撢研西艺，流览新译各书，
深知斯学之体精而用博，而苦无堂舍以资其聚习，无器质以闳其考验"，故于光绪三十
一年春，"与同志集资千金"，在温州开设"瑞平化学学堂"，意在"广购书籍与夫金
石药剂，萃阖郡之学人志士，相与切磋讲贯于其中，将博考精研以通其理而达其用"。
孙诒让：《记瑞平化学学堂缘起》，朱芳圃编《清孙仲容先生诒让年谱》，台湾商务印
书馆，1980，第89—90页。
③ 《致瑞安孙仲容主政》（光绪三十三年七月二十日），苑书义等主编《张之洞全集》第
11册，第9670页。
④ 张之洞：《致温州电局专差飞送瑞安孙仲容主政（急）》（光绪三十三年七月二十三
日），张之洞档，甲182-419。

待，设身处地为他们提出了较周到而宽松的迁就方案。如在敦请叶德辉出任"协总教"未果后，张之洞考虑叶氏或"不愿为皋比所困"而"久居鄂堂"，故请他担任"名誉教师"，"暂来一行"即可。① 对于另一位湘籍名儒王先谦，张氏同样考虑其"未必乐于远游"，故拟聘为"名誉总教"，只需"每年春秋佳日，随意来鄂一次与诸生讲论数日"。②

不过，即便是张之洞等人如此努力，效果仍不理想。张之洞原有规格相当高且规模较恢宏的聘请师资计划：总教4人，协教4—6人，分教6—10人。③ 但前文所述诸人中，仅杨守敬、曹元弼受聘。④ 钱桂笙、叶德辉、王先谦皆以病辞。⑤ 赵启霖"已允矣而不果来"，是因张之洞卸任湖广总督进京，加之湖南方面对于办学员绅的争夺。⑥ 缪荃孙出任"名誉教长"，只在学校"开学时到堂一次，未领薪水"。至光绪三十三年七月学校正式开办时，仅有总教3人、协教5人、分教2人、体操教员1人到任。由于"一时暂难选得其人"，监督和"提调"分别由张之洞和湖北提学使黄绍箕兼任。⑦

该校正式开办后，张之洞随即离鄂进京。尽管远隔千里，湖北存古学堂仍是张之洞"最关心"的文教事业。尤其是学校开办后的一项重要

---

① 张之洞：《致长沙叶焕彬吏部即德辉（急）》（光绪三十三年七月二十一日），张之洞档，甲182-419。

② 张之洞：《致王先谦》（光绪三十三年七月二十三日发），张之洞档，甲182-419。

③ 《致江宁缪筱珊太史》（光绪三十三年七月十三日），苑书义等主编《张之洞全集》第11册，第9665页；张之洞：《致曹元弼（急）》（光绪三十三年七月二十一日发）、《致王先谦》（光绪三十三年七月二十三日发），张之洞档，甲182-419。

④ 张之洞：《选授安徽霍山县知县杨守敬暂留充存古学堂教员片》（光绪三十三年六月二十七日），张之洞档，甲182-12。

⑤ 钱桂笙：《酋李采卿书》，《钱隐叟遗集》卷6，1921年铅印本，第4A—B页；张之洞：《致长沙叶焕彬吏部即德辉（急）》（光绪三十三年七月二十一日），张之洞档，甲182-419；王先谦：《复张之洞电》（光绪三十三年七月二十四日），张之洞档，甲182-418。

⑥ 光绪三十三年上半年赵启霖以言官纠参权贵未果而被革职返乡，途经武汉。同属清流的张之洞对其"特别尊礼"，并力邀赵氏主持存古学堂。时湖南方面也电促赵氏担任湖南高等学堂监督，张之洞为此专电湖南提学使吴庆坻，希望湘中"慎勿强留"。惟张氏不久后离任湖广总督，赵启霖"遂未赴鄂"。赵启霖：《瀞园自述》，《赵瀞园集》，湖南出版社，1992，第335—336页；吴庆坻：《蕉廊脞录》，中华书局，1990，第194—195页；张之洞：《致吴庆坻》（光绪三十三年五月初二日），张之洞档，甲182-422。

⑦ 本段所述除特别注明外，皆参见《湖北省官立存古学堂光绪三十四年上学期一览表》，清学部档，档案号：195/135。

工作——延聘专职监督，张氏不仅亲力亲为，而且在他的意愿主导下，包括陈夔龙、端方、高凌霨、樊增祥等在内的官方大员皆参与其事，他们看好的最佳人选是梁鼎芬。光绪三十四年正月二十九日，张之洞致电继任湖广总督赵尔巽，表示"存古学堂系奏明办理，关系紧要，区区最所关心，万不可令其废坠，必需主持得人"，希望留刚刚辞去湖北按察使一职的梁鼎芬出任该校监督。① 赵尔巽翌日回复说，先已敦请梁氏"监督存古，渠力辞"。②

同年二月陈夔龙接任湖广总督后，也有意请梁鼎芬出任存古监督。张之洞并有函电促成此事。但梁氏仍坚辞不就，并推荐纪钜维出任该职。③ 张之洞虽认可纪钜维是梁鼎芬以外的适宜人选，但并未听任梁氏坚辞存古学堂监督。④ 同年九月初六日，时梁氏已至江宁，拟启程回粤，张之洞电请两江总督端方"切实挽留"梁氏，力劝其允就湖北存古学堂监督。张氏还嘱新任江宁布政使的门人樊增祥和端方"面商"此事，并与梁氏"详谈"。⑤ 陈夔龙则致电端方转致梁鼎芬，再次敦请其就任该校监督。⑥ 端方、樊增祥也分别致电梁鼎芬"劝驾"。端方还请樊氏电恳张之洞再次电促梁鼎芬"勉就存古"监督一职。⑦ 不过，众人的合力仍没有劝动梁鼎芬。⑧ 当月二十七日，张之洞因梁鼎芬"决意不回鄂"，致电陈夔龙、高凌霨、纪钜维，希望纪氏尽快出任湖北存古学堂监督。⑨ 翌月，纪氏正式到任。⑩

---

① 　张之洞：《致武昌赵制台》（光绪三十四年正月二十九日），苑书义等主编《张之洞全集》第 11 册，第 9672 页。

② 　赵尔巽：《致张之洞电》（光绪三十四年正月三十日），张之洞档，甲 182－449。

③ 　梁鼎芬《致张之洞》（光绪三十四年七月初三日）、高凌霨《致京张中堂宅王司直太守》（光绪三十四年七月初五日），张之洞档，甲 182－450。

④ 　张之洞：《致陈夔龙》（光绪三十四年八月初九日）、《致高凌霨》（光绪三十四年八月初九日），张之洞档，甲 182－450。

⑤ 　张之洞：《致端方》（光绪三十四年九月初六日），张之洞档，甲 182－451。

⑥ 　陈夔龙：《致张之洞》（光绪三十四年九月初七日），张之洞档，甲 182－451。陈氏是在得樊增祥"传述"张之洞仍欲请梁鼎芬出任湖北存古学堂监督后，遂有此电。

⑦ 　樊增祥：《致张之洞电》（光绪三十四年九月十六日），张之洞档，甲 182－451。

⑧ 　梁鼎芬：《致张之洞电》（光绪三十四年九月十五日），张之洞档，甲 182－451。

⑨ 　张之洞：《致武昌陈制台、高学台、文普通中学堂纪监督电》（光绪三十四年九月二十七日），张之洞档，甲 182－79。

⑩ 　《湖北省官立存古学堂宣统元年上学期一览表》，清学部档，档案号：195/135。

梁鼎芬是张之洞兴办湖北"新教育"最为倚重的亲信之一，[①] 在清季湖北学界威望昭著且根基深厚。[②] 无论从资历威望、人事关系，还是办学观念和经验来看，梁鼎芬确为湖北存古学堂监督一职的最佳人选。就人生志趣言，梁氏不接受张之洞"辞官而为师"的劝言，显然是不愿在仕途受阻后再选择"为人师"的身份和办教育的人生道路。[③] 另外，多位官方大员如此同心协力为一所学堂延请监督，这在清季"新教育"中即便不是特例，也相当鲜见，从一个侧面提示着该校确非一般学堂可比。

第二节　非同寻常的办学规格、投入和条件

光绪三十年颁行的《奏定学堂章程》没有专门"存古"的学堂建制，故张之洞在《存古奏折》中将该校章程称为"创举"。[④] 实际上该校确有不少与《奏定学堂章程》明显异趣之处：学制七年而以高等小学堂毕业生为招生定位，涵盖中、高两等学程，较《奏定学堂章程》规划的中等五年、高等三年学制反而少一年。而该校的课程设置又极倾重中学内容，"普通学"课程远不能达到《奏定学堂章程》对中、高等专门学堂的统一规定。故《存古奏折》提出，存古学生"若兼习洋文，毕业后可照高等学堂例奏请奖励，并准送入大学堂文学专科肄业，将来递升入通儒院。其不习洋文者听，惟奖励须量减一等，毕业后止能送入大学堂文学选科肄习，以示区别"。在时人相当看重的"奖励出身"方面，存古学堂由于学制年限和研习内容的特殊性，尚不能完全等同于《奏定学堂章程》规定的高等性质学堂。

---

① 张之洞在光绪三十三年七月二十八日所呈《请奖梁鼎芬片》中说，湖北在设提学使前，所有"学务均委该员办理"（苑书义等主编《张之洞全集》第 3 册，第 1816 页）。

② 光绪三十四年正月初十日，刘洪烈、刘邦骥等九位鄂省人士联名电请张之洞设法让梁鼎芬"仍居鄂中，俾得所瞻依，裨益实多"。刘洪烈等：《致张之洞电》（光绪三十四年正月初十日发），张之洞档，甲 182－449。

③ 一年多后，学部奏准由梁鼎芬出任曲阜学堂监督并一再电催其就职，梁氏友人也致函婉劝，但梁氏一直坚辞不就（详见第七章）。梁氏在辛亥鼎革及民元后一直竭力为前清奔走，并未再办理学务。参见吴天任《梁节庵先生年谱》，艺文印书馆，1979，第 271—369 页。

④ 本段及下段除特别注明外，皆参见《创立存古学堂折》（光绪三十三年五月二十九日），苑书义等主编《张之洞全集》第 3 册，第 1762—1766 页。

　　尽管如此，由于张之洞的格外重视，湖北存古学堂有非同寻常的办学规格和经费投入。该校创始之初，张之洞以湖广总督身份兼任监督，湖北提学使黄绍箕兼任提调。这固然是"一时暂难选得其人"的权宜之计，也从一个侧面彰显出该校远非鄂省其他学堂比拟的地位和规格，后更为江苏、陕西、安徽等省兴办存古学堂时所效仿。经费方面，有关张之洞"拨出巨款、大兴土木"兴建存古学堂，更"亲诣查验工程"的消息见诸报端。①广东学务公所"普通课副长"陈佩实光绪三十四年初实地考察湖北存古学堂时了解到，虽然学生人数只是张之洞原拟定额的一半，"所支开办经费以建筑精良、规模阔大，已达十余万金"。②

　　档案显示，湖北存古学堂的操场"占地面二百方丈"，堂舍"占地面二千三百一十六方丈"，包括讲堂5间，自习室、寝室共楼房3座计72间，"礼堂二重"，职员室、教员室、司事室、仆役室共63间，另配备有石经楼、储藏室、浴室、理发室、轿厅、会客所、接待室、器械室、厨房、厕屋等共20余间。至宣统元年和宣统二年，空闲的讲堂、自习室、寝室被暂时改为阅报室和调养室。宣统二年上学期校方甚至出租空屋，说明校舍完全能满足教学运作的需要，且有富余。③

　　湖北存古学堂的办学条件相当优越。光绪三十四年上学期，学校收到学务公所拨款16987银元以及鄂省各州县"申解学租"474银元。资产总额达102400银元，其中"堂舍及基地"约值9700银元，"场所及设置"约值3600银元，"图书标本"约值1800银元。④同年下半年，校方

① 《鄂省学堂汇述（武昌）》，《申报》光绪三十一年十二月初一日，第2张第9版；《存古学堂大兴土木》，《申报》光绪三十二年正月十四日，第1张第3版；《鄂省学务》，《申报》光绪三十二年正月二十四日，第2张第9版；《武昌》，《申报》光绪三十二年五月二十四日，第2张第10版。

② 陈佩实：《考查湖北存古学堂禀折》，《广东教育官报》第5期，宣统三年，第104A—106B页。

③ 本段所述使用的资料有《湖北省官立存古学堂光绪三十四年上学期一览表》《湖北省官立存古学堂宣统元年上学期一览表》《湖北省官立存古学堂宣统二年上学期一览表》，清学部档，档案号：195/135。

④ 《湖北省官立存古学堂光绪三十四年上学期一览表》，清学部档，档案号：195/135。按，现存清季湖北存古学堂相关档案和统计表格并未统一以银两或银元为单位，甚至有一份表格中同时出以银两和银元的情形。由目前掌握的资料看，当时鄂省银两与银元的比价大致是1：1.4，但具体的折合比率时有微小变化，不便精确地统一换算成银两或银元，本章所述款项皆依资料原样出以银两或银元，特此说明。

还收到"武昌县二品命妇胡金氏报效银"1万两，将其放入"公储钱局生息"。① 翌年上半年，正月因放年假而领学务公所拨款银 500 两，"二月起连闰至六月止，每月领二千四百两"，共计银 14900 两。将闰月因素去除不计，仍较去年同期所领公款数略有增加。此外，校方收"各州县学租"109 银元、外省学生学费 780 银元（湖南学生 9 名，每人 70 银元；江西学生 1 名，收 100 银元，此款有补收上年在内）。因房舍"时有搬迁空旷"，校方出租空屋得 72 银元。② 资产总额增至 119955 银元，较去年同期增加 17555 银元。"堂舍及基地""场所及设置"两项保持不变，"图书标本器具"一项增至 2105 银元。此外，学校资产还包括先前改造学堂的工匠因亏欠公款 5000 银元而抵押的房屋。③ 至宣统元年，湖北官方又为存古学堂拟订了"逐年添招学生一班"并"补足定额"的办学计划，准备对其增加经费投入。④

在此氛围中，该校的经费支出远非同时期鄂省其他"阖省公共"性质的专门学堂可比。湖北方言学堂光绪三十三年经费支出按学生人数平均为 200.1 银元；而湖北存古学堂当年七月下旬才正式开办，且十月以前并未进入常规的教学运转，其岁出按学生人数平均已达 162.23 银元。⑤ 光绪三十四年、宣统元年的该项统计数字分别为 328.025 银元、385.653 银元，均为当年鄂省所有专门学堂中最高者，大约比同期湖北所有"阖省公共"专门学堂支出按学生人数的"总平均数"多一倍。⑥ 实际上，

① 《湖北省官立存古学堂宣统元年上学期一览表》，清学部档，档案号：195/135。
② 《湖北存古学堂宣统元年上学期经费调查表》，附在《湖北省城暨汉阳、夏口学务调查报告（续）》中，《学部官报》总第 158 期，宣统三年六月十一日，京外学务报告，页码残。
③ 《湖北省官立存古学堂宣统元年上学期一览表》，清学部档，档案号：195/135。
④ 《湖北省分年筹备宪政办学事项表》，引在湖北提学使司《札各属招考存古学堂学生文》（宣统二年七月十四日），《湖北教育官报》第 7 期，宣统二年七月，文牍，第 4B—6A 页；瑞澂：《湖北谘议局议案·兴学筹款以广教育议案》，刊在宣统元年九月二十日、二十一日、二十六日、二十七日《民呼日报》的"各省谘议局片片"栏，皆为当日该报第 3 页。
⑤ 《湖北省专门学堂岁出按学生名数平均计算表》，学部总务司编《第一次教育统计图表（光绪三十三年）》，沈云龙主编《近代中国史料丛刊》第 3 编第 95 册，文海出版社，1986 年影印本，第 663 页。
⑥ 《湖北省专门学堂岁出按学生名数平均计算表（光绪三十四年）》，《湖北教育官报》第 4 期，宣统二年，第 1A 页；《湖北省专门学堂岁出按学生名数平均计算表（宣统元年）》，《湖北教育官报》第 5 期，宣统三年，第 4A 页。

湖北方面在该校"月支尚无定额"时，即在编制的学堂统计表中，将其排在包括两湖总师范学堂在内的各校之前，列所有学堂之首。① 由目前掌握的资料看，这样的次序在此后清季鄂省官方的学堂统计文件中，似乎是一种常态。

至宣统二年，鄂省财政"入不敷出，为数甚巨"，已是官方努力解决的问题。作为清季"新政"主要的"政事"之一，学务又是官方厉行节约的"一大端"。但存古学堂当年上半年收到官款拨给银13793两，较去年同期去除闰月因素后的官款数额（12500两）仍有增无减。"学田租课"和房租收入分别为银155两和69两，皆较去年同期有所增加。外省学生缴纳学费银189两，则较宣统元年上学期大幅减少。学校总资产为银84123两，基本与宣统元年上学期持平（校方在光绪三十四年十二月底将胡金氏"报效银"放存"公储钱局"后应收的两年息钱未计入在内）。②

另外，存古学堂因规格极高且地位特殊，在鄂省官方厉行节约的努力中自然是首当其冲的办学事项。在宣统二年署理湖北提学使马吉樟公布的省城各学堂节费清单中，首条即是存古学堂月节银210两。③ 至翌年上半年，鄂省办学经费更加紧张。④ 官方决定变通存古学堂办法，"缩短年限，所有一切均归学生自备"。⑤ 官费改为自费的影响着实不小，贫困学生因此"纷纷退学"。⑥ 而该校停办的消息也见诸报端。

苏云峰注意到宣统三年四月初七日《时报》的报道，认为湖北谘议局"以存古学堂开办数年，'毫无成效，徒耗巨款'，议决将之停办"。⑦ 实际上，据存古校方在呈领宣统三年四月经费的公文中所述，湖北谘议

---

① 《光绪三十三年八月至九月湖北学堂银两支出单·学堂情况一览表》（光绪三十三年十月初九日），中国第一历史档案馆藏赵尔巽档案（以下简称"赵尔巽档"），档案号：251。
② 《湖北省官立存古学堂宣统二年上学期一览表》，清学部档，档案号：195/135。
③ 《本司详督宪奉发下前署司裁冗员节经费文》（宣统二年五月十六日），《湖北教育官报》第5期，宣统二年，第9A—14B页。
④ 王寿彭：《详督宪沥陈学款不敷恳请设法维持文》，《湖北教育官报》第2期，宣统三年，第1A—2B页。
⑤ 《存古学堂停课之原委（湖北）》，《申报》宣统三年四月初八日，第1张后幅第3版。
⑥ 罗灿：《关于湖北存古学堂的回忆》，中国人民政治协商会议湖北省委员会文史资料研究委员会编《湖北文史资料》第8辑，1984，第51—56页。
⑦ 苏云峰：《张之洞与湖北教育改革》，第204页。

局此前曾请湖广总督瑞澂"公布议决（鄂省）学堂经费数目"。瑞澂札
饬提学使王寿彭照办。其中拟定存古学堂宣统三年共应领银 26541.273
两，说明瑞澂、王寿彭等人与湖北谘议局就存古学堂宣统三年预算经费
最终达成了共识。① 当年暑假结束后，学校按期开学。② 大约同时，校方
编就的《湖北存古学堂详细规则》还制订了将宣统二年新班学生"补招
足额"，以后每年续招一班，名额至少 60 人的办学规划，得到湖北官方
的认可。③ 整体上看，鄂省官方在宣统二年、宣统三年对存古学堂拨款
的屡屡削减似乎并未成为影响该校日常运转的决定性因素。

湖北存古学堂优越的办学条件尤其体现在典籍配置方面。《存古奏
折》在先前《饬设札文》基础上添有"书库多储中国旧学图书、金石、
名人翰墨、前代礼器"一语，说明张之洞在筹建过程中对此较为重视。④
该校正式开办当月，《大公报》《申报》皆有报道，提到湖北存古学堂
"建造书库已成，备极宏阔"。张之洞"特拨款十五万金"，札委专员赴
各地"采买古籍，存诸其间，以供诸生浏览"。⑤ 宣统元年学部调查员视
察该校后的感受是"石经楼高爽明敞，尤饶清旷之致"。⑥

除购置古书外，湖北存古学堂还印行部分中学典籍和教员的讲义（见表
3-1）。已有学者注意到该校刊印典籍的版本价值。张国淦和刘起釪在考察历
代《石经》刻本时，皆举列出湖北存古学堂的重刻拓本《石经》，该版本以
孙退谷藏本和黄易小蓬莱阁藏本合刻，并将蔡嘉藏本增刻在一起。⑦ 赵俊芳

---

① 《湖北存古学堂请领宣统三年四月份经费并请将预备费一并发给以资弥补文》（宣统三
年四月），引在王寿彭《本司移覆存古学堂预备费未便按月并发文》，《湖北教育官报》
第 8 期，宣统三年，文牍，第 14B—15B 页。
② 张仲炘：《呈报办理湖北存古学堂实在情形及窒碍之处文》（宣统三年七月），引在瑞
澂《咨请学部查明湖北存古学堂办理实在情形及窒碍之处文》（宣统三年七月二十四
日），清学部档，档案号：195/135。
③ 张仲炘：《湖北存古学堂详细规则》，附在瑞澂《咨呈湖北存古学堂详细规则文》（宣
统三年闰六月二十四日）后，清学部档，档案号：195/135。
④ 《创立存古学堂折》（光绪三十三年五月二十九日），苑书义等主编《张之洞全集》第 3
册，第 1762—1766 页。
⑤ 《纪存古学堂之筹划》，《大公报》光绪三十三年七月十六日；《湖北存古学堂之杰构
（武昌）》，《申报》光绪三十三年七月二十一日，第 1 张第 5 版。
⑥ 《湖北存古学堂调查意见》，《学部官报》总第 158 期，宣统三年六月十一日，京外学务
报告，页码残。
⑦ 张国淦：《历代石经考》；刘起釪：《〈尚书〉与历代"石经"》，《史学史研究》1983 年
第 3 期。

在对比由陶濬寅参与校刻的存古学堂增辑本《汉魏丛书》所收《华阳国志》和蜀庐氏红杏山房刻本《汉魏丛书》所收的《华阳国志》以后，认为前者较精审。①

表 3 - 1　目前所知湖北存古学堂部分刊刻书籍

书名	著者或编辑者	备注（国家图书馆藏书简标"国图藏"）
《存古学堂丛刻》	王仁俊	光绪三十三年冬铅印本，2 册，国图藏
《辟谬篇》	王仁俊	光绪三十四年正月排印本，2 卷，附录 1 卷，国图藏
《湖北存古学堂教务长诗经学·毛诗草木今名释》	王仁俊	光绪三十四年孟春排印本，天津图书馆藏
《淮南子万毕术辑》	王仁俊	光绪三十三年冬铅印本，国图藏
《存古学堂课程·教务长诸子学·拟汇刊周秦诸子校注辑补善本叙录》	王仁俊	光绪三十四年正月铅印本，国图藏
《湖北存古学堂课程·毛诗学》	马贞榆	国图藏
《湖北存古学堂课程》	马贞榆	国图藏
《孝经学》	曹元弼	《湖北省志·教育志》存目
《经典释文叙录》		《湖北省志·教育志》存目
《汉魏丛书》	王谟辑，湖北存古学堂增辑	共 96 种。国图藏有上海育文书局 1917 年石印本，国图藏
《外国史》	杜宗玉（预）辑	铅印本，国图藏
重刻拓本《石经》		张国淦《历代石经考》收录

注：曹元弼在宣统三年正月《与张次珊前辈书》（曹元弼：《复礼堂文集》，第 905—909 页）中说，"拙编易、书、诗文钞暨《孝经学》闻已由鄂学重印"，可知湖北存古学堂印行的曹氏著作应不止《孝经学》一种。

至晚到宣统二年上学期，湖北存古学堂在配置中学典籍方面一直有不小的经费投入。其光绪三十四年上学期和宣统元年上学期一览表中"图书标本器具"项下注明的经费支出分别为 1065 银元、645 银元。② 存

---

① 赵俊芳：《〈华阳国志〉汉魏丛书本述略》，《古籍整理研究学刊》1998 年第 6 期。
② 《湖北省官立存古学堂光绪三十四年上学期一览表》《湖北省官立存古学堂宣统元年上学期一览表》，清学部档，档案号：195/135。

古学堂注重研精中学，用于图书方面的费用恐怕在"图书标本器具"款项中占有相当的比重。实际上宣统元年底学部调查员即以该校"书籍原系旧藏"，"堂内古书颇多，足资参考"，对校方当年所列600余元的"书籍购置"费提出质疑。① 至翌年上学期，学校总体的经费较去年明显缩减，但用于"书籍及排印课程"的支出却剧增至1362两，折合银元近2000元，是学校各项支出中仅次于教职员薪水的第二大开销。②

除官方拨款外，也有热心官员捐助购书经费。光绪三十四年六月有报道说，度支部"土税统捐督办大臣"柯逊庵（逢时）以湖北存古学堂"关系甚巨。肄业诸生，寒畯居多，除应用教科书、参考书外，无力广购典籍以咨博览，爰捐钱拨助该堂购书费银一万两"。此款"已照数发交学务长杨中书守敬，按照学生名数派分"。③

学生在书籍配置方面的待遇也相当优厚。据该校"监学"兼教员萧延平所述，堂中"诸生，认习专经者，如正、续《皇清经解》之类，每五人合给一部；治史则《御批通鉴》之类每人各给一部"。④ 另据该校学生罗灿回忆，首班学生"由公家发给《十三经注疏》、前四史、《二十二子》、《汉魏六朝一百三家集》各一部及其他小部书籍"。⑤ 这样的待遇在目前所知清季各存古学堂中尚无他例。广东学务公所"普通科副长"陈佩实宣统元年初实地考察后认为，湖北存古学堂实际是将"他校所目为参考之书，未必尽能全备者"，"胥发为教科之本，无不人手一编"，故建议当时正在筹办中的广东存古学堂不必如此办理。

由于史料的限制，目前暂不清楚清季湖北存古学堂具体的藏书和印书数量，但其藏书规模应该是远远超出了清季中央政府对存古学堂的统一规定。宣统三年夏，存古校方参照同年三月学部颁行的《修订新章》拟订了"详细规则"。湖北方面将其移送学部备案时，特别声明该细则第四条所列"管书员"本为《修订新章》所无，实因"该堂另有藏书

---

① 《湖北存古学堂调查意见》，《学部官报》总第158期，宣统三年六月十一日，京外学务报告，页码残。
② 《湖北省官立存古学堂宣统二年上学期一览表》，清学部档，档案号：195/135。
③ 《柯大臣热心学务》，《吉林教育官报》总第10期，时间不详，第13页。
④ 本段所述除特别注明外，皆参见陈佩实《考查湖北存古学堂禀折》，《广东教育官报》第5期，宣统三年，第104A—106B页。
⑤ 罗灿：《关于湖北存古学堂的回忆》，《湖北文史资料》第8辑，第51—56页。

楼"，故"不得不量为添设，以资管理"。实际上该细则还列有专门的"藏书楼规则"，也是《修订新章》没有的条目。[1] 但1913年湖北官方公文显示，辛亥革命中，湖北存古学堂"改驻军队"，书籍、图表连同学生分数册等"荡然无存"。[2]

值得注意的是，湖北存古学堂所以有相当可观的藏书规模，除了官方的大力投入和热心士绅的支持外，也得益于其对经心、两湖书院原有藏书的承继。[3] 实际上，经心、两湖书院以降的学脉传承并不仅仅体现在典籍上，还体现在该校从办学预案到实际运作的过程中。

第三节　经心、两湖书院以降的学脉传承

张之洞以"经心书院不可废"而在其故址上办存古学堂，是将其视作传统学术在湖北薪火相传的事业。除上节所述典籍的承继外，该校在师资、教学乃至办学功能等诸多方面，皆明显可见经心、两湖书院以降的学脉传承轨迹。

湖北存古学堂教职员多与张之洞关系密切，且两湖、经心书院师生占相当比例。为便讨论，先列表3-2、表3-3。

表3-2　湖北存古学堂职员一览

姓名	职任	籍贯、资格及履历	月薪	到堂年月
纪钜维	监督	直隶拔贡，侍读衔内阁中书	281银元	光绪三十四年十月
张仲炘	监督	湖北进士，前通政使司参堂	银200两	宣统二年三月
姚晋圻	教务长兼史学总教	湖北罗田人，进士，前法部主事	141银元	光绪三十四年三月
王仁俊	教务长	江苏吴县人，进士，前署黄州府知府	不详	光绪三十三年七月
陈树屏	庶务长	安徽进士，前署湖北武昌府知府	100银元	光绪三十一年四月

---

① 王寿彭：《详请将湖北存古学堂详细规则移送学部备案文》，引在瑞澂《咨呈湖北存古学堂详细规则文》（宣统三年闰六月二十四日），清学部档，档案号：195/135。
② 湖北教育司：《为前清存古学堂学生毕业事呈教育部文》（1913年3月），清学部档，档案号：195/135。
③ 罗灿：《关于湖北存古学堂的回忆》，《湖北文史资料》第8辑，第51—56页。

续表

姓名	职任	籍贯、资格及履历	月薪	到堂年月
杜宗预	斋务长兼史学并外国史教员	湖北贡生，内阁中书衔候选知县，署汉阳府训导，经心书院肄业	不详	光绪三十三年七月
曹汝川	斋务长	广东水陆师学堂毕业生，候选同知	银100两	宣统元年正月
萧延平	监学	湖北黄陂县选拔举人，候选知县，曾肄业两湖书院	50银元	光绪三十三年七月
王邵恂	初任监学，宣统二年任斋务长兼史学并外国史教员	湖北沔阳州举人，尽先拣选知县，曾肄业经心、两湖书院	50银元	光绪三十三年十月
李哲遷	斋务长兼史学并外国史教员	湖北举人，前黄梅县教谕	银56两	宣统二年正月
闵夛	检察员兼监学	湖北应山县附生	80银元	宣统元年正月
瞿荣棷	文案	直隶人，湖北候补知县	银40两	宣统元年八月
邓朴	文案	江苏附贡生，湖北补用知县	银40两	宣统二年二月
封祝祁	文案	广西人，试用知县	不详	宣统二年十月委派
史锡华	收支	安徽人，湖北候补县丞	24银元	光绪三十三年十一月

表3-3　湖北存古学堂教员一览

姓名	籍贯、资格及履历	教职	月薪	到堂年月
缪荃孙	江苏进士	名誉教长	未领薪	开办时到堂一次
蒯光典	江苏进士，四品京堂，欧洲留学生监督	名誉教长	未领薪	开办时到堂一次
曹元弼	江苏进士，内阁中书，钦赐编修	经学总教	141银元	光绪三十三年七月
马贞榆	广东廪贡，翰林院典簿，诂经精舍肄业	经学总教	141银元	光绪三十三年七月
王代功	湖南优廪生，王闿运子	经学协教	100银元	光绪三十三年七月，宣统元年三月离职
钱桂笙	湖北江夏县举人	经学协教校阅课卷	100银元	光绪三十四年六月
黄燮森	湖北贡生，浙江县丞，经心书院肄业	经学协教	50银元	光绪三十三年七月，翌年四月病故
连捷	京旗进士，湖北候补知府	经学协教	141银元	光绪三十三年七月，翌年三月离职

续表

姓名	籍贯、资格及履历	教职	月薪	到堂年月
李文藻	湖北举人，候选知县，两湖书院肄业	经学分教	30银元	光绪三十三年七月
傅廷仪	湖北沔阳州增生，两湖书院肄业	经学分教	30银元	光绪三十三年十一月
杨守敬	湖北举人，内阁中书	史学总教	141银元	光绪三十三年七月，宣统元年二月离职
傅守谦	湖北举人，候选知县，经心书院肄业	史学分教	50银元	光绪三十三年十一月
左树瑛	湖北优廪生，经心书院肄业	史学分教	50银元	光绪三十四年二月，翌年二月离职
周从煊	湖北罗田县举人，经心书院肄业，尽先选用知县	史学教员	50银元	宣统元年闰二月
雷豫钊	湖北蒲圻县举人，经心书院肄业，尽先选用知县	史学教员	50银元	宣统元年闰二月
熊会贞	湖北贡生	舆地分教	30银元	光绪三十三年七月，宣统元年二月离职
戴庆芳	湖北麻城县举人，经心书院肄业	外史兼舆地教员	30银元	宣统元年闰二月，翌年改任舆地分教
陈德熏	湖北进士，前礼部主政	词章教员	100银元	光绪三十三年十一月
龚镇湘	湖南进士，安徽补用道	词章教员	141银元	光绪三十四年三月，宣统元年二月离职
顾印愚	四川举人，本任湖北武昌县知县	词章教员	60银元	宣统元年二月
李元音	湖南举人，湖北候补知县	词章兼经学教员	70两	宣统元年八月
吕承源	湖北天门县贡生，经心书院肄业，通城县教谕	词章协教	30银元	光绪三十三年七月
黄福	湖北沔阳州举人，经心书院肄业，江夏县教谕	词章兼经学协教	50银元	光绪三十四年五月
金永森	湖北举人，崇阳县教谕	词章分教	50银元	光绪三十四年四月
汤金铸	广东人，候选通判	算学协教	30银元	光绪三十三年七月
皮树椿	湖北附生，武昌府师范学堂毕业	算学分教	21银元	宣统二年二月
綦策鳌	山东附贡，布政司经历衔，文会馆毕业	博物兼理化分教	21银元	宣统二年四月
王继昕	湖北应城县增生，武备学堂肄业	体操教员	30银元	光绪三十三年七月
李启焕	湖北沔阳州增贡生，候选州判，经心、两湖书院肄业	校阅课卷	30银元	宣统元年闰二月

续表

姓名	籍贯、资格及履历	教职	月薪	到堂年月
陈沣	前任谷城县知县	教员	不详	宣统三年正月委派
文廷华	候补知县	教员	不详	宣统三年正月委派

以上两表资料来源：《湖北省官立存古学堂光绪三十四年上学期一览表》《湖北省官立存古学堂宣统元年上学期一览表》《湖北省官立存古学堂宣统二年上学期一览表》，清学部档，档案号：195/135；《湖北存古学堂职员调查表》，《学部官报》总第158期，宣统三年六月十一日，京外学务报告，页码残；《宣统二年八月委派（鄂）省内外学务职员一览表》，《湖北教育官报》第9期，宣统二年九月，纪事，第1A页；《宣统三年正月委派（鄂）省内外学务职员一览表》，《湖北教育官报》第2期，宣统三年，纪事，第1A页。

　　前文说过，张之洞竭尽心力为湖北存古学堂礼聘师资，效果却不尽如人意。尽管如此，张之洞择聘教员一直保有相当高的眼光，实不愿"降格以求"。湖北存古学堂中确不乏当时相当有影响力的名流士绅和"耆德宿儒"。首任专职监督纪钜维，直隶献县人，字香聰，又字伯驹，号悔轩，晚署泊居老人，纪晓岚裔孙。初为拔贡生，后授内阁中书，[①]历任广雅书局校纂，经心、江汉、两湖书院教员，湖北文普通中学堂监督等职。纪氏为张之洞门人，追随张氏二十余年，是其兴办湖北"新教育"的主要助手之一。[②]他与张之洞交谊匪浅，过从甚密，曾入张之洞幕府，在戊戌变法期间助其撰《劝学篇》，[③]后又受张氏委托，为其所选"亲故九家诗文稿"担任校勘工作。[④]

　　继任专职监督张仲炘，字慕京，号次珊，湖北江夏（今武昌）人。光绪三年进士，历任翰林院编修、会试同考官、国史馆协修官、江南道监察御史、光禄寺少卿、通政使司参议，戊戌变法期间曾参加强学会。[⑤]

① 张师惠：《纪泊居先生传》，《河北》第4卷第5期，1936年5月15日，人物考，第3页。

② 周从煊：《纪泊居先生六十寿序（代经心江汉两湖三书院学生）》，《象谿遗稿》，民国间刊本，第2B—4A页。

③ 《劝学篇·变科举第八》（苑书义等主编《张之洞全集》第12册，第9749页）中第一句话援引的《朱子语类》"论罢科举语"，是张之洞命纪钜维"查检"出来的。参见纪钜维《禀张之洞文》，张之洞档，甲182-218。上述禀文结尾有"受业纪钜维谨上"字样，可知纪氏为张之洞门人。

④ 纪钜维：《与刘甥札》（甲寅九月），《泊居滕稿》，1924年排印本，第5A—B页。

⑤ 参见王道瑞依据中国第一历史档案馆藏《宫中朱批奏折·官员履历引见单》《军机处录副奏折·戊戌变法》所述张仲炘生平。王道瑞：《新发现的徐锡麟刺杀恩铭史料浅析——读恩铭幕僚张仲炘给端方的信》，《历史档案》1991年第4期，第100页。

宣统二年五月，于湖北存古学堂监督任内被学部奏派为湖北学务公所议长。① 当月有报道说，湖北教育总会选举会长时，张仲炘得票最多，因其现充存古学堂监督，遂定他人。② 民元后任清史馆协修，并主持编撰《湖北通志》。著有《光绪见闻录》《瞻园词》等书，辑有《湖北金石志》。③

经学总教曹元弼（1867—1953），字谷孙，又字师郑、懿斋，号叔彦，晚号复礼老人、新罗仙吏，江苏吴县（今属苏州）人。④ 光绪十一年入江阴南菁书院，师从著名学者黄以周，与张锡恭、唐文治等人交好。同年中举，得江苏学政黄体芳器重。翌年应礼部试，结识孙诒让，并与黄绍箕（黄体芳子）定交。光绪二十一年殿试后以中书用，后任两湖书院"经学帮分教"。光绪三十三年五月张之洞奏设存古学堂后，曹氏"踊跃鼓舞"，作长文《书张相国奏立湖北存古学堂折后》以"抒胸臆"。⑤ 光绪三十四年四月，曹氏出任江苏存古学堂经学总教，仍遥领湖北存古学堂经学总教一职。⑥ 宣统三年初，辞去湖北存古学堂教职，但允诺此后仍将所编讲义寄送湖北存古学堂。⑦ 曹氏治经"以高密郑氏（玄）为宗，而兼采程、朱二子，平直通达，与番禺陈氏（澧）为近"，著述宏富，共"二百余卷，总三百余万言"。

经学总教马贞榆，字季立，广东顺德人。早年为广州学海堂"专课生"，师从著名学者陈澧，治《尚书·禹贡》《左传》，"精旧地理之学"，后"以儒学教谕候选，荐举经济特科，召试未应，终其身任教育"。⑧ 历任广雅书

---

① 参见《请派学务议长》，《湖北教育官报》第 4 期，宣统二年四月，纪事，第 4A 页；学部《奏续派湖北学务公所议长折》（宣统二年五月十七日），《湖北教育官报》第 6 期，宣统二年六月，章奏，第 3A—B 页。

② 《鄂省选举教育会长之纷扰》，《申报》宣统二年五月十九日，第 1 张后幅第 2 版。

③ 湖北省地方志编纂委员会编《湖北省志·人物》下册，湖北人民出版社，2000，第 1415 页。

④ 本段所述除特别注明外，皆参见王大隆（欣夫）《吴县曹先生行状》，卞孝萱、唐文权编《民国人物碑传集》，第 522—526 页。

⑤ 曹元弼：《书张相国奏立湖北存古学堂折后》，《复礼堂文集》，第 817—854 页。

⑥ 有关曹氏在江苏存古学堂的办学活动，详见第四章。

⑦ 曹元弼：《与张次珊前辈书》（宣统三年正月），《复礼堂文集》，第 905—909 页。

⑧ 本段所述除特别注明外，皆参见陈衍《马贞榆传》，收入陈步编《陈石遗集》上册，第 555—556 页。

院理学分校、两湖书院舆地学分教。① 光绪三十二年与同门好友梁鼎芬商定奏设曲阜学堂事宜。② 翌年五月，张之洞以其"学术纯正，品行端洁，足称经师人师之选"，奏请"以太常寺博士选用"。③ 辛亥鼎革前曾"就京师大学之聘，而武昌兵事起，遂流落京师，久之，为一小学校教员，年七十余穷困死校中"。著述收入《马氏经学丛刊》（国家图书馆藏，共 8 册，刊期不详）。

　　史学总教杨守敬（1839—1915），字惺吾，号邻苏，湖北宜都人。同治元年举人，选黄州府儒学教谕。历任两湖书院地理教习、勤成学堂（存古学堂前身）"总教长"、湖北学务处议绅、礼部顾问官。④ 杨氏自述"年二十即好舆地之学"，中举后"始嗜金石文字"，光绪十六年赴日，又致力目录学，"此三端者，皆自信不随人作计，而于舆地尤始终不倦"。⑤ 杨氏以"三十年专力"撰成《水经注疏》一书，"探本《禹贡》、班志，博采魏、晋、宋、齐地记，审辨清初五君子（顾祖禹、胡渭、阎若璩、刘献廷、黄仪）之绪言，平亭全（祖望）、赵（翼）、戴（震）之得失，脉水寻经，征文考逸，视前加密焉"。⑥ 其"所见碑版既多，书法高古，融篆隶于行楷中。非貌为六朝者所及书，名尤见重于日本"。⑦

　　首任教务长王仁俊（1866—1913），字捍郑，一字感莼，江苏吴县人。早年师从著名学者俞樾、雷浚，后入正谊书院、学古堂研学。⑧ 光

---

① 参见周汉光《张之洞与广雅书院》一书（第 326—327 页）所列《广雅书院最初数位分校之籍贯、所受教育、出身及仕历》；梁鼎芬《致广州广雅书院理学馆马季立先生》（光绪二十二年十二月十七日），张之洞档，甲 182 - 93；王秉恩《致广州王子展》（光绪二十二年十二月十九日），张之洞档，甲 182 - 93。

② 梁鼎芬：《致张之洞》（光绪三十二年十月二十二日发二十三日到），张之洞档，甲 182 - 442。

③ 《请奖纪钜维等片》（光绪三十三年七月二十八日），苑书义等主编《张之洞全集》第 3 册，第 1816—1817 页。

④ 本段所述除特别注明外，皆参见杨守敬自述，熊会贞补述《邻苏老人年谱》，郗志群整理，谢承仁主编《杨守敬集》第 1 册，湖北人民出版社，1988，第 7—38 页。

⑤ 杨守敬：《致□吾书》，《杨守敬函稿》，刘信芳整理，《东南文化》1992 年 Z1 期，第 273 页。

⑥ 汪辟疆：《杨守敬熊会贞传》，卞孝萱、唐文权编《民国人物碑传集》，第 550—551 页。

⑦ 陈衍：《杨守敬传》，陈步墀《陈石遗集》上册，第 557—559 页。

⑧ 本段所述除特别注明外，参见张之洞《附奏试用知府王仁俊期满甄别留省补用片》（光绪二十七年正月二十日），张之洞档，甲 182 - 240；阙铎《吴县王捍郑先生传略》，王仁俊辑《玉函山房辑佚书续编三种》，上海古籍出版社，1989，第 535—544 页。

绪十七年入湖广总督张之洞幕，翌年中进士。光绪二十三年在上海办《实学报》，聘章太炎为"总撰述"，"以讲求学问、考核名实为主义，博求通议"。光绪二十九年赴日本"考察学务兼赴博览会"。光绪三十二年上半年，时任宜昌知府王仁俊以"科学日进，经训渐荒"，呈请湖广总督张之洞用"勤成（学堂）存项及芹香、宾兴二款"，在"学院行台设存古学堂，并月出学报"，得张氏"批示嘉奖"。①光绪三十四年上半年，回乡出任江苏存古学堂词章总教。大约在宣统元年初，王氏进京，历任学部图书局副局长、礼部礼学馆纂修、大学堂经学教习等职。王氏"治经宗许郑，尤以保存国粹、尊经卫道为己任，中年以后遂于金石文字"，著述宏富。

教务长兼史学总教姚晋圻（1857—1916），字彦长，号东安，湖北罗田人，光绪十八年进士。曾入湖广总督张之洞幕，历任两湖书院史学教习、黄州经古书院院长、湖北勤成学堂副教长、湖北学务议绅、罗田师范传习所监督、黄州师范学堂监督、湖北教育总会副会长、湖北谘议局筹备处坐办、湖北自治筹备处坐办、湖北谘议局议员、湖北法政学堂监督、湖北通志局协纂兼分纂、礼部礼学馆顾问。②民元后任湖北教育司司长、法学会会长、湖北通志局纂修。姚氏一生造就鄂士甚众，汤化龙、张继煦等皆其弟子。治学广博，著述宏富。早年"锐志经术，最精今文尚书"，也治春秋公羊学、礼经学、小学。史学方面，勤治《汉书》。此外，于"九流之学，最脍炙农家"，其他"如医方、地形、相人、书法、服食、壬遁、奇门诸术艺皆究之"。③

史学分教傅守谦，字济川，号尹吾，汉阳人。早年肄业两湖书院，深得监督梁鼎芬器重。中举后历任湖北方言学堂、两湖师范学堂、阳

① 王仁俊：《致张之洞》（光绪三十二年二月二十九日发），张之洞档，甲182–179；许同莘编《张文襄公年谱》，第184页。
② 参见《保荐经济特科人才折并清单》，苑书义等主编《张之洞全集》第2册，第1483—1487页；汤化龙等《恳请将故儒姚彦长宣付史馆列传儒林文附大总统指令第271号》、王葆心《姚东安先生六十岁行状》、姚葵常等《先君哀启》，皆载《姚彦长事略》，湖北省图书馆藏民国间印本，第1A—3B、4A—8A、9A—12A页。
③ 1916年姚晋圻去世后，汤化龙等在呈请将姚氏"宣付史馆，列传儒林"时，列出姚氏著述约20种，并声明"尚有《姚氏家传》《世则记》《卖药记》《日记》均待续次，未列入目"。汤化龙等：《恳请将故儒姚彦长宣付史馆列传儒林文附大总统指令第271号》，第1A—3B页。

夏师范文学教员。① 辛亥革命后"杜门著书授徒，不问外事"。讲学"首重明礼"，治学"由宋五子而上溯邹鲁，兼取阳明所长而力祛其弊，于朱子语气容有未尽之处亦必详辨以求至当，而不曲为掩护"。

史学教员周从煊，字念衣，别字象谿，湖北罗田人。早年肄业经心书院，光绪十一年中举后，历任义川书院院长、湖北文普通中学堂教员，光绪三十二年随湖北提学使黄绍箕游历日本。② 民元后任湖北省议会议员、湖北省立二中校长等职。周氏"夙好诗歌，兼及骈散文"。诗作多为时流传诵，张之洞、陈衍皆称誉之。此外，也治小学并及正经正史、书法、中医等学，有《象谿遗稿》传世。

舆地分教熊会贞，字固之，湖北枝江人，师从杨守敬四十年，"饫承绪论，治古今地理，尤熟精史志，博闻强记"。③ 民元后，被清史馆总裁赵尔巽聘为该馆"名誉协修"。④ 杨守敬自述其地理著述，大半得熊氏襄助。《隋书地理志考证》《水经注要删》更"明据会贞之名"。熊氏常年"闭户潜修，不求闻达，故罕知之"。⑤ 杨守敬去世前将《水经注疏》的校雠刊行工作委托给熊会贞。熊氏遂以毕生精力为之，居杨氏故宅二十二年，"书凡六七校，稿经六次写定"。

湖北存古学堂教职员中，曹元弼、马贞榆、王仁俊、杨守敬、蒯光典、姚晋圻等早年在两湖书院共事时即"相与论学"。⑥ 这样的氛围对原两湖书院教员确有吸引力。湖北存古学堂开办伊始，原两湖书院教员沈

① 本段所述使用的资料有吴德亮《傅章道先生传》，《达可斋别集》，民国间刊本，卷首，第1A—3B页；陈曾寿《序》，《证学》，1936年铅印本，卷首，第6A—9B页；傅守谦《达可先生传》，《证学》卷10，第1A—5B页。

② 本段所述使用的资料有象晋《象谿遗稿·序》、周祺《象谿遗稿·弁言》、王葆心《周象谿先生别传》，《象谿遗稿》，卷首，三文单独编页，分别为第1A—B、1A—2A、1A—3B页。

③ 本段所述除特别注明外，皆参见汪辟疆《杨守敬熊会贞传》，卞孝萱、唐文权编《民国人物碑传集》，第550—554页。

④ 赵尔巽：《复杨守敬函》，《杨守敬函稿》，刘信芳整理，《东南文化》1992年Z1期，第272—273页。

⑤ 本段所述参见杨守敬《寄赵尔巽》，《杨守敬函稿》，刘信芳整理，《东南文化》1992年Z1期，第272页。

⑥ 王大隆：《吴县曹先生行状》，卞孝萱、唐文权编《民国人物碑传集》，第522—526页。

曾植即在致缪荃孙的信函中流露出向往之意。① 同样的学脉传承也体现在典籍配置方面。湖北官方将原"两湖书院内南北二书库分拨其一"给存古学堂。② 据该校学生罗灿晚年回忆，学校"聚集了两湖书院、经心书院以及所有湖北官书"。③

师资与典籍方面的薪火相传为教学授受上的沿承提供了可能。经学总教曹元弼即将其当年在两湖书院与监督梁鼎芬同辑的《经学文钞》审定后，交校方印行以作教学之用。④ 曹氏并将其光绪三十年在苏州刊行的《原道》《述学》《守约》三文"稍润色"后，传授给湖北存古学堂学生。⑤ 其中《述学》所举"各经传述源流、定治经者不易之途径"，正是其早年"告两湖书院之士"者。⑥ 惟曹氏的教学授受在承继两湖书院的同时也有发展的一面。他在湖北存古学堂力倡"存古即守约"的习经取向，受《劝学篇》影响甚深，反而背离了张之洞原拟的存古学堂办法。

第四节　"存古即守约"：曹元弼引领的经学授受取向

曹元弼是湖北存古学堂主要的经学教程制定者和经学讲义编撰者。他在湖北、江苏存古学堂任经学总教期间，皆相当强调并践行张之洞在《劝学篇》中所言的"守约之法"，从一个侧面凸显出清季"新教育"的困境和时代风貌。

曹氏在存古学堂竭力推重以"守约之法"习经，实是渊源有自。张之洞在光绪二十四年刊行的《劝学篇》中提出，按照"损之又损"的"守约之法"编纂中学各门教科书，以便所有学堂学生"通晓中学大略"。就经学而言，拟依"明例、要指、图表、会通、解纷、缺疑、流

---

① 沈曾植：《致缪荃孙》（光绪三十三年八月初六日），《艺风堂友朋书札》上册，上海古籍出版社，1980，第 176 页。沈氏稍后以安徽大员的身份倾力兴办存古学堂，同样是当时皖中学术风尚嬗替和学脉传承的重要一环，详见第五章。

② 陈佩实：《考查湖北存古学堂禀折》，《广东教育官报》第 5 期，宣统三年，第 104A—106B 页。

③ 罗灿：《关于湖北存古学堂的回忆》，《湖北文史资料》第 8 辑，第 51—56 页。

④ 曹元弼：《〈经学文钞〉序》，《复礼堂文集》，第 61—65 页。

⑤ 参见曹氏在 1917 年初刊印《复礼堂文集》时为《原道》《述学》《守约》三文所写的后记。《复礼堂文集》，第 59 页。

⑥ 曹元弼：《述学》，《复礼堂文集》，第 31—43 页。

别"七原则，取韩愈"提要勾元"之法，将十三经分别"节录纂集"成"学堂讲经义之书"，"小经不过一卷，大经不过二卷"，"浅而不谬，简而不陋"以"通大义"。①

《劝学篇》刊行后，湖北方面随即启动"十三经学"教科书的编纂工作。同年底，《诗经》《仪礼》两种编成。② 翌年，张氏将此事委托给曹元弼。③ 曹氏为此辞去两湖书院讲席，归里专意著书。至光绪三十三年七月，曹氏赴鄂出任存古学堂经学总教，向张之洞面呈"十三经学"中的《周易学》《礼经学》《孝经学》，得张氏嘉许。④ 前述曹氏《守约》一文正是意在宣扬《劝学篇》的"守约之法"：

> 存古即守约也，新政新艺约之以古学；古学子史百家约之以经学；经学汉宋以来聚讼纷纭，约之以所定各书；各书卷帙已多，约之以人习一大经，一中小经，余只诵经文、识大略；治经之法约之以《劝学篇》所举七事。

曹氏并指出，"守约七原则"可"櫽栝"《奏定学堂章程》列出的所有"经学研究法"，他会"随时为（存古学堂）诸君子指说之"。⑤

惟张之洞办存古学堂的宗旨是"专力中学，务造精深"，故其所拟经、史、词章各科教法皆是先博览再专精的学程。以经科为例，第一年"先看《御纂八经》一遍，传、说、义、疏均须依篇点阅"。第二年看"有关群经总义诸书"。前两年"遍览九经全文，讲明群经要义大略"，意在"使学者统观群经大指，胸有全局，以为将来贯通群经之根基，且使学者自揣性之所近，以定择习一经之趣向"。⑥ 这样的"通大义"学程，从学时、内容到目标皆与《劝学篇》所言经学教科书异趣。

---

① 《劝学篇·守约第八》，苑书义等主编《张之洞全集》第 12 册，第 9725—9732 页。
② 时张之洞有意通过梁鼎芬敦请曾任两湖书院教员的杨惇甫（裕芬）参与其事。梁鼎芬：《致广州西门口二围户部杨惇甫山长》（光绪二十四年十二月初二日），张之洞档，甲 182 - 95。
③ 曹元弼：《经学文钞·序》（光绪三十四年九月），《复礼堂文集》，第 61—65 页。
④ 曹元弼：《宣统二年与张君立京卿书（第二通）》，《复礼堂文集》，第 933—936 页。
⑤ 以上见曹元弼《守约》，《复礼堂文集》，第 53—54 页。
⑥ 《咨学部录送湖北存古学堂课表章程》（光绪三十三年五月），苑书义等主编《张之洞全集》第 6 册，第 4386—4396 页。

　　张之洞为存古学堂经学科学生举列的"有关群经总义诸书"包括：《经典释文》叙录、传经表、通经表，历代正史《艺文志》《经籍志》之经部，《四库全书提要·经部》，历代正史《儒林传》，惠栋《九经古义》，余萧客《古经解钩沉》，王引之《经传释词》《经义述闻》，陈澧《东塾读书记·经类》《九经古义》。① 与之形成鲜明对照的是，《劝学篇·守约第八》在举列"清代解经之书"时说，"五经总义止读陈澧《东塾读书记》、王文简引之《经义述闻》"。② 而张之洞委托曹元弼编纂的"十三经学教科书"，则是在上述"清代解经之书"基础上专意为普通学堂学生设计的更简约的"经学通大义之法"。

　　问题的潜在核心可能是"不讲新学则势不行，兼讲旧学则力不给"这一困扰清季"新教育"由"普通"到"专门"整个学制体系的难题。清末民初思想文化界一个重要而持续的动向是朝野知识精英皆以外国榜样为据，用"普通""专门"两分的观念思考知识和学术的生产流程。③ 张之洞在《劝学篇》中即以"西人天文、格致一切学术皆分专门学堂与普通学堂为两事"，提出"专门之书，求博求精，无有底止，能者为之，不必人人为之也。（普通）学堂之书，但贵举要切用，有限有程，人人能解，且限定人人必解者也"。

　　有鉴于此，《劝学篇》将"古学"的研习分为"举要切用，有限有程"的"学堂教人之学"和"求博求精，无有底止"的"专门著述之学"。所有读书人自幼"诵《孝经》《四书五经》正文，随文解义，并读史略、天文、地理、歌括、图式诸书，及汉、唐、宋人明白晓畅文字有益于今日行文者"，15—20岁以"守约之法"通晓中学大略，其间尚可兼习西文。此后绝大多数人"专力讲求时政，广究西法"，极少数"好

---

① 《咨学部录送湖北存古学堂课表章程》（光绪三十三年五月），苑书义等主编《张之洞全集》第6册，第4386—4396页。

② 本段及下段除特别注明外，皆参见《劝学篇·守约第八》，苑书义等主编《张之洞全集》第12册，第9725—9732页。

③ 光绪三十一年，宋恕的感受是，当时"海外教育学家"论教育，"恒分普通、特别二种。普通者，所以造多数之常识；特别者，所以造少数之异材"。《上东抚请奏创粹化学堂议》，胡珠生编《宋恕集》上册，第371—374页。宋恕对"普通""特别"的诠释，大体可说是当时较通行的观念。但时人对二者的称谓实甚纷纭。本书为便讨论，以下除引文外，皆以"普通""专门"表述之。

古研精、不骛功名之士"，则任其博观深造"专门著述之学"。

若依循时人的观念，光绪二十九年冬颁行的《奏定学堂章程》规划实施的，大体可说是近代中国第一套较完整的由"普通"到"专门"逐级递升的学制，整体思路是"普通""专门"并行不悖且以前者为重。稍后张之洞创设"专力中学、务造精深"的存古学堂，有意填补《奏定学堂章程》在高等专门层级的缺环，由此官方的中学人才培养建制有一整套由"普通"到"专门"的学程：由中小学堂起步，到高等专门性质的存古学堂，再到大学堂经、文两科，乃至通儒院。

与《劝学篇》"先中后西"的模式不同，《奏定学堂章程》力图"中西学并行不悖"，实较《劝学篇》的"守约"方案远更挤压缩减中学。读书人自 7 岁入学，要到中学堂毕业时才基本读完五经，时已 21 岁。[①] 关键是高等学堂的中学课时配置较中小学堂更少，且学制仅三年，[②] 而《劝学篇》的"守约"学程虽已"损之又损"，仍以五年为期，且以中学为主。也即是说，按照《奏定学堂章程》，新式读书人要到大学堂阶段（至少 26 岁）才可能完成《劝学篇》的"守约"学程，从而"通晓中学大略"。

张之洞已注意到新式学堂"经史汉文功课晷刻有限，所讲太略"，[③] 距《劝学篇》所言通晓"中学大略"的目标相去甚远，故其所拟存古学堂课表章程完全抛开《劝学篇》的"守约"学程，而在"新教育"体系中另行特制一条"求博求精"之路。[④] 大幅增加中学课时也是势所必然。

① 《奏定初等小学堂章程》《奏定高等小学堂章程》（光绪二十九年十一月二十六日），璩鑫圭等编《中国近代教育史资料汇编·学制演变》，上海教育出版社，1991，第 291—317 页。

② 即便是作为经学科、政法科、文学科、商科大学预备学程的"高等学堂第一类学科"，其中学课时平均每周也不到 10 个钟点，约占总课时的四分之一。《奏定高等学堂章程》（光绪二十九年十一月二十六日），璩鑫圭等编《中国近代教育史资料汇编·学制演变》，第 328—339 页。

③ 《致瑞安黄仲弢学士》（光绪三十年六月十二日），苑书义等主编《张之洞全集》第 11 册，第 9175—9176 页。

④ 张之洞《创立存古学堂折》（苑书义等主编《张之洞全集》第 3 册，第 1762—1766 页）将存古学堂的招生定位在高等小学堂毕业生，惟"以目前初等、高等小学尚未造有成材"，故先"就各学生员考选，不拘举、贡、廪、增、附皆可"。其实高等小学堂毕业生并未读完五经，故学部《修订新章》规定存古学堂经学中等科前两年须"讲读《周易》《尚书》《春秋左传》三经，以符中学堂学生必须读完五经之通例"，此后再照张之洞所拟学程"讲明群经要义大略"。此举意在寻求存古学堂与普通"学堂教人之学"的衔接，实际大大降低了存古学堂经学科的研习起点。学部：《奏修订存古学堂章程折（并单）》，《政治官报》第 1249 号，宣统三年三月二十六日。

《存古奏折》强调，《奏定学堂章程》"务在开发国民普通知识，故国文及中国旧学钟点不能过多"；而存古学堂"重在保存国粹，且养成传习中学之师，于普通各门止须习其要端，知其梗概，故普通实业各事钟点亦不必过多，以免多占晷刻"。① 如此刻意诠释存古与其他新式学堂的区别，正是为了在课程配置上最大限度地向中学倾斜。

张之洞在湖北存古学堂"各门功课钟点单"和"各学科分年教法"中规定，学制七年，学生一入校即分经、史、词章三科，各科除专精主课外，以其他两门为补助课，另开"博览古今子部诸家学、算学、舆地学、外国历史、博物、理化、外国政治法律理财、外国警察监狱、农林渔牧各实业、工商各实业"等通习课和体操课。"算学""舆地学"兼讲中西，"外国历史"等七门意在避免"腐陋虚矫"之风的通习课各一年学程，且每星期只有一个钟点的课时。整个七年学程的总课时数中，中学课程实际所占比例近90%。② 这样的课时安排，正是力图在"专门"也即"提高"层面，应对《劝学篇》所言"不讲新学则势不行，兼讲旧学则力不给"的两难困局。

张之洞指出存古学堂与《奏定学堂章程》"互相补益，各有深意，不可偏废，不相菲薄"，当然是理想的"存古"模式。在实践层面，重在普及的"普通"学程因与"救亡大局"和"世道人心"关系更为密切而得张氏较多关注，故《劝学篇》以专章详述"义主救世"的中学守约之法。后来张氏在"普通"层面的努力出现诸多问题的情形下办存古学堂，也在《存古奏折》中有意彰显其基于"国家"和"世道"希图"裨益世教"的"苦心"，更强调该校可为"新教育"养成中学师资。这一办学功能正是承继经心、两湖书院而来。

> （湖北）所有现派各学堂监学及中文之经学、史学、算学、图学、中国地理、中国词章等各门教员，皆系臣在楚所设经心、两湖两书院中之都讲高材，分布各处。……但通省学堂需人甚多，且京

① 《创立存古学堂折》（光绪三十三年五月二十九日），苑书义等主编《张之洞全集》第3册，第1762—1766页。
② 《咨学部录送湖北存古学堂课表章程》（光绪三十三年五月），苑书义等主编《张之洞全集》第6册，第4386—4396页。

师调取以及各省索取骆驿不绝，外出太多，已觉不敷应用。诚恐数年以后，经心、两湖旧学生年齿已长，或仕宦登朝，或有事外出，学堂建设日广，需用教员、管理员日众，旧日学生日稀，将何以取资应用？而中文、中学向来义理精深，文词雅奥，新设学堂学生所造太浅，仅可为初等小学国文之师，必至高等专门学、普通中学、优级师范、高等小学皆无教国文专门之教员。倘高等以下各学堂之中学既微，中师已断，是所有国文之经史词章，无人能解，无人能教。然则将来所谓大学专门，岂非徒托空言！①

显然，张之洞极看重"专门"性质的存古学堂对"新教育""普通"层面的推动和支撑。不过，无论是在《劝学篇》的存古设想中，还是在《奏定学堂章程》和存古学堂的办学规划中，"普通"与"专门"毕竟是两个界域分明的层面。曹元弼在用于湖北存古学堂的教案中直接以"守约"诠释"存古"，为该校学生"随时指说"张之洞所拟存古学堂经科教法中只字未提的"守约七原则"，后来更在江苏存古学堂任经学总教时将"十三经学"中的《孝经学》列为点阅书目。② 这些做法不仅与张之洞的办学设想明显不合，而且在一定程度上已突破了存古学堂作为"专门著述之学"的性质，多少有些混淆"普通"与"专门"二者界域的意味。③

实际上，曹元弼心仪的"专门著述之学"是较张之洞所拟存古学堂经学授受方案更长的学程。他所以在该校力倡"治经简易之法"，或与其深受《劝学篇》影响，将张氏交与的编书事宜视作"名教纲常之责"，急于在"新教育"中挽回"学术人心之弊"有关。④ 他在《守

---

① 《创立存古学堂折》（光绪三十三年五月二十九日），苑书义等主编《张之洞全集》第3册，第1762—1766页。

② 《江苏省苏州官立存古学堂光绪三十四年第一学期一览表》，清学部档，档案号：195/134。

③ 该校办学员绅对于经学授受方案确实存有异议。光绪三十三年八月初，曹元弼与梁鼎芬、黄绍箕"商榷授经详细章程"，具体办法是为张之洞所拟章程中的"经学教法"作注，但因"往复商论未定"，至同年底仍未将"授经详细章程"寄呈张氏。曹元弼：《上南皮张孝达相国书》（光绪三十三年十二月），《复礼堂文集》，第860—861页。

④ 顾颉刚已注意到，曹元弼"以昌明圣学，恢弘文化自期"，并"受张之洞《劝学篇》之影响，必欲措诸实用"，而与"求知而已"的清代学者不同。顾颉刚著，王煦华辑《苏州史志笔记》，江苏古籍出版社，1987，第182页。

约》一文开篇指出，"经学渊深，非博稽载籍，旁推交通，无以究极古议，精发圣言"。① 以《周易》为例，其治学基本路径"当由李（鼎祚）、惠（栋）、张（惠言）、姚（配中）以达郑（玄）、荀（爽）、虞（翻）"。② 此外，另有 14 部"最切要之书"，"遍读尽通，已非十余年不为功"。但"今日之学，如理军市，如救水火，如医急证，如求亡子。风雨漂摇，危急存亡之秋，岂能从容待此？"故《劝学篇》"守约之说"实为善策。在他看来，"湖北学堂为各省所取法，而存古学堂尤为各学之标准"。存古学生"他日学成，各本经义，施政立教"，"枝蓄流衍"后，"士农工商兵，凡习声光化电各学者，皆有与国为体，忠爱利济之心"。相对于"专门"层面的"究极经义之学"，曹氏明显更强调"普通"层面的"略举大要之学"，较看重存古学堂在整个"新教育"体系中的示范效应，以及存古毕业生对新式读书人群体的教化作用。③

第五节　力图不失其故的新式学堂办法

张之洞办存古学堂，竭力凸显西式教育在管理方面的长处。《饬设札文》和《存古奏折》皆明确提出，存古学堂"规矩整肃，衣冠画一，讲授皆在讲堂，问答写于粉牌，每日兼习兵操，出入有节，起居有时，课程钟点有定，会食应客有章，与现办文武各学堂无异"。④ 奏折更在札文基础上加有一语，强调该校与"旧日书院积习绝不相同"，并特意声明湖南拟设景贤等学堂、河南拟设尊经学堂"似与向来书院考课相仿，与鄂省存古学堂之办法判然不同"。⑤ 如此刻意与"旧日书院积习"和"向来书院考课"

---

① 本段所述除特别注明外，皆参见曹元弼《守约》，《复礼堂文集》，第 45—59 页。
② 曹元弼：《述学》，《复礼堂文集》，第 34 页。
③ 曹氏晚年仍以"守约"为其著书之要义，他从 1941 年 5 月 17 日开始纂著"十三经学"中的《尚书学》一书，时已 74 岁高龄。参见曹元弼《复礼堂日记》（辛巳年、壬午年），湖北省博物馆藏手稿。
④ 《鄂督张设立存古学堂札》，《湖南官报》第 891 号，光绪三十年十二月初九日，时政录要，第 33A—34B 页。
⑤ 本段及下段所述除特别注明外，皆参见《创立存古学堂折》（光绪三十三年五月二十九日），苑书义等主编《张之洞全集》第 3 册，第 1762—1766 页。

划清界域，与当时日益激进的趋新世风，尤其是趋新氛围浓郁的学部此前对豫、湘两省奏案的批驳有关，也有相当的现实针对性。①

另外，前文已述，张之洞主管学部伊始与罗振玉的私下会谈提示着，其理想中的存古学堂似乎可以没有科学课程，甚至也不完全排斥传统书院的办学形式。罗振玉提出各省设一所"国学馆"作为综合性文教学术机构，内分图书馆、博物馆和"略如以前书院"的"研究所"三部分，即得张之洞赞许有加，甚至允诺"当谋奏行"。将其与前引《存古奏折》对照或可发现，张之洞言说中的"书院"似乎各有其特定所指。他欣赏的"书院办法"与其在《存古奏折》中针对的"书院积习""书院考课"恐怕是完全不同的面向。

换言之，张之洞厘清存古学堂与书院"积习""考课"的界域，力主发挥"新教育"在管理方面的长处，祛除"书院积习"，并不意味着他将该校视为与传统书院完全对立的全新办学形式。实际上，湖北存古学堂从拟办预案到具体做法皆未完全否定，更在一定程度上承继了中国传统学术授受方式，尤其是张氏本人此前兴办书院的举措和经验。

对于"书院积习"，张之洞实际早有洞察，早在同光之交于四川学政任上创建尊经书院时，即明确表示"今天下之书院，不溺于积习者罕矣"，故以"牖导必宽，约束必严"的原则，对于"人多则哤，课无定程则逸，师不能用官法则玩，嬉游博簺、结党造言、干与讼事、讪谤主讲"等书院积弊，"屏惩不宥"。上引《饬设札文》及《存古奏折》所言，大体可说是用西式学堂的管理模式进一步规避书院积习的努力。② 河南尊经、湖南景贤等学堂与书院相仿的"考课"主要是为安顿"旧学寒儒"，并为科举停废后保留的优拔考试做准备（详见第七章）。而将科举应试摒除在教考范围之外，也是张之洞自出任四川学政以后，在各地创办书院一直坚持的做法。③

---

① 当时基层府县乃至乡镇皆有旨在安顿"旧学寒儒"的书院考课形式，以仿办存古学堂之名，充数于"新教育"中，绝对数量未必甚多，但也绝非个别，详见第七章。

② 参见《创建尊经书院记》的"慎习""约束"等条，苑书义等主编《张之洞全集》第12册，第10078—10080页。

③ 《创建尊经书院记》（苑书义等主编《张之洞全集》第12册，第10080页）有专条规定"不课时文"，但允许学生"自为之"，或"应他书院（时文）课"。张氏后来办广雅、经心、两湖书院大体延续了上述做法。苏云峰已注意到张氏"排斥八股制艺在书院课考之外"，但乐见广雅、两湖书院士子中举，详氏著《张之洞与湖北教育改革》，第43—58页。

　　就具体的办学举措而言，虽然书院与学堂的招考规程不同，但前文所述张之洞招考存古学生时灵活务实的做法，与其《创建尊经书院记》的主张在根本精神上相通，皆放宽招生范围但严把取录关口，从而最大限度网罗真才实学者。① 张氏办存古学堂"以延访名师为第一义"，是其历来尊师重道传统的延伸，为存古学堂而与他省争夺师资，也是此前办两湖书院常有之事。② 在教学授受方面，张之洞所拟存古学生以清代汉学为重心的研经学程，与他此前极力推重清代解经著述的做法一脉相承，③ 而要求存古学生毕业时须呈出所习"专门之学"的心得、著述、札记，说是清代研治"经史实学"的书院注重读书心得和研究札记传统的延续，似不为过。④

　　整体看，张之洞理想中的存古学堂是不失其故的新式学堂。可能是出于减少办学阻力和压力的缘故，其办学运作并未着力宣扬（甚或可以说是有意避而不言）该校不失其故的一面，而是在彰显该校"新教育"属性的同时，静默地将其认可的传统办学取向"见之于行事"。⑤ 湖北存古学堂正式开办后，确有教员试图不失其故。曹元弼即提出该校经学课程"每日按时程功"，取《礼记·学记》"藏、修、息、游之义，勿蹈进锐退速、百事俱废之覆辙"。⑥

---

① 《创建尊经书院记》（苑书义等主编《张之洞全集》第 12 册，第 10078—10080 页）的"恤私"条规定，"调院之外投考者不禁……收录须稍严"。

② 参见张之洞档，甲 182－77、79、92、93、95、99、100、159、160、219、405、468 中的相关电稿。清季不少存古学堂皆有明显贴近传统的重"师"轻"官"之风，与"新教育"将教员列为"职官"的官僚化倾向明显不同，江苏存古学堂即是突出的一例（详见第四章）。

③ 光绪元年时任四川学政张之洞在《輶轩语》（苑书义等主编《张之洞全集》第 12 册，第 9771—9822 页）中即倡导士子读"国朝人经学书"。后《劝学篇·守约》举列经学参考书，"国朝经师之说"也占相当比重。

④ 王汎森在《近代中国私人领域的政治化》（《中国近代思想与学术的系谱》，吉林出版集团有限责任公司，2011，第 168 页）中已注意到明清书院士子将记载读书心得的日记呈送师长检查的制度，并指出，"清代考据学盛行时，一般书院看重的是读书考据的札记"。

⑤ 这多少与清季民初日趋激进的世风有关，时人及后之研究者更多强调并看重"新""旧"教育的区别，凸显以外国为榜样的"新教育"异于书院等传统教育的一面。这当然是相当重要的面向，但不是全部。若将张之洞戊戌变法以降的办学努力回置到他一生的办学履迹中，或可发现这位晚清重臣办学理念的前后沿承与嬗替。一些初步的探讨参见郭书愚、王亚飞《"中体西用"之外的"参酌中用"：张之洞办学实务的前后沿承与嬗替》，《安徽师范大学学报》（人文社会科学版）2019 年第 5 期。

⑥ 曹元弼：《上南皮张孝达相国书》（光绪三十三年十二月），《复礼堂文集》，第 860—861 页。

校方也不乏变通学堂办法以切合中学特点及研习方式的努力。宣统三年夏，监督张仲炘照学部《修订新章》要求，编就《湖北存古学堂详细规则》（以下简称《细则》）。① 为便考察，先将其中有关主课课时分配的相关内容列表3－4。

表3－4　湖北存古学堂主课课时分配

学科	中等科		高等科
	前两学年	后三学年	三学年
经学科	讲授4，点读16	讲授4，点读14	讲授4，点阅14
史学科	讲授4，点阅16	讲授4，点阅14	讲授4，点阅14
词章科	讲授4，练习4，点读12	讲授4，练习4，点读10	讲授4，点阅10，练习4

注：表中数字皆为周课时数。经学科主课的讲授包括理学和小学内容，史学科主课的讲授包括图表，词章科主课的讲授包括书法。

由表3－4看，"主课"有两种基本行课方式：一为"讲授"，各科历年课时数恒定为每周4学时，占主课总学时的20%—22%；一为"点读"（经学、词章中等科）或"点阅"（史学中等科及所有高等科），经、史两科的"点读""点阅"课占主课总学时的78%—80%，即便是词章科每周排有4学时的"练习"课，其"点读""点阅"课时仍占到主课总学时的56%—60%。这样的安排体现出存古校方对中国传统学术特点及其研习方式的认知。所有学生的主课学时皆明显倾重"点读"或"点阅"而轻"讲授"，契合"重在自修"这一源远流长的中国传统学术研习取向。由于学部《修订新章》除了规定经科学生须先补读完五经外，并未对张之洞原拟主课研习思路进行大的调整，上述《细则》又是以《修订新章》为蓝本制订的，故其主课学时安排也体现出存古校方对张之洞原拟课表章程的理解。

张之洞所拟课表章程除经科的分经专肄学程外，皆没有严整的主课学时配置方案，行课方式因研习科目、学程阶段、内容旨趣而异，似较灵活而有弹性。② 但为学生举列点阅和参考书目是其中的重要内容。经科

① 本段及下三段所述除特别注明外，皆参见张仲炘《湖北存古学堂详细规则》，附在瑞澂《咨呈湖北存古学堂详细规则文》（宣统三年闰六月二十四日）后，清学部档，档案号：195/135。

② 江苏存古学堂的教学授受也相当灵活而有弹性，详见第四章。

第 3—6 学年的"分经专肄"学程更明确规定每周大约以 4 学时"点阅所习本经注疏"，约 20 学时点阅清代有关本经的著述。实际上第 3、4、5 学年经科每周的主课时数总计也不过 24 学时，第 6 学年甚至仅 18 学时。[①] 换言之，"分经专肄"的经科学生要将几乎所有的精力放在"点阅"上，而"讲授"则被排除在这一学程的研习方式之外。《细则》虽然为经、史、词章各科学生的历年学程皆留有"讲授"课时，但在重"点阅"或"点读"而轻"讲授"这一大的办学倾向上，与张之洞的办学预案一脉相承。

此外，《细则》规定中等科经学、词章两科开"点读"主课而史学班开"点阅"主课，显然是考虑到经学、词章两门在较基础的研习阶段需要更多诵读，力图使具体的办学运作尽可能切合传统中学的特点及其研习方式。同样的办学思路也体现在教职员设置方面。与此前张之洞所拟"总教开导门径、宣示大义，协教、分教分任具体教课"的方案不同，[②] 《细则》规定教员专职讲授、阅卷及答疑。此外设"管课员"一职，"专管讲堂上功课及学生入学、退学、请假、销假、考试等事务"。补助课、通习课及主课的讲授学时，管课员负责"稽查（学生）勤惰并掌旷课簿之登记"；点读点阅课，管课员"秉承教务长、商同各主课教员，指定该级学生诵读点阅书籍，限定每课页数、行数，当堂课诵，于每课起迄处盖章记之。不及程者，记入课程簿。学生点读错处，管课员指教之。如有疑义，由学生笔问，当堂交管课员转请教务和各主课教员笔答"。这样的读书日程依稀可见尊经、广雅等书院的"定课"传统，[③] 但管理方式明显不同。

实际上"管课员"一职在目前所知清季"新教育"系统中尚未见有他例，大体可说是为存古学堂的教学授受量身定制，以"新教育"在管

---

① 《咨学部录送湖北存古学堂课表章程》（光绪三十三年五月），苑书义等主编《张之洞全集》第 6 册，第 4387—4389 页。

② 《致瑞安孙仲容主政》（光绪三十三年七月二十日），苑书义等主编《张之洞全集》第 11 册，第 9670 页。

③ 《创建尊经书院记》（苑书义等主编《张之洞全集》第 12 册，第 10076 页）"定课"条规定，"人立日记一册，记每日看书之数，某书弟几卷起，弟几卷止，记其所疑，记其所得……监院督之，山长旬而阅之，叩诘而考验之"。光绪十五年张之洞订立的《广雅书院学规》规定："各生各立课程日记，按日注明所业于簿，诵习钞录，记其起止，解说、议论有得即记，以便院长按业考勤。"（陈谷嘉、邓洪波主编《中国书院史资料》下册，浙江教育出版社，1998，第 2297 页）

理方面的长处，改进明清书院较松散的簿记制度，[1] 将教学授受与教考管理事务进一步分离，正契合张之洞注重新式学堂管理办法的初衷。在规章建制层面，校方的确有意承继张之洞开放而不失其故的办学取向，尝试在"新教育"体系内探寻一条国学传习之路，但其实际办学运作却与张之洞等人的办学理想有相当大的差距。

第六节　办学理想与实践的迥异

尽管张之洞为湖北存古学堂"殚心竭虑，筹计经年"，但该校确实是在相当仓促的情形下正式开学的。原定开学日期为光绪三十三年七月二十日，后延至二十四日。[2] 开学日期没有再往后延，或与张氏即将奉旨进京有关。当月初二日有旨令张之洞"迅速来京陛见"。张氏并奉朱批："赏假二十日，假满迅速来京。"[3] 显然，张之洞是要赶在自己离开武汉以前将已筹谋三年多的湖北存古学堂付诸实践。

但当时聘请师资、招录学生等筹备工作皆远没有完成。据曹元弼所述，张之洞离鄂进京后，因"学生考录尚未齐，元弼无事，省家兄福元于汴梁，及由汴返鄂，学生尚未上堂"。[4] 广东学务公所"普通课"副长陈佩实于光绪三十四年初实地考察湖北存古学堂时了解到的情况是，光绪三十三年秋，张之洞因"奉召晋京，急于开校。惟时工程甫竣，校中一应预备，诸未齐全。赓聘各席教员，除本省官绅呼应较捷外，此则函电纷驰，奔命不及。所收学生亦以招考未预，仓猝应募，选汰为难，程度、年龄不免迁就"。继任湖广总督赵尔巽"饬司续招，缘已通融在前，不得不从宽甄录。计先后考取得生徒一百二十名，盖甫及定额之半也"。[5]

---

[1]　有关明清书院较松散的簿记制度，可参见王汎森《近代中国私人领域的政治化》，《中国近代思想与学术的系谱》，第 168 页。

[2]　《湖北省官立存古学堂光绪三十四年上学期一览表》，清学部档，档案号：195/135。

[3]　许同莘编《张文襄公年谱》，第 204 页。

[4]　曹元弼：《上南皮张孝达相国书》（光绪三十三年十二月），《复礼堂文集》，第 857—868 页。

[5]　陈佩实：《考查湖北存古学堂禀折》，《广东教育官报》第 5 期，宣统三年，第 104A—106B 页。

　　由此可知湖北存古学堂的实际运转自开办伊始即颇不尽如人意，与张氏的办学理想大异其趣，尤其体现在课程教学和校务管理方面。在课程教学方面，前文说过曹元弼的经学授受偏离张之洞原拟教学取向。实际上，学校的西学通习课配置更严重地背离了张之洞拟订的教学预案。张氏原拟为存古学生每学年开设一门西学通习课，依次为"外国历史、博物、理化、外国政治法律理财、外国警察监狱、农林渔牧各实业、工商各实业"，只是让学生"略知世间有此各种切用学问，即足以开其腐陋，化其虚矫，固不必一人兼擅其长，每一星期讲习一点钟即可"。① 具体就外国历史课而言，张氏要求"先讲近百年来之大事，渐次及于近古、上古，使知时局变迁之所趋"。②

　　但档案显示湖北存古学堂首届学员的外史课是自上古、中古到近代的"通史"课，历时四个多学期，才被"博物"课替代。宣统二年上学期史学科学生的外史课甚至与经学、词章两门"补助课"同为每周3个钟点。③ 校方似乎相当看重"外史"对研习中学（尤其是中国史学）的助益，而不仅仅是让学生"略知世间有此各种切用学问"而已。但问题是这样一来，若七年学制不变，外史课已将其他六门西学通习课的学程挤压到平均不足一学期的程度。增加这六门课的周课时数固然可以弥补学程压缩后学时的不足，但"多占晷刻"势必影响到中学课程的教学授受，正是张之洞力图避免的情形。④

　　实际上，该校自开办之初即没有落实张之洞殚精竭虑拟订的一整套教学计划。光绪三十四年初陈佩实观察到，虽然新学期已开学，但该校"教员、学生尚未毕集，到者先行上课。诸生能否按照原章，分经分史，从事丹黄，切实研究，实未可知。第视其教授方法，似乎仍与寻常学堂

① 《创立存古学堂折》（光绪三十三年五月二十九日），苑书义等主编《张之洞全集》第3册，第1762—1766页。
② 《咨学部录送湖北存古学堂课表章程》（光绪三十三年五月），苑书义等主编《张之洞全集》第6册，第4386—4396页。
③ 湖北省官立存古学堂光绪三十四年上学期、宣统元年上学期、宣统二年上学期一览表，清学部档，档案号：195/135。
④ 实际上，张之洞原拟课程也到了"钟点已多，讲堂已满"的程度。故张氏虽然认为"洋文为将来考究西籍之基，为用尤大"，但只能在存古学堂附近设一所外文学堂，准许学有余力者附入"自行兼习"。《创立存古学堂折》（光绪三十三年五月二十九日），苑书义等主编《张之洞全集》第3册，第1762—1766页。

无异，学生之领受主要课程亦与其领受辅助及补习课程无异"。① 时任湖广总督赵尔巽对此颇不满意，大约在同年二月，特饬湖北提学使兼该堂提调高凌霨与曹元弼"遵章分课教授"。②

高凌霨认为该校有"三大病"，"一、管理乏人；二、教习非专到堂即不能开讲；三、学生招时迫促，挑选未精。设不设法极力整顿，恐办无大效。然三病尤以乏管理人为最要关键"，故"以速得一驻堂监督为整顿入手第一方"。③ 惟张之洞等人竭力聘请梁鼎芬出任该校监督未果。梁氏推荐的纪钜维得张之洞认可后，高凌霨与纪氏面谈数次。纪氏"略以为难。意谓欲加整顿管教，各员必须更易数人。然撤一旧人，既招怨尤，思委新人，又无佳选，因而踌躇不决"。高氏"再三敦促，纪尚非决辞，然亦总未首肯"。④

光绪三十四年八月十六日，纪钜维交给高凌霨一份电稿，请其"用密本代禀"张之洞。高凌霨认为纪氏意在"求有便宜用人之权"，故而在代禀电稿时，电请张之洞"念该堂关系重要，得人不易，俯准径与一电，略加奖词，并许其得便宜更易数人，则纪必欣然，庶该堂渐有起色"。同日，纪钜维也致电张之洞说，湖北存古学堂"如更张，力微任重，同事乏人，召怨无济，非敢推诿，实难着手，希训示"。⑤ 纪氏并告诉高凌霨，他已将该校"应典各事先电商"张之洞，等张氏回复后再酌定是否应聘。⑥ 同年九月底张之洞致电时任湖广总督陈夔龙等人，希望纪氏允就存古学堂监督一职。翌月，纪氏履任。显然，纪氏履任前应该是就该校的整顿事宜与张之洞达成了某种共识，其整顿设想至少是得到张氏默许的。

纪钜维对于出任存古学堂监督如此郑重而审慎，应是基于对鄂省学

---

① 陈佩实：《考查湖北存古学堂禀折》，《广东教育官报》第 5 期，宣统三年，第 104A—106B 页。

② 《存古学堂改章（武昌）》，《申报》光绪三十四年三月初八日，第 2 张第 3 版。

③ 《高凌霨致京张中堂宅王司直太守电》（光绪三十四年七月初五日），张之洞档，甲 182－450。

④ 本段及下段除特别注明外，皆参见《高凌霨致张之洞电》（光绪三十四年八月十六日），张之洞档，甲 182－450。

⑤ 《纪钜维致张之洞电》（光绪三十四年八月十六日），张之洞档，甲 182－450。

⑥ 《陈夔龙致张之洞电》（光绪三十四年九月初二日），张之洞档，甲 182－451。

务弊端的整体观察，① 可能也与该校的师资特点有关。前文说过，张之洞为该校礼聘师资倾注了大量心力，这固然使得该校在时局动荡中会聚了相当数量的"耆德宿儒"，但几乎所有教职员皆不同程度地与张之洞本人有交谊。在张之洞虽远在京师但仍对该校有极大影响力的情形下，错综复杂的人脉关联自然成为学校改弦更张的障碍和阻力。纪钜维向张之洞"求有便宜用人之权"，显然对此有较充分的估计和预见。实际上，纪氏本人即与张之洞过从甚密，后更被舆论视作他所以陷入被控风波的因素之一。

大约在宣统元年秋，湖北拔贡刘尚桓等人"陈请（湖北）谘议局核示"纪钜维"办事种种不善情形"，又有存古学堂学生"缮具纪监督劣迹，在督、学两署呈控"。署理湖北提学使齐耀珊"恐有挟嫌主使等弊，当即函请学务议长、议绅妥议见复。旋据复到，亦不以纪为然"。齐氏"又移请谘议局公议，以定（纪氏）去留"。谘议局常驻员开特别会时，议员阮次芙报告审查刘尚桓等陈请书的意见，认为纪钜维"办事认真，公论自在"。"陈请书肆口诬蔑，恐有挟嫌主使等弊。谘议局主张公道，自应请留。"阮氏"措词激烈"。而吴庆焘议长"则主张去纪，与各议员又不相合，致议场内小有冲突，此案遂未能决定"。② 后吴氏更以阮次芙作为纪钜维门人，自行承担审查刘尚桓陈请书的工作，其《审查报告书》又"词多过当，气欠和平，惧涉党伐之私而开攻讦之渐"，他"实不能赞成"，故而"宣告辞职"。宣统元年十一月初十日，谘议局常驻议员开会复议，左树瑛、胡柏年等非常驻议员"亦先后莅会，意欲设法取消报告书，旋经阮君辩驳"，且常驻各议员"皆据所见闻以证陈请书逐条之妄诞，卒决议将陈请书全行废弃，报告书则由局保存，预备上宪查询时得以详覆"。③

---

① 纪钜维在光绪三十二年即认为鄂省学务"条理纷杂，向无章法"，且因"虚声在外"而"不易整顿"。纪钜维：《与刘仲张亲家书》，《泊居賸稿续编》，1924 年排印本，第14A—14B 页。梁鼎芬也有类似感受，从一个侧面提示着清季湖北"新教育"在"盛名"之下不那么正面的实况。

② 本段及下段所述除特别注明外，皆参见《鄂省常驻员会议纪监督控案（武昌）》，《申报》宣统元年十一月十三日，第 1 张后幅第 2 版。

③ 《续纪鄂省常驻员会议纪监督控案（武昌)》，《申报》宣统元年十一月十五日，第 1 张后幅第 2 版。

值得注意的是，谘议局开会时有议员因阮次芙《审查报告书》措辞激烈，担心"开罪某某等绅，意欲再行修改，然后宣布"，而吴庆焘在辞去湖北谘议局议长时说，自己与纪钜维"及本省诸名宿大老均系知交，无左右袒"，故对纪氏被控一案，只能"付之不理，庶几不着色相"，从不同侧面提示着刘尚桓背后确有鄂省"名宿大老"的身影。湖北提学使司对"挟嫌主使"之弊的忧虑或非空穴来风。此事可能还隐伏着张之洞的人脉因素。《申报》的报道即反复强调这一点：先是说纪钜维与张之洞"有乡年谊"，张氏去世后，湖北"绅学界群起排斥"纪氏；后更在"时评"栏公开质疑鄂省谘议局议员所以竭力维护纪钜维，是因为张之洞的影响犹在。①

学部右参议戴展诚在纪钜维离任后曾实地"查视"湖北存古学堂。他向学部报告说，该校自光绪三十四年冬"变通从前办法，于本堂特设监督。该监督到堂以后，欲照学堂章程办理，事未能行而受怨已多。宣统元年九月，当举行月考之期，已经牌示，学生乃以东省有变，不得复行考试为辞，竞［竟］至罢课。监督遂辞职。事闻于提学司，亦不能为理，其上堂与否听之而已"。戴氏"查视"时，斋务长及监学"全不到堂，堂内一切事宜尚无人管理"，虽"见各班学生在堂自习，然亦非其真相也"。② 可知纪氏的"整顿"努力确不成功，大体如其事先预料的那样"召怨无济"。

至宣统二年下半年，湖北官方对存古学堂的办学状况仍不满意，又感到"整顿不易"，故咨请学部尽快修订该校章程，"鄂省可借以整饬"，避免"仍蹈前辙"。③ 同年底，湖广总督瑞澂"访查"湖北省城各学堂，发现诸多问题，要求王寿彭"严行考核"。翌年初王氏回复说，"从不到堂、徒领干薪"的情形，"近来尚无此弊，即如存古学堂教员曹元弼、顾印愚"，"亦因各以事牵，不能按时到堂，旷误颇多。曾经禀明饬令销差，未敢曲为迁就"，但"兼任教科钟点过多、时时旷

① 《夏监督与纪监督之比较》，《申报》宣统元年十一月十四日，第1张第6版。
② 戴展诚：《湖北存古学堂调查意见》，收入《湖北省城暨汉阳、夏口学务调查报告（续）》，《学部官报》总第158期，宣统三年六月十一日，页码残。
③ 王寿彭：《详请湖广总督瑞转咨学部从速修订存古学堂章程文》，引在瑞澂《详请从速修订存古学堂章程文》（宣统二年十二月初五日），清学部档，档案号：195/135。

堂"的情形最为严重，"贻误实深"，去年曾严加整顿，如"存古学堂斋务长王劼恂等兼任两湖师范学堂教科，均饬令一律销去兼差，不稍宽假"。① 宣统三年正月底有报道说，湖北学堂"校规之坏无逾存古，教员、学生均以旷课为常事，彼此皆不责难。兹届年假期满，各级学堂均于十日开学，惟存古学堂仅有家居武汉学生七八人来校，其余籍隶外州县诸生一概未到，而教员之在省者亦只二三人"。② 无论是在官方的公文中，还是在舆论报道中，湖北存古学堂俨然已是鄂省"新教育"的负面典型。

而学部《修订新章》的颁行也未成为湖北方面"整饬"存古学堂的契机，反而在招生取录、课程设置和钟点配备等方面体现出与张之洞办学主张相当不同的倾向，为该校赓续办理首届学员的学业增加了相当的难度。前文第一章已述，《修订新章》以"古学精深"为由将学制延为八年（中等科五年、高等科三年），但"古学"课程反而成了被缩减的对象。西学"通习课"的设置则不仅更加细密周详，且授课钟点也有大幅增加。此举不仅没有缓解反而进一步加剧了张之洞、罗振玉等人担心的"国学浩博"与存古学堂"年限至短，复添科学"的矛盾，正与张之洞竭力倾重中学的办学方针背道而驰。

《修订新章》其实是要求学生中西学都要有相当的基础。中等科除招考高等小学堂毕业生外，"暂准招收读完五经、文笔通适之高才生"。前者因未读完五经，故前两年须"补读《易》《书》《春秋左传》"；后者则以上述钟点"补习高等小学应授之格致、算学、地理、历史等科"。贡生、生员只要"中文优长"，经考试合格后可"插入中等科第三年级"，但入校后须完成几乎所有的西学通习课程。举人可直接考入高等科，但要求不仅"中文优长"，还要"兼习普通学"。③ 上述规定以科举出身的有无和高低严定入学资格，与前文所述张之洞看重学生的中学实

---

① 本段所述除特别注明外，皆参见王寿彭《详督宪考核各学堂教员办理实在情形文》，《湖北教育官报》第 9 期，宣统三年，第 1A—2A 页。

② 《存古学堂无心向学之一斑（武昌）》，《申报》宣统三年正月二十八日，第 1 张后幅第 4 版。

③ 学部：《奏修订存古学堂章程折（并单）》，《政治官报》第 1249 号，宣统三年三月二十六日。

际学力，学制和规章皆较灵活而有弹性的做法适成鲜明对照。①

正因有上述改变，《修订新章》的颁行意味着湖北存古学堂身份驳杂的首届学员已不可能照张氏的设想完成学业。尤其是其中 67 名非"贡廪增附出身者"，"多系毕业之师范生及方言、自强各堂之（修业）生"，学程未满五年，按照新章应仍作为中等科学生。但校方认为，他们入校后一直与贡廪增附生同级授课，均已"分治专经、专史、名家专集"，其"程度已早毕部章所定之中等科课程"，且张之洞曾谕示，存古学生若专业学术优异，可减一两年毕业。故宣统三年四月校方呈请由湖北提学使司对首届学员"分门严试，其及格者升入高等科，不及格者仍归中等科肄业"。②

但学部对缩短学程一事相当审慎，同年六月初四日复电驳回上述提案。后经湖北方面再次力争，学部同意首届学员中"实系中学毕业"者"援照贡廪增附生办理"，未经中学毕业者仍"责令补习"，不得径入高等科。校方对此仍不满意，翌月底再申前议。③ 八月二十一日，学部最终同意首届学员中的"师范简易科毕业生及方言、自强学堂修业生，即照该学堂前次所请办法"办理，但高等小学堂毕业生，"程度相差太远，不得与简易师范各生相提并论，应仍归原班教授以资深造"。

湖北方面在与学部的反复协商中固然有不小收获，但学部"于权变之中仍示核实之意"，且双方协商的毕竟只是首届学员的"权变"之策。对于同样是在《修订新章》出台前招入的新班学生，校方协商之初即主动表示一律照新章办理。在时局动荡的辛亥鼎革前夕，虽然湖北办学官绅有相当的话语权，但中央政府的教育规章和政令在湖北仍有相当的效力。④

---

① 张之洞在《存古奏折》中提出给举、贡、廪、增、附生以平等的应考机会，只将监生、童生摒除在外。他选录学生，似乎不那么看重科举出身的高低，至少是不认为其与实际的中学程度之间有明确的对应关系。

② 张仲炘：《咨呈湖北存古学堂宣统三年下学期改办方案文》（宣统三年四月），引在瑞澂《咨请学部查核湖北存古学堂宣统三年下学期改办方案文》（宣统三年四月十七日），清学部档，档案号：195/135。

③ 本段及下段所述除特别注明外，参见《学部专门司电复瑞澂文》（宣统三年八月二十一日），清学部档，档案号：195/135；瑞澂《咨请学部查明湖北存古学堂办理实在情形及窒碍之处文》（宣统三年七月二十四日），清学部档，档案号：195/135。

④ 类似的情形也见于四川存古学堂的兴办进程中，详见第六章。

　　宣统三年七月底，湖北存古学堂举行"中等毕业考试"。翌月十九日，武昌起义爆发。军事行动迅速影响到该校的办学运作，不仅学生的"中等毕业证书"未发，且学校改驻军队后，书籍、图表、分数册及所有公文案卷皆"荡然无存"，学生"纷纷解散"。[①] 1913 年春，湖北方面据该校原斋务长王劭恂重新造具的学生名册发放"中等毕业证书"，呈请教育部按照"部令专门学校例"为其"换给毕业证书"，被教育部专门司复电驳回。[②] 实际教育部 1912 年 10 月公布的《专门学校令》开列十类专门学校，无一与"古学"有关，显然是将清存古学堂完全摒除在新教育系统之外。[③]

[①] 姚晋圻：《呈请学部照部令专门学校例换给前清存古学生毕业证书文》（1913 年 3 月），清学部档，档案号：195/135。

[②] 《教育部复湖北教育司电》（1913 年 7 月 14 日），清学部档，档案号：195/135。

[③] 教育部：《专门学校令》（1912 年 10 月），中国第二历史档案馆编《中华民国史档案资料汇编》第 3 辑《教育》，江苏古籍出版社，1991，第 107 页。

第四章　江苏存古学堂的兴办进程

在目前所知清季保存国粹的办学努力中，江苏存古学堂的办学声势和影响仅次于湖北存古学堂，是不少省份仿办的范例。本章初步考察该校的校务管理和办学运作，以及曹元弼、叶昌炽等精英士人对传统治学理念和研习方式的坚守，侧重该校"官力"授权下以"师"为主体的"权在总教"模式，尝试呈现该校在清季民初传统学术演进中所处的临界点位置，希望通过探究该校在"国家"兴起下的新"士治"格局，为深入认知"新政学务"这一当时重中之重的"政务"在实际操作层面的官绅关系提供一个具体而微的例子，并有助于我们深入思考中西办学理念的"通性"所在。而梳理该校与南菁文科高等学堂的竞存履迹，关注当时具有"阖省"乃至全国影响的中上层精英士绅参与"新政学务"的多元化选择及其"道不同"层面的办学理念分歧，或可从"阖省"一级的"地方"视角推进我们对那个激变时代的认识。

第一节　以资深士绅为主体的筹建努力

江苏是较早设立存古学堂的省份，但反对的声音和阻力几乎贯穿整个兴办进程，且呈愈演愈烈之势。前文已述，光绪三十三年秋，内阁会议政务处奏准饬令各省"于省会量力建置"存古学堂。[①] 该校遂成为清季官方在新教育体系内保存国粹的主要办学形式。大约同时，元和县训导孙德谦因江苏师范学堂附设游学预备科即将停办，禀请用其遗留的"学古堂"旧址和原有经费改办存古学堂。而江苏高等学堂监督蒋炳章则主张将其归并高等学堂。[②]

---

① 《内阁会议政务处议覆周爰诹奏请整顿学务折》，《政治官报》第 7 号，光绪三十三年九月二十六日，折奏类。
② 本段及下段所述除特别注明外，皆参见《江督复江苏教育总会函（为苏省游学预备科改办存古学堂事）》，《申报》光绪三十四年正月二十一日，第 3 张第 2 版。

　　江苏教育总会一致认同蒋炳章的规划，并将此事禀呈两江总督端方裁夺。端方复函指出，存古学堂有张之洞"精心擘画"，与"泛言保存国粹者迥乎不同，亦绝非以抱缺守残为贵。蒋编修（炳章）所见不无少差"。最后一语相当有针对性，提示着蒋炳章对存古学堂似乎颇有微词，所谓"抱缺守残"很可能即是蒋氏对存古学堂的批评。但端方此前在湖北巡抚任上即对办存古学堂不怎么积极，此时态度并无转变。他虽然没有明确裁断，但强调高等学堂关系重大，并质疑草率仿办存古学堂能否收到实效，且其提出的两个方案（或两校并举，或单独扩办高等学堂），高等学堂皆是受益者，显然倾向蒋炳章一方。

　　而江苏巡抚陈启泰对兴办存古学堂的态度则要积极得多。光绪三十三年底他致函江苏教育总会，表示存古学堂与高等学堂"有兼筹无偏废"，拟将游学预备科原有办学资源用于兴办存古学堂，另行筹款扩充高等学堂。[①] 翌年秋，孙德谦曾说："谦于存古（学堂）以一人发起，当时一二无识，肆意抵排，并身当其冲。"[②] 所谓"一人发起"，应属实情；"身当其冲"，则多少有些言过其实。蒋炳章、吴本善等反对者有不容小觑的影响力和活动能量。[③] 他们反对兴办存古学堂的努力并未因陈启泰支持设立该校的决定而终止，对该校的筹办进程构成实际的阻力，集中体现在礼聘名士叶昌炽出任史学总教一事上。

　　按，叶昌炽自光绪三十二年卸任甘肃学政还乡后，深居简出，"惟以读碑写经为日课"，对出任存古学堂教职原本并不积极。光绪三十四年正

---

① 《江苏教育总会复苏抚函》，《申报》光绪三十三年十二月十九日，第1张第5版。

② 孙德谦：《致曹元弼》（光绪三十四年秋），《曹元弼友朋书札》第1通，崔燕南整理，上海人民出版社，2018，第293页。许超杰、王园园《孙德谦致曹元弼书札七通考释》（《文献》2017年第2期，第116—117页）认为该函作于"宣统二年或宣统三年秋冬之际"。惟因函中针对王仁俊的怨言以及"尽其事者，不食其禄"的自述，可知当时王氏已离苏进京，孙德谦正代理词章科教考事务。而前引叶昌炽光绪三十四年九月十四日的日记所述正与孙德谦信函中所言学校"别请高贤"的"风声"若合符节，故该函当作于光绪三十四年九月十四日前后。

③ 蒋炳章，字季和，光绪戊戌科进士；吴本善，字讷士，吴大澂从子。宣统元年二人分别当选苏州教育会正、副会长。蒋氏后又出任江苏教育总会副会长、江苏谘议局副议长。《详志苏城教育会开选举大会》，《时报》宣统元年十一月十六日，第3版；林天梦：《吴县蒋季和先生生年表》，《江苏文献》第2卷第34期，1943年10月，第9—11页；方还：《吴君讷士墓志》，《江苏文献》续编第1卷第9—10期合刊，1945年5月，第45—50页。

月中旬，曹元弼函告叶氏，江苏存古学堂拟聘其出任史学总教。叶氏担心自己若应聘，"谤立至矣"。① 同月二十三日，叶昌炽收到陈启泰的礼聘照会。叶氏对此颇不以为然，在日记中写道，先前曹元弼"函来介绍后，尚未答，何遽行强迫主义？"两天后，叶昌炽致函曹元弼，辞聘并缴还礼聘照会。

翌月十五日，曹元弼再次函请叶昌炽出任存古学堂总教，并转达江苏官方（应该是陈启泰）的意思：总教只需"一月到堂两次，宣讲大义。课程、阅卷皆以分校代理，如书院山长之例"。叶昌炽认为，主事者"体谅至此，势难拒绝"。当月二十四日，叶昌炽收到孙宗弼来函，他看出该函"茹鲠在喉，欲吐不吐，盖讽存古之轻出也"。对此叶氏郁闷不已，他在日记中说："不佞何尝愿出哉？（孙宗弼）横来干涉，大惑不解。"②

三天后，叶昌炽"诘问"来访的孙宗弼"前函宗旨"。孙氏告诉叶昌炽，他"出应存古之聘，学界大哗，将有鸣鼓之攻"。有关保存国粹，还有比存古学堂重要百倍的事项，何不"改图以慰众望？"叶昌炽"诘以何事"，孙宗弼"以藏书楼对"，并出示蒋炳章、吴本善等反对兴办存古学堂的"公函"。叶昌炽则说，自己"若为薪水计，归田之后，早已迫不暇择，何待今日？"在他看来，所谓藏书楼之议，不过"画饼充饥，徒托空谈而已"。孙宗弼"谨愿来为（蒋、吴等）绍介，不过偃师之俑人耳"。③ 面对"鸣鼓之攻"的威胁，叶氏当即正告孙氏："公等皆新学家，西来学说，去就有自主之权，非他人所能干涉。"如此"以子之矛，攻子之盾"的方式反击"新学家"，提示着当时江苏士绅内部已有较明晰的"新""旧"分野，更在这场围绕存古学堂的"绅与绅战"中凸显出来。④

---

① 本段所述除特别注明外，皆参见叶昌炽著，王季烈辑《缘督庐日记钞》，光绪三十四年正月初一日、十六日、二十三日、二十五日，台湾学生书局，1964，第31A—B、32B—33B页。

② 本段所述参见叶昌炽著，王季烈辑《缘督庐日记钞》，光绪三十四年二月十五日、二十四日，第36A—37A页。

③ 本段及下段所述除特别注明外，皆参见叶昌炽《缘督庐日记》，光绪三十四年二月二十七日，江苏古籍出版社，2002，第5806—5807页。

④ 叶昌炽：《致曹元弼》（光绪三十四年二月二十八日），《曹元弼友朋书札》第10通，第199—200页。

叶昌炽随即"作（致）叔彦函"，后"既思盛怒作函，易于失词，留未发"。次日，叶氏改定并发出致曹元弼函。[①] 翌月初，曹氏回函说，存古学堂"必能成立。群鸥仰视，而吓可无置怀"。[②] 稍后，叶氏又接到江苏高等学堂监督邹福保（字咏春，后任江苏存古学堂词章总教兼江苏学务公所议长）的信函，劝其应存古学堂聘。[③] 力主"存古"一方的优容宽待，以及反对一方让叶昌炽"盛怒"的做法，最终使原本有些犹豫和顾虑的叶氏选择与曹元弼"同舟，利害毁誉皆共之"。

反对方所谓"鸣鼓之攻"并不只是虚言恐吓。同年四月十六日，也即叶昌炽应聘存古教职风波一个多月后，当时江苏存古学堂的筹办工作已紧锣密鼓地全面展开，叶昌炽在致曹元弼的信中说：

> 前此寂然，至今始发难端，可见其意全在推翻此局。士不说学，滔滔皆是，即非新界，即非学界，亦群以此举为蛇足，即古学可听其沦胥。吾辈持三钱鸡毛笔，当四战之冲，夙夜祗惧，公其何以教我。[④]

反对一方不仅有江苏教育总会乃至两江总督端方的支持，且其"鸣鼓之攻"处心积虑，来势甚猛，远非孙德谦一介训导可以应对化解。力主"存古"一方真正"身当其冲"的，是陈启泰、朱之榛、曹元弼和叶昌炽等官方大员和上层资深士绅。陈氏的鼎力支持是江苏存古学堂冲破阻碍的关键因素。据后来出任江苏存古学堂"总校"的郑文焯所述，江苏办存古学堂，蒋炳章"抵书评诘，目为迂阔。幸赖瞿老（陈启泰），毅然任之，克期蒇役"。[⑤]

---

① 叶昌炽：《致曹元弼》（光绪三十四年二月二十八日），《曹元弼友朋书札》第 10 通，第 199—200 页。改定后的信函仍有"保粹为应办之事，中丞、方伯主持于上，何以反对者披昌至此"等语，叶昌炽待人宽厚谦和，"披昌"这样贬义十足的词在叶氏信函中相当罕见，可以想见他一天前拟初稿时"盛怒"之程度。

② 叶昌炽：《缘督庐日记》，光绪三十四年三月初三日，第 5809 页。

③ 叶昌炽：《缘督庐日记》，光绪三十四年三月初六日，第 5812 页。

④ 叶昌炽：《致曹元弼》（光绪三十四年四月十六日），《曹元弼友朋书札》第 23 通，第 206—207 页。

⑤ 郑文焯：《致夏敬观》（宣统元年十一月十六日），引在陈谊《夏敬观年谱》，黄山书社，2007，第 46 页。

而该校的实际谋划和具体筹建则以朱之榛、曹元弼为主力。朱之榛虽仅以荫生官至补授道员，但为宦四十年皆在江苏，在清季苏州政学两界资历甚高，威望颇著。① 光绪三十三年下半年，淮扬海关道、江苏学务处总理朱之榛署理江苏布政使，竭力推动兴办存古学堂。② 翌年三月初一日，朱氏出任该校"总理"。当时叶昌炽听闻该校筹建由朱之榛"一人为政"。③ 而朱氏与曹元弼的通信也印证传闻不虚：学校章程是朱之榛请曹元弼草拟，禀送陈启泰奏呈学部；教职员的聘任则由曹元弼提出方案，再与朱之榛商办，后者有相当的决定权。即便是向湖北方面商调时任湖北存古学堂教务长王仁俊回乡出任词章总教、礼聘叶昌炽出任史学总教这些须由江苏巡抚发"照会"才能办的事，也是源于朱、曹二人的谋划和运作。④ 从筹办伊始，江苏存古学堂即更多体现资深士绅的意志，"官力"在实际办理中极倚重资深士绅，几乎完全听从其建言和设想。

这种主政官员放手、由资深士绅主导并相对自主运作的模式，与湖北、四川等省存古学堂由官方大员主持乃至亲力亲为明显不同。江苏存古学堂办学强调并竭力维护教师的主体地位。曹元弼起草的《江苏简章》明确规定，"教员皆兼管理学生"，与学部定章和主流办学风尚明显异趣。⑤ 清季新教育对中国传统书院制的一大改变是以"官力"强化对教员的管理，将新式学堂的教员"列作职官"，归"本学堂监督、堂长统辖节制"，并明令所有学堂"不得援从前书院山长之例，以宾师自居，致多窒碍"。⑥ 行政管理职衔凌驾于教职之上的威权由此得

---

① 叶昌炽：《江南淮阳海河务兵备道朱先生墓志铭》，《奇觚庼文集》下卷，《清代诗文集汇编》编纂委员会编《清代诗文集汇编》第766册，上海古籍出版社，2010年影印本，第794—796页。

② 端方：《又奏委朱之榛署藩臬篆片》，《政治官报》第5号，光绪三十三年九月二十四日，折奏类，第9页；钱实甫编《清代职官年表》，中华书局，1980，第1966页。

③ 叶昌炽：《致曹元弼》（光绪三十四年二月二十八日），《曹元弼友朋书札》第10通，第199—200页。

④ 朱之榛：《致曹元弼》（光绪三十四年二月十三日、光绪三十四年四月十九日），《曹元弼友朋书札》第1、2通，第288页。

⑤ 《江苏存古学堂现办简章》，《政治官报》第214号，光绪三十四年五月初四日，法制章程类。

⑥ 张之洞等：《奏定学务纲要》，璩鑫圭等编《中国近代教育史资料汇编·学制演变》，第498页。

以确立。《江苏简章》明令所有教员兼管学生，依循以师为主体的传统书院办学模式，在目前所知的清季新教育中，即或不是唯一的特例，也相当罕见。

与上呈学部的规章相比，实际的办学更少顾虑，在不失其故的趋向上走得更远。为延访名师，陈启泰明确表示总教只需"一月到堂两次，宣讲大义。课程、阅卷皆以分校代理，如书院山长之例"。① 所谓"如书院山长之例"，已从正面突破前引"不得援从前书院山长之例，以宾师自居"的禁令。而在江苏存古学堂正式开办后，总教实际承担的教、考职责远非陈启泰所言那么轻松，对校务有相当的话语权，逐渐取代学校的行政主管，形成"权在总教"的格局。

第二节　"权在总教"的校务运作模式

光绪三十四年四月二十五日，江苏存古学堂正式开学，设经、史、词章三科，曹元弼、叶昌炽、王仁俊分任总教。学生分内、外两班。内班住堂，每月有"膳资笔墨各费"；外班不住宿，亦无膳资。② 筹办时总理朱之榛"一人为政"的局面演变为以总教为核心的办学思路。叶昌炽因性情和身体原因，平日多避居乡下。"心精力果"的王仁俊原被寄望为办学的"好帮手"，但开学不到一个月即离职进京。曹元弼一直是总教中权力最重、担当最多者。诸如内班学额的增补、月考的时间和场次安排、分教阅卷评语的校正等事，多是曹、叶二人协商，最终由曹氏拿主意。③

对于教考以外的校务，曹元弼也有相当的话语权。学校开办之初，叶昌炽推荐时任苏州第一公立中学堂国文教员孙宗弼担任经学分教，曹元弼不仅同意孙氏不辞原职、两校兼顾，而且为其争取到月薪40两（约

---

① 叶昌炽：《缘督庐日记》，光绪三十四年二月二十五日，第5799—5800页。

② 《江苏省苏州官立存古学堂光绪三十四年第一学期一览表》，清学部档，档案号：195/134；《江苏存古学堂现办简章》，《政治官报》第214号，光绪三十四年五月初四日，法制章程类。

③ 叶昌炽：《致曹元弼》（光绪三十四年四月十六日、五月二十七日、八月初二日），《曹元弼友朋书札》第23、19、31通，第206—207、204、211—212页；叶昌炽：《缘督庐日记》，光绪三十四年七月三十日，第5917—5918页。

合60银元）的待遇，较此前校方的分教月薪标准高出三分之一。① 这显然已超出总教常规的职权范围。

曹元弼在校中的权势极大。同年五月十七日，学校正式开办仅22天，词章总教王仁俊离职进京。直至年底，"协教兼词章小学教员"孙德谦一直代理词章科教考事务，但无总教名分和待遇。② 孙氏颇有怨言，萌生去意。樊恭煦与曹元弼"力为挽留"，并以接任词章总教"褒诱"之。惟总教的聘任须由江苏巡抚发出正式照会，受聘人接受照会，才能最终确定。③ 孙德谦似乎不太了解（即便了解，也未在意）这一程序，直到学校发薪之日，才发现情形不妙，"赍然来思，殊用怅然"。九月十四日，曹元弼告诉叶昌炽，王仁俊已决定不再返苏，拟于"褚伯雅或咏春、霄纬中择一人"代之。④ 大约同时，孙德谦也探听到樊恭煦曾与曹元弼商议，拟"别请高贤"，遂以此事权在曹元弼，致函曹氏力争此职。⑤ 总教这一学堂最高教职的聘任由另一位总教"裁而成之"，在清季新教育中相当罕见。⑥

"权在总教"未必是总教孤行独断。重订教学管理细则这一较重大的校务，即以总教为核心，所有教职员皆参与其中。宣统元年春，庶务长、会计等先拟出草案，呈曹元弼过目。曹氏再将其传给叶昌炽，"详阅一遍，加三笺"。至七月初，所有教职员集议"共商"，确定"以师范学堂为模范而稍增损之"。樊恭煦作为主管官员兼存古学堂督办未与其事，俨然是总教主持下，办学员绅共治的格局。⑦

在这样的格局中，"官力"不仅没有被边缘化，反而是幕后主导。

---

① 叶昌炽：《致曹元弼》（光绪三十四年五月初二日、五月初八日），《曹元弼友朋书札》第21、27通，第205—206、209—210页。

② 叶昌炽：《缘督庐日记》，光绪三十四年五月十七日、五月二十二日，第5867、5869页。

③ 叶昌炽最初不愿出任总教，即将陈启泰发出的照会缴还。叶昌炽：《缘督庐日记》，光绪三十四年正月二十三日、正月二十五日，第5781—5782页。

④ 叶昌炽：《缘督庐日记》，光绪三十四年九月十四日，第5957页。

⑤ 孙德谦：《致曹元弼》（光绪三十四年秋），《曹元弼友朋书札》第1通，第293—294页。

⑥ 曹元弼的权势不仅体现在存古校务上。宣统元年初，叶昌炽函请曹氏为其妹夫王康吉"说项"，谋得学古堂图书管理差事。叶昌炽：《致曹元弼》（宣统元年二月初一日、二月十六日），《曹元弼友朋书札》第15、16通，第202—203页。

⑦ 叶昌炽：《缘督庐日记》，宣统元年二月二十七日、七月初七日，第6100、6213—6214页。

宣统元年四月初，陈启泰札委江苏提学使樊恭煦兼任存古学堂督办。[1]刘荣拔（荫庭）接替病逝的朱之榛任总理。陈氏的办学意图是：

> 权在总教，前总理规模具在。萧规曹随，取其充位而已。[2]

显然，"权在总教"而不在总理，是陈氏一直秉持的办学取向。实际上在江苏提学使兼任江苏存古学堂督办后，该校的总理职位愈呈位尊而权轻之势，几乎成为无足轻重的虚衔。刘荣拔到任仅两个月即离职，江苏方面拟请俞陛云[3]继任。俞氏坚辞不就，并向新任江苏巡抚瑞澂进言：

> 总教不问财政，所以设总理。今既以提学使为督办，无论监督不可设，即总理亦不必歧出。[4]

瑞澂"颇采其言"。此后尽管江苏主政官员不无更迭，但是江苏存古学堂一直未再设立总理这样的专职行政主管，而是在提学使督办下"总教治校"的格局中运作。不仅如此，江苏存古学堂总教的权限更有扩大之势。在总理长期空缺的情形下，校方最晚自宣统二年夏开始，按月向总教寄呈月度"报销册"。由此，原属总理职权的财政收支也归于总教的兼管范围。[5] 提学使作为兼职督办，除按例出席开学礼等规定程式外，基本不过问日常校务。

官方如此放权于江苏存古学堂的总教，是看重其众皆认可的学术声望、在地方上的影响力和宽广的人脉网络，有助于学堂顺利运转。江苏存古学堂历任总教的科举出身和履历情况参见表4-1。

表4-1　江苏存古学堂历任总教的科举出身和履历

姓名	职任	资格及履历
曹元弼	经学总教	翰林院编修，兼充湖北存古学堂经学总教

① 《江苏省苏州官立存古学堂宣统元年第二学期一览表》，清学部档，档案号：195/134。
② 叶昌炽：《缘督庐日记》，宣统元年三月十五日、四月初九日，第6142、6163页。
③ 俞陛云，字阶青，俞樾孙，俞平伯父，光绪戊戌科探花。
④ 叶昌炽：《缘督庐日记》，宣统元年六月初六日，第6196页。
⑤ 叶昌炽：《缘督庐日记》，宣统二年五月十九日至十月二十八日，第6433—6547页。

续表

姓名	职任	资格及履历
叶昌炽	首任史学总教	进士，翰林院侍讲，前任甘肃学政
唐文治	继任史学总教	进士，曾任农工商部侍郎，江苏教育总会会长
王仁俊	首任词章总教	进士，翰林院庶吉士，湖北补用知府，前充湖北存古学堂教务长
邹福保	继任词章总教	进士，翰林院侍讲，兼江苏师范学堂监督

资料来源：《江苏省苏州官立存古学堂光绪三十四年第一学期一览表》《江苏省苏州官立存古学堂宣统元年第二学期一览表》，清学部档，档案号：195/134；唐文治：《茹经先生自订年谱》，《茹经堂文集》，沈云龙主编《近代中国史料丛刊》，文海出版社，1983，第2235—2412页。

表4-1中，曹元弼凭所著《礼经校释》得有翰林院编修的"清秩"，[①]其余皆为进士出身。各位总教多有较显赫的履历，或为官方大员，或在高等性质的新式学堂担任重要教职和主要管理工作。[②] 除邹福保外，宣统元年秋校方拟定的另两位词章总教继任人选江衡与褚伯雅，也是当时苏州绅学两界的头面人物。江衡，字霄纬，江标兄，光绪甲午科进士，历任苏州府中学堂、江苏师范学堂监督。[③] 而叶昌炽日记中的"褚伯雅"，很可能是褚成博这位年资比叶昌炽还高的前辈。[④]

"权在总教"模式的另一关键环节是学生的态度。在江苏存古学堂，学生真正钦服的是精深的学术造诣，而非管理员"职官"的名衔。近代曲学名家吴梅任江苏存古学堂检查官时，因学生年龄多长于他，故"颇轻之"。有经科学生作"经说"一篇，按例应由检查官汇呈总教。吴氏"得卷，为引证数事，还其人，嘱重缮以进，其人大叹服"，由此始得学生敬重。[⑤] 在江苏存古学堂，分教、协教若无足够精深的学术能力，也

---

① 王大隆：《吴县曹先生行状》，卞孝萱、唐文权编《民国人物碑传集》，第522—526页。
② 江苏存古学堂师资阵容强大，除诸位总教外，张采田、孙德谦、吴梅、郑文焯等皆曾在该校任职，参见本章结尾表4-3。
③ 《民国吴县志》卷28，江苏古籍出版社，1991年影印本，第412页。
④ 叶昌炽：《缘督庐日记》，宣统元年闰二月十四日，第6122页。按，褚成博，字伯约，光绪庚辰科进士，历任河南乡试副考官、监察御史。褚成博在清季苏州绅界颇有号召力。宣统元年初，褚氏与姚子梁约集叶昌炽、江衡、邹福保等苏州名士结"复古社"，旨在"则古称先、矫正薄俗"。江衡：《致曹元弼》（宣统元年闰二月二十一日），《曹元弼友朋书札》第1通，第259页。
⑤ 饮虹（卢前）：《奢摩他室逸话》，《吴梅年谱》，《吴梅全集·日记卷下》，王卫民校注，河北教育出版社，2002，附录，第926页。

很难得到学生认可。宣统二年夏，叶昌炽因丧妻之痛，"魂不安宅"，所出史学月考题"张元吴昊论"，误"吴昊"为"李昊"。题目公布时，叶氏未到堂，学生说"李"当作"吴"，分教沈修则认为"李昊"无误。至叶氏修正函到堂，众生"哗然笑之"，而沈修则惭愧不已。①

尽管清季新教育建制强调管理凌驾于教职之上，但尊师轻官的江苏存古学堂学生显然更愿意接受与之背道而驰的"权在总教"模式。总教的权威以及学问至上的风尚，让教师的意志在学校得到足够的尊重，行政管理有碍学术研究和教考事务的情形得以避免。江苏存古学堂正式开办后的首次月考原定于光绪三十四年五月二十二日上午考史学，下午考算学，在听取叶昌炽的意见后，改为当日只考史学，另择日考算学。② 清季新教育相当重视学堂的各类考试，江苏存古学堂即便月考也是"官师咸集"，相当郑重其事。校方能在原定考期前一日，迅速因应总教的意见，调整考试安排，殊为不易。将各门考试尽可能集中在一天，当然是简捷而有效率的安排，但叶昌炽考虑的是史学考试本身需要的时长。实际上，当天参加史学月考的"诸生苦题难，日昳尚未能交卷"，可知叶氏的主张确有相当的预见性和必要性。③

"权在总教"还令实际的教学进程相当有弹性。江苏存古学堂自拟的学章规定，经学、词章科学生各自专精的本科目主课皆是每天"三点钟"，史学科主课每天"四点钟"。宣统元年二月二十九日，因史学科学生已将《御批通鉴辑览》点阅过半，叶昌炽与曹元弼函商，主课"拟分一点钟，先点《史记》，少或两三叶，多至四叶为止。如三年内可递及《四史》固好。如计日有所不及"，《史记》《汉书》"当可毕，学章可随时改定"。④ 主课以点阅为主；因典籍不同，学生程度又不一，在拟订教学计划时，很难精确把握整体的点阅进度，只能在教学过程中适时调整。故叶昌炽的点阅计划包括高、低两个目标。正因"权在总教"，故"学章可随时改定"，则以后的教学安排当然还有宽裕的调整余地。在清季以

---

① 叶昌炽：《缘督庐日记》，宣统二年四月二十八日、五月初六日，第6417、6422—6423页。

② 叶昌炽：《致曹元弼》（光绪三十四年五月二十日），《曹元弼友朋书札》第20通，第205页；叶昌炽：《缘督庐日记》，光绪三十四年五月二十一日，第5869页。

③ 叶昌炽：《缘督庐日记》，光绪三十四年五月二十二日，第5870页。

④ 叶昌炽：《致曹元弼》（宣统元年二月二十九日），《曹元弼友朋书札》第12通，第201页。

降的新教育中，规章建制的更改并非易事，更远达不到"权在总教"模式下如此灵活的程度。①

"权在总教"在节约经费方面也成效显著。晚清新教育办学成本高昂，且因强调学堂行政主管"统辖节制"教员之责，故其薪资明显高出教员许多。江苏存古学堂的办学经费并不宽裕，光绪三十四年和宣统元年上半年皆没有结余。② 学堂最大的日常支出是教职员的薪酬。作为行政主管，总理月薪为144银元，明显高出总教的100银元月薪。宣统元年夏取消总理职位后，总教月薪未变，而提学使兼任督办，不领薪水，仅此一项，每年节省超过1700银元，已大致相当于当年上半年学堂月均各项官方拨款的总和。③

尽管"权在总教"确有不少长处，但处于权力中心的总教是否能真正取代专职的行政主管，胜任并履行治校职责，成为该校能否顺利运转的关键。

第三节 内忧：责权不一的"腐败"

曹元弼、叶昌炽、王仁俊等皆有各自专长的学术领域，且不同程度地怀抱风雨鸡鸣之心。王仁俊早在宜昌知府任上即提议兴办存古学堂；④ 前文已述，曹元弼是目前所知最支持并坚定追随张之洞办存古学堂的精英士人；叶昌炽虽然"键关养拙"的避世之心颇重，但仍以保存国粹为"应办之事"，终以"三钱鸡毛笔，当四战之冲"的心境顶住压力出任总教。⑤

---

① 这一办学取向其实也是渊源有自。中国传统教育甚早即强调"适时"教育，《礼记·学记》将"当其可之谓时"列作"大学之法"的四大要义之一。今日学人在比较传统书院与西式新教育时已观察到其灵活而有弹性的特点，参见季羡林《论书院》，《群言》1988年第10期。

② 《江苏省苏州官立存古学堂光绪三十四年第一学期一览表》《江苏省苏州官立存古学堂宣统元年第二学期一览表》，清学部档，档案号：195/134。

③ 《江苏官立存古学堂宣统元年三月至十二月历月预算表》，晚清学部档，档案号：329。

④ 王仁俊：《致张之洞》（光绪三十二年二月二十九日），虞和平主编《近代史所藏清代名人稿本抄本》第2辑第105册，大象出版社，2014，第422—423页。

⑤ 叶昌炽：《致曹元弼》（光绪三十四年二月二十八日、光绪三十四年四月十六日、宣统元年八月二十三日），《曹元弼友朋书札》第23、10、47通，第206—207、199—200、220页。

　　与学术研究和维系世道人心直接相关的是学堂的教考事务，也是官绅眼中总教的核心职责。陈启泰在敦请叶昌炽出任史学总教时，正是将总教"如书院山长之例"的工作界定为只需"一月到堂两次，宣讲大义"，让叶氏感到"体谅至此，势难拒绝"。①在学堂的日常运转中，总教仍自居师的身份，对于教考以外的校事，固然手握重权，但毕竟是兼理性质，而非必须履行的职责。换言之，尽管"权在总教"，但教考之外的管理之责却不在总教。

　　其实总教对学堂教考以外的事务也是有心无力。他们实际的教考工作远比前引陈启泰所言繁重得多，除"宣讲大义"外，还要编纂讲义，拟订点阅和参考书目，编选文钞，并承担月考的出题、阅卷和缮写评语（与分教共同完成）、定等、核分等工作。②这对做事认真且严格的叶昌炽、曹元弼而言已非轻松之事。曹氏长期受目疾所困，此前任湖北存古学堂总教时即以编辑讲义为主，并未"常川驻堂"。他自述在江苏存古学堂的职责包括"指授各经大义、经师家法"，并"督率经学分教分年授经，颁发讲义，评阅试卷，接见学生，考察品行，对答疑问"。③叶昌炽编辑"史学教授法及书目，屡易稿而未安，用思颇苦"，以致头晕目眩，不得不搁笔歇息。"史学教授法及书目"排印后，叶昌炽又"手校一过"，发现"颇有讹舛"，要求将其中两页重印后始装订成册，发给学生。其所出月考题，用意颇深，阅卷更是认真到"吹毛索瘢"的程度，"眉笔以什百计"。④

　　叶昌炽执教江苏存古学堂期间（光绪三十四年四月二十五日至宣统二年底）的日记对其日常活动有较完整的记录。对于教考事务，叶氏在日记中多次流露出苦不堪言的情绪，好在大多数事务可在家中完成而不必日日到校。实际上除开学行礼等规定程式外，叶氏平时避居乡下，很少因教务以外的校事到堂。他在江苏存古学堂的总教任期内，"上堂开

①　叶昌炽：《缘督庐日记》，光绪三十四年二月二十五日，第5799—5800页。
②　叶昌炽：《缘督庐日记》，光绪三十四年四月二十六日至五月二十七日，第5851—5873页。
③　曹元弼：《与张次珊前辈书》（宣统三年正月）、《咨某抚辞江苏存古学堂经学总教文》，《复礼堂文集》，第905—909、915—920页；《湖北省官立存古学堂宣统元年上学期一览表》，清学部档，档案号：195/135。
④　叶昌炽：《缘督庐日记》，光绪三十四年四月十三日、光绪三十四年五月十七日、宣统二年五月二十日，第5841、5866、6434页。

讲"仅一次。除开学、公祭、宴集等全体教职员皆到堂外，三总教同在堂五次。全体员绅集议共商校事仅两次：宣统元年七月初七日商讨教学管理细则、宣统二年十一月初八日商议应对江苏谘议局裁撤议案。曹元弼、邹福保皆为叶氏好友，由叶氏日记所述与他们的交游可以确知，即便是热心校务的曹元弼，也未常驻堂中，全面履行治校职责。①

总教平时既未到校办公，日常的校务运转和管理事宜主要由庶务长、斋务长、监学、监察等职官负责。而在江苏存古学堂浓郁的尊师轻官氛围中，除非他们展示出足够精深的学术水准，否则很难得到学生敬服。而分教、协教虽也有兼管学生之权，但其声望和学问终究不能与总教等量齐观，甚至出现任非所长、难胜其职的情形。史学分教沈修开校不久即以史学非其所长为由，申请改任文学教职，未得校方同意。光绪三十四年底，叶昌炽发现沈修阅卷"评语近于游戏。题之意义皆未解，并句读亦误，但纵论文法，沾沾于波澜意度，气韵词藻，而不知与两题如风马牛之不相及"，"疑误后学不浅"。②

总教承担的教考事务远比预案繁重，实无心力每日到堂。官力主动放权而总教又权责不一，致使学校的日常运转出现管理的真空地带，在开办伊始即显现弊端。光绪三十四年四月二十七日，学校开办仅两天，庶务长应季中即与斋务长雷舫起"大冲突，征色发声，几至揎臂"。在王仁俊到堂解围之前，竟然是学生居中调解，完全不见"总理"或总教的身影。尽管事后曹元弼对弟子雷舫一番"开导"，但仅半月后，雷舫又与王仁俊起冲突，孙德谦也卷入其中。③ 显然，与经学研究相比，校务管理并非曹元弼所长。

管理的真空加之教职员间的内讧，给实际的校务运转蒙上了阴影。开校不到一周，《申报》即有报道说，江苏存古学堂学规"颇松懈"。因外班"多有未到者"，校方谕准外班生"每日来堂上课后，带回自习"。④

---

① 叶昌炽：《缘督庐日记》，光绪三十四年四月二十五日至宣统三年十二月二十九日，第5850—6583页。

② 叶昌炽：《缘督庐日记》，光绪三十四年八月二十一日、十一月十二日，第5934、6016页。

③ 叶昌炽：《缘督庐日记》，光绪三十四年四月二十八日、五月十四日，第5853、5863页；叶昌炽：《致曹元弼》（光绪三十四年四月二十九日），《曹元弼友朋书札》第21通，第205页。

④ 《存古学生之自由》，《申报》光绪三十四年五月初二日，第3版。

学校的迁就容忍使缺课现象日益严重。至宣统元年，42 名外班生中有 25 人因"从未考课"而被除名，占比达 60%。① 同年夏，学校成为苏州新教育的"腐败"典型。时绅学两界传出消息，新任江苏巡抚瑞澂认为"吴中学堂无不腐败，法政、存古为尤甚"。叶昌炽初闻此言，认为是新官上任，必反前任，而法政、存古两校为前任巡抚陈启泰"手创，宜其蒙诟"。但曹元弼随即得悉，瑞澂颇支持"权在总教"；所谓"腐败"，指学生而非总教。② 叶昌炽也听闻瑞澂"人尚爽直，未必遽有成见"。排除新官上任的因素后，学堂自身的问题便凸显出来。实际上，破坏规章的学生先已引起叶氏注意，此前叶、曹二人似乎也曾就此商讨。而校务运转的实况显然没有打消叶氏的忧虑，他向曹元弼提出，应加强对学生的"约束"，从一个侧面印证瑞澂针对江苏存古学生的重语批评，并非空穴来风。③

不久后，"腐败"成为叶昌炽本人对校务的观感。同年八月十七日，叶氏收到校方所寄月课试卷，不仅"无函无片，封口未固，恚然早启"，而且"外笺草书，澹墨表面"。叶氏感叹："腐败二字，已无愧。"瑞澂和叶昌炽所言"腐败"，前者指学生，后者针对总教以下的教职员，看似不同，但总教以下的教职员正是终日面对学生、具体负责常规校事者，故两人的矛头实际皆指向"权在总教"而总教未尽全责的日常校务运转层面。惟在当年底学部视学官举行的苏州各学堂考试中，江苏存古学堂名列第一，可知日常校务的"腐败"尚未影响到教学。④

大约一年后，叶昌炽在日记中说，"校事久不问"，而"腐败达于极点"。前一句正提示着权责不一的校务管理运作依然如故。关键是"腐败"已侵蚀到学校原本尚较可观的教学研究层面。宣统二年十一月叶昌炽评阅上月试卷，结果仅曹鲁南一卷"尚可观"，其余各卷皆"不堪寓目"。叶氏以"反求诸己"之心自责："木必自腐而后虫生，此校丛谤，任教育之责者，何敢辞咎？"⑤ 而在曹元弼看来，创建之初"众邪侧目"

---

① 《江苏省苏州官立存古学堂宣统元年第二学期一览表》，清学部档，档案号：195/134。
② 叶昌炽：《缘督庐日记》，宣统元年六月初一日、六月初六日，第 6193、6196 页。
③ 叶昌炽：《致曹元弼》（宣统元年六月初七日），《曹元弼友朋书札》第 74 通，第 238 页。
④ 叶昌炽：《缘督庐日记》，宣统元年八月十七日、十二月二十四日，第 6243—6244、6333 页。
⑤ 叶昌炽：《缘督庐日记》，宣统二年八月十二日、十一月二十三日，第 6488—6489、6558 页。

的江苏存古学堂至宣统二年秋已处在废止存古学堂风潮的风口浪尖。学校所以"丛谤",当然有校务"腐败"的内因,也与该校和南菁文科高等学堂激烈竞存的"外困"局面有关。

第四节　外困:"官办"与"公立"的竞存

前文已述,光绪三十二年下半年,在苏州支持兴办存古学堂和力主扩充高等学堂的"绅与绅战"中,江苏教育总会公开支持后者。办学资源的争夺背后,多少隐伏着人脉关系的因素,也不无办学趋向上的分歧。力主扩充高等学堂的蒋炳章在清季江苏绅学两界颇有影响力,其公开批评存古学堂"抱缺守残"的言论,即出现在江苏教育总会呈请两江总督端方支持扩办高等学堂的公函中。[①]

实际上江苏教育总会并不反对保存国粹,但其更关心公立南菁文科高等学校的命运。按,江阴南菁书院原为光绪九年时任江苏学政黄体芳所建,是道咸以降注重"经史实学"的书院办学风尚延绵至光绪时期的重镇。[②] 光绪二十七年时任江苏学政李殿林奏准改办"江苏全省南菁高等学堂"。[③] 大约在光绪三十二年底至光绪三十三年上半年,江苏教育总会以该校风潮迭起,上书两江总督、江苏巡抚、江苏提学使,呈请按照《奏定高等学堂章程》中有关"第一类"的规定,改办南菁文科高等学堂。[④]

至光绪三十三年底,陈启泰函告江苏教育总会,"游学预备科"遗

---

① 蒋炳章言论引在《江督复江苏教育总会函(为苏省游学预备科改办存古学堂事)》,《申报》光绪三十四年正月二十一日,第3张第2版。蒋炳章光绪三十一年任江苏游学预备科监督,翌年兼任江苏高等学堂监督,后当选苏州教育会会长、江苏教育总会副会长、江苏谘议局副议长,成为清季江苏地方自治和"新教育"的要角。林天梦:《吴县蒋季和先生年表》,《江苏文献》第2卷第34期,1943年10月,第9—11页。耿云志在《张謇与江苏谘议局》(《近代史研究》2001年第1期)中已注意到张謇与蒋炳章等"名重一方的绅士"在江苏谘议局"相互协调、同心办事"。

② 谢国桢:《近代书院学校制度变迁考》,《张菊生先生七十生日纪念论文集》,商务印书馆,1937,第281—321页。

③ 《江苏学政李奏南菁书院遵改学堂折》,《政学报》第2期,光绪二十八年二月二十五日,第3页。

④ 《江苏教育总会拟请将南菁高等学堂改为文科高等学校上督抚帅及提学使书》,《申报》光绪三十二年十一月十五日,第1张第4版。

留的办学资源用于兴办存古学堂。江苏教育总会在复函中并未坚持己见，但对存古学堂仅一语带过，转而详述南菁改办文科高等学堂的初衷，由陈氏来函"所论日本维新仍郑重本国文字"，申论"各国教育无不以本国文字为主位"。① 而张之洞奏设存古学堂时也有"今日环球万国学堂，皆最重国文一门"的表述，相当能体现在"外国榜样"指引下，清季朝野在发展文教事业上特别看重"语言文字"的共识。②

　　大概是因为江苏绅界一度传出"宾兴公款"也将用于兴办该校的消息，陈启泰在致江苏教育总会的公函中特意申明，"宾兴公款仍留为推广公立学校之需，并无拨补存古之说"。而江苏教育总会的复函在详述南菁改办文科高等学堂的初衷后，也专门强调"南菁为公立性质"，显然力图为其争取原属"公领域"的传统办学资源，解决经费短缺的难题。按，清季"新教育"成为"国家"重中之重的"政务"和政府职能后，官方由此掌控了绝大多数原为"公领域"内由士绅主导的传统办学资源，以致整体上出现明显的"国进民退"之势。惟江苏士绅在地方上势力雄厚，在"地方事务"（local affairs）上有相当的话语权。前引陈启泰在公函中所言"宾兴公款仍留为推广公立学校之需，并无拨补存古之说"，其中的"仍"字即提示着此前江苏官方与士绅曾就"宾兴公款"用于推广公立学校达成共识，且这一共识在相当程度上正体现士绅的意志。

　　至少在光绪末年的江苏，尽管传统公共资源的最终处置权已攥在官方大员手中，但相当数量的中上层精英士人并未随着传统"公领域"的崩解而淡出，而是密切关注传统"公产"的去向，力图对官方施加影响，并积极寻求合作。作为官方倡导下新兴的社团，江苏教育总会力图建构的新型"公领域"，正是当时官绅合作兴学的重要（但非唯一）取径。至宣统元年六月初九日，两江总督端方会同江苏巡抚瑞澂奏准将南菁文科高等学堂"敕部立案"。③ 同样意在保存国粹，该校与江苏存古学

---

① 本段及下段所述除特别注明外，皆参见《江苏教育总会复苏抚函》，《申报》光绪三十三年十二月十九日，第 1 张第 5 版。

② 《创立存古学堂折》（光绪三十三年五月二十九日），苑书义等主编《张之洞全集》第 3 册，第 1762—1766 页。

③ 《两江总督端方奏江阴南菁学堂改设文科高等学堂请立案折》，《政治官报》第 629 号，宣统元年六月十三日，折奏类。

堂由此正式形成了"公立"与"官办"两种办学性质的竞争关系。①

　　存古学堂为晚清重臣张之洞首倡，有全国性的开办规模，且宣统元年初被中央政府列入筹备宪政的办学清单中。这样的地位和规格显然非南菁所能比拟。更重要的是，尽管江苏教育总会认为公立南菁文科高等学堂使用"宾兴"等传统办学资源是"名正言顺"，但清季"新教育"建制明文规定，各地传统的"义塾善举等事经费"以及"赛会演戏"等"公款"应用于设立初、高两等公立小学。中学堂也可由"地方绅富"集"公款"设立，名为"公立中学"。至于高等学堂，则"各省城设置一所"，既无使用"公款"的条文，甚至完全没有"公立""私立"的名目，只有官办的属性。② 这意味着公立南菁文科高等学堂尽管获准立案，但在当时教育体制内的生存和发展空间相当有限。

　　在此情形下，江苏教育总会的办学构想首先是清除南菁在江苏省内的竞争对手并谋取其办学资源：以"文科可包存古，存古不可包文科"为由，力促江苏存古学堂迁至江阴，归并南菁文科高等学堂办理。③ 先前学部认为高等学堂第一类文科"所包甚富，必须先习普通、兼修外国文"是南菁改办的一大难点，在这里已转而成为南菁兼并存古的优势。④ 宣统元年秋，江苏教育总会在提交江苏谘议局第一次常年会审议的"江苏省教育费案"中，将上述兼并设想专项列出。⑤ 该会恢宏的办学愿景尚不止于此。张謇等还竭力推动江宁布政使联合江苏、安徽、江西布政使，每年"匀筹"两万两作为南菁文科高等学堂开办经费，意在将其打

①　"公立"是南菁书院自黄体芳创办之初即相当强调并一以贯之的办学定位。黄体芳：《南菁书院头门勒石》（光绪十一年八月二十九日），赵统《南菁书院志》，上海书店出版社，2015，第29页。

②　《奏定学堂章程》（光绪二十九年十一月二十六日），璩鑫圭等编《中国近代教育史资料汇编·学制演变》，第291、306、317、328页。

③　本段及下段所述除特别注明外，皆参见《江苏谘议局议场速记录》，《申报》宣统元年十月十四日，第4张第2、3版。

④　江苏教育总会第一次呈请改办南菁文科高等学堂时，学部以"文科所包甚富，必须先习普通、兼修外国文"，希望南菁改办优级师范学堂。后张謇等人在两江总督端方的支持下重申前请，学部态度松动，饬令江苏提学使司"就近考查详细情形，酌拟办法"。《学部复江苏教育总会函》，《时报》光绪三十三年五月十一日，第9版；《商议南菁改办文科函牍》，《新闻报》光绪三十三年五月十一日，第3版。

⑤　《江苏教育总会请议定本省教育费案》，《申报》宣统元年九月十七日，第3张第2、3版。

造成江淮数省一家独大的保存国粹重镇。

但在"文科非急务"的趋新氛围中，在江苏谘议局第一次常年会上得到多数议员赞成并最终成为"决议案"的，却是南菁改办女子师范学堂的方案。而江苏存古学堂的处境也颇不妙。议员屠宽提出并得六位议员赞成的《补议江苏教育事宜案》，即将江苏存古学堂列为仅有的一所"应裁撤之学堂"。① 这一议案虽未直接影响江苏存古学堂的办学进程，但声势颇壮的反对者已将该校推至废止风潮的风口浪尖。

因有奏案在先，南菁得以仍然改办文科高等学堂，但其办学进程与张謇等的恢宏愿景有相当的差距。宣统元年十月下旬，江苏提学使樊恭煦以中学毕业生人数太少，南菁"未能遵办文科高等正科"，决定先从"文科中学"办起。② 至翌年正月，《时报》接连数日登出南菁招录高等小学毕业生100名的广告。③ 大约同时，江苏存古学堂因"经、史、词章三班均有缺额"，也登出面向江苏举、贡、生、监的招生广告。④ 显然，张謇等兼并江苏存古学堂的设想并未实现。

另外，南菁自书院时代即人才辈出，刊刻的《续皇清经解》和《南菁书院丛书》广为传播，在晚清士林尤其是江苏绅学两界有相当高的声望和影响力。⑤ 即便是江苏存古学堂的总教对南菁书院也推重有加。南菁书院出身的曹元弼认为江苏存古学堂根本上就是在薪传南菁学脉。⑥ 照此思路，该校与南菁文科高等学堂的竞存已多少有些"正统"之争的意味。叶昌炽则认为存古并入南菁，实为"正办"。南菁及其背后的江苏教育总会并非江苏存古学堂的敌人，而是在支持与裁撤该校的"绅与

---

① 《江苏议员屠宽请补议江苏教育事宜案》，《申报》宣统元年十月十五日，第3张第2版。

② 《苏护抚札复谘议局议案文（续）》，《时报》宣统元年十二月十一日，第5版。

③ 《南菁文科高等学堂招生广告》，《时报》宣统二年正月初七日、初十日第4版，正月十一日第5版，正月十二日、十三日、十五日第10版。

④ 《江苏存古学堂招生广告》，《时报》宣统二年正月初四日、初五日、初八日、初十日，第1版。

⑤ 参见 Barry C. Keenan, "Imperial China's Last Classical Academies：Social Change in the Lower Yangzi, 1864 - 1911," *China Research Monographs* 42, Berkeley：University of California, Institute of East Studies, 1994, pp. 57 - 81。至1923年底，新文化派主将胡适在东南大学演讲《书院制史略》（欧阳哲生编《胡适文集》第12册，北京大学出版社，1998，第449—453页）时，仍称南菁出版物等同于外国博士论文。

⑥ 曹元弼在宣统二年秋致唐景崇、陆润庠的信（《复礼堂文集》，第893—897、877—891页）中皆特意指出往时南菁书院荟萃的"江南北高材"，今皆在江苏存古学堂中。

绅战"中居于折中调和的一方。① 此言或与叶氏为人宽和淡泊且当时急于卸去史学总教一职有关，也从一个侧面提示着南菁文科高等学堂在倾向保存国粹的江苏士绅中的确赢得了不少支持。

除了办学资源的激烈争夺和个人利益的因素外，江苏存古学堂与南菁文科高等学堂"官办"与"公立"的竞存背后，还隐伏着办学理念和文化观的根本分歧。南菁文科高等学堂的科目和课程设置已完全以西学为中心，对中国传统学术的冲击乃至颠覆实不可谓小。实际上，作为清季在野的士林领袖，张謇似有一整套旨在"通各科学之精神"的中学人才培养方案，"在传统之外变"（change beyond tradition）的道路上"风疾马良，去道愈远"。而南菁文科高等学堂大体可说是其中的一部分，相关面向尚可进一步讨论，拟另文探讨。

对江苏存古学堂而言，与南菁文科高等学堂的"内耗"显然不利于其应对日趋激烈的反对风潮。至宣统二年秋，南菁文科高等学堂即成为江苏谘议局强力裁撤江苏存古学堂的筹码。

第五节 "师"前"官"后的危机应对

宣统二年十月，江苏谘议局第二届常年会议决通过的翌年"地方预算案"，删去江苏存古学堂的条目，理由是："高等学堂第一类本注重文科，南菁又定文科高等，均已注重国粹。此项经费自可移缓就急，原有学生可察其程度及志愿分别移送。"② 当月十七日江苏谘议局召开"苏属预算案第二读会"讨论时，副议长蒋炳章提出，江苏存古学堂学生若"移入高等学堂第一类及南菁学堂，恐年龄、程度均不相合。该学堂原定三年毕业，现已办二年有半，不如暂留，俟其毕业后再裁"。即便是此前竭力反对并批评该校的蒋炳章，也认为立即裁撤有难度，但其稍留余地的动议竟以 3 票对 75 票的巨大差距被否决。另有议员提出，江苏存古学堂应"尽今年赶办毕业"，获"全体赞成"。③ 当时江苏谘议局整体上的

---

① 叶昌炽：《致曹元弼》（宣统元年九月二十四日），《曹元弼友朋书札》第 48 通，第 221 页。
② 《江苏苏属试办宣统三年地方行政经费预算册》，《申报》宣统二年十月二十五日，第 2 版。
③ 《江苏谘议局第三届第二年度常年会议事录》，《江苏谘议局第二年度报告》第 3 册，宣统三年，第 51 页。

激进程度和强硬姿态可见一斑。

当时江苏绅界的讯息传播颇迅捷。十月十六日晚，邹福保告诉叶昌炽谘议局议决裁撤事，樊恭煦已授意曹元弼执笔，以三总教的名义致书江苏巡抚程德全争之。① 在樊氏看来，学校面对危机时，最足依恃的是三位总教。由总教合力代表校方出面，是最合适的方式。因预算案尚未刊布，学校得以如常运转。② 但在表面的风平浪静之下，却是暗流涌动，形势相当危急。十九日，叶昌炽在曹元弼家中见到曹氏所撰三总教致程德全书时，该函等不及叶氏"画诺，已赍投矣"。曹元弼另有递送两江总督张人骏的求助公函。樊恭煦则求助于湖广总督瑞澂。瑞澂表示，湖北正"力谋整顿扩充（存古学堂），并无议裁之说。（该校）事关奏案，且列《宪政筹备单》内，如人倡裁，尽可禀商雪帅（程德全），据理驳回"。③

但事情并未如瑞澂所言，朝有利于江苏存古学堂的方向发展。十一月初八日，三总教及庶务长张尔田等教职员集议"维持之策"。午后，樊恭煦到校，提议三总教领衔，众人齐至江苏巡抚和提学使衙门"具呈"。叶昌炽注意到，樊氏当日着便服与会。这显然不是随意为之，而是有意不以提学使的官员身份，以便完全站在学校的立场上筹谋应对之策。大概是觉得樊氏提议太激进，叶昌炽并未同意。最后，众人决定由樊恭煦先去见程德全，三总教偕张尔田继之。程氏表示，谘议局议案"未可取销奏案"。江苏存古学堂"程度当与京师大学经、文两科相直接"，但"未知（学部）唐（景崇）尚书宗旨如何"。④

同月十一日，曹元弼、邹福保、叶昌炽等"围坐密商校事"。曹氏出示唐景崇复函，与程德全之言"若合符节"，虽有"维持"该校之意，但特别提到去年学部视学官对湖北存古学堂的"考语"——"内容腐败，并从前书院之不如"，让先已递交辞呈的叶昌炽感到"整顿"已势所必然。⑤

---

① 叶昌炽：《缘督庐日记》，宣统二年十月十六日，第6535—6536页。
② 叶昌炽宣统二年十月十八日在日记中说，存古学生"尚巢于苇苕而未知冲风之将至也"（《缘督庐日记》，第6537页）。
③ 叶昌炽：《缘督庐日记》，宣统二年十月十九日，第6538—6539页；叶昌炽：《致曹元弼》（宣统二年十月二十日），《曹元弼友朋书札》第68通，第234—235页。
④ 叶昌炽：《缘督庐日记》，宣统二年十一月初八日，第6550—6551页。
⑤ 叶昌炽：《缘督庐日记》，宣统二年十一月十一日，第6552—6553页。

4 天后，叶氏再度请辞总教一职。① 其实叶氏并非不愿为学校争存出力，惟其深知自己"终岁乡居，寄阅课卷，如旧日山长，已足为人指摘"。② 在致樊恭煦和曹元弼的信中，叶昌炽皆以"腐败"自喻，固然是为顺利引退而"反求诸己"，但"终年不到校舍"确为实情。③ 而总教未常驻堂中以致权责不一进而出现管理真空，正是前文所述江苏存古学堂校务"腐败"的症结所在，也是"整顿"势必针对者。校务"腐败"成为学校应对重大危机的负面因素。④

无论是身体、性情还是家庭境遇，叶昌炽显然都无法常驻堂中。他颇关注有关苏州"新教育"的舆评和"整顿"的传闻。宣统元年十月，他留意到"近来教育家辄言某校总理终年不到堂，某校教习无学无行，见诸报纸，不一而足"。尤其当月十四日"报载苏垣师范、高等两校为言官所劾"，让叶氏颇忧虑。翌月初，他听闻"外间又有整顿之说，且不及他校，但于此（存古学堂）有微词"，虽明知传闻未必属实，仍密告曹元弼，请其"留意，如得其详，并求见示一二"。叶氏对传闻的敏感提示着校方面临的压力不可谓小。而在曹元弼看来，当时废止存古学堂已成风潮，而江苏存古学堂正处于风口浪尖。⑤

最终，江苏巡抚程德全同意裁撤江苏存古学堂，但将裁撤时间定在宣统三年上学期结束后。⑥ 这其实就是蒋炳章在十月十七日江苏谘议局讨论时提出而被否决的动议：江苏存古学堂学生可按原定章程正常毕业，不致被半途移送他校。江苏官方原有充足理由驳回谘议局议案，但最终没有选择与谘议局正面交锋，而是在绅与绅战中更多扮演调停的角色。以后见之明看，考虑到当时江苏谘议局与两江总督张人骏之间已有激烈

---

① 叶昌炽：《缘督庐日记》，宣统二年十一月十五日，第 6554—6555 页。
② 叶昌炽：《致曹元弼》（宣统二年十月二十八日），《曹元弼友朋书札》第 54 通，第 226—227 页。
③ 叶昌炽：《致曹元弼》（宣统二年十一月十六日），《曹元弼友朋书札》第 52 通（附《叶昌炽与樊恭煦书》），第 224—225 页。
④ 叶昌炽：《致曹元弼》（宣统元年十月十七日、十一月初四日），《曹元弼友朋书札》第 54、50 通，第 223、226—227 页。
⑤ 曹元弼在谘议局裁撤江苏存古学堂的风波中曾致函大学士陆润庠求助，先说该校"当创建之初，众邪侧目，幸定力坚持，克以有济"，进而直言"今议者多欲废存古，尤欲废苏省存古"学堂。曹元弼：《上陆凤石相国书》，《复礼堂文集》，第 893—897 页。
⑥ 程德全：《奏存古学堂暂行停办折》，清学部档，档案号：195/134。

冲突，① 若如瑞澂所言，程德全"据理驳回"谘议局议案，势必刺激该局采取更加激烈的反制措施。对峙进一步升级，对本处下风的江苏存古学堂未必有利，而避其锋芒，充分利用"总教治校"之长，以相对柔和而迂回的方式，最大限度维护学堂利益。这样一条"曲线救校"之路，似乎多少有些"委屈"，但在那个激变的时代，却未尝不是应对重大危机的务实之举。

实际上，程德全的调停折中确为江苏存古学堂带来转机。宣统三年上学期开学后，曹元弼和新任史学总教唐文治联名代表学校向学部申请改办"高等文科"学堂，② "权在总教"的办学模式显然仍在延续；樊恭煦则倾向于续办存古学堂。③ 但所有努力皆因辛亥鼎革而终止。1914 年秋，江苏存古学堂旧址改设"江苏省立图书馆"。④

表 4－2　目前所知清季江苏存古学堂刊印书籍

书名及卷数	作者	册数	备注
《经学文钞》15 卷、卷首 3 卷	曹元弼、梁鼎芬合编	30 册	光绪三十四年活字板印本，苏图藏
《孝经学》7 卷	曹元弼	1 册	光绪三十四年活字板印本，苏图藏
《存古学堂丛刻》	王仁俊	5 册	光绪三十四年木活字本，国图藏
《白虎通义引书表》1 卷	王仁俊	1 册	光绪三十四年夏排印本，国图藏
《江苏存古学堂纲要》	王仁俊	1 册	光绪三十四年刻本，国图藏
《文钥》2 卷	邹福保	2 册	光绪三十四年排印本，苏图藏
《新学商兑》	孙德谦、张采田	不详	江苏存古学堂光绪三十四年排印本，国图藏有此书的 1935 年重印本[1]
《读书镫》	邹福保	1 册	宣统元年排印本，苏图藏
《诸子通考》	孙德谦	3 册	宣统二年铅印本，国图藏
《诗谱讲义》	曹元弼	残本	江苏存古学堂重印本，刊期不详，国图藏
《文学丛钞》	不详	不详	活字印本，国图藏
《存古学堂国文讲义》	不详	1 册	刊期不详，一册中有三种不同版式，应是前后三次印行后合订为一册。苏图藏

---

① 李细珠：《张人骏与江苏谘议局》，《变局与抉择：晚清人物研究》，北京师范大学出版社，2017，第 190—222 页。

② 唐文治、曹元弼：《致学部电》，清学部档，档案号：195/134。

③ 樊恭煦：《致学部电》（宣统三年二月初十日），清学部档，档案号：195/134。

④ 孙宗翰：《先兄伯南公行述》，苏州图书馆藏，1984 年复印件。

续表

书名及卷数	作者	册数	备注
《史微》	张采田	不详	宣统元年定稿，友人劝张采田刊印，张氏不许。翌年冬，张氏任存古学堂庶务长，校内"有聚珍板"，张氏外侄平毅遂"重请而覆刊之"[2]

注：凡国家图书馆藏书皆标"国图藏"，凡苏州图书馆藏书皆标"苏图藏"

[1]国家图书馆另藏有多伽罗香馆丛书第五种《新学商兑》，书名后有注："原名《辩宗教改革论》。"

[2]参见张采田《〈史微〉题辞》，收入《史微》，多伽罗香馆丛书第一种，书首，第1A—2A页；平毅《〈史微〉刊印记》，宣统三年春，《史微》目录，第3A—B页。

表4－3　江苏存古学堂教职员一览

姓名	职任	籍贯、资格及履历	到堂年月
朱之榛	总理	浙江平湖县荫生，补授淮扬海道	光绪三十四年三月
樊恭煦	督办	浙江仁和县人，翰林院侍讲，江苏提学使	宣统元年四月江苏巡抚札委兼任
曹元弼	经学总教	江苏吴县人，翰林院编修，兼充湖北存古学堂经学总教	光绪三十四年四月
叶昌炽	史学总教	江苏吴县人，翰林院侍讲，前任甘肃学政	光绪三十四年四月
唐文治	史学总教	江苏太仓人，进士，曾任农工商部侍郎，江苏教育总会会长	约宣统二年
王仁俊	词章总教	江苏吴县人，翰林院庶吉士，湖北补用知府，前充湖北存古学堂教务长	光绪三十四年四月
邹福保	词章总教	元和县人，翰林院侍讲，兼江苏师范学堂监督	宣统元年正月
郑文焯	总校	汉军举人，内阁中书	光绪三十四年四月
陈志坚	算学总教	新阳县人，举人，清浦县教谕，曾充南菁高等学堂算学正教员	光绪三十四年四月
孙德谦	协教兼词章小学教员	元和县廪贡生，候选训导，前办本省学署文案	光绪三十四年四月
孙宗弼	经学分教	吴县附生，兼充公立中学堂国文教员	光绪三十四年七月
沈修	史学分教	吴县增生	光绪三十四年四月
韩圭	算学分教	元和县增生，保举候选县丞，曾充本省高等学堂算学教员	光绪三十四年四月
童宝善	庶务长	浙江德清人，癸酉拔贡，候补知府，前学务处提调	光绪三十四年八月

续表

姓名	职任	籍贯、资格及履历	到堂年月
张采田	庶务长	浙江杭州举人，刑部主事，江苏试用知府	约宣统元年十月
曹岳佑	斋务长	吴县附贡生，浙江试用同知，江苏法政学堂毕业	光绪三十四年九月
汪元溥	监学员	长洲县附贡生，候选训导	光绪三十四年四月
张懋祖	检查员	吴江附监生，湖北试用知县	光绪三十四年四月
吴梅	检查员	江苏长洲人，县学生员，曾任东吴大学堂教员	不详
金树芳	掌书员	吴江县优廪生，光禄寺正职衔	光绪三十四年四月
许樾	文案员	无锡县优廪生，中书科中书职衔，江苏法政学堂毕业	光绪三十四年三月
俞侃	会计员	浙江德清县附监生，江苏试用巡检	光绪三十四年八月

资料来源：《江苏省苏州官立存古学堂光绪三十四年第一学期一览表》《江苏省苏州官立存古学堂宣统元年第二学期一览表》，清学部档，档案号：195/134；叶昌炽著，王季烈辑《缘督庐日记钞》卷14，宣统二年十月二十三日，第12B—13A页；《吴梅年谱》，《吴梅全集·日记卷下》，附录，第911—985页。

第五章 "在传统中变"：清季安徽的"存古"履迹与学术沿承

清季安徽从省城到基层普遍有较浓郁的"存古之风"，官绅对于保存国粹有相当强烈而共同的关怀。他们以明显不同于当时主流风尚的方式兴办安徽存古学堂，视其为皖学①传承的希望。该校作为皖中各学术流派以及部分非皖籍学人交流互动之地，正是清季皖学风尚的缩影。

不仅如此，安徽存古学堂的办学员绅中包括沈曾植、冯煦、姚永概、马其昶、程朝仪、胡元吉、李详等清季民初学林的重要人物，也不乏桐城派、徽州理学等重要学术流派。这些民元后多以"保守"著称甚至被"妖魔化"的"旧人物"，在清末实际的思想观念和作为，是过去研究相对薄弱的环节。尤其是他们当时兴办或参与文教事业的相关活动，多数既存研究或忽略不言，或一笔带过。本章先以沈曾植为中心，初步考察安徽官绅兴办存古学堂的设想及其与主流明显异趣的文化观，进而重建该校的部分办学履迹，尝试以桐城派为中心，由文教事业的兴办视角，关注清季皖学的部分特色和传承脉络，侧重剧烈动荡的清季中国社会中那些"不变"或是"在传统中变"的层面，希望能成为进一步研究相关人物和清季民初学术与文化的铺路石。

第一节 以"世界眼光"沟通中西：沈曾植的办学方针

沈曾植是近代中国士大夫阶层在行将落幕时的重要代表人物。今日研究者更多关注其精深而广博的学问及其民元后作为"遗老"的"守

---

① "皖学"一词虽已较频见于既存的学术研究和讨论，但其所指仍较模糊而宽泛。本章尝试从地方文教事业的角度关注清季安徽的学脉传承和学术风尚。为便考察，以下所用"皖学"一词意在标识学术的地域范围，除特别注明外，大体可说是"皖省学术"的简称，特此说明。

旧”，其实沈氏在清季的一个重要身份是安徽的办学大员，并由此成为当时皖学风尚的引领者。

光绪三十二年四月，沈曾植升署安徽提学使。[1] 这一人事任命在学部司员中认同度极高。[2] 至少在当时整体上相当趋新的学部看来，沈曾植是较精通学务且并不怎么“守旧”的适宜人选。沈氏在上任伊始致友人的信中将办理安徽学务的方针概括为：

> 以“旧道德、新知识”六字包扫一切，而以道德为学界天职，匡济为政界天职，幼童不必使崇拜欧风，中学以下不必令比较中外。[3]

在沈曾植的办学理念中，道德作为教育的最高职责和最终旨归，是整个学务的核心。他到任后兴办安徽存古学堂，正是力图蕴“道德基础”于“保存国粹”，从而践行“学界天职”。而无论是“道德基础”，还是“保存国粹”，皆有明确的外国榜样，实寓相当开放和前瞻的意味。其具体的“存古”主张也明显针对当时盲目崇拜欧风，以致“中西杂糅”之弊。

沈曾植为兴办安徽存古学堂付出相当大的心血，不仅亲自出面为该校礼聘程朝仪、李详等名师宿儒，[4] 而且提出了一整套办学设想和思路，并最终审定了该校章程。[5] 他在宣统二年四月初五日致程朝仪的信中，谈及对安徽存古学堂“教法”的设想以及对“存古”的理解：

---

① 钱实甫编《清代职官年表·学政（提学使）年表》，第 2761 页。
② 沈曾植在光绪三十二年九月二十八日的家书中说：“鄙之提学，乃出学部司员公举，以投票多数得之，鄙与仲弢（引注：黄绍箕）得要［票］最多。”《海日楼家书（第五十函）》，许全胜《沈曾植年谱长编》，中华书局，2007，第 320 页。
③ 沈曾植：《致李翊灼书》（光绪三十三年二月十一日），许全胜《沈曾植年谱长编》，第 322 页。
④ 沈曾植：《致胡元吉书》；沈曾植、吴同甲：《复程朝仪书》（宣统二年六月二十二日），程希濂述，胡元吉、王立中合撰《征君程抑斋先生年谱》，收入薛贞芳主编《清代徽人年谱合刊》下册，黄山书社，2006，第 848、850—851 页（本书所用程朝仪年谱，皆为此版本，以下仅出以书名和页码）；沈曾植：《致缪荃孙》（宣统二年六月初四日），《艺风堂友朋书札》上册，第 176—177 页。
⑤ 吴同甲：《致程朝仪函》（宣统二年八月十九日），引在《征君程抑斋先生年谱》，第 851 页。宣统二年七月底沈曾植卸任离皖，临行前还叮嘱负责评阅存古考生试卷的李详等，“阅卷取士，首列告渠”。李详：《记与沈子培先生定交事》，李稚甫编校《李审言文集》下册，江苏古籍出版社，1989，第 967 页。

鄙见以程氏读书日程为蓝本，取各学堂学生国文程度优胜者，聚而教之。有研究而无课本，有指授而无讲解。取外国大学高等教法，而不取中学以下普通教法，庶于"存古"二字本意略有径途。①

显然，沈曾植在国粹的传承和授受方式上力主鉴取的，正是被当时主流言说划归"西政"范畴的"外国大学高等教法"。沈氏对"国粹"极尊崇，其"保粹"也志存高远。同年底，他在致友人罗振玉的信中对罗氏所创《国学丛刊》"极表同情"，并提出"要当以世界眼光，扩张我至美、至深、至完善、至圆明之国粹，不独保存而已，而亦不仅仅发抒古思旧之情抱"。② 较之张之洞对国文"存而传之"、对国粹"专以保存为主"的态度，③ 沈曾植以"扩张"为旨归的存古理念实更积极乐观，从学术研究的视野到学术刊物的兴办方针，再到国粹的传承和授受方式，皆取相当开放而前瞻的"世界眼光"。

与当时尊西趋新的世风下不少"徒炫新奇"者不同，沈曾植对"外国大学高等教法"的看重，是基于对外国教育建制的切实体察，更有明确的模仿目标。光绪三十二年八月，沈氏以新署安徽提学使身份赴日考察学务，同年十一月初回国。两个多月的实地考察对沈曾植后来办理安徽学务影响深远。在回国伊始出席安徽旅沪学会举行的新任提学使欢迎会时，沈曾植强调，日本近来教育的特点和长处即是"注重道德基础与保存国粹，固与吾邦纲常名教之说异而理同"。④ 同月底，他在给姚永概（当时正在日本考察学务，后助沈曾植筹办存古学堂，并出任文学教员）

① 沈曾植：《致程朝仪书》（宣统二年四月初五日），引在《征君程抑斋先生年谱》，第850页。

② 沈曾植：《与罗振玉书》（宣统二年十二月初九日），许全胜《沈曾植年谱长编》，第352—353页。葛兆光教授已注意到沈曾植学术研究的"世界眼光"，参见先生《欲以"旧道德新知识"六字包扫一切——读许全胜〈沈曾植年谱长编〉再说学术史的遗忘》（《书城》2008年第5期）一文。

③ 张之洞在《创立存古学堂折》（苑书义等主编《张之洞全集》第3册，第1762—1766页）中说："国文者，本国之文字语言，历古相传之书籍也。即间有时势变迁，不尽适用者，亦必存而传之，断不肯听其澌灭。至本国最为精美擅长之学术、技能、礼教、风尚，则尤为宝爱护持，名曰国粹，专以保存为主。"

④ 沈曾植：《安徽旅沪学会欢迎会答辞》，《安徽旅沪学会欢迎提学使》，《申报》光绪三十二年十一月初九日，第2张第10版。

的信中说，自己"总思模范早稻田（大学），施之皖学"。①

　　进而言之，沈曾植力倡"研究"和"指授"式的"外国大学高等教法"，并特别厘清其与"中学以下普通教法"的界域，应是基于对清季高等教育过于"普通"、不够专精的观察和认知。② 而他着力摒弃"课本"和"讲解"的做法，可能还意有针对。张之洞对当时读书人的实际中学水准颇不乐观，故为湖北存古学堂设计了一条由"通晓大略"到"务造精深"的循序渐进之路，无论是办学预案，还是实际运作，"课本"和"讲解"皆是重要的教学方式。③ 可知同样是以开放眼光保存国粹，张之洞与沈曾植各自鉴取的西学资源大不相同。

　　有意思的是，在力主"外国大学高等教法"的同时，沈曾植强调安徽存古学堂要沿用"源流有自"的中国传统教法。他在宣统二年四月十四日（也即前引致程朝仪函 9 天后）致缪荃孙的信中说：

　　　　此间开办存古学堂，鄙人用意，微与部章略存通变，与鄂章亦不尽同，大旨科学宜用西国相沿教法，古学宜用我国相沿教法，书院日程，源流有自。④

　　在教育建制和教学方式方面，清季"新教育"以尊西趋新为基本特

---

① 沈曾植：《致姚永概书》（光绪三十二年十一月二十二日），嘉兴博物馆编《函绵尺素——嘉兴博物馆藏文物·沈曾植往来信札》，中华书局，2012，第38—39页。

② 宣统二年十二月初九日，已卸任离皖的沈曾植在致罗振玉的信中慨叹："国力殚于豫备二字，学力亡于普通二字，悯忽为因，粗厉得果，奈之何哉！"（许全胜：《沈曾植年谱长编》，第352—353页）沈氏提学安徽，相当注重"普及寻常小学以定皖学初基"（沈曾植：《安徽旅沪学会欢迎会答辞》，《安徽旅沪学会欢迎提学使》，《申报》光绪三十二年十一月初九日，第2张第10版），故这里所谓"学力亡于普通"，应是针对高等教育不够精深而言。

③ 按照张之洞《咨学部录送湖北存古学堂课表章程》（苑书义等主编《张之洞全集》第6册，第4386—4396页）的设计，湖北存古学堂并非一入校即"博观深造"，前两三学年其实是旨在"培植根基"的学程。在实际教学中，经学总教曹元弼极力强调"普通"层面的"略举大要之学"，校方并刊印曹氏以此为宗旨编纂的经学教科书供学生研习。（曹元弼：《守约》《与张次珊前辈书》，《复礼堂文集》，第45—59、905—909页）该校学生罗灿晚年也忆及当年部分老师编发讲义、堂上讲解的情形。（罗灿：《关于湖北存古学堂的回忆》，《湖北文史资料》第8辑，第51—56页）

④ 本段除特别注明外，皆参见沈曾植《致缪荃孙》（宣统二年四月十四日），《艺风堂友朋书札》上册，第174页。

征，书院几乎完全是作为被取代和批判的对立面存在。沈曾植提出安徽存古学堂的"大旨"在于沿用"源流有自"的中国传统书院日程和教法，显然与当时"新教育"的办学大方向不合拍甚至有些背道而驰的意味。不仅如此，沈氏将"古学"与"科学"对照而言之，强调中西各有"相沿教法"，实已关涉清季思想言说中一个根本性的问题：中西学各自作为一个长期相对独立发展的文化体系是否可分？"中体西用"无疑是当时主流的文化观，也是整个"新教育"体系赖以为根基的办学理念，而沈曾植的观念明显异趣。

据沈曾植的观察，时人往往对中西学皆未有真了解即轻易突破中西学界域，以致"欧华糅合，非驴非马"之弊愈演愈烈。对此沈氏深感忧虑并力图矫正之。他在光绪二十七年底剖析南洋公学的流弊时，即指出其病源在于"教习学浅而气乖，以残缺不全东洋之议论自文，其不知西学，不通经史，于是乎杂乱无章之课本行"。① 宣统三年五月初，沈氏在致缪荃孙的信中说，"弼德院取材馆阁，是正办，阑入新学，则非驴非马矣"。② 至1922年初，沈曾植仍喟叹"近世欧华糅合，贪嗔痴相，倍倍增多"，并称自己"于欧亚之嗔，辩之至微；而于杂糅之嗔，犹视之若风马耳"。③

沈氏的观察和态度适与严复光绪二十八年对"中体西用"办学模式的公开批评类似。惟严复认为中西学各有体用，"分之则两立，合之则两亡"，进而将"中体西用"观喻为"取骥之四蹄以附牛之项领"，意在倡言"中国此后教育，在在宜著意科学"，实际上已力图全面转换"道"和"器"，进而实现以西学为基础的"道通为一"。④ 这与沈曾植的"世界眼光"始终以中学为根基，对中学抱有坚定信心和深厚情怀有根本区别。实际的文化取向差异如此之大甚或可以说截然相反的严复与沈曾植，

① 沈曾植：《与盛宣怀书》（光绪二十七年十二月初二日），许全胜《沈曾植年谱长编》，第266页。
② 沈曾植：《致缪荃孙》（宣统三年五月初二日），《艺风堂友朋书札》上册，第180页。
③ 沈曾植：《与金蓉镜书》，1922年初，王蘧常编《沈寐叟年谱》，《民国丛书》第76辑，上海书店，1991年影印本，第75页。
④ 《与〈外交报〉主人书》，王栻主编《严复集》第3册，中华书局，1986，第558—559页。关于严复的"道通为一"，参见罗志田《近代中国"道"的转化》，《近代史研究》2014年第6期。

在中西学各自是否可分的问题上，观念却不无相通之处，甚可思。

与严复的"牛体马用"论已得学界较多关注不同，沈曾植的类似主张尚基本处于"失语"状态。其实沈氏并不反对"沟通中西"，惟其深信中西学之沟通必先对中西学皆有较深切的认知才可为之，故在出任安徽提学使伊始，便将"中学（堂）以下不必令比较中外"作为办学方针之一。[1] 他力主在安徽存古学堂保留源流有自的书院日程和"古学教法"，有意维护中学"体用"的完整性；同时又认为该校应"取外国大学高等教法"，则"于'存古'二字本意略有径途"。[2] 大约在他看来，中国传统的书院日程和"古学教法"与"外国大学高等教法"并不矛盾，且作为存古的径途，应有相通之处。

概言之，以"中法"为基石，并以"世界眼光"沟通中西可通之处，大体即是沈曾植心目中理想的存古学堂办法。这与中体西用观大体可说殊途同归，其最终的目标皆是寻求中西学间的会接。但在具体路径上，作为主流的中体西用观以"体用两分"模式赋予"中体""西用"更多正面的光环，"西用"成为备受瞩目的重中之重，以至"时人言用必及西"，而"中用"则湮没其中，甚至多少有些被"打入另册"的意味。沈曾植对于中学完整性的强调则提示着，时人所谓"中用"层面至少不全是消极负面的元素，有些可能还是欲保存"中体"而不能全然摒弃者，且与"西用"相通。

第三章已述，通常被认为是"中体西用"论代表人物的张之洞，在实际的办学运作中，也未完全摒弃"中用"。他固然极力彰显存古学堂的"学堂办法"，更刻意与书院"积习"和"考课"划清界限，但其一整套办学预案和具体做法仍在一定程度上承继了中国传统学术授受方式（尤其是张氏本人此前兴办书院的举措和经验）。显然，张之洞、沈曾植二人皆有意将各自认同的中国传统"教法"在存古学堂"见之于行事"。但沈曾植欲推行的，是一整套中国传统"书院日程"，在不失其故方面，不仅明显较张之洞走得更远，较之江苏存古学堂，似乎也有过之而无不及。不仅如此，沈氏强调的"我国相沿教法"实有其特定所指，背后可

[1] 沈曾植：《致李翊灼书》（光绪三十三年二月十一日），许全胜《沈曾植年谱长编》，第322页。
[2] 沈曾植：《致程朝仪书》（宣统二年四月初五日），《征君程抑斋先生年谱》，第850页。

能还隐伏着他对"国粹"本身明显异于张之洞的理解和认知，也与当时的皖学风气有关。

第二节　灌注理学的"书院日程"

沈曾植在前引致程朝仪函中提出的"程氏读书日程"，即元代程端礼以朱子读书法为纲，将朱子言具体细化而成的读书规程。沈氏以此为蓝本办安徽存古学堂，显然是将理学视作中国传统学术的核心内容，有意将其灌注到存古学生的日常读书生活中。

与之形成鲜明对照的是，张之洞办存古学堂，明显偏重汉学，尤其是清代汉学，不仅没有设立理学科目，而且没有将理学列为单独的课程，甚至在详述整个七年学程的教学授受时，也只字未提理学内容。① 宋学与今文经学在晚清反乾嘉正统方面是天然的同盟。惟清季"新教育"中的经学与理学毕竟异趣，后人或可皆视为"儒学"，但在《奏定学堂章程》规划的学制中，"经学"和"理学"实是两个界域较分明的中学分支门类。张之洞历来推重清人解经著述，维护清代乾嘉正统，但自《輶轩语》、《创建尊经书院记》到《劝学篇》，再到《奏定学务纲要》，皆有不偏废理学的表述。② 后来他办存古学堂，则将理学完全排除在教学内容之外，显然是一个相当值得注意的改变。

清季"新教育"中各类学堂的章程及课程表是考察西学冲击下近代中国学术分科演变的重要参考系之一。如果说张之洞办存古学堂是承继此前已暗中发生的"经学宜先汉而后宋"趋向，进而将其推进到"汉学独大"的程度，则沈曾植在安徽存古学堂将理学独立于经学之外并力倡之，大体可说是延续清代学林既存的"经学"与"义理"两分做法，恢

---

① 张之洞：《湖北存古学堂课表章程》（光绪三十三年五月），苑书义等主编《张之洞全集》第6册，第4386—4396页。
② 《輶轩语》指出，"真汉学未尝不穷理，真宋学亦未尝不读书。即使偏胜，要是诵法圣贤，各适其用"，并为读书人指示了"真宋学"的读书门径。《劝学篇》倡导新式学堂学生用"提要钩元之法"研读《明儒学案》《宋元学案》等书。《奏定学务纲要》也明确提出，各学堂"于中国向有之经学、史学、理学及词章之学并不偏废"，又列"理学宜讲明"专条，申明"理学为中国儒家最精之言"，学堂应"处处皆以理学为本"。（璩鑫圭等编《中国近代教育史资料汇编·学制演变》，第501—503页）

复"理学"在中国传统学术中的重要地位。① 而作为官办高等专门学堂，安徽存古学堂又明确提出"不导人以利禄之途"，② 这为其"古学"保存与传承事业摆脱官方的功利导向提供了可能。尤其是作为"古学"一大分支的理学得以在相当程度上褪去清代"官学"的意识形态色彩，回归其学术自身发展的内在理路。

实际上，理学确为清季各省兴办存古学堂时在科目和课程设置方面较明显的分歧之一。目前所知除安徽外，广东、陕西、山东、四川、湖南等省存古学堂皆将理学纳入教学内容，而以安徽存古学堂最凸显理学的地位，不仅将理学列为独立的学科，而且拟聘以理学见长的程朝仪为学堂监督，甚至推行一整套以理学为支撑的读书规程和管理规章。③ 沈曾植显然不满足于单纯教学内容的增减，而力求多面同时联动的深层变革，说其是力图在张之洞创制的主流模式之外探寻另一条存古之路，应不为过。④

这样的"存古之路"可以说荆棘密布。就整体的社会情势而言，清季兴办"新教育"时，尊西趋新的世风愈演愈烈，渐趋形成某种程度的"霸权"。而基本掌控舆论的在野趋新士人中又弥漫着对国家衰弱的焦虑情绪，以及急于追赶西方的紧迫感。⑤ 在此氛围中，"谈新学者"的"诟病"、学部的批驳皆是张之洞办存古学堂时切实考量并试图避免的因素。而沈曾植欲推行一整套中国传统"书院日程"，在"存中法"方面不仅较张之洞走得更远，且其倾重理学的取向还与张氏明显异趣。如此有突

---

① 有关清代经学的"先汉后宋"、"经学"与"理学"的两分等趋向，参见罗志田《清代学问三分法对经学的遮蔽》，《中国文化》2014 年第 2 期。

② 高正方：《安徽存古学堂——清末安徽新教育中之一节》，《学风》第 3 卷第 3 期，1933 年 4 月 15 日，第 12—13 页。

③ 这里所列诸省中，川省的做法与安徽最接近，不仅将理学与经、史、词章并列为存古学堂的学科之一，且学堂监督谢无量兼任理学教员。特别强调中学之中的理学确为四川存古学堂的特色之一，但这一特色似乎没有体现在教学日程和方法上，详见第六章。

④ 就在安徽存古学堂正式开学前后（宣统三年三月），学部奏准颁行《修订新章》，新章虽然要求"义理之学当与训诂并重，应授宋儒理学源流及诸家学案之大略"，但理学仍非存古学生可以选择专习的学科门类，甚至也不是独立于经学以外的单独一门课程。整体上，张之洞以汉学尤其是清代汉学为主体教学内容的做法仍在延续。学部：《奏修订存古学堂章程折（并单）》，《政治官报》第 1249 号，宣统三年三月二十六日，折奏类。

⑤ 一个较典型的例子是张之洞晚年办学主张与其"守旧"形象明显错位，正是时代风貌的缩影，详见第八章。

破性的存古计划，面临的阻力和压力自然较张之洞办存古学堂更甚。

沈曾植本人已预见到此而有所准备。他在前引致缪荃孙的信中提出，自己的办学设想一旦发表，"将为时流大哄"，故邀请缪荃孙、陈庆年至皖，为其"张目"并"鉴决此事"。① 当月晚些时候，沈曾植再次函请缪荃孙与蒯光典"联骑偕来，为鲰生宣示一二"。② 后来安徽方面更有意敦请缪荃孙"以名誉遥为（存古学堂）领袖，有大事可以主持"。沈曾植甚至认为必须将其保存古学之"微意"，"婉致"学部尚书唐景崇，并拟将致唐景崇书信"录稿奉呈（缪荃孙）请教"。③ 如此郑重其事，说明沈氏相当看重并坚持其办学取向。而其多方寻求支持，恰从一个侧面提示着，要突破学部定章和主流"存古"模式逆势而为，确有相当的难度。④

比较有利也相当重要的因素是，沈曾植的"存古"取向在皖省官方大员中不乏同道，⑤ 更契合晚清安徽学界推重理学之风，尤其是程朝仪、胡元吉等的学术倾向。程朝仪早年师从名儒朱骏声，受训诂之学。自而立之年（同治二年）"讲求性理之学"。同治七年创"会文学社"，讲求"音韵、词章之学，兼究经、史性命之原"。⑥ 同治十年撰《颜学辩》，驳颜元"阴祖王氏（安石）学以诋宋儒"之非。光绪二十三年主讲六安州赓飏书院，并由时任安徽布政使于次棠、按察使赵尔巽延请至省城敬敷书院讲学。程氏倡导士子"必以《四书》为宗，以《（四书）集注》为

---

① 沈曾植：《致缪荃孙》（宣统二年四月十四日），《艺风堂友朋书札》上册，第174页。
② 沈曾植：《致缪荃孙》（宣统二年四月下旬），《艺风堂友朋书札》上册，第175页。
③ 沈曾植：《致缪荃孙》（宣统二年六月十八日），《艺风堂友朋书札》上册，第177—178页。
④ 大约同时，严复拟将中西学"分二炉而各治之"的主张也有类似的遭遇。他1912年出任北京大学校长，力主"将大学经、文两科合并为一，以为完全讲治旧学之区"，又以"向所谓合（新旧）一炉而冶之者，徒虚言耳"。若"为之不已，其终且至于两亡"，故拟"尽从吾旧，而勿杂以新"。严复自述"已往持此说告人，其不瞠然于吾言者"，仅陈三立，故拟请陈氏为监督，而以姚永概为"教务提调"。《与熊纯如书》，王栻主编《严复集》第3册，第605页。时人皆"瞠然"于严氏所言从一个侧面提示着，沈曾植断言自己的办学主张将为"时流大哄"确有相当的预见性。
⑤ 支持沈曾植兴办存古学堂的安徽巡抚冯煦即相当推重《读书分年日程》。徐雁平已注意到，冯氏为后辈阐发读书之法，即以《读书分年日程》为中心。参见徐雁平《〈读书分年日程〉与清代的书院》，《南京晓庄学院学报》2006年第3期，第115页。
⑥ 本段所述除特别注明外，皆参见《征君程抑斋先生年谱》，第810—852页。

主"，并"以诂训为明经之本，诂训通而义理自无空谈"。惟"四部之书浩如烟海，即敝精殚神，穷日累月，亦不能尽其卷帙。是以元儒畏斋程氏著《读书分年日程》一书，斟酌当读当看经、史、性理、治道、文艺各书，定为课程，限以时日，诚读书之门径"。宣统元年九月，沈曾植曾批阅程氏所著《四书改错改》《颜学辩》《过庭记闻》等，认为《过庭记闻》"义切旨醇，可与《吕氏童蒙训》并传后世"，而《颜学辩》也得以刊行。①

胡元吉（1870—1936），字敬庵，光绪十六年师从程朝仪，得授"性命之学"，后遵程氏嘱，专程至湖北兴国州向万斛泉（清轩）"问为学之要"。光绪二十二年，胡元吉充敬敷书院学长，奉其师程朝仪所言"诂言宗许、郑，礼法守程、朱"为教士准则（胡氏认为此言实为程朝仪"生平得力语也"）。后任安徽大学堂、安徽高等学堂讲席。胡氏笃志程朱之学，"毕生学问，实基于此"，晚年尤以薪传徽州理学自任。② 此外，出任安徽存古学堂提调的王咏霓，③ 早年也以"潜心宋学"闻于世。④

沈曾植在安徽的兴学努力与清季皖学之间是一幅相得益彰的互动图景。王蘧常在《沈寐叟年谱》中说，沈曾植出任安徽提学使，"先后招致耆儒桀士如程抑斋、方伦叔博士（守彝）、常季、马通伯主事（其昶）、邓绳侯、胡季庵、徐铁华、姚仲实（永朴）、姚叔节解元（永概），时时相从考论文学。人谓自曾文正公治军驻皖以后，数十年宾客游从之盛，此其最矣"。⑤ 最后一语是注引姚永概在《慎宜轩诗·自序》中的观

---

① 据胡元吉所述，程朝仪病逝后，沈曾植应允为其撰写墓表。胡元吉：《致沈曾植札》，《函绵尺素——嘉兴博物馆藏文物·沈曾植往来信札》，第212—213页。

② 王立中：《胡敬庵先生行状》，《黟县名宿胡敬庵先生逝世》，《学风》第6卷第6期，1936年，第3—5页。胡氏与唐文治、王立中交契，是民国"徽州四老"之一，对地方政学两界多有影响。

③ 李稚甫：《李详传略》，李稚甫编校《李审言文集》下册，附录四，第1469—1470页；李详：《闻天台王子裳先生咏霓下世（有序）》，李稚甫编校《李审言文集》下册，第1348页。王咏霓，字子裳，号六潭，浙江黄岩（今台州）人。光绪六年进士，后随许景澄出使欧洲，历任刑部主事、安徽凤阳知府，有《函雅堂集》行世。

④ "潜心宋学"是翁同龢光绪十年五月初九日在日记中提及门人王咏霓时所言。参见金梁辑《近世人物志》，北京图书馆出版社，2007，第300页。

⑤ 王蘧常编《沈寐叟年谱》，第50—51页。

感。论者多由此而注意到沈氏以地方大员的身份，聚合相当数量的名儒宿学，营造浓郁文化氛围，导扬皖省学风。惟就文教学术机构的兴设而言，底蕴悠长、根基深厚且传承有自的皖学尚有与沈氏存古旨趣相契，从而为沈氏兴办安徽存古学堂提供坚实支撑的一面。①

实际上，鼎力支持沈曾植兴办存古学堂的是一个相当可观的皖省士绅群体，不止程朝仪、胡元吉、王咏霓等人。该校的办学举措和实际运作，固不乏开放而前瞻的面向，但整体上明显更贴近传统而与清季主流风尚迥异其趣，在筹办时甚至还一度有"政以人移"的危险。这条困难重重的"存古之路"最终得以付诸实践，主要得益于清季皖省官绅的共识：该校是"延见古先不坠之绪"的名山事业。

第三节　"延见古先不坠之绪"的办学努力

光绪三十四年三月，安徽提学使沈曾植（时兼署安徽布政使）命士绅姚永概、吴季白草拟存古学堂章程。② 此后不久，沈氏与新署安徽提学使吴同甲联名向安徽巡抚冯煦提议兴办存古学堂，得到冯氏支持。③ 同年九月中旬，名儒程朝仪应邀由黟县故里至省城安庆商办存古学堂事宜。④ 但此后筹办工作因故中止。⑤

至宣统二年四月，时任安徽巡抚朱家宝决定"重行兴办"安徽存古学堂，程朝仪再次应邀至安庆商订该校章程并出任监督。虽然程氏在筹

---

① 需要说明的是，沈曾植重视理学，尤其对程氏《读书分年日程》的强调，有其家学渊源，而非有意迎合皖省学风尚。沈曾植祖父沈维鐈嘉庆二十一年刊刻《读书分年日程》，并撰跋语称，该书"趣向之正，节目之详，一以朱子为大宗，立言之绳准，即入圣之阶梯"。沈维鐈：《〈程氏读书分年日程〉跋》，收入《程氏读书分年日程》，嘉庆二十一年刊本。

② 姚永概：《慎宜轩日记》下册，光绪三十四年三月十九日，沈寂等标点，黄山书社，2010，第1067页。按，本书所用《慎宜轩日记》，皆为此版本，以下仅出以日期、册数和页码。

③ 《皖省创设存古学堂（安徽）》，《盛京时报》总第496号，光绪三十四年五月二十三日。

④ 沈曾植：《致胡元吉书》，引在《征君程抑斋先生年谱》，第848页。

⑤ 《征君程抑斋先生年谱》（第848页）载，光绪三十四年十月慈禧太后去世，安徽存古学堂"暂行停办"。但当时中央政府似并无暂停新政办学的政令，皖省的其他学务事项似乎也未怎么受慈禧太后去世影响，相关情形只能阙疑待考。

办该校期间病逝，^① 但在朱家宝、沈曾植、吴同甲等热心官员及缪荃孙等名士的共同努力下，^② 安徽存古学堂聘请到朱孔彰（仲我）、姚永概、李详（审言）、胡元吉分任经学、词章学、史学兼《文选》学、理学教员。^③ 吴同甲以提学使身份兼任该校监督，^④ 王咏霓出任提调。这一强大的师资阵容有相当的吸引力。尹炎武即因仰慕朱孔彰、李详二人而赴皖求学，得偿所愿。^⑤

安徽办存古学堂，一个明显贴近传统的兴学思路是对整个皖省士风与学风的注重。该校招生便打破清季"新教育"的常规（即由州县官、教育会或"学界"保送至省城参加复试），而沿用"古观风试"。具体做法是由沈曾植、吴同甲会衔将经、史、文学、理学试题札饬各属地方官出示考试，凡"家世清白、年在二十岁以上四十岁以下"的皖籍士子，皆可应试，"三艺完卷，经、史必作一题方为合格"，限期将卷纸寄到省城。^⑥ 此举旨在直接了解各属士林风气，对沈曾植而言，或不无履行"观风"这一清代学政重要职责之意。而无须具结保送，还可最大限度地"鼓舞多方、网罗殆遍"，但据李详所述，也出现"倩替者多，不辩真伪"的情形。^⑦

安徽办学员绅对于皖省的古学风气颇为乐观，当时即便是"新教育"体系中也不乏对中国传统学问有浓厚兴趣的读书人。故安徽存古学堂除正额取录外，还招收"肄业他种学堂、不妨碍应修学科而愿兼习经史文理

---

① 《征君程抑斋先生年谱》，第 851 页。

② 缪荃孙与沈曾植、李详交契。沈曾植托缪氏将聘书转交李详，并请缪氏"代致拳拳，劝友驾临为荷"。李详：《记与沈子培先生定交事》，李稚甫编校《李审言文集》下册，第 967 页；沈曾植：《致缪荃孙》（宣统二年六月初四日），《艺风堂友朋书札》上册，第 176—177 页。

③ 参见李稚甫《李详传略》，李稚甫编校《李审言文集》下册，第 1469—1470 页。

④ 《皖省又将开办存古学堂（安徽）》，《申报》宣统三年三月初五日。

⑤ 尹炎武：《朱李二先生传》，闵尔昌纂录《碑传集补（四）》卷 53，周骏富辑《清代传记丛刊·综录类 5》，明文书局，1985，第 371—378 页。尹炎武（1888—1971），又名文，字石公，号蒜山，江苏丹徒人，历任北京大学、辅仁大学、中法大学、河南大学教授，先后充任江苏通志馆、国史馆纂修。参见陈智超注《陈垣来往书信集》，上海古籍出版社，1990，第 87 页。尹炎武生年有异说，此据原书。

⑥ 高正方：《安徽存古学堂——清末安徽新教育中之一节》，《学风》第 3 卷第 3 期，1933年 4 月 15 日。

⑦ 李详：《汪本楹》，李稚甫编校《李审言文集》上册，第 702 页。

者，为附课生"。① 张之洞固因"各学堂经史汉文所讲太略"而办湖北存古学堂，但并未将其他新式学堂在校生直接纳入该校的教学计划中。类似安徽这样力图直接提升"新教育"体系中学水平的办学思路，也见于广东和浙江两省兴办存古学堂的努力中，但具体做法明显不同。广东学务公所"普通科副长"陈佩实便着眼于新式学堂的教师而非学生，提出"师仿各国校外之意"，准许新式学堂教员报考存古学堂，取录后单独成班。② 而浙江官书局总纂姚丙然拟令该省所有"中学毕业而于经、史、国文分数不足者，须入存古学堂补习后，方予奖励"。③ 此举意在将存古学堂变为普通中学堂经、史、国文课的辅助教育机构，且颇有"官力"强制的意味。安徽办学员绅则仍然秉承张之洞造就"研精中学"之才，"养成传习中学之师"的"存古"初衷，只是基于对皖中古学风气的预判，为学有余力的在校生提供自愿兼习中学的机会，终究不同于姚丙然的强制性"救弊"举措。

实际上，"附课生"的设置渊源有自。清代安徽声名最著的敬敷书院自乾隆十七年即在内课、外课生之外设有既无膏火也无定额的"附课生"，④ 后更形成皖抚亲自"按试"书院，甄别优劣，"升降内、外、附课之士"的传统。安徽存古学堂的"附课生"同样没有正式的编制和定额限制，但招录范围则限于新式学堂的在校生群体。显然，安徽办学员绅变通了传统书院的"附课生"制度，赋予存古学堂直接而速效地为"新教育"服务的功能。

能够"附课"的，当然是与存古学堂同在省城安庆的新式学堂在校生。但安徽办学员绅对于存古学堂的期许并不止于此。该校还招录"省城外各县通信学习者为校外生"，力图将影响扩及基层州县。第一章已述，清季中央政府不准基层州县兴设存古学堂以免"有碍新机"。在此情形下，确有省份试图将"存古风气"推展至基层州县。光绪三十四年刘师培呈请两江总督端方奏设"两江存古学堂"，即提出"将教师所编讲义月刊成册，颁发所属各州县，使官立、民立各校奉为参考

① 高正方：《安徽存古学堂——清末安徽新教育中之一节》，《学风》第3卷第3期，1933年4月15日。
② 陈佩实：《考查湖北存古学堂禀折》，《广东教育官报》第5期，宣统三年。
③ 《禀办存古学堂》，《大公报》宣统元年正月二十八日。
④ 朱之英修，舒景蘅纂《怀宁县志》卷8，1918年铅印本，第13B页；《安徽通志馆教育考稿》卷3，1934年铅印本，第5A页。

之资"。① 宣统二年底四川存古学堂监督谢无量移请全川各府厅州县查收一份"募捐启"，意在"导扬风气"，希望各地"有道君子"能够为学校捐助钱款、图书、金石器物等。②"观风"之后"导扬风气"，正是清代学政于基层州县通常的兴学理路。惟就具体举措而言，安徽存古学堂力图通过"通信学习"的渠道将省城的教学活动延展到基层州县，这一类似"函授"的方式"新"意十足，正是时代风貌的体现。

实际上，安徽存古学堂相当有吸引力，从一个侧面印证当时皖省确有相当浓郁的"存古"之风。该校"附课生"与"校外生"皆无定额限制，但"正课生"只有50个名额，是目前所知清季各存古学堂中最少者。"观风试"总计收到650多份试卷，③ 录取率仅约7.7%，淘汰率则高达92.3%，竞争显然相当激烈。尤为不易的是，校方"以通经学古，为道德名誉之事，不导人于利禄之途"，规定学生毕业后不奏请奖励。④ 这也是该校与其他存古学堂的另一重要不同之处。盖"奖励"意味着比照旧功名的资格，正是当时学子们普遍看重的。安徽存古学堂在没有"毕业奖励"的情形下，仍能吸引到众多考生，其入学考试的淘汰率甚至是目前所知清季各存古学堂中最高者。这样的情形在清季"新教育"中即便不是唯一特例，也相当罕见。

"不导人于利禄之途"的做法，与嘉道以降兴起的"不课举业、专勉实学"的书院，在办学精神上相通：让"古学"的研习和传承摆脱官方以科举功名为核心的功利导向，回归其学术的本位。⑤ 而在学术研究之外，安徽存古学堂尤有高远的理想和关怀，针对当时种种社会乱象，⑥强调并彰显"道德名誉"，培养不计名利、影响社会的高明人才，从而

---

① 《上端方书》，《刘师培全集》第3册，第534—535页。
② 谢无量：《四川存古学堂募捐启》（宣统元年七月），存古档，第2卷，第36页。
③ 吴同甲：《致程朝仪书》，宣统二年八月十九日，《征君程抑斋先生年谱》，第851页。
④ 高正方：《安徽存古学堂——清末安徽新教育中之一节》，《学风》第3卷第3期，1933年4月15日。
⑤ 有关嘉庆、道光以降"不课举业、专勉实学"的书院之兴起，参见谢国桢《近代书院学校制度变迁考》，《张菊生先生七十生日纪念论文集》，第281—321页。
⑥ 沈曾植在宣统二年十二月初九日《致缪荃孙》（《艺风堂友朋书札》上册，第179页）的信函中喟叹："沪上又以房租罢市，风潮四起，而内地犹日晓晓男头女足，一切无关痛痒之事，闾阎真象，将为士大夫所讳言，奈何！巡警、学生遍地生事，恐将来继而起者，审判之见习，法医之速成，纵虎豹于山林，人肉馄饨更不知当如何大嚼矣。涉笔及之，可忧可嚛。"

矫正时弊，转移风气，挽回世道人心。① 实际上，张之洞在《存古奏折》中也竭力凸显矫正"怪风恶俗"，以期"裨益世教"之"苦心"，该校力图培养的，仍是《劝学篇》所言从事"专门著述之学"的"好古研精、不骛功名之士"。② 他将理学排除在教学范围之外，似也不无疏离科举背后的"官学"意识形态之意。故张之洞、沈曾植二人的"存古"方案尽管从科目、课程设置到教学规程，皆是明显异趣的两条存古之路，但在终极的"培才"理想和关怀上似乎殊途同归，都有别于科举停废后保留的优拔考试这一传统"抡才"机制。说其各自浸透着他们对于"古学"究竟应如何在清季"化民成俗"这一根本问题的认知和追寻，似不为过。③

志存高远的安徽存古学堂，实际的筹建工作却进展不顺利，更一度引发争议而险些半途而废。宣统二年七月，沈曾植卸任离皖。次月，安徽即出现对存古学堂的"异议"，矛头直接针对沈氏在任时筹定的办学款项。在皖抚朱家宝的竭力维护下，该款终得以保全。沈曾植得知此事后感叹："欧日政策，不随人改，我则政以人移，长此纷纷，其何能淑？"④ 筹建工作并未照沈氏原计划在当年暑假后就绪，经朱家宝催促后，大约在同年十一月完成。⑤ 翌年三月初一日，该校始正式行开学礼。⑥

安徽存古学堂从办学理想到实际运作，能够冲破重重阻力付诸实际，

① 这样的培养目标似乎有些过于理想化，但类似的办学努力民元后却并不鲜见。吴宓、梁启超对于清华国学院的设想以及马一浮在乐山创办复性书院的初衷，大体皆是"专门招收不计名利的有志之士，不授学位，以培养影响社会的高明人才"。参见罗志田《一次宁静的革命：吴宓与清代国学院的独特追求》，《经典淡出之后：20 世纪中国史学的转变与延续》，三联书店，2013，第3—27 页。

② 《劝学篇·守约第八》，苑书义等主编《张之洞全集》第 12 册，第 9725—9732 页；《创立存古学堂折》，苑书义等主编《张之洞全集》第 3 册，第 1764 页。时人也注意到张氏办存古学堂有"官、学分途"的倾向，而对此多有质疑，提示着张、沈二人淡化乃至疏离功名利禄的构想多少有些曲高和寡，详见第八章。

③ 就根本精神而言，张、沈二人其实相当契合中国传统的核心教育理念：将"化民成俗"视作治理天下的最高境界，而以教育为"化民成俗"的必由之路。《礼记·学记》开篇即言："发虑宪，求善良，足以谀闻，不足以动众。就贤体远，足以动众，未足以化民。君子如欲化民成俗，其必由学乎？"

④ 沈曾植：《致缪荃孙》（宣统二年八月二十七日），《艺风堂友朋书札》上册，第 178 页。政随人改在清季保存国粹办学努力中并不鲜见，第二章第三节所述吴庆坻办湖南存古学堂即是另一典型例子。

⑤ 沈曾植、吴同甲：《致程朝仪书》，《征君程抑斋先生年谱》，第 849 页；朱孔彰：《致李详（第一函）》，苏晨主编《学土》卷 3，广东高等教育出版社，1997，第 97 页。

⑥ 《慎宜轩日记》下册，宣统三年三月初一日，第 1182 页。

该省浓郁的"存古之风"，尤其是热心士绅的鼎力支持和配合，是相当重要的因素。安徽官绅为办存古学堂有较充分的讨论和商议。光绪三十四年九月底，沈曾植曾召姚永概同程朝仪、胡元吉、马其昶、姚永朴"谈自治及存古事，甚畅"。① 至宣统二年上半年，沈氏的办学方案得到姚永概、马其昶、程朝仪的认同。具体办学章程则由程朝仪、姚永概、朱孔彰三人商定，沈曾植最终定案。② 若说官绅的共识与合作是该校虽明显不同于清季主流办学风尚但仍得以开办的基石，应不为过。

皖省官绅看重安徽存古学堂并为之付出相当心血，体现出较强烈而共同的"存古"关怀。程朝仪数十年"不慕时荣、不事酬应"，专意于学问和课授之事，晚年以古稀高龄两度应邀筹办并主持存古学堂，未必有多少出占馆地之欲，恐怕更多是出于名利以外的关怀。姚永概也对安徽存古学堂情有独钟。他在阅完存古考生观风试卷后，即将70元薪金交还吴同甲，宣统三年三月以身体不佳请辞安徽师范学堂监督一职，仍愿意出任存古学堂讲席。姚氏看重的，显然不是薪金所得，而是以师的身份践行自己的"存古"关怀。③

类似的"存古"关怀并非程、姚二人独有。姚永概在安徽存古学堂开学典礼上的演说，即"颇为众所称许"。④ 吴同甲在宣统二年夏致程朝仪的信中也明确指出，"贵省士林，笃信旧学"，而"古先不坠之绪"，正要通过安徽存古学堂"延见"。⑤ 最后一语大体可说是当时皖省官绅对安徽存古学堂的普遍认知：作为当时安徽唯一的高等专门国学研究和教学机构，该校承载着皖学传承的希望。

第四节　"撤藩篱"而"守家法"：清季
皖学的开放与包容

前文已述湖北、广东、江苏等省存古学堂在当地学脉传承中的重要作用，安徽存古学堂同样是传统学术在皖中薪火相传的重镇。惟与上述

---

① 《慎宜轩日记》下册，光绪三十四年九月二十七日，第1087页。
② 本段及下段所述除特别注明外，皆参见《征君程抑斋先生年谱》，第822—850页。
③ 《慎宜轩日记》下册，宣统二年八月十七日、宣统三年三月十三日，第1162、1184页。
④ 《慎宜轩日记》下册，宣统三年三月初一日，第1182页。
⑤ 吴同甲：《致程朝仪函》（宣统二年八月十九日），《征君程抑斋先生年谱》，第851页。

三省不同，目前掌握的资料没有揭示出该校与此前皖省书院在师资和典籍方面的密切关联，但可以初步勾勒该校办学员绅传承皖学的努力，进而管窥清季民初中国传统学术在皖中嬗替的部分特色。

安徽存古学堂的兴办者多强调该校是传统学术在皖中薪火相传的事业。冯煦明确指出，安徽"为晚周哲学发生之地，南宋大贤踵毓之邦。入国朝来，魁儒大师，项背相望，盖道德之渊薮，文艺之林囿也"。办存古学堂，是"横舍宏图，缵绵前绪"。① 沈曾植、吴同甲在致程朝仪的信中也说，安徽"为国朝斯文枢纽"。程氏出任存古学堂监督，是"继乡前哲婺源（朱熹）之遗徽，续令先德伊川（程颐）之道绪"。②

该校的招生考试题目也相当注重皖学的学术渊源和特点。其中一题为："昔朱颍川问士于郑召公，韩吴郡问士于刘圣博，王景兴问士于虞仲翔，濮阳兴问士于清河，皆言本郡人物。皖邦旧多英俊，试效其体作答一篇。"另一题是："徽郡经学，桐城古文，名家甚盛，试叙而论之。"③ 地域学术文化的特色也体现在科目配置上。张之洞的存古方案将"小学"课附于经学科内，"诸子学"则是经、史、词章各科学生的"通习课"。④ 而安徽存古学堂则将上述两门课都归入文学科，似乎更看重并强调二者对于研习文学和写作的辅助作用，从一个侧面提示着文学的特殊地位。

由安徽存古学堂师资的师承"家法"，可以初略梳理出其源流有自的学脉传承轨迹。经学教员朱孔彰传其父朱骏声之学，年少时师从程朝钰（字伯坚，程朝仪长兄）。程朝钰、程朝仪同为朱骏声弟子，朱骏声最重要的学术著述《说文通训》即由程朝仪校录而行世。⑤ 朱骏声则承乾嘉学术大家钱大昕（竹汀）之学。⑥ 程朝仪力倡"以诂训为明经之本，

---

① 《皖省创设存古学堂（安徽）》，《盛京时报》总第496号，光绪三十四年五月二十三日。

② 沈曾植、吴同甲：《致程朝仪书》（宣统二年四月），《征君程抑斋先生年谱》，第849—850页。

③ 高正方：《安徽存古学堂——清末安徽新教育中之一节》，《学风》第3卷第3期，1933年4月15日。

④ 《湖北存古学堂课表章程》，苑书义等主编《张之洞全集》第6册，第4386—4396页。

⑤ 参见朱孔彰光绪三十二年八月为程朝仪著述所写叙言，《征君程抑斋先生年谱》，第846—847页。

⑥ 据朱骏声《石隐山人自订年谱》（北京图书馆编《北京图书馆藏珍本年谱丛刊》第143册，北京图书馆出版社，1999，第596页）所记，嘉庆七年五月，朱氏"入紫阳书院附课肄业，时宫詹钱竹汀夫子主讲席……初谒时有传授衣钵之语，极蒙奖惜，以国士目之，并许受业"。

诂训通而义理自无空谈"，正与钱大昕"穷经者必通训诂，训诂明而后知义理之趣"的主张一脉相承。①

程朝仪而立之年讲求性理之学，固然是其个人际遇和性情使然，②可能也多少与其师承特点有关。朱维铮已注意到，钱大昕倡导"实事求是、不主一家论"，实非"所谓汉宋门户之见的偏执者"。③ 有意思的是，安徽存古学堂理学教员胡元吉早年任敬敷书院学长，与邓绳侯、王蔚岑、马通伯、姚永朴、姚永概、方守彝、赵伯远等"博学能文之士"交游，其治学也有变化，"虽笃志程朱，颇亦博涉古今学说以自广"。④ 如果说"笃志程朱"是在守护"家法"，则"博涉古今学说"显然是无"门户之见"的互动交流所致。

文学教员姚永概以及参与筹谋该校的马其昶皆是清末民初的桐城派大家。值得注意的是，在清代的汉学与反汉学之争中，桐城派与乾嘉汉学原为对立双方，且多有过节（尤其钱大昕对方苞批评有加，而后他又成为方东树着力攻击的对象），⑤ 但在清季安徽兴办存古学堂的文教事业中则有较密切的共事与合作。他们皆看重各自的"家法"，且论学不无分歧，但显然没有势如水火的"门户之见"和争斗。⑥ 实际上，姚永概与程朝仪虽交往不多，但关系似较睦，⑦ 尤与胡元吉过从甚密。⑧ 这样"和而不同"、充满活力的图景大体可说是当时皖省开放而多元学风的缩影。

---

① 《征君程抑斋先生年谱》，第 835 页；钱大昕：《〈左氏传古注辑存〉序》，《潜研堂集》，吕友仁标校，上海古籍出版社，1989，第 387 页。
② 程朝仪同治二年"偶于先代藏书中得《程子遗书》《性理综要》二种，读而爱之，始讲求性理之学"。《征君程抑斋先生年谱》，第 819—820 页。
③ 朱维铮：《汉学与反汉学》，《中国经学史十讲》，复旦大学出版社，2002，第 145 页。
④ 《黟县名宿胡敬庵先生逝世》，《学风》第 6 卷第 6 期，1936 年。
⑤ 朱维铮：《汉学与反汉学》，《中国经学史十讲》，第 157 页。
⑥ 朱孔彰在光绪三十二年为程朝仪著述作叙时说，程氏"所著诗古文，皆有家法"（《征君程抑斋先生年谱》，第 846—847 页），说明"家法"正为朱、程等所看重。
⑦ 光绪三十四年九月程朝仪曾造访姚永概，姚氏四天后回访。当月底程氏归里，姚永概为其送行。翌年程朝仪子希濂又至姚永概家赠茶。《慎宜轩日记》下册，光绪三十四年九月十九日、光绪三十四年九月二十三日、宣统元年九月十四日，第 1086、1127 页。
⑧ 姚永概为胡元吉母亲撰有墓志铭，还为胡氏先祖胡国泰撰有墓表，参见姚永概《胡府君墓表》《节孝胡母孙孺人墓志铭》，《慎宜轩文》，《清代诗文集汇编》第 791 册，第 363—364、380 页。

就学术发展的内在理路而言，汉学与宋学由对立到息争的演进是清代学术发展的一大脉络（仅概而言之）。上一章说过江苏存古学堂作为汉学大本营而带有相当程度"道咸新学"的印记。作为"道咸新学"的重要趋向和表征之一，"调和汉宋"对晚清安徽学风的影响同样值得注意。光绪十三年吴汝纶（挚甫）曾训谕弟子姚永概：

> 为学宜撤藩篱。汉、宋之篱撤而义理与考证兼收矣，文章、道学之篱撤而义理与词章兼收矣。然此犹专言学耳，推之经济，亦须撤中、外之藩，取彼之长，辅吾之短，而不患不强矣。学者虽无此精力，然不可不具此胸次也。①

学术层面所谓"撤汉、宋之篱"，正有"调和"二者之意。沈寂已注意到吴氏此言对姚永概的重要影响。② 姚永概清季与程朝仪、朱孔彰等人的交游和共同的办学努力，原本精研小学的程朝仪中年后笃志理学的治学道路，胡元吉与诸多"博学能文之士"交游后的治学变化，皆提示着"汉、宋之篱"在清季安徽即便不是全无踪影，也相当式微。

"撤汉、宋之篱"意在摒除门户之见，却并不意味着放弃或改变本学派的核心学术理念和文化观。实际上清季皖中学风的一个显著特点正是学人对各自"家法"的护持。姚永概、马其昶等人对理学和"桐城文法"的坚守，程朝仪对"家法"的倾重，朱孔彰对家学的传承，在在揭示出清季安徽的"调和汉宋"趋向，基本以"撤汉、宋之篱"或者说摒除门户之见的方式展开，与不通"家法"的"调和汉宋"论者异趣，尤与"认贼作父、自乱其宗统"的流弊形成鲜明对照。③

进而言之，"调和汉宋"固为清季皖学开放而少门户之见的重要表

---

① 《慎宜轩日记》上册，光绪十三年七月十七日，第509页。
② 沈先生认为，姚永概在日记中记下的这一吴氏之言，"指明了他后半生应走的路"。参见沈寂《慎宜轩日记·前言》，《慎宜轩日记》上册，第7—8页。
③ 晚些时候陈寅恪在《与刘叔雅论国文试题书》（《金明馆丛稿二编》，三联书店，2001，第251页）中明确反对"认贼作父、自乱其宗统"，固然是就"从事比较语言之学"而言，或不涉"汉宋"。惟陈先生言辞相当考究，此言似有所指，多少提示着背弃"宗统"（"家法"）之弊不仅存在，而且恐怕已严重到"认贼作父"的程度。

征，但并非全部。王蘧常注意到，沈曾植执掌安徽学务期间，聚集众多
耆儒桀士"时时相从考论文学"。作为当事人之一的姚永概更明确指出，
清季安徽学界"宾客游从之盛"达到自太平天国之后数十年的顶峰。①
前引胡元吉与诸多"博学能文之士"交游后的治学变化，正是清季皖学
风尚影响个体学人的典型例子，也揭示出当时皖中学人"时时相从考
论"的，应不限于文学。

实际上，除聚集皖中学人外，沈曾植还敦请王闿运、缪荃孙、李
详等名儒宿学至皖。而李详更以非皖籍身份，且对桐城末流之弊颇有
微词，仍被礼聘为安徽存古学堂史学兼《文选》学教员。清季学林对
桐城派固然有不少质疑和批评，但多有其特定所指，未必皆取与桐城
精英对立的立场，与"五四"前后钱玄同等章门弟子和新文化人对桐
城派几近"妖魔化"的攻击明显不同。李详当时引起较多关注且对后
之研究者影响深远的《论桐城派》一文，即主要针对一味拘守文章形
式而与姚鼐"义理、考据、辞章缺一不可"之义背道而驰的桐城末流
之弊。李氏在文尾特意申明：

> 余与今之能治古文者，皆在相知之列，其学又皆有余于古文之
> 外，余之所言盖专为救弊而发。②

李详自视甚高，平生论学不轻许人。所谓"其学又皆有余于古文之
外"，是他对清季桐城古文家学术取向的整体观察，相当值得注意。实际
上，李详和姚永概、马其昶等桐城派精英不仅在清季安徽存古学堂中共
事与合作，私下更有较密切的交游和唱和。③ 惟就个人性情和文风而言，
李详对桐城文章一直颇不以为然。这一学术倾向并未因其与桐城派精英

① 王蘧常编《沈寐叟年谱》，第50—51页。
② 李详：《论桐城派》，李稚甫编校《李审言文集》下册，第887—888页。
③ 宣统二年八月李详到皖之初，姚永概即邀其与朱孔彰饮于长啸阁，方守彝陪坐，李、
　方、朱三人皆有诗。翌月初九日，李详又应邀与方守彝、朱孔彰游大观亭，"作重九之
　会"，后又至"清水塘观"等登高胜地"小饮"，姚永概后到。众人皆有诗。朱孔彰：
　《致李详》，苏晨主编《学土》卷3，第97页；李详：《学制斋诗钞》卷2，李稚甫编
　校《李审言文集》下册，第1236页；方守彝：《网旧闻斋调刁集》卷8，《清代诗文集
　汇编》第766册，第292—293页。

交契而改变。① 但这或许正从一个侧面提示着，安徽存古学堂的办学取向和当时皖省学风，确有超越地域区隔且包容歧见的气度和胸次。

就实际的办学运作而言，安徽存古学堂的招生工作放宽了原拟"正课生"限招皖籍士子的规定。籍隶江苏的尹炎武即以客籍身份报考，终被取录。而在开放与包容的办学取向下，学校成为迥异其趣的执教风格和授受理路交汇的平台。朱孔彰相对简明而易见成效的授学思路似乎颇受学生欢迎，其"教士之旨，大致谓雕版既兴，载籍愈夥，穷赜毕览，日不暇给。先秦两汉之书为学术根柢，苟志于学，当知所先务，于《尔雅》《说文》溯其原，于释文义疏尽其义。百家诸子，观其流别；《通鉴》《通考》，得所据依，旁及《骚》《选》古文"。学生"随才性之所近"研习，"数年之间，可以自立。从之者如被甘雨和风，有陶然自得之趣"。②

李详则"以'四刘'之学教士。'四刘'者，《汉志》《世说》《文心雕龙》《史通》也。而于《三国志》《水经注》《洛阳伽蓝记》《颜氏家训》，餍饫优柔；子部杂家之学，唐宋笔记之流，如瓶泻水"。虽然"生徒敛衽"，但"能传其学者盖寡，惮其繁难，无速效也"。③ 尽管如此，李详与汪本楹、尹炎武等安徽存古学堂学生有较深厚的师生情谊。尤其汪本楹，颇得李详器重，民元后两人"时通书问"，"议论"也相合。李详将其储在"心胸间，不能忘去"。④

清季安徽的主政大员及精英士人民元后多以"保守"著称，其实对西学态度普遍较积极而能动。沈曾植沟通中西的"世界眼光"，沈氏与姚永概商讨以早稻田大学为安徽新式高等教育的榜样，⑤ 皆提示着清季开放而多元的风气不仅体现在中学内部"撤藩篱"、消除门户之见和地

---

① 李详在《与张江裁函（第二通）》（李稚甫编校《李审言文集》下册，第1070页）中自述，"为文，蚤从永嘉甬派入手。桐城派不喜用事，不喜色泽语，不喜用偶字"，自己"皆犯之。且好考据之学，宁有冗长不检处，而不可不通"。

② 尹炎武：《朱李二先生传》，闵尔昌纂录《碑传集补（四）》卷53，周骏富辑《清代传记丛刊·综录类5》，第371—378页。

③ 尹炎武：《李审言先生传》，李稚甫编校《李审言文集》下册，第1448页。

④ 李详：《药裹慵谈》，李稚甫编校《李审言文集》上册，第702页。

⑤ 沈曾植与姚永概讨论以外国榜样兴皖学，从一个侧面说明前引吴汝纶的教导对姚永概确有深远影响。至少在沈氏眼中，姚永概已具"撤中、外之藩"的胸襟。

域区隔，还有前瞻性地开放对待西学、积极因应时变的一面。整体上看，清季安徽存古学堂历时较短，似乎也没有多少令人瞩目的成效。① 惟沈曾植、冯煦等主政大员与姚永概等精英士人从学术倾向到办学理念，乃至办学背后的关怀与寄托，皆有相当的共识，呈现出一幅文教事业的发展与区域学术文化的嬗替相辅相成的历史图景。

---

① 据该校学生尹炎武在《朱李二先生传》（闵尔昌纂录《碑传集补（四）》卷53，周骏富辑《清代传记丛刊·综录类5》，第371—378页）中所述，辛亥鼎革之际，正式开办仅一学期的安徽存古学堂"生徒雨散，横舍鞠为茂草"。惟姚永概1913年6月3日在日记中说，安庆文昌阁改为"图书馆，旁存古学堂改国学社"（《慎宜轩日记》下册，第1238页），则该校在民初似乎一度有某种形式的变体存在。

第六章　从存古学堂到国学学校：清季民初四川国学研教机构的嬗替

四川存古学堂开办稍晚于湖北等地，作为官方"新教育"举措的一部分，其在办校原则和规格，以及教学规章、校务管理的划一模式等方面，具有多数存古学堂的共性特征。当然，区域发展的不同步和多歧性是近代中国普遍存在的显著现象。四川存古学堂也存在一些特有的面向：川省办学员绅对"国粹"的认知与张之洞等不尽相同，该校的实际办理情形与学部规章有一定的出入。

另外，四川存古学堂自清末筹办至民初嬗变的整个过程始终渗透着士绅的支持和舆论的积极配合。辛亥鼎革前后政府与民间在文教事业上的合作似乎不是普遍现象。正是这样的合作，使清季四川存古学堂这所当时川省唯一的专门性国学研究和教学机构得以异于他省而在民元后不间断地办理下去，成为当时蜀学传承和发展的重要载体，并为20世纪的蜀中教育界储备了一批中学师资和经史"专修之才"。民初该校的办学思路体现出灵活开放而不失其故的特征，其中的某些面向从学术机构的角度凸显出民初蜀学的区域特性，影响较深远。民国四川国学研究和教学机构体现出的独特走向也还值得进一步考察。

第一节　开办缘起

四川存古学堂的开办一直处于官绅合作的氛围中。张之洞创办存古学堂后，四川各州县及基层士绅便有积极的响应。光绪三十四年秋，眉州绅士邹炳琅等筹设"预备"存古学堂，眉州知州详请督宪立案。川督赵尔巽以"存古学堂惟鄂省奏设有案，体大用繁，断非一府一州之力所能举"为由，饬令其改办初级师范学堂。① 宣统元年二月底，《四川官报》称川省

---

① 赵尔巽：《批眉州详邹炳琅等筹设存古学堂一案文》，《四川教育官报》第9期，光绪三十四年九月，公牍批，第6B—7A页；《四川：筹设预备存古学堂批词》，《大公报》光绪三十四年九月十一日，第4版。

"拟仿江、鄂两省开办存古学堂，又以经费支绌，暂难议及"。故廖平、范玉宾、彭兰荪等"组织一国学研究会"，愿入会者"纷纷不一"。① 大约一个月后，四川教育总会"评议员"及会员开会，"闭会后午后一钟，同人又借会地议开国学会事"。② 这说明当时川省士人保存国粹的热情较高。但若要开办高等专门性质的存古学堂，士绅的力量终究有限，不足以替代"官力"的主导地位。③ 翌年上半年，士绅曾学传等禀请设立"国粹学会"，时四川存古学堂已在加紧筹建中，此议未得到川省官方的支持。④

宣统元年闰二月，学部颁行了"各省一律设立存古学堂"的筹备宪政规划。四月，赵启霖到任署理四川提学使，至翌年六月离川回籍养亲。⑤ 他在短暂任期内全力推动了四川存古学堂的创办并实际负责各项具体筹备工作。赵启霖为晚清清流名臣，光绪三十三年以言官纠参权贵未果而被革职返乡，张之洞随即力邀他主持湖北存古学堂，并在赵氏抵湘前专电湖南提学使吴庆坻，希望"湘中慎勿强留"。时赵启霖已有应允之意，后因张氏内召而"谢归"。⑥ 故赵氏对设置存古学堂的取向先已有所了解。同时，四川存古学堂的成立也得到川督赵尔巽的支持，川省高层在这方面态度基本一致。⑦

赵启霖到任伊始，在籍绅士湖北试用道范溶等即呈请"在省开办学堂，注重国学，以维文化"。川督赵尔巽认为"用意甚善"，批饬提学使司"通查近年湖北、湖南、江南设立成案，集众共商。该绅等亦即自诣学司，详细会筹办法，俟有成议，再拟呈核夺"。⑧ 根据学部的

① 《国学研究》，《四川官报》第4册，宣统元年二月下旬，新闻，第1B页。
② 《教育开会》，《四川官报》第7册，宣统元年闰二月下旬，新闻，第1A页。
③ 类似的情形也出现在清季四川的反缠足运动中，参见杨兴梅《从劝导到禁罚：清季四川反缠足努力述略》，《历史研究》2000年第6期。
④ 赵启霖：《批高等兼工业学堂教习曾学传等禀拟立国粹学会文》，《四川教育官报》第4册，宣统二年四月，公牍，第19A—B页。
⑤ 赵启霖：《瀞园自述》，《赵瀞园集》，第338页。
⑥ 吴庆坻：《蕉廊脞录》，第195页；许同莘编《张文襄公年谱》，第208页；张之洞：《致长沙吴学台》（光绪三十三年五月初二日），张之洞档，甲182-422。
⑦ 参见《四川提学使司给高等学堂的照会》（宣统二年二月二十三日），存古档，第2卷，第27页。
⑧ 赵尔巽：《督宪批湖北试用道范溶等请设存古学堂禀》，《四川官报》第15册，宣统元年五月中旬，公牍，第7A页。据存古学生何域凡回忆，除范溶外，联名禀请者还有绵阳陈纬、成都顾印愚、乐山王兆涵等。参见何域凡《存古学堂嬗变记》，四川省政协文史资料委员会编《四川文史资料集粹》第4卷，四川人民出版社，1996，第417页。

规划和川督的批示，赵启霖不久详文呈请川督奏设四川存古学堂。① 宣统二年二月初，川督赵尔巽批复，设宋四先生祠兼作存古学堂"如详立案"。② 翌月，赵尔巽奏请筹设存古学堂获准。③

当时朝野目光大都侧重中西"学战"。赵启霖办四川存古学堂则明确以理学"转移"学风。他手定的学堂简章即在"参酌"江苏、湖北两省办法的基础上增设理学为"主课"，由监督亲自讲授。④ 据其晚年自述，赵氏甫就任即至教育会演说，针对当时"学风日坏，浮躁自恣，卑陋相仍"的积弊，提出川省办学"极应提倡义理之学，希望大家互相勖勉，在本原上用功。学术有本原，而人才有效果"。在他看来，川省承汉代扬雄、司马相如之流风，素以文雅称盛。"独有宋一代讲明义理之学者为多"，而省城并无相关的祠宇，"莘莘学子，或不知乡先正有绍明正学、师表人伦者，何以动其抗希往哲、闻风兴起之念乎？"故他决定"就学务公所筹款，购南城外杨侯故第，立蜀中大儒范景仁、范纯夫、张南轩、魏鹤山四先生祠"，并于"祠内设存古学堂"，不仅让"在堂诸生常得瞻仰企慕，亦使各校士子得于岁时享祀，生观感而缅遗徽"。⑤ 据赵氏晚年自述，宋四先生祠堂大门联云："典型在昔，道义为根。"其堂联则为："任五洲学说如许纷庞，沧海横流，从此诞登道岸；萃两宋名贤以为师法，岷峨万仞，无忘仰止高山。"⑥ 很显然，"萃两宋名贤以为师法"所针对的是"五洲学说"正"沧海横流"的时代风貌，也是对附设在宋四先生祠中的存古学堂的期许。为因应中西学的对峙竞争，特别强调中学之中的理学，是四川存古学堂开办时的一个特色。

另外，川省官方创办存古学堂的立意也有开放和前瞻的一面。川

---

① 赵启霖：《本署司详请奏设存古学堂文（简章附）》，《四川教育官报》第 4 册，宣统二年四月，公牍，第 2A 页。

② 赵尔巽：《川督批设立宋四先生祠兼作存古学堂一案文》，引在《四川提学使司给高等学堂的照会》（宣统二年二月二十三日），存古档，第 2 卷，第 32—33 页。

③ 赵尔巽：《川督奏筹设四川存古学堂折》（宣统二年三月二十四日），清学部档，档案号：195/139。

④ 赵启霖：《本署司详请奏设存古学堂文（简章附）》，《四川教育官报》第 4 册，宣统二年四月，公牍，第 2A 页。

⑤ 赵启霖：《瀞园自述》，《赵瀞园集》，第 337—338 页；赵启霖：《详请设立宋四先生祠文》，《四川教育官报》第 4 册，宣统二年四月，公牍，第 4A—5A 页。

⑥ 赵启霖：《瀞园自述》，《赵瀞园集》，第 338 页。

督赵尔巽的僚属戴姜福曾指出存古学堂名额少、见效慢，并建议令全国学生皆必读《论语》。赵尔巽并未采纳这一建议，反在奏折中提出"抱残守缺"并非当时国家急务，建存古学堂"亦即所以立讲求科学之基"，体现出相当的开放和前瞻意味。类似观念在当时川省官方并不鲜见。四川布政使王人文在护理川督期间曾捐送四川存古学堂书籍，他在捐送移文中特意驳斥了时人认为该校会导致"智识蔑从交换，孤陋难免寡闻，顽固方深"的言论，并申论其"属望斯堂之深意"："存古云者，第借以保存旧学，非从而窒塞新机。文未丧也，一发可系千钧；沟而通之，万派同归巨海。援新补旧，采西益中。参观能集其精，数典勿忘厥祖。"① 第一章已述，张之洞入主学部后力求在全国范围内推行的存古学堂办学取向，正是"借以保存旧学，非从而窒塞新机"。川省官方也始终遵循"救时局、存书种并行不悖"的办学方针，且以前者为重。②

　　而四川的一个特点是各地对兴办存古学堂的热情较高。省城开办存古学堂后，一些州县士绅也纷纷提请"仿办"或"分立"存古学堂。宣统元年冬，泸州里仁乡两等学堂经史教员陈忠炳倡设"泸州自立存古学堂"，并将"该校宗旨、收受学生、讲学体用拟为规则"，禀州立案备查。③ 翌年四月，璧山县廪生廓某等又禀请"拟在县境分立存古学校"，赵启霖以"造端宏大"、州县"未易轻议"为由驳回。④ 在川省存古学堂正式开学前不久，三台县视学拟以劝学所节余常款"仿办存古小学堂"，得到该县"议绅"的支持，遂以县"议事会"决议的形式直接禀呈川督。川督赵尔巽认为小学堂"只能遵章教授"，"历年准学部咨件均无令各州县设立存古小学堂明文"，且"各省省会筹设存古学堂方始萌芽，该县遽议及此，谈何容易？"故饬令该县"应即就可节之款推广普通教

---

① 王人文：《护督宪在藩司任内捐送存古学堂书籍移文》，《广益丛报》第9年第6期，宣统三年三月二十日，文牍，第1A—B页。
② 但王人文与赵尔巽一样刻意将存古学堂与守旧的倾向加以区别，提示着该校在当时日益趋新的激进世风中多为趋于负面的"守旧"形象，详见第八章。
③ 《泸州存古学堂成立》，《广益丛报》第7年第32期，宣统元年十二月初十日，纪闻，第10B—11B页。
④ 《存古学校无须分立》，《广益丛报》第8年第9期，宣统二年四月二十日，纪闻，第11B页。

育，以图教泽之公溥"。①

四川舆论对官办存古学堂的态度也相当积极，一些蜀中士绅对四川存古学堂曾有相当详尽细致的思考和建言。蓬州举人魏鼎撰有《上赵提学存古学堂书》，论及该校的办学旨趣、授受理路、学术风尚乃至可能导致该校"误入歧途"的种种弊端等面向。② 吴之英、伍肇龄均述及四川存古学堂是继承尊经、锦江书院的蜀学学脉。③《广益丛报》将四川存古学堂扩招一事视为"古学嗣响"，同样将该校视作传统学术在蜀中薪火相传的事业。④ 该报在报道"泸州自立存古学堂"时说，该校"所有一切章程"均"极为完善，将来学校发达，于吾川学界裨益匪浅"。⑤ 主要反映谘议局主张的《蜀报》也曾刊发《存古学堂募捐启》，并为该校"选刻国朝蜀人诗集"登了广告。⑥ 可以说，四川存古学堂始终处于相当有利的舆论氛围中。

在这样的氛围中，官绅合作的成效几乎贯穿四川存古学堂由清季开办到民初嬗递的整个过程。该校配置中学典籍的种种努力，无论是民间募捐，还是向私人募借，甚至官方机构间书板的清理移交，均渗透着民间士绅的积极参与和配合。既存研究多注重辛亥鼎革前夜四川朝野间的政治对立和抗争，而忽视双方在文教事业上的合作。民元后正是在川省官绅的坚持下，该校得以不顾教育部禁令而不间断地办理下去，四川存古学堂的变体一直延续到后来的国立四川大学，这一情形与他省是非常不同的。

第二节　筹建及招生

《四川拟存古学堂开办简章》（以下简称《四川简章》）拟定了学科、

---

① 参见赵尔巽《督宪批三台县禀城议事会议请创办存古小学堂文》，《四川官报》第 19 册，宣统二年七月下旬，公牍，第 10B—11A 页。

② 《蓬州举人魏鼎上赵提学存古学堂书》，《广益丛报》第 8 年第 7 期，宣统二年三月二十九日，寄书，第 1A—5B 页。

③ 吴之英：《王护院许将尊经锦江书刻移存古书院启》，《厄言和天》卷 4，1920 年名山吴氏刻寿栎庐丛书本，第 29A—B 页；王人文：《护理川督批复移交书板文附伍肇龄原禀》，宣统三年四月，存古档，第 33 卷，第 9B—10B 页。

④ 《古学嗣响》，《广益丛报》第 9 年第 13 期，宣统三年五月二十九日，纪闻，第 15A 页。

⑤ 《泸州存古学堂成立》，《广益丛报》第 7 年第 32 期，宣统元年十二月初十日，纪闻，第 10B—11B 页。

⑥ 谢无量：《存古学堂募捐启》，《蜀报》第 1 年第 4 期，宣统二年九月朔日，文汇，第 1A—2B 页。该期《蜀报》即登有四川存古学堂的广告。

名额、招生资格、征费、职员、管理、年限、考验、奖励等项办法。赵启霖在宣统元年夏即"屡与学绅磋商"，择定由学务公所出银 5000 两典押省城南门外的杨昭勇侯宫保府旧址，用以改建宋学四先生祠并设存古学堂。七月十七日，四川存古学堂工程处正式启动筹建工作。① 翌年正月，学务公所向杨氏后人补银 5000 两将宫保府买断归公。② 三月，赵启霖委任署江安县训导李雨苍为该校庶务长兼文案，负责具体督建工作。③ 李氏到任即开列四川存古学堂全年预算及预拟雇用司事杂役清单，"查照通省师范学堂服务人数及开支银数，先行从减"，注明"存古学堂比师范学堂减支 35 人，减去银 71.8 两"，并将其与"通省师范学堂宣统二年二月份报销单"一起呈请提学使查核。④ 通省师范学堂是当时川省最高师范学府，其规格与四川高等学堂大体相同。这一运作过程大体可见川省官方对存古学堂规格的定位，即属于省级高等专门学堂，但筹建规模和经费投入比照其他高等学堂有相当程度的压缩。

　　办学经费不足是清末新教育的普遍现象，四川存古学堂在开办过程中也面临着同样的压力。除宣统二年十一月以外，校方第一学年各月的领款呈文均列有"经逐款勾稽后呈领"的款目，此款至该学年结束时较"应领"预算累计已有 1710 两的差额。⑤ 实际上即便是预先"逐款勾稽"后的款项也未足额领到。该校第一学年实领官款仅 10615 两，不到"应领"预算的 85%，累计预算缺口 1910 两。就是把校方两学期总计实收

① 《存古学堂工程处宣统元年七至十一月造具四柱报销清册》，存古档，第 50 卷，第 1—12 页。

② 《存古有基》，《四川官报》第 2 册，宣统二年二月上旬，新闻，第 2A 页。

③ 《存古学堂前庶务长李雨苍办移交文》，宣统二年六月，存古档，第 50 卷，第 39B—41B 页。

④ 《存古学堂呈报教员人数及开支从减清单附通省师范学堂宣统二年二月份报销单》，宣统二年五月，存古档，第 50 卷，第 13—17 页。按，现存该校财经档案大多出以川平银，少数标注库平银或银元。当时川省官方采用的川平银、库平银、银元的兑换比率为 1∶0.9596∶1.4084。以下即以上述比率统一出以川平银，特此说明。

⑤ 本段所用资料有《四川存古学堂庶务长宣统二年七月至翌年闰六月详请给领经费呈文》《四川存古学堂宣统二年七月至宣统三年十月历月堂中进出款目四柱清册》，存古档，第 51 卷，第 24—26A、43—47A、71—73A、85—91A、93—94A、112A—117A 页；第 52 卷，第 7A—8A、14A—18B、19—21A、36A—40A、46A—B、58A（此件残）页；第 54 卷，第 6A、21A—26A、31A—32B、45A—49B、55A、67A—72A、78A、89—95A 页；第 55 卷，第 19A、26A—30B、43A、55A—58A、61A、72A—76A 页；第 56 卷，第 17—21A、36—41B、58A—62A、69—74A 页。

的学膳费 1271 两填补进去，① 仍有 639 两的缺额。由第一学年各月四柱清册来看，校方在实际办理中始终确保了开办前拟定的伙食标准，也大体维系了教职工的聘请规模，没有出现拖欠薪水的情形。至第一学年结束时，该校存经常费、学生膳费共计 584 两，在时局动荡、经费支绌的情形下不仅做到了收支平衡，且有结余。

赵启霖曾对李雨苍提出"务取坚实，切戒华瞻"的要求。② 该校的筹建过程基本秉承了这一思路，如修建学生寝舍就"因陋就简，不务外观"。然学堂的讲堂则颇具新意，校方曾因"由礼堂至讲堂长约四丈有奇，并无房廊遮处，设或天雨，教员学生冒雨上课，于卫生未免有碍"，呈请添建走廊一道。又以"新建讲堂房式太高，其中概系抬梁空洞，且四面又无倚傍，恐难耐久"，呈请"添修砖墙一道以资保固，并添玻璃"。宣统二年五月，赵氏亲自"临堂监工"。至七月底该校各项筹建工作基本竣工，除讲堂四大间外，新建藏书室三间以及执事员室、礼堂、阅报室、学生寝室、司事房间、门房、厨房等设施，另完成添购器具、购置书籍报刊等工作。③

先是宣统二年三月底，赵启霖礼聘谢无量为存古学堂监督。④ 大约同时，学务公所总务科副长冯家玮被派往湖北调查当地存古学堂及图书馆的开办方法。⑤ 经过"一再晤商"，谢无量拟定四川存古学堂自当年下学期起"先行试办预科一年"，得到川督及提学使的支持。⑥ "预科"即成为川省对存古学堂首届学生的实际定位。这与湖北、江苏等省的办理模式皆有不同。川省官方筹办存古学堂时面临两难局面：若照搬鄂

---

① 该校学生每学期应照章交学膳费 10 元（合银 7.1 两），但第二学期实际仅有 79 名学生缴费在案。

② 《四川提学使司札饬克日兴功建筑文》（宣统二年五月），存古档，第 50 卷，第 22A—23B 页。

③ 参见四川存古学堂宣统元年七月至翌年七月底历次呈报筹建经费的四柱清册，存古档，第 50 卷，第 1—12、42A—43B、46A—59B、120—126A、103A—117A 页。

④ 参见《四川存古学堂监督谢咨呈该校预算表文》（宣统二年五月），存古档，第 50 卷，第 18A—21B 页。

⑤ 《调查存古学堂及图书馆》，《湖北教育官报》第 4 期，宣统二年四月，纪事，第 4B 页。

⑥ 《四川存古学堂咨呈试办预科预算表呈文》（宣统二年五月）、《四川提学使司札饬克日兴功建筑文》（宣统二年五月）、《四川存古学堂详请补领新建讲堂经费文》（宣统二年七月），存古档，第 50 卷，第 18A—23B、78B—79B 页。

省成例招收小学毕业生七年毕业，不仅年限过长，且"遽办"高等性质的学堂也非物力维艰、交通不便的川省所能一蹴而就；但若将学制定为三年而同样招收小学毕业生，则已是标准的中等规格学堂，与鄂苏等省存在等级差别，会影响学校的吸引力。故该校最终拟定招收中学毕业生并在简章中规定"三年毕业给凭"。实际却"先行开办预科"，"姑筹基础之粗具，以徐俟规模之扩充"。① 这一见效较速的折中方案显然有违此前早已生效的学部停办预科禁令，② 但在该校正式开学后的办理运作中得以延续。③

招考取录学生是另一项筹办要务。宣统二年四月初一日，赵启霖亲自主持考试。在相当数量的州县考生未及赶赴省垣的情形下，应考者"约八百余人"。首题是"策"，题目是"古人多言礼，后儒多言理，其区别安在？"次题为"论"，题目是"明代遣四御史钩核天下府藏，尽归太仓，后边饷缺，复责外解"。④ 首题可能体现了赵启霖崇尚理学的办学旨趣，次题则涉及前朝的地方财政政策得失，有相当明确的时政关怀。

在具体运作上，校方并未以先前设计的招生预案名额作为取录的基准，而更看重考试的实际成绩。800 余名考生中，最初仅正取 70 名，另以 50 名备取以便"酌量传补"。⑤ 后实际正取名额虽增至 75 人，仍与该校简章所拟百名招生预案有 25 人的差额。⑥ 即便以增加后的取录人数计算，首次招考的实际录取比例仍不到 10%，高达 90% 以上的淘汰率，说明校方对招考工作相当认真严格。而在未招足额的情况下预留 50 名考生为"备补"资格，提示着校方也许另有依恃和期许。四月初一日的正考

① 赵启霖：《本署司详请奏设存古学堂文（简章附）》，《四川教育官报》第 4 册，宣统二年四月，公牍，第 2B 页。
② 学部：《各学堂停止招考及考选详细办法章程》（光绪三十四年四月），朱有瓛主编《中国近代学制史料》第 2 辑上册，第 582 页。
③ 学堂正式开办后，校方在宣统三年预算"简明说帖"中进而提出将首届学生升入"正科"，另添招预科学生百名。《宣统三年预算经常临时开支各款简明说帖》，存古档，第 50 卷，第 68A—68B 页。
④ 《考试存古学堂志题》，《广益丛报》第 8 年第 9 期，宣统二年四月二十日，纪闻，第 11B 页。
⑤ 《存古学生取定》，《广益丛报》第 8 年第 12 期，宣统二年五月二十日，纪闻，第 9B—10A 页。
⑥ 《存古学堂牌示》（宣统二年七月三十日），存古档，第 37 卷，第 9A—B 页。

结束后，各地考生仍陆续抵达并纷纷禀请补考。① 校方为此又举行了三次补考。据不完全统计，至少有133人参加了首次补考，初试后50人获得复试机会，最终正取20人。② 川省存古学堂的招考情形表明，存古学堂"因其师资雄厚、资格高而毕业生待遇好"而具有"相当的吸引力"这一说法是可立的。

以如此大的选择余地，经初、复两试后仍未足额招满正额，校方显然坚持宁缺毋滥的考录原则。另外，主考诸公也不乏宽宏惜才之心，尽可能放宽招考范围。在实际的招考过程中，有不少未按定章程序由州县官、教育会或"学界"保送而是径直以个人名义报考者，经校方"牌示"特准入考；在招考手续方面，也出现未带"监照"的监生以他人作保而得以先收考后补验的变通情形。③ 璧山县儒生郑兰在仅取录20名正额的补考中名列备取第34名，其"挨次传补"的机会几等于零。郑氏遂禀恳校方念其"向学情殷，不恤破产作费，沉船破釜，无家可归"，允准他"入堂旁听"。④ 到八月十九日，时已正式开学近一月，校方发布照会称"尚有虚额二名"，饬令郑兰与名山监生吴光汉翌日来堂面试，"以示体恤"。⑤ 等额的面试意味着可能更趋重形式，郑兰幸运地通过这次面试搭上了正额取录的末班车。至此，校方终于按照该校简章的规定招满百名学员入堂。

尽管考生中不乏将存古学堂看成"谋生之借、猎名之津"的"希荣慕利"之徒，但清季四川似乎确有较他处更甚的"存古"之风。当时不仅有像郑兰这样的备取而希望旁听的学生，还有不少愿意自费就读者。合江县文生王炎等数十名考生便在正考结束后向校方呈

---

① 参见校方宣统二年五月至翌年正月收到的云阳、华阳、南川各县移送考生呈文及陶秉钧、詹循臣、葛秉钧、梁燕谋、李茵等恳请补试禀文，存古档，第36卷，第10B—12A、40A—41A、43、47A—48A、54、58、76A—B、98B—100A页。

② 《存古学堂牌示》（宣统二年七月二十五日、宣统二年七月三十日），存古档，第37卷，第4A、9A—B页。

③ 本段及上段人数统计参见提学使司先后六次移送考生的咨文及履历清单，巴县、绵州官方申送考生的呈文，葛秉钧、钟灵秀、詹循臣、刘秉忠等恳请补试禀文，存古档，第36卷，第3B—9A、13B—19、27A—39A、43—48A、52—53、96B—97A、98B—100A页，以上各件均为校方宣统二年七月收到者。

④ 《备取生郑兰禀请旁听呈文》（宣统二年八月），存古档，第36卷，第59页。

⑤ 《存古学堂牌示》（宣统二年八月十九日），存古档，第37卷，第15页。

上恳请"自备学资，附住贵校"的"自愿书"，说他们"仰见国粹将亡，专研无地，慕礼来学，自行束脩。在古人聚徒讲道，何有畦町？想今日请益受经，必无窒碍。……如或公门桃李，听其各自成行；庶几马帐经传，自可因人分授"。① 此后又有泸州廪生刘宗汉等数十名考生呈递了"联名请愿书"，提出"经史词章，实关国粹保存"，现今存古学堂开办，"士类倾心，咸思来学。但官额有限，常款无多，每县一人尚未敷足。生等妄冀为斯文留种，不惮千里从师"，"咸愿备赀，附住贵校"，希望校方"悯其慕道之诚"，禀明川督准予"自费附学，来堂投考"。②

据现存档案的不完全统计，此类申请者超过百人，其呈请附学的要求是否得到允准，目前未见相关史料，暂不得而知。但类似问题似乎早在校方的考虑之中，宣统元年七月，存古学堂即在一份广为散播的"募捐启"中列有专门的"储材"计划，明言"兹学新建，以百人为额，而远方负笈来者滋众，宜广其路以待之。或先刊行校外讲义，传之士林。绩学之士，有贫不能具束脩者，亦应酌察，许其入学。每月课试优异者，特赠奖品以厉之"。③ 在"广其路以待之"的思路下，"贫不能具束脩者"尚可入学，能"自备束脩"者似乎更会有所安置。④

此后的学籍管理也遵循着大致相同的思路，即在尽可能放宽规则限制的同时严把专业学术的考核关口。当时川省学堂处于"风潮不靖"的氛围中，⑤ 四川存古学堂虽仅开办不足三个学期，也连续出现了相当规模的学生流失事件。该校自宣统二年八月补录郑兰、吴光汉两人后，本已足额招收百名学生缴费注册，但到第二学期便只有 79 名学生缴费在

---

① 王炎等：《自费就学自愿书》（宣统二年六月），存古档，第 36 卷，第 20A—22B 页。
② 刘宗汉等：《申请自费就学请愿书》（宣统二年七月），存古档，第 36 卷，第 24A—26B 页。
③ 谢无量：《四川存古学堂募捐启》（宣统元年七月），存古档，第 2 卷，第 36 页。
④ 类似的"附学"方案在清季川省保存国粹的办学努力中并非特例。光绪三十二年拟办致用学堂时即列有专条规定"额外学生"的"附学"事宜，说明官方对该校的吸引力有相当充足的信心。《四川奏定致用学堂办法纲要》，《北洋学报》第 20 册，光绪三十二年，甲编，学界纪要，第 3B 页。
⑤ 桑兵说道："从 1910 到 1911 年，成都学界连续三次掀起大规模罢课风潮，除第一次是反对巡警打伤学生外，后两次矛头均直指清政府。"桑兵：《晚清学堂学生与社会变迁》，第 204 页。

案，估计正额录取的学生至第二学期已不复足额在堂。① 校方反复强调来堂各生须遵章先缴清学膳等费方准入堂以"符定例而免迟误"，实际对于违规学生极为宽宥。宣统三年正月第二学期开学时，"来堂学生尚未如额"。校方先以"路途窵远"为由将提学使去年底刚刚颁行的耽延十日即行开除的规定期限整整延长一倍，以示"格外体恤"，② 更迟至"开学已将弥月"时始将未请假者开列名单，公示开除。③ 即便如此，对已公示开除但有隐情者实际仍网开一面。如高县学生江穗荣被"除名在案"后，就以"胞弟病故又值母氏请旌"，且回省途中"又为足疾所阻"为由，直接向提学使司禀请"悯远来向学之心，施格外成全之德"。④ 现存档案仍留有江氏第二学期的考试成绩，可知该生最终如愿重列存古门墙。⑤

　　但江穗荣却未必是诚挚"存古"之人。第三学期开学伊始，校方发现包括江氏在内的 21 名学生"托故请假，潜往官立临时法官养成所投考，录取上课业已月余"。随即赶在正式行课前"牌示"将其"照例概予除名，从宽免其咨照撤退、追缴学费，以示格外体恤"。⑥ 法官养成所虽为临时职业培训性质，却是当时非专门法政出身者获准参加正式法官资格考试的唯一路径。⑦ 宁愿中途放弃经过严格考选得来的存古学堂入学资格而谋取考试法官的机会，说明这些学生报考存古学堂时即非志在"存古"。而存古学堂校方并未按学部定章咨照提法使取消其入学资格和追缴学费，此种道不同则任自为之的处置办法相当宽厚。在现存该届学生宣统三年下学期成绩表中，列有 10 名被牌示开除者的具体分数，10

① 《四川存古学堂宣统三年正月至闰六月历月堂中进出款目核销四柱清册》，存古档，第 54 卷，第 13A—14A、40、61A—66B、89A—95B 页；第 55 卷，第 26A—30B、55A—58A、70A—71B 页。《存古学堂牌示》（宣统二年六月二十七日、宣统三年正月十五日、宣统三年闰六月十三日），存古档，第 37 卷，第 1—2、19、25 页。

② 《限制学堂假期》，《四川官报》第 33 册，宣统二年十二月，新闻，第 1B 页；《存古学堂牌示》（宣统三年正月二十三日），存古档，第 37 卷，第 21 页。

③ 《存古学堂牌示》（宣统三年二月二十日），存古档，第 37 卷，第 23 页。

④ 《四川提学使咨札勿将江穗荣除名文》（宣统三年三月），存古档，第 36 卷，第 60B—62B 页。

⑤ 《存古首届学生历学期总平均分数表》（1913 年 5 月），存古档，第 26 卷，第 44A—48A 页。

⑥ 《存古学堂牌示》（宣统三年闰六月二十三日），存古档，第 37 卷，第 28—29 页。

⑦ 法部：《奏酌拟临时法官养成所暨附设监狱专修科各项章程折（并单）》，《四川官报》第 19 期，宣统三年四月，奏议，第 2A—6B 页。

人中又有 9 人出现在 1913 年的毕业生名册中，且各期考试成绩一应俱全。① 由此可知在校方牌示后，被开除者中近半数学生选择返回存古学堂继续学业，校方虽明知其求学不诚、见异思迁，且已"牌示"开除在先，但对愿意回来的学生实际仍取包容的态度。

可以看出，虽有不少"诚挚慕道"的读书人因正额不足只能申请"自行束脩、自费附学"，也有相当数量获取正额资格者原本报考时即非专意"存古"而来。上述集体潜考事件多少提示着清季外部环境已不适宜多数读书人立下长远计划静心求学。对于专门研习经史学问的存古学堂而言，学生具备"相当之程度"的中学根底固然重要，但纯粹执着的求学动机同样须臾不可或缺。另外，存古学堂对蜀中具有天资且倾心于经史之学的高才士子仍有吸引力。在学堂开办一年后添招"通学两班"时，原就读于四川高等学堂分设中学堂丙班的蒙文通，当时尚未到毕业年级，特意捐了监生的"功名"以取得报考存古学堂的资格，最终被录取，由此走上专攻经史的治学道路。②

宣统二年七月二十二日，四川存古学堂首届学生正式行"开学礼"。赵尔巽、徐子休、谢无量"先后演说，官绅界并学生到者共约百余人，颇极一时之盛"。③ 以下拟在史料足征的范围内分别考察该校办学运作的相关具体面向。

第三节　师资与典籍

要以新式学堂体制保存古学，师资与典籍是极为重要的因素。四川存古学堂虽然是"阖省高等专门"的规格，但实际办学规模远逊于湖北存古学堂。《四川简章》明确提出："川省物力维艰，交通不便。所有该堂聘教员、购书籍等事，以心余力绌，不能骤语完备。姑筹基础之粗具，以徐俟规模之扩充。"④ 在师资的聘用层面，该校开办时延聘监督、教务

---

① 《存古首届学生历学期试验积分表》（1913 年 9 月），存古档，第 26 卷，第 68B—88B、91B—95B 页。

② 参见 2003 年 6 月 6 日蒙默先生采访记录。

③ 《存古学堂开学》，《四川官报》第 19 册，宣统二年七月，新闻，第 1A 页。

④ 赵启霖：《本署司详请奏设存古学堂文（简章附）》，《四川教育官报》第 4 册，宣统二年四月，公牍，第 2B 页。

长、斋务长各一人，并分别兼任词章、经学、史学正教员，另聘性理、篆隶、算学、图画教员及经学副教员各一人，监学二人，医生、庶务长兼文案各一人，后陆续增聘稽查及地理教员各一人。这样的规模基本达到筹办时的设想规划。① 不过筹办设想终究没有完全实现，原拟聘请的词章、史学两科副教员就迟迟未能到位。宣统二年十一月，词章副教员由已兼经学正教员的教务长吴之英兼任，而史学副教员则始终阙如。开办仅一个月，医生薛叔平即离职；第二学期开学时篆隶、图画教员离任；校方均未另聘他人。宣统三年五月以后，性理教员一职也不再有支薪记录。

该校所聘师资皆一时之选。学堂监督兼词章正教员谢无量（1884—1964），字大澄，号希范，四川乐至人。光绪二十七年考入上海南洋公学特班，结识章太炎、邹容、章士钊等，并为《苏报》撰稿。光绪二十九年《苏报》案发后赴日。② 民元后谢氏仍以四川国学院院副兼办搜访遗书事宜。③ 教务长兼经学正教员吴之英（1857—1918），字伯朅，四川名山人。早年以高才生入尊经书院肄习，与廖平、杨锐、宋育仁并称"院中四杰"；历任尊经书院襄校及资中艺风书院讲席。④ 赵启霖与吴之英原系光绪九年优贡朝考时的故交，经赵氏一再"恳款寄言"，吴之英带病应允出任存古学堂教务。⑤ 吴氏治学主张"唯专乃精"，"确守汉师家法，而尤邃

---

① 本段所述师资聘用情形使用的资料为《四川存古学堂宣统二年七月至宣统三年十月历月堂中进出款目四柱清册》，存古档，第51卷，第43—47A、85—91A、112A—117A页；第52卷，14A—18B、36A—40A、58A（此件残）页；第54卷，第21A—26A、45A—49B、67A—72A、89—95A页；第55卷，第26A—30B、55A—58A、72A—76A页；第56卷，第17—21A、36—41B、58A—62A、69—74A页。
② 中央文史研究馆编《中央文史研究馆馆员传略》，中华书局，2001，第203—206页。
③ 《四川国学院造具国学馆并入后员司一览册》，《文牍月刊》总第6期，1913年1月，章程，第5A页。谢氏任存古学堂监督的具体荐举者说法不一。何域凡在《存古学堂嬗变记》（《四川文史资料集粹》第4卷，第420页）中说是乔树枏；谢祖仪在《回忆父亲谢无量》（重庆市政协文史资料研究委员会编《重庆文史资料选辑》第23辑，1984，第93页）中则提到除乔氏以外还有周紫庭。惟谢氏在清季民初为蜀中学界所推重则大致可立，民初吴之英致书当道辞谢国学院院正时说："院中群才济济，譬入瑶林，最著者谢无量硕学通敏，刘申叔渊雅高文。"吴之英：《辞国学院院正致尹昌衡、张培爵书》，《寿言和天》卷4，第18A页。
④ 民国《名山县新志》卷13，士女，第13A页。
⑤ 参见吴之英两复赵启霖书，《寿言和天》卷4，第3B—4B、4B—5A页。

于礼"。① 其著述宏富，民元后任四川国学院院正兼附设国学专修科主课教员。②

斋务长兼史学正教员杨赞襄，四川天全人，早岁以生员入雅州府学。曾师从富顺宋育仁，服膺其通经致用、以教养致富强之学。后在省垣开馆授徒，因弟子多显达而声名日著，成为清季川省学界的名流士绅。③宣统二年六月，杨氏约集同道在省垣组织"国文专修馆"，分设中学、高小、夜课三班，共计招生 120 名；就非官办的性质而言，规模已不可谓小。④ 一个月后被聘任存古学堂教职，民元后任四川国学院院员兼国学专修科史学教员。⑤

监学罗时宪，字玄德，四川彭县人。早年举茂才，后入同邑学者吕调阳（晴笠）门，数十年专意于小学，"兢兢以立说著书"为业，传其师学术衣钵。⑥ 光绪二十六年入尊经书院肄业。后历任高等小学教员，在学堂讲授中"照章分课编成"《毛诗尊闻录》《尚书酌中录》《周易尊闻录》《周礼酌中录》等书。宣统二年上半年，因赵尔巽、赵启霖"举设存古学堂"，罗氏禀呈所著《说文广诂录》《说文新附录》等书，得到二人嘉许，赵启霖更札饬彭县地方官"集资刊刻"。同年五月，罗氏被委任为存古学堂监学。1913 年，四川民政长胡景伊将罗氏为清季存古学生所编《小学达诂录》一书送呈教育部读音统一会，"得堪嘉许"。三年

---

① 吴之英：《答人问博学书》，《厄言和天》卷 4，第 28B—29A 页；黄崇麟：《〈寿栎庐丛书〉序》，《厄言和天》卷 4，第 1A 页。刘师培民初为吴虞开列汉学"阅书鳞次"，"专门之学"的《仪礼》项仅列张惠言《仪礼图》一种，惟附语指出"吴伯竭撰《仪礼注》简明雅洁，图亦较张为优"。刘师培：《致吴虞》，中国革命博物馆整理《吴虞日记》上册，1912 年 5 月 26 日，四川人民出版社，1984，第 43—45 页。

② 《四川国学院造具国学馆并入后员司一览册》，《文牍月刊》总第 6 期，1913 年 1 月，章程，第 5A 页。

③ 杨赞襄：《书刘申叔〈南北考证学不同论〉后》，《四川国学杂志》第 3 号，1912 年 11月，通论，第 1A—B 页；《天全县志》编纂委员会编《天全县志》，四川科学技术出版社，1997，第 728 页。

④ 《国文专修馆之组织》，《广益丛报》第 8 年第 15 期，宣统二年六月初十日，纪闻，第11 A—B 页。

⑤ 《四川国学院造具国学馆并入后员司一览册》，《文牍月刊》总第 6 期，1913 年 1 月，章程，第 5A 页。

⑥ 本段使用的资料有罗时宪《吕先生传》《〈求是轩丛录〉原始》，《小学达诂录》，《四库未收书辑刊》第 10 辑第 2 册，北京出版社，2000 年影印 1913 年求是轩刻本，卷首第 1A—8B 页。

后罗氏又以小学著述得获民国政府内务部礼俗司铸发银质民国褒章并证书。①

　　另外，近代四川名儒徐炯（1862—1936）也曾参与存古学堂教学。徐氏字子休，号蜕翁，世称霁园先生，四川华阳（今属成都）人。早岁以廪生入尊经书院。戊戌后专意授徒，造就蜀士甚众。曾游历日本，考察管理教授规则，倡导蜀中子弟"游学海外，求新知以救亡"。后长期充任四川通省师范学堂监督及附设高等小学校长，并被公举为四川教育总会首任会长。徐氏治学"凡训诂、考据、词章，皆始入而终弃之，专心义理之学"。初从姚江，晚年"渐病王学恣肆，乃笃守程朱"。赵启霖署理四川提学使期间，与徐炯"以道义相切劘，最称莫逆"，宣统二年聘徐氏兼授存古学堂理学课程，以实现其凸显理学的宗旨。② 民元后徐氏成为蜀中"五老七贤"之一，对地方政学两界多有影响。③

　　川中另一名儒廖平与赵启霖治学倾向不合，曾因"讲经学离奇怪诞"而被赵氏从高等学堂及优级师范学堂经学教员任上辞退，"并通饬各属学堂不得传看廖平讲义"。④ 但在赵启霖离任后，廖氏于宣统三年九月被委以经学正教员一职。⑤ 以上所述虽非清季川省存古学堂师资的全貌，确为当时蜀中学界的精粹阵容。故刘师培在《国学学校同学录序》中也特别提到"耆德故老吴之英、廖平之伦"在存古学堂中"潜乐教思，朝夕讲习，善诱恂恂"。⑥

　　有名师可以解惑，也须有典籍可资专研。四川存古学堂配置典籍的过程得到了川省官员的鼎力支持。早在宣统元年底，四川布政使王人文即捐书53函共计378本。翌年五月，行将离职的赵启霖又先后捐书35部，并

---

① 参见《小学达诂录》篇首识语。
② 本段使用的资料有谢无量《徐子休先生家传》，徐炯《霁园遗书·诗钞》，霁园先生遗书刊行会，1944，第1A—7B页；赵尔巽《督宪批提学司详请择尤保奖办学员绅文（并原详）》，《广益丛报》第8年第16期，宣统二年六月二十九日，文牍，第1A—2A页；周道刚《师门回忆录》，《新新新闻》1941年4月15日，第10版。
③ 关于"五老七贤"，参见许丽梅《民国时期四川"五老七贤"述略》，硕士学位论文，四川大学，2003。
④ 赵启霖：《瀞园自述》，《赵瀞园集》，第337—338页。
⑤ 《四川存古学堂宣统三年九月份所有堂内进出银数款目四柱清册》，存古档，第56卷，第58A—62A页。
⑥ 《国学学校同学录序》，《刘师培全集》第3册，第598—599页。

备 4 个书柜分别藏储。① 官员个人捐助毕竟有限，该校藏书仍以官款购置为主。在正式开学前，存古学堂托高等学堂代购 "吴宅旧书" 84 部，另购得《大清一统志》等典籍 4 部。② 正式开办前后，监督谢无量又 "面商" 川督赵尔巽，获准向新任提学使刘嘉琛申领专项购书经费 400 两。③ 此次购书历时两个多月，超支近 80 两，从十月份旧存经常费内拨补。④

此外校方还尝试通过士绅向民间筹募书籍。正式开学后不久，监督谢无量撰《存古学堂募捐启》一文，倡言蜀中 "有道君子" 及 "耆老俊彦" 均有 "导扬风气之仁"，故应尽力 "使古道益宏"。他具体提出了 "求募于诸君子" 的三种形式，除募钱及募图书、金石、器物两项外，并提出 "定期募借" 图书器物，"期至谨返" 的设想。⑤ 宣统二年九月该文在《蜀报》刊发，同年底校方移请各府厅州县 "查照办理"。⑥ 凭借上述募借思路，校方确有收获。宣统二年十月，在名流士绅楼蔷庵（黎然）的 "公议" 下，谢无量与徐抱生订立合同将德清傅石君家藏遗书共计 320 部及图 477 张 "寄存古学堂，既可供诸生参考，且可免庋阁虫鼠之伤"。⑦

在《蜀报》刊发募捐启事的同时，存古校方并在该报上刊登 "选刻国朝蜀人诗集" 的广告，敦请 "大雅宏达、义笃桑梓" 的蜀中诸君子力助搜罗 "先辈遗篇、当今巨制"，其 "仅传零章、未有专集者尤希抄示"，以 "共振渊云之旧业，尚变巴渝之乐府"。搜罗保存乡邦文献成为

---

① 《四川布政使王人文捐置书籍清册》（宣统元年十二月），存古档，第 8 卷，第 2A—6A 页；《宣统二年五月一日至六月二十日新购器具书籍暨新立案卷簿记表》，存古档，第 50 卷，第 60—65B 页；《提学使司捐书咨文及清单》（宣统二年五月），存古档，第 53 卷，第 11—14 页。

② 《宣统二年五月一日至六月二十日新购器具书籍暨新立案卷簿记表》，存古档，第 50 卷，第 60—65B 页。

③ 《四川存古学堂详请给领购书经费文》（宣统二年七月），存古档，第 50 卷，第 81A—B 页。

④ 《四川存古学堂详请核销购书经费及清册文》（宣统二年十月），存古档，第 51 卷，第 5—23 页。

⑤ 谢无量：《存古学堂募捐启》，《蜀报》第 1 年第 4 期，宣统二年九月朔日，文汇，第 1A—2B 页。

⑥ 《四川存古学堂咨请各府厅州县查收募捐启文》（宣统二年十二月），存古档，第 50 卷，第 127B—129B 页。

⑦ 《监督谢无量与徐抱生签订的寄存合同》（宣统二年十月），存古档，第 8 卷，第 7B—8B 页。

四川存古学堂在教学以外力图承担的另一项学术事业。①

据现存史料统计，通过上述种种方式，该校在清末短短一年多的时间内配置了 7800 余册中学典籍，另有册数不详者 322 部，图 477 张。② 以百名学额、10 名左右师资的办学规模，筹集到如此数量的中学典籍，颇引人注目。1914 年，由清季存古学堂演变成的四川省国学学校应四川图书馆馆长的请求，将存古书局印售以外的校中所藏 7 种共计 344 册中学典籍"挪借"四川图书馆庋藏。③ 该校自用之外仍有"挪借"他处的余地，则其原藏典籍必甚丰富，继承了张之洞当年为尊经书院所设"尊经阁"的传统。④

而存古校方仍努力扩充其藏书规模。在第二学期预拟宣统三年预算时，学校以"开办正科"为由提出"添置图书应规定银 20000 两，现拟暂从节省，择要购备，约应筹银 10000 两正"。另外还计划筹银 3000 两添建藏书楼一座，并加按语称"此项如再加节省，不作楼房，亦应支银 1600 两正"。⑤ 这一预算规划并未得到川省官方的允准。相关学绅则将目光汇聚在近代蜀中两大著名学府——尊经、锦江书院遗留的书板上。曾先后担任两书院山长的伍肇龄呈请当局将官印刷局旧藏已"残废日深"的两书院书板点交存古学堂"修葺残缺，次第印行"，以"专责守而便推行"。宣统三年四月，护理川督王人文批饬存古学堂遴派"明白绅书赴局，将所存板件逐项协同清理，当面交收，妥为藏庋。如有残缺，随时修补完整，并选工加意印行，以广流传而资服诵"。⑥

五月，各项书板点交完毕。校方总计接收到两书院书板 37346 块，

---

① 《蜀报》第 1 年第 4 期，广告。民元后类似努力颇有进展，审定乡土志、搜访乡贤遗书、续修通志成为四川国学院中与"附设国学专修科"（清季存古学堂嬗递者）并列的办理事项。《国学院章程》，《文牍月刊》总第 6 期，1913 年 1 月，章程，第 1A—B 页。

② 这里的统计数字依据的资料除前文已列外，还有《四川省长（邓锡侯）公署指令第 643 号》（1925 年 1 月），存古档，第 9 卷，第 67—68 页。

③ 四川省国学学校：《移交学校图书咨文》（1914 年 4 月），存古档，第 9 卷，第 17A—18B 页。

④ 据许同莘编《张文襄公年谱》所记（第 17 页）："光绪元年春，尊经书院成……复以边省购书不易。捐俸置四部书数千卷。起尊经阁广之……吴勤惠公雅尚经术，开书局刊行小学、经、史诸书。公扩而大之，流布坊间。"

⑤ 《宣统三年预算经常临时开支各款简明说帖》，存古档，第 50 卷，第 68A—68B 页。

⑥ 《护理川督王人文批复移交书板文附伍肇龄原禀》（宣统三年四月），存古档，第 33 卷，第 9B—10B 页。

其中完好者 34166 块，虫蠹 3180 块。[1] 闰六月二十日，校方向川督呈报接收情形并提出了具体运作方案：先开办书局将完好书板逐渐印行，再以售书所得"修补残缺，俾臻完善"。为此该校办学员绅不仅打算挪用学校本不富足的"旧存捐款"，甚至不惜另行"筹垫款目"。他们认为书局在提还垫款、修补残缺书板后还能以售书盈余贴补学校日常经费，显然对开办书局赢利有充足的信心，说明当时古学书籍在蜀中有相当可观的市场前景。[2] 两天后署理川督赵尔丰批复"应准立案"。[3] 然而时局的动荡使存古书局终迟至民元后才正式开办，并奉行"以书养书、以书助学"的思路而成效颇著。[4]

第四节　课程设置与教学

清末四川存古学堂共招两届学生，辛亥鼎革前考录的第二届学员至民元（1912）八月始正式入校。由于一届学生的课程教学前后有相当的延续性，下面以该校首届学生自宣统二年七月入校至 1913 年 7 月毕业的三年学程为主要考察对象，将该届学生各学期考试名目列表 6-1。

表 6-1　四川存古学堂首届学生各学期考试名目

学期	经学科	史学科	词章科
总第一学期	经学、词章、理学、地理、算学、篆隶、画学、品行	史学、词章、理学、地理、算学、篆隶、画学、品行	词章、理学、地理、算学、篆隶、画学、品行

---

[1] 《尊经、锦江书院书板及被虫蠹数清册》（宣统三年闰六月），存古档，第 33 卷，第 29A—35B 页。

[2] 《存古学堂呈报接收书板数目并筹款刷印各由文》（宣统三年闰六月），存古档，第 33 卷，第 23B—24A 页。据吴天墀老人回忆，20 世纪三四十年代，存古书局书板即庋藏在成都皇城的城门洞中，四川大学每遇经费支绌，便取出印售，以解燃眉之急。由此反观清季存古学堂校方对存古书局的设想确实可行。参见 2002 年 3 月 14 日吴天墀采访记录。

[3] 赵尔丰：《批准存古书局立案文》（宣统三年闰六月二十二日），存古档，第 33 卷，第 38 页。

[4] 罗元黼：《四川国学院附存古书局设张缘起暨补板记》，《四川国学杂志》第 10 号，1913 年 6 月，第 71A—B 页。

续表

学期	经学科	史学科	词章科
总第二学期	经学、词章、地理、算学、品行	史学、词章、地理、算学、品行	词章、地理、算学、品行
总第三学期	经学、算学、地理、品行	"经学史学词章"*、地理、算学、品行	词章、地理、算学、品行
总第四学期	经学、史学、词章、算学、品行	经学、史学、词章、算学、品行	经学、史学、词章、算学、品行
总第五学期	经学、史学、词章、算学、札记、品行	经学、史学、词章、算学、札记、品行	经学、史学、词章、算学、札记、品行
总第六学期（毕业学期）	经学、史学、词章、理学、地理、法学、教育心理、算学、品行	经学、史学、词章、理学、地理、法学、教育心理、算学、品行	经学、史学、词章、理学、地理、法学、教育心理、算学、品行

* 史学科总第三学期"试验积分表"将三门主课作为一项并列，学生多为单一分数，也有列两个分数者，但无同时列三门分数的情形。

资料来源：《四川国学院附设国学学校经、史、词章科学生各学期试验积分表》（1913 年 9月），存古档，第 26 卷，第 68B—88B、91B—95B 页。

表 6-1 所列各学期考试名目除品行、札记两项外，大体对应着校方为其开设的各门课程。① 但档案中未见首届存古学生各课钟点数的具体配置，所存"试验积分表"是否完整，以及这些有着"试验积分"的科目是否即等同于教学课程，尚不敢径下结论。四川存古学堂基本上沿袭了湖北存古学堂经、史、词章的分科办学模式。② 但无论是七年学制的湖北、广东存古学堂，还是三年学制的江苏存古学堂，均以学生各自所在的专科为"主课"，并将其余两课设置为必修的"补助课"。③ 《四川简章》

① 按照《奏定学务纲要》的规定，各学堂"品行"一门皆用"积分法"，"随处稽察，第其等差"（璩鑫圭等编《中国近代教育史资料汇编·学制演变》，第 491 页）。《四川拟办存古学堂简章》（《四川教育官报》第 4 册，宣统二年四月，公牍，第 4A 页）要求该校学生"平日用功，分门札记"，民初四川国学馆及四川国学院附设国学学校（均为清季存古学堂嬗递者）的章程都将"缮写札记"作为首届存古学生"国学主课"的教学规程。由上可知品行、札记虽为考试科目，但并非单独开设的专门课程。《国学馆简章》，存古档，第 3 卷，第 1—8 页；《四川国学院附设国学学校章程》（1913 年 4 月），存古档，第 1 卷，第 20A—28A 页。按，以下所述凡引据国学馆、国学学校章程者皆分别出自上述档案，兹不赘注。

② 有关湖北存古学堂的分科办学模式参见《创立存古学堂折》（光绪三十三年五月二十九日），苑书义等主编《张之洞全集》第 3 册，第 1762—1766 页。

③ 参见湖北、江苏、广东存古学堂各自在开办期间呈送学部的学堂一览表，清学部档，档案号：195 /135、134、142。

规定学生以"理学、经学、史学、词章为主课，兼习地理、算学"。宣统
三年四月，署理四川提学使刘嘉琛在给学部的公文中提到四川存古学堂的
主课、补助课与学部《修订新章》的相关规定相符。[①] 学部《修订新章》
是完全沿用湖北存古学堂主课、补助课模式的，四川存古学堂在办学过程
中可能也有与湖北存古学堂类似的主课、补助课之分。

但在四川存古学堂各科首届学生清季三个学期的考试成绩中，经学
科学生有"词章"成绩而没有"史学"成绩，史学科学生没有完整的
"经学"和"词章"成绩，词章科学生既无"史学"也无"经学"成
绩；而相对较次要的地理、算学等"兼习课"（性质大体相当于湖北存
古学堂的"通习课"）反有考试成绩。按，清季四川存古学堂的章程中
没有类似"自习课"的规定，上述经、史、词章等科成绩的不全是否意
味着校方没有为各科学生开设齐备的中学基本课程，或是该校当时采用
了较他省模式更加"唯专乃精"的授受思路，只能阙疑待考。

在主课以外的课程设置方面，《四川简章》规定的地理、算学及教
授管理法等"兼习课"均付诸实践。湖北存古学堂没有类似"教授管理
法"的课程，可见四川更侧重存古学堂的师范性质。不过川省并未参照
湖北方案开设外国史、博物、理化、外国警察监狱、农林渔牧各实业、
工商各实业等西学"通习课"。[②] 该届学生到民初毕业学期才在川省旧章
基础上增添"法学"一门与西学有关的"普通兼习科"。相对于西学而
言，该校办学员绅在课程设置上实更注重兼顾传统中学内部的各分支学
科，他们在正式开办时即在该校简章基础上为首届学生增设篆隶课程并
聘专人讲授。这一倾向与学部宣统三年三月初正式奏准颁行的《修订新
章》完全背道而驰。

《修订新章》在湖北旧章的基础上以"古学精深"为由将学制延为
八年，但"古学"课程反而成了被缩减的对象。西学"通习课"的设置
则不仅更加细密周详，且授课钟点也有大幅增加。[③] 宣统三年五月，在

---

① 《四川提学使司致学部电》（宣统三年四月十八日），清学部档，档案号：195/139。
② 有关湖北存古学堂的课程设置参见《咨学部录送湖北存古学堂课表章程》（光绪三十三
　年五月），苑书义等主编《张之洞全集》第 6 册，第 4386—4396 页。
③ 学部：《奏修订存古学堂章程折（并单）》，《政治官报》第 1249 号，宣统三年三月二
　十六日，折奏类。

已奉到学部《修订新章》的情形下，四川存古学堂送呈学部的"宣统四年"预算表册在"教员"项下新添专职金石、古乐教员各一人，却没有任何增聘西学"通习课"教员的名目。① 以当时极力撙节经费的办学取向言，增设专职教员的预案意味着校方准备翌年单独开设这两门课程，而不是将其附于其他课程中"兼讲"。

"宣统四年"的预算表册固然因辛亥鼎革而化为泡影，但类似举措在民初得以延续。该校更名四川国学馆后的新章在"课程"项下专条提出"中国历算、乐律、医术均当特别研究"，而法政、经济、外史地、博物等均作为"随意科"，仅"选新出编译善本指定起讫使学生自习，按月发题课试之"。② 这里表现的不仅是中学与西学的轻重缓急，实提示着川省办学员绅对存古学堂保存和授受的"国粹"范围有着与张之洞及学部并不全同的理解和认知。如古乐即是鄂省课表章程及学部《修订新章》均无的内容，而特别凸显历算、乐律、医术等科目，也很能体现"易学在蜀"这一悠久的传统。

至于金石学，《湖北存古学堂课表章程》以其"可为考经证史之资"而附入"小学门"，并提出"要以考释文字为先"。③ 这一主张在学部《修订新章》中得以延续。川省存古学堂未设专职小学教员，却试图直接设立"金石教员"，意味着金石学在四川存古学堂课程设置和教学授受中地位似更高。这大概与该校师生的治学风尚不无关联。

监学罗时宪曾为首届存古学生"按课编辑"成《小学达诂录》一书，以"揭小学精微"，并示以"入手门径"。他在该书自序中肯定《说文》一书"乃小学之梯航，儒生所不可不读者"；但也指出，该书"全宗小篆，多破绽。即间引古籀，略无论断。至于夏商以前之科斗、商周

---

① 《四川省存古学堂预算宣统四年报告分册》（宣统三年五月），晚清学部档，财经类，档案号：295。

② 同年十一月归并国学院成为其"附设国学学校"后，新章将博物、经济取消，"外史"替代"外史地"成为选修性质的"随意科"，但并未成为存古首届学生办理毕业的考核依据。

③ 《咨学部录送湖北存古学堂课表章程》（光绪三十三年五月），苑书义等主编《张之洞全集》第6册，第4391页。事实上湖北存古学堂在办理运作中始终没有延聘专职金石学教员。参见湖北省官立存古学堂光绪三十四年上学期、宣统元年上学期、宣统二年上学期一览表，清学部档，档案号：195/135；《湖北存古学堂教员调查表》，《学部官报》总第158期，宣统三年六月十一日，京外学务报告，页码残。

时代之钟鼎，目不一睹。故言声言义，以经证之多不合"。有鉴于此，他认为存古学生应"不为许书所囿，思想自由，乃足以贯通小学"。① 按，罗氏的老师吕调阳治小学即讲求"本商周钟鼎款识及古文大篆谉正小篆讹谬"。这样的治学取向成为罗氏数十年研究小学一以贯之的理路。② 而罗氏更以"思想自由"这类"新名词"来表述其治学主张，实已在倡导一种更为开放、更具怀疑和批判眼光的治学风尚。首届存古学生叶培根在研习《小学达诂录》后即感到"本此训以解字，始知株守《说文》之非；本此训以治经，始知拘牵注疏之谬；本此训以考音韵，始知陈第、顾亭林、段玉裁辈虽得梗概，尚未尽其精微"。③

叶培根所云或不免有诶师之嫌，且多少已有些语涉狂妄。但类似倾向实已成为该校风气，民初该校学生曾向刘师培求教"许书说字，或非本字始初之谊"的问题，并提出"重编许书，以六书为纲"的思路，直接挑战清代汉学最为看重的《说文》。刘师培在一一辨析其问题后严词告诫他们，切不可"易洨长（许慎）之楷模，蹈渔仲（郑樵）之覆轨；忘旧章之率由，紊纲条于既治。疲精竹素则滞而少功，见意篇籍则洒而忘本。徒深㑃矩之讥，靡须正名之用。知言君子，当不其然"。④ 上述疑问及治学思路的提出，提示着"不为许书所囿"的治学风尚在该校学生中不乏追随者。注重"商周钟鼎款识"等是晚清开始逐渐盛行的新风。⑤ 对传统治学方式有相当程度的突破，体现出蜀中学风与时俱进的一面；但初学之人就要"重编许书"，的确有些大胆有余而学力不足。

第五节　川省与学部的互动

由于四川存古学堂开办时在章程上有其特殊之处，后来川省与学部之间在学生资格和办学规模上都有些抵牾。在因此而产生的争执中，最后基本是学部的意见占上风。但在四川方面的力争之下，学部也时有让

---

① 罗时宪：《小学达诂录》，自序，卷首第 24A—25B 页。
② 罗时宪：《吕先生传》《〈求是轩丛录〉原始》，《小学达诂录》，卷首第 2A—B、5B 页。
③ 叶培根：《〈小学达诂录〉序》，载罗时宪《小学达诂录》，卷首第 22A 页。
④ 《答四川国学学校诸生问〈说文〉书》，《刘师培全集》第 3 册，第 539—541 页。
⑤ 参见李学勤《古文字学十二讲·第九讲："小学"的宝藏》，《文史知识》1985 年第 7 期，第 80—81 页。

步，予以变通处理。

宣统三年四月十三日，四川存古学堂奉到学部上月初正式奏准颁行的《修订新章》。① 学部《修订新章》将存古学堂学制统一定为八年，分设五年中等科、三年高等科两级学程。前者"以高等小学堂四年毕业生考取升入，如人数不敷，暂准招收读完五经、文笔通适之高才生"；后者以中等科学生毕业考试及格后自愿升入，并准"举人之中文优长兼习普通学者"考入。② 当时四川存古学堂按照自订简章招收的首届学员已就读近一年，如何接续办理他们的学业便成为相当棘手又亟须解决的现实问题。

四月十八日，署理四川提学使刘嘉琛以四川存古学堂"主课、辅助课查与定章高等第一年相符，学生多系旧时廪贡生员，文理优长，年岁亦长，若降为中等实多窒碍"为由，请示学部"可否即照高等科章程接续办理"。③ 二十六日，学部复电要求川省遵照《修订新章》的规定将其作为中等科第三年级办理。④ 除廪贡生员外，川省首届存古学生还有"从前变通办理三年毕业之中学生及由监生出身"考入者。五月初十日，校方咨文提学使提出，首届学生招考时，未奉部章，中学毕业及监生出身者"本以程度相同"而"考取在案，与廪贡生员等一律入堂肄业，已经两学期之久"，故呈请将他们一并"作为中等科第三年级，以免参差"。为此刘嘉琛六月初一日专电"再请部示"。七日，刘氏并将此事原委详呈川督，恳请咨明学部允准存古校方请求。⑤ 八日，学部答复刘嘉琛同意该校中学毕业生"可援照办理"，但"所取监生不得插（中等科第）三年级"。⑥

上述争议源于川省官方原有办学思路与学部《修订新章》的差异。四川存古学堂在开办之初违背此前学部停办预科的禁令而"先行开办预

---

① 谢无量：《咨呈提学使文》（宣统三年五月初五日），存古档，第11卷，第6A—7A页。
② 学部：《奏修订存古学堂章程折（并单）》，《政治官报》第1249号，宣统三年三月二十六日，折奏类。
③ 《四川提学使司致学部电》（宣统三年四月十八日），清学部档，档案号：195/139。
④ 学部：《复四川提学使电》（宣统三年四月二十六日），清学部档，档案号：195/139。
⑤ 《四川存古学堂监督谢咨呈提学使文》（宣统三年五月初十日）、《四川提学使司详请督宪转咨学部文》（宣统三年六月初七日），存古档，第11卷，第8B—10A、33A—34B页；《四川提学使司致学部电》（宣统三年六月初一日），清学部档，档案号：195/139。
⑥ 学部：《复四川提学使电》（宣统三年六月初八日），清学部档，档案号：195/139。

科"，招收中学堂毕业生入堂。而按照学部《修订新章》的规定，存古学堂中等科在报考资格、学制年限、毕业出路等方面大体比照着普通中学堂的层级。① 川省办学员绅试图将中学堂"变通"毕业者归入中等科第三年级，自是"降格以求"，但终究与《修订新章》的招生规定不符，故专门向学部请示。学部允准川省方案也是在《修订新章》规定以外的"变通"处理。

而监生原为湖北奏章明令不取。② 四川方面一开始就将其正式列入报考范围，似乎对旧式读书人的资格看得较高。《修订新章》即便对高才生网开一面，也是指在甄录合格后与高小毕业生一同进入中等科一年级。川省官方试图将旧式读书人中规格最低的监生与廪贡生员、中学堂毕业生一并算作中等科三年级，当然有所"逾越"。不过，在川督出面后，学部终于暂准"既无出身又未在学堂曾经肄业"的监生考入者与其他学生"同堂教授"，但"毕业之际只准升学，不给奖励"。③

查光绪三十四年七月学部曾饬令四川高等学堂预科丙班学生"不给奖励，但准其升入高等学堂"。④ 这与该部最终允准四川存古学堂首届学员中监生考入者的接续办理方案如出一辙，在一定程度上实际承认四川此前所办的"预科"可以转为"正科"。然而这些学生转入的是"中等科"而非原先拟订的"高等科"，四川存古学堂的首届学生由开办时的"高等预科"变成了"中等正科"，仅增加了两年的学历而已。故学部虽表现出灵活性而有所让步，四川方面违规办学也付出一定的代价——中学堂"变通"毕业生累计已学四年，还要再读两年才能获得存古中等科的资格。⑤

---

① 参见张之洞等《奏定中学堂章程》（光绪二十九年十一月二十六日），朱有瓛主编《中国近代学制史料》第 2 辑上册，第 382—393 页；学部《奏修订存古学堂章程折（并单）》，《政治官报》第 1249 号，宣统三年三月二十六日，折奏类。

② 《创立存古学堂折》（光绪三十三年五月二十九日），苑书义等主编《张之洞全集》第 3 册，第 1764 页。

③ 学部：《咨四川总督文》（宣统三年七月），清学部档，档案号：195/139。

④ 学部：《奏议驳四川高等学堂丙班学生奖案折》（光绪三十四年七月），潘懋元等编《中国近代教育史资料汇编·高等教育》，上海教育出版社，1993，第 100—101 页。

⑤ 按，川省自订简章规定也招收举人（赵启霖：《本署司详请奏设存古学堂文（简章附）》，《四川教育官报》第 4 册，宣统二年四月，公牍，第 3B 页），而举人按照《修订新章》是可以直接报考高等科的。不过，从目前见到的材料来看，不能肯定实际所招学生中有举人出身者。

而以监生考入者则可以说收获较大，但"不给奖励"也是相当有力的保留，因"奖励"意味着比照旧功名的资格，正是不少学子特别看重的。

当然，"只准升学，不给奖励"的处理在精神上也符合存古学堂的定位，即其本不为"急于谋生者"所设，而是为保存国粹而"储材"。若是学生将存古学堂看作"谋生之借、猎名之津"的"希荣慕利"之徒，恐怕会对此感到失望。但清季四川对存古学堂"士类倾心，咸思来学"的现象似乎是持续的，故四川存古学堂一直努力想要扩充其学额，在这方面也与学部有着不同的观点和持续的争议。

尽管在办学运作上面临不小的经费压力，四川存古校方在勉力维持的同时仍有相当恢宏的扩办设想。学堂在拟就宣统三年预算表册时曾附"简明说帖"提出，宣统三年下学期拟添招"预科学生一百名"，故须添建寝室 20 间、正科讲堂 3 间、藏书楼 1 座，并加筑后围墙一道，再加上添置器具图书及教职薪修、伙食杂用等费，即便"暂从节省，择要购备"，也至少需银 21100 两。① 宣统三年四月，四川清理财政局以"照转必干部驳"为由饬令存古校方"仍照去年达部原案撙节开支"。②

但校方并未停止试图扩大办学规模的努力，同年五月，校方又拟定《四川省存古学堂预算宣统四年报告分册》，经由川省官方咨送学部。新的预算仍计划添招百名学生，并因此而改变管理员由教员兼任的旧例，所有管理员均拟延聘专人，故"师资"项下共计列有专职教员 17 人、管理员 8 人（该校第一学年"师资"人数最多时也只有 13 人）。③ 九月，川省清理财政局将存古学堂提出的"新增经费"6288 两从"国家岁出预算表"中提归《四川省试办宣统四年地方岁出预算比较附册表》中。④ 这样，"宣统四年"拟请学部拨给四川的岁出预算较宣统三年反而有所

---

① 《宣统三年预算经常临时开支各款简明说帖》，存古档，第50卷，第68A—B页。
② 《存古学堂收到的提学使司照会》（宣统三年四月二十六日），存古档，第55卷，第3B—6B页。
③ 《四川存古学堂试办宣统四年岁入预算清册》（宣统三年二月），存古档，第58卷，第2—4A页；《四川省存古学堂预算宣统四年报告分册》（宣统三年五月），晚清学部档，财经类，档案号：295。
④ 《四川省试办宣统四年国家岁出预算表》《四川省试办宣统四年地方岁出预算表》《四川省试办宣统四年地方岁出预算比较附册表》《存古学堂宣统四年预算岁入岁出简明分表》，存古档，第38卷，第6A、7A、9A、14A—B页。以上各表均为宣统三年九月制成。

减少，也意味着四川官方打算完全依靠当地财政完成存古学堂的扩建计划。

四川存古学堂所拟规模恢宏的扩办规划在学部定章允可的办理程序内得到了川省当局的再次确认，并进而出台了具体的预算实施方案。这样的扩办设想大体即是该校办学员绅与川省官方对学堂未来发展的某种共同愿景。实际上，在《修订新章》颁布前，江苏省谘议局即已议请裁撤曾经被其他省份奉为范例的江苏存古学堂。[①] 学部在《修订新章》中对兴办存古学堂的态度也不积极。云南、直隶等省皆将原拟宣统三年兴办存古学堂的计划推迟到"宣统四年"。[②] 在这样的氛围中，四川的情形的确有些特别。

实际上，四川存古学堂采取的是边申报边办理的策略。就在宣统三年五月，存古校方呈准提学使"添招通学两班"。[③] 四川教育总会按照校方"招生广告"，查核 13 名"流寓在省"者"学年资格尚与贵堂招考资格相符，向学之意又敦诚可喜"，故咨送投考。由咨文所附履历清册来看，其中有 3 名中学堂未毕业者、2 名高等小学堂肄业生，更有 1 名"日本盛冈农学校六学期卒业"者。[④] 前述蒙文通的报考经历说明，四川在与学部进行反复的"公文战"的同时仍将监生作为报考资格。而蒙先生以在读中学堂学生的身份通过"捐监"的方式来报考，以及上述留日学生的报考，都说明川省存古学堂在时局动荡的辛亥年仍具相当的吸引力，较一年前首次招考时并不逊色。

第六节　停办及民初嬗替

辛亥下半年四川保路风潮发生后，政局的动荡直接影响到存古学堂

---

① 唐文治、曹元弼：《致学部函》（宣统三年二月），清学部档，档案号：195/134。其实，第四章说过，早在宣统元年下半年，即有江苏谘议局议员在提交该局的议案中建议裁撤存古学堂。

② 《云南省试办宣统四年地方岁出新增特别重要事件预算附表》《直隶省试办宣统四年地方岁出预算比较表》，晚清学部档，财经类，档案号：307、324。

③ 《四川提学使司给存古学堂的照会》（宣统三年五月十二日），存古档，第 11 卷，第 11B—12A 页。

④ 四川教育总会：《咨送考生履历清册文》（宣统三年闰六月），存古档，第 36 卷，第 73A—75A 页。

的运作。校方请领七月官款 800 两的呈文至八月初九日始奉到提学使司批示："因路事风潮未息"，学务公所已不能照当年预算之数办理，故"由会计科暂给九七平银六百四十两以备应用"。此后该校八月、九月呈领官款仍是如此办理。① 同样因为保路"风潮未靖"，学堂第二届招录学员先拟展限到九月初二日上课，② 终未能如期开学。九月十九日，校方又以"道路梗塞，续考者既属寥寥，即已取者亦多回藉［籍］"为由，牌示"明春招集如额，示期一律入堂"。③

时局的动荡使新班不能开学，首届学生也只能在非常规的情形下勉力维持。从日平均伙食支出看，八月、九月在堂学生已不足 20 人，而时当暑假的七月在堂学生还有 36 人。④ 在堂学生大幅减少最主要的原因无疑是"路事风潮"导致不少学生辍学回籍（包括响应罢课号召者和仅为避难而走者）。而十月的学生"平均在堂人数"却陡增至 43 人。⑤ 这或与九月下旬保路领袖蒲殿俊等被释放有关，说明当时社会对政府与保路会士绅间达成某种妥协解决方案较有信心。但四川路事风潮变化极快，官民双方不久即形成正面的流血冲突。十一月、十二月的学堂进出款目四柱清册中已不见任何贴补学生伙食的记录，意味着学堂已基本停办。支取薪水者仅庶务长王家宾一人，显然是停办中的看管维持者。

民国代清的政治变动迅速影响到四川官立存古学堂的运作。民国元年二月初十日，学校更名为四川国学馆。⑥ 原有的教学事务由新组成的"教科之部"管理；清季已有开办计划但未及实施的存古书局成为"印刷之部"，旨在使"古籍流通并可酌提为考验诸生之奖励品"；另设"杂

---

① 《存古学堂奉到提学使司批七月经费文》（宣统三年八月初九日）、《存古学堂奉到提学使批八月经费文》（宣统三年九月十四日）、《提学使批存古学堂九月经费文》（宣统三年九月十六日），存古档，第 56 卷，第 4、24B、42—47B 页。
② 《存古学堂牌示》（宣统三年八月二十日），存古档，第 33 卷，第 33 页。
③ 《存古学堂牌示》（宣统三年九月十九日），存古档，第 37 卷，第 37 页。
④ 本段所述参见《四川存古学堂宣统三年六月至十二月堂中进出款目四柱清册》，存古档，第 55 卷，第 55A—58A、72A—76A 页；第 56 卷，第 17—21A、36—41B、58A—62A、69—74A、79A—80B 页。
⑤ 据当月四柱清册的"伙食项"下第二栏所记，堂中学生"除请假出堂平均计 43 人计 1247 天"。
⑥ 《四川国学馆民元二月初十日至三月三十一日四柱清册》，存古档，第 56 卷，第 81—84B 页。

志及讲会之部"。① 显然，更名后的国学馆已是涉及颇广的官立综合性文教机构，教学仅为各项"组织"职能之一。1912 年 6 月，川省成立国学院作为"全省国学机关"。② 由于国学馆与国学院职能相当重合，四川"民政府"倡议二者合并，国学院"全院议决"同意并拟出具体方案。③ 同年 11 月，经省议会决议通过，国学馆正式并入国学院。国学馆一切事宜均由国学院统一办理，该馆原"教科之部"成为四川国学院附设的"国学专修科"。④

　　官绅的共识与合作是国学馆、院顺利合并的基础。官方倡议合并，"一因统一国学机关，一因节省经费"。国学院院正吴之英与院副刘师培、谢无量等筹商后也认为，国学馆、院"同负国学之名，自不能漫无系统，论同一内容之件更无容歧出机关"。国学院原在成都三圣街租房办公，馆院合并后迁入城南国学馆旧舍（也即清季存古学堂）内。国学馆所授课程"除算学、法学两教员业经订立本年合同，应行依旧延请外，其余各科即由院员热心教育者分门担任，不送薪金。惟酌送夫马费"。国学馆藏书可供国学院院员参考，国学院"旧定之图书购置银"可"权作教员夫马费"。其他"杂支之属悉可并二为一。所有司事、缮写各员亦可广加裁汰，所省经费当可岁达万元"。如此"事从积极进行，款从消极着手，事增款减，便益良多"。⑤

　　但川省官绅的赓继办理举措与新的教育部精神相违背。1912 年 10 月，教育部公布《专门学校令》，总计开列十类"专门学校"，无一与"古学"有关。⑥ 新教育系统显然要将前清存古学堂完全摒除在外。这为川省的续办努力增加了不小的难度，其实际的办理过程相当曲折。国学馆、院合并后，经全院"公议"并报川省当局批准，"附设国学专修科"

---

① 《国学馆办法简明章程》，存古档，第 3 卷，第 1—3 页；《四川国学馆民元下学期预算表》，存古档，第 38 卷，第 43A—45B 页。
② 《四川国学院民国元年下半年概算表》，存古档，第 38 卷，第 24A 页。
③ 本段及下段所述除特别注明外，皆参见《国学院咨请民政府裁核国学馆、院合并条件文》（1912 年 9 月），存古档，第 5 卷，第 1B—4A 页。
④ 《关于国学馆改名为国学专修科并入四川国学院的报告》（1912 年 11 月 1 日），存古档，第 6 卷，第 1B—2A 页。
⑤ 《国学院、国学馆合并条件（一）》（1912 年 9 月），存古档，第 5 卷，第 6A—8A 页。
⑥ 教育部：《专门学校令》（1912 年 10 月），《中华民国史档案资料汇编》第 3 辑《教育》，第 107 页。

更名为"国学学校"。① 仅就名称看，后者明显更接近部章规定。至 1913
年初，教育部明令各省将公立专门学校统一"正名"为"某某专门学
校"，川省当局将"国学学校"归为公立专门学校性质送部查核，试图
"比附"部章继续办理。②

　　但教育部在废止前清存古学堂问题上态度极坚决。1913 年春季学期
末，国学院以存古旧班学生"造诣在中学之上"，"与高等师范学级颇
同"，咨请四川民政长转呈教育部，准许将其"照高等科三年毕业"。③
同年 6 月 17 日，教育部专门司"专函奉商"四川民政长，指出四川存古
学堂"既经前（清）川督咨明学部有案，此次期满应即准其作为中等毕
业"。惟该校"在前清时视为特设学校，并不在学校系统，自毋庸继续
办理，应请转饬俟原招学生一律毕业，即行停办，不得再行添招新生"。
该部还另行"径电川督"，请其下令停办该校。④ 大约同时，教育部还致
函江苏、广东等其他清季办有存古学堂的省份，强调"根据历颁部令"，
正"极力设法"废止该校。⑤ 由函文看，此前似乎还有相关的废止存古
学堂"部令"在。

　　国学院收到上述禁办专函后，经全院"公议"决定再次向川省当局
呈递报告说，四川存古学堂"于前清宣统二年开办，斯时部订专章尚未
公布，所招学生均中学毕业及举、贡、生、监考入，凤具根柢，比各中
校生有过之无不及"，且当前"川省各属中校日增，国学教员至为缺
乏"，恳请转咨教育部将其作"国学专门学级"毕业。⑥ "国学专门学级"
当然与此前国学院提到的"高等师范学级"有所不同，但仍是明显高于
"中校生"的高等专门规格。不仅如此，国学院更提出"另订章程，呈
部核准，续招新班"的办学计划，恳请民政长一并电咨教育部，从而将

---

① 《国学院咨请改名呈文及民政府批示》（1912 年 11 月），存古档，第 7 卷，第 1A、
　99B—102A 页。
② 《国学院咨送新旧两班学生清册文》（1913 年 3 月），存古档，第 26 卷，第 10B—14B 页。
③ 《国学院咨送前清存古学堂旧班学生试验成绩总分表、专经名目表文》（1913 年 5 月），
　存古档，第 26 卷，第 40A—43A 页。
④ 《教育部专门司致四川民政长函》（1913 年 6 月 17 日），清学部档，档案号：195/139。
⑤ 教育部致函江苏、广东两省的相关情形参见《江苏省教育司回复教育部函》（1913 年 6
　月），清学部档，档案号：195/134；《广东学务司呈报教育部前清存古学堂停办情形
　文》（1913 年 6 月），清学部档，档案号：195/142。
⑥ 《国学院关于存古学堂停办一事的报告》（1913 年 6 月），存古档，第 7 卷，第 3B—5A 页。

学生毕业方案与"另立国学专门"的续办规划关联在一起。实际早在民国元年八月，四川国学院"新甲班"24 名学生即已正式开学上课。1913年 2 月，四川国学学校又添招学生 16 名组成"新乙班"。① 显然，川省方面没有停办之意。

四川行政公署回复国学院指出，存古旧班学生宣统三年曾由川督咨商学部，拟作为"中等科"毕业，"自未便过事争执，致违成案。至请另立国学专门一节，且俟旧生毕业后再行筹划"。② 川省当局不同意再为存古旧班学生争取"国学专门"毕业学级，但对"另立国学专门"一事留有余地。而国学院则坚持己见。1913 年 7 月初，院方又向四川行政公署呈文提出，国学学校民国元年简章第 19 条规定存古"旧班学生与高等学校相等"，此次毕业当照此办理。该班学生"均系举贡及中学毕业考入，经住校三年之久，其程度实达中学以上。若以堪充中学教员资格，仍俾以中学毕业，不独令其向隅，似于现在中学教员缺乏之际，未足以应需求"。查教育部《高等师范学校规程》第 8 条规定"中学校某科教员缺乏时得设专科"，旧班学生民国元年上学期"改治专经，其意已与部令相合"。教育部《大学规程》中，"哲学类"的"中国哲学"项下"明指各生所治专经名目"，"国文类"的"说文、音韵、史学、词章"更是存古"旧班生所习，是该生等程度比照高等师范专修科、大学预科尚无不合"。故重申前请，祈将以上情形电咨教育部。③

国学院坚持推翻清季"成案"，固然是为这批学生力争更高的毕业规格，同时也是考虑到学校以后的出路。盖学生的毕业规格与学校的未来规划实有关联。若存古旧班学生的"国学专门学级"能够成立，则"另立国学专门"计划自然顺理成章。此次呈文有两处值得注意。一是存古旧班学生的入学资格问题。前引国学院 1913 年 6 月呈文所述该班学生清季"均系中学毕业及举贡生监考入"大体属实，此次呈文则说他们"均系举贡及中学毕业考入"，从行文看，似乎不是笔误。隐去"生员"

① 《四川省国学学校一览表（1913 年 8 月起至 1914 年 7 月止）》，存古档，第 1 卷，第 40A—42A 页。
② 《四川行政公署回复国学院文》，引在《四川国学院呈请电咨教育部文》（1913 年 7 月），存古档，第 59 卷，第 57B—60B 页。
③ 《四川国学院呈请电咨教育部文》（1913 年 7 月），存古档，第 59 卷，第 57B—60B 页。

和"监生"，该班学生的整体入学资格当然提升不少。二是此次呈文特意就教育部明令存古旧班生"照前清存古部章作中等毕业"解释说，宣统三年学部颁行《修订新章》后，川省方面曾"筹议详陈"相关问题，但因"争路事起"而未果。实际上，前文已述，当时川省方面与学部的协商并未受保路运动的影响，双方对存古旧班学生的"中等科"学级问题已有"定案"。国学院院正吴之英、院副谢无量时任存古学堂教务长和监督，是主要的经办人，时隔仅一年多，国学院为争取存古学生的毕业规格和国学学校的赓续办理而殚精竭虑，可见一斑。

最后存古旧班学生仍照中等科毕业，[1] 但赓续办理一事则在国学院员绅的不懈努力和川省官方的实际支持下出现转机。1913 年 8 月中旬，四川行政公署传达了教育部查核"前清学部立案之官立、公立各专门学校"的饬令。同年 10 月，国学院援引部颁《高等师范学校规程》呈请将国学学校再度更名为"四川国学专修学校"。[2] 实际上部章原意是指各省"师范学校及中学校某科教员缺乏时得附设是科于高等师范校内，并非特立一校"，实与川省单独开办国学专门学校不同。国学院此举多少有些牵强附会。教育部回函即指出了两者的区别，并表示该校"前招学生既未尽数毕业，仍准照旧办理，不必更立名目，转致纷歧。若必欲援照第六号第八条部令，即须将该校归并该省高等师范学校。其学生必再经甄别合格，确以为应时势之需乃附设是科，斯于部令相符"。[3] 这固然维护了部章《高等师范学校规程》的权威，却为川省敞开了赓续办理国学学校的大门。

1913 年 12 月 31 日，国学院咨覆四川行政公署表示，国学学校若"援例归并"四川高等师范学校，"窒碍尚多，唯有从部覆所云：'照旧办理，不再更立名目'"。全院"公推院员廖平主任校务"。[4] 翌年 2 月，川省当局依照"修正二年度预算案"正式停办四川国学院，改组专办"四川省国学学校"。[5] 由廖平任校长，学校归"四川巡按使公署政务厅"主管，以

---

① 《国学院呈送旧班学生毕业材料文》（1913 年 9 月），存古档，第 26 卷，第 64B—66A 页。
② 《国学院咨呈新拟国学校规程文》（1913 年 10 月 7 日），存古档，第 6 卷，第 8B—11A 页。
③ 《四川省行政公署转饬部覆文》（1913 年 12 月 7 日），存古档，第 7 卷，第 6A—B 页。
④ 《国学院咨请民政长核准院员廖平兼任国学学校校长文》（1913 年 12 月 30 日），存古档，第 60 卷，第 57B—60B 页。
⑤ 《四川国学学校中华民国元年起至 4 年止历年调查沿革表》，存古档，第 1 卷，第 66 页。

"造成中学师范及各项国学教习为目的。附设存古书局，访刊乡贤遗书暨补刻前清尊经、锦江两书院旧刻书籍坏板，并月刊《国学荟编》一册，专以研究国学、发扬国粹为宗旨"。① 至 1918 年底，学校又改组并更名为"四川公立国学专门学校"。② 据《四川大学史稿》所记，这应是四川存古学堂民元后的变体作为独立的国学研究和教学机构存在的最后形式。1927 年后，学校转为"公立四川大学中国文学院"，最后并入"国立四川大学"。③

第七节　民初办学思路的延展

民元后，学校的教学规章呈现出灵活开放而不失其故的特征。国学馆简章规定，主课教员讲授国学，"凡经、史、词章用功次第、点阅何书、参考编辑何书皆由教员规定。首在讲堂发起条例，每日监察诸生自习勤惰。每周批答所缴札记及评改课卷，随时于讲堂发还，以便质问。遇经史疑义稍繁重者，亦会诸生公决之"。④ 教员"于学术门径及条例须面授者随时升堂讲演，在馆学生概须听讲"。学校"设有藏书室，学生于主课以外均可随时览阅以扩学识"。

考试分"临时考验、学期考验二种"。主课教员规定学生点阅书籍页数，查验学生每周所呈"日记"，"须有摘抄若干条，疑义心得若干条（条数由教员定之）为及格"，并"每月综其勤惰以定分数，又就所阅经史每月各发问题考验一次，并考验词章一次"，是为"临时考验"。此外，每学期"由教员先发编书条例若干条，令学生就其条例各择编一种，限于一学期内编成，考其优劣以定分数（如大种非一学期所能成者，于学期先将成稿呈阅以定分数）"，是为"学期考验"。无论是学生的"用功次第、点阅何书、参考编辑何书"，还是何时"升堂讲演"、面授"学

---

① 《四川国学学校中华民国二年八月起至三年七月止周年概况报告书》《四川国学学校近三年办理概况一览表》，存古档，第 1 卷，第 49A—50B、61A—B 页。

② 《关于改组国学专门学校的报告》（1918 年 12 月），存古档，第 7 卷，第 83B—86 页。

③ 《四川省长公署公函（7 年省字第 37 号）》（1918 年 12 月 31 日），存古档，第 7 卷，第 86A—B 页。另可参见《四川大学史稿》附录一所列《四川大学历史沿革表》（第 373 页）。

④ 本章以下所述国学馆教学规章和授受方式，除特别注明外，皆参见《国学馆办法简明章程》《国学馆简章》，存古档，第 3 卷，第 1—3、4—8 页。

术门径及条例"，乃至学生点阅书籍的页数，所呈日记的摘抄、疑义、心得条数，编书的条例等，皆由教员自行安排。显然，教师在整个教考过程中有相当大的自主空间。①

国学馆章程还规定，主课"每月及学期考验先期宣布题目条例。校外学者亦得与考，佳者特赠奖品。将原文揭载杂志以示鼓励。凡考验期内，校外愿与考者可至馆检阅图书，惟不得携出"。这与四川存古学堂专门针对正额取录以外好学之士的"储材"计划有所不同，但清季"广其路以待之"的办学思路仍在延续，也从一个侧面提示着民初虽时局动荡，但川省办学官绅对国学馆的吸引力仍有充足的信心。

实际上，清季四川较他处更甚的"存古"之风民元后确在延续。国学馆成立的"杂志及讲会之部"，专门负责开设清季蜀中士人拟设未果的国学会并刊行《国学杂志》。该会"由国学馆及馆外通儒发起"，意在"约集通材，实地研究古礼古乐并示期讲论，仿白虎观法办明各经大纲巨案"。每周开会一次，"命题讲演，先期拟题登报，凡馆外热心国学者均得入场旁听。一则馆内学生得资传习，以储临时讲演员之材；一则广树风声，俾国学渐臻普及"。②国学会"附刊杂志，凡会中讲义以及馆内外佳作均得入选"。学生如"治经编著一书，条例秩然"，也"由国学会酌量付印"。数月后，国学馆归并国学院。鉴于国学会设立以后"成效昭然"，国学院决定将该会改为"讲演会，于院员之中推一谙悉外情、语言昭朗者主任其事"，"一切办法略遵旧制"。

前文说过，国学馆与国学院合并，意在"统一国学机关"并竭力节省经费。国学馆每月原由川省教育司拨发公费银 800 两，归并国学院后，除国学会经费每月 100 银元、存古书局经费每月 200 两由国学院直接向四川"民政府"咨领外，其余"悉行裁节"。在厉行节约的办学氛围中，川省办学官绅仍对国学会、存古书局奉行"专款专用"的原则，可见其对二者的重视。至 1912 年底，孔教扶轮会咨请国学院"于国学讲演会款项内酌拨助款"。孔教扶轮会采取这样的筹款方式，从一个侧面提示着当

---

① 国学馆归并国学院后，新章规定，"国学主课教员除每周查课二次外，其随时讲演、查课、考验、批改均参照国学馆旧章办理，由主课教员规定揭示"。《四川国学院附设国学学校章程》（1913 年 4 月），存古档，第 1 卷，第 20B—27B 页。
② 《国学馆、国学院合并条件（一）》（1912 年 9 月），存古档，第 5 卷，第 6A—8A 页。

时国学讲演会办得多少有些声势和影响力。① 1913 年 9 月，因四川讨袁战事吃紧，国学院接到四川财政司节减经费的命令，经过"再四筹商，惟有于不得已之中"，决定从当月起将国学讲演会"开支之五十元全行停支"，存古书局每月补助金由 282 元减为 182 元。②

在治学规程上，校方始终强调"读书先要识字"这一源远流长的中国传统治学思路。国学馆章程拟添招 15 岁以上 20 岁以下"读过经书，文笔清顺者"组成"通学预备班"，"专治小学，拟以二年为期"。③ 国学馆、院合并后，新章仍明确规定"新班"须先习《说文》。④ 1914 年，存古书局刊印由廖平、吴之英共同署名的《经学初程》一书，意在为初学者导示治经门径。⑤ 书中专条驳斥了"鄙弃小学、好高骛远"的风尚，倡言"古人先入小学后入大学，原有等次"，"治经之道，不能离声音训诂"。两位清季民初的蜀中名儒虽然经说各异，但在初学者的治经规程与门径上有相当的共识。

关于治经年龄，《经学初程》明确提出："治经岁月略以二十为断。二十以前，纵为颖悟，未可便教以经学，略读小学书可也，然成诵则在此时。二十以后，悟性开则记性短，不可求急助长，当知各用所长。"这与国学学校为新生拟订的教学计划相当绾合。校方 1914 年为新生（年龄皆不足 20 岁）开设经学、史学、国文、习字、算学等课程，经学课的研习内容只有"小学"，且经学课时数超过其他四门课的总和。⑥

此外，校方还提倡学生"抄书"。国学馆简章则规定，学生课程"以抄书、点书、写札记及各习一经为主"，并有"抄书"专条做具体说明："抄书以本经古书为主，新班则先《说文解字》《白虎通义》《五经

①　《国学院咨呈省议会文》（1913 年 1 月 7 日），存古档，第 58 卷，第 100B—101B 页。
②　《国学院咨呈四川民政长文》（1913 年 9 月 24 日），存古档，第 60 卷，第 13B—16A 页。
③　《国学馆办法简明章程》，存古档，第 3 卷，第 1—3 页。
④　《四川国学院附设国学学校章程》（1913 年 4 月），存古档，第 1 卷，第 20B—27B 页。
⑤　本段及下段所述除特别注明外，皆参见廖平、吴之英《经学初程》，存古书局，1914，第 2A、8A 页。廖平初撰此书脱稿于光绪十二年，光绪二十三年由尊经书院刊刻，并收入《四益馆经学丛书》（廖幼平编《廖季平年谱》，巴蜀书社，1985，第 36—38、55—56 页等）。清末的版本今未得见，这里所引 1914 年印本后于 1921 年收入"新订六译馆丛书"中。
⑥　《四川省国学学校一览表（民国二年八月起至三年七月止）》，存古档，第 1 卷，第 40A—45B 页。至 20 世纪 70 年代末 80 年代初，四川大学历史系 1977 级本科班学生霍大同等向徐中舒教授请教治学门径，徐老先生答复："你们从认字开始。"参见霍大同口述《我的学术生涯》，朱晶进、李贤文采写。

异义》。抄分二种，或悉录本文；或由教师颁发条例，依类择抄，每星期
呈阅。其他应抄古书亦由教师规定。"① 国学馆、院合并后，新章仍明确
要求本校学生"凡钞书、点书、写札记均以本经为主"。由于其他新式
学校皆无此教法，校方还特意"查照教育部颁定管理规程第四条"，另
列专项教务管理细则："钞点之书必须自备，应钞应点之书不得请人代钞
代点，札记不得剿袭陈说。"② 据蒙文通回忆，民初国学学校提倡抄书，
因为抄书比读书印象深刻，同时鼓励学生勤记笔记。此风对他影响很大，
后来他指导蒙季甫、蒙默习经，皆出以此法。③

　　在学制方面，1914 年廖平出任四川国学学校校长后，认为"国学一门
非延长时间不足以资深造"，力主施行"两年预科、三年正科"的学程，
而且将 1912 年、1913 年入校的学生一律"作为补习通习"生，从 1914 年
起"算为入校第一期，所有从前成绩分数俟将来毕业时加入平均"。④ 至
1918 年底学校改组后，校方新拟的办学方案将学制调整为一年"预科"、
三年"本科"，"毕业后再加研究科一年"。⑤ 延长学制年限、细分预科正
科学程，同时少开西学课程，注重兼顾传统中学内部各分支学科。川省
方面上述一系列举措或不能完全解决前文所述西式学制与"国学浩博"
间的矛盾这一张之洞、罗振玉等忧虑的问题，但显然是在"新教育"体
系内探寻国学传习之路的尝试，且较之晚清的《修订新章》而言，恐怕
还是稍更切合国学浩博特点的新教育形式。⑥

　　在校务管理方面，国学馆简章规定："起息须有定时，住馆以后无故
不得终日出外，每日午后九钟馆门关闭即不再开。"⑦ 国学馆、院合并

① 《国学馆简章》，存古档，第 3 卷，第 4—8 页。
② 《四川国学院附设国学学校章程》（1913 年 4 月），存古档，第 1 卷，第 20B—27B 页。
③ 《蒙默先生采访记录》，2003 年 4 月 11 日，郭书愚采访并记录。据蒙季甫在《文通先
　兄论经学》（收入蒙默编《蒙文通学记》，第 61 页）中自述，蒙文通要求他将秦蕙田
　《五礼通考》、黄以周《礼书通故》二书中"同一问题所据不同经文和各家异说都分别
　条列出来"。他"一边读，一边抄，大概花了两年时间，资料抄了四厚册"。
④ 《廖平咨呈四川巡按使公署文》（1914 年 8 月），存古档，第 27 卷，第 10B—12A 页。
⑤ 《关于改组国学专门学校的报告》（1918 年 12 月），存古档，第 7 卷，第 83B—86 页。
⑥ 晚清学部颁行的《修订存古学堂章程》（《政治官报》第 1249 号，宣统三年三月二十
　六日，折奏类）以"吾国古学精深"为由将张之洞原拟学制延长一年。但实际的课程
　安排则是，除兼讲中西的"算学"课时数增加 62% 外，其余与西学有关的课程钟点数
　皆成倍增加，"古学"课程反而成为被缩减的对象。
⑦ 《国学馆简章》，存古档，第 3 卷，第 4—8 页。

后，新章规定，"本校管理规程悉遵教育部颁定管理规程办理"，"学期试验临时试验均与各学校同"。此外又"查照部颁规程第四条"另列 8 条专门管理细则，包括学生请假登记制度以及"冬春"与"夏秋"的每日作息时间等。①据蒙文通晚年回忆，民初校方令学生每人治经一部有比照尊经书院之意，师生所用也是尊经书院的刻板书。但学校在教学体制上有正规的学堂上课钟点，晚上有自习课，有教师巡查，学生终究不能像书院中人一般闲散。学校在办学运作上与旧式书院明显不同。②清末与民初的"新教育"体系当然有所不同，清季四川存古学堂及其民初的变体在实际运作中究竟在多大程度上践行了张之洞《存古奏折》中强调的西式教育管理规章，因史料所限，目前只能阙疑待考。但若说清季民初该校整体上一直坚守着西式新教育的办学形式，基本没有出现张之洞从办尊经书院到创存古学堂皆有意针对的"书院积习"，似不为过。

第八节　"主于礼制"学派的形成与流衍

四川存古学堂的民初变体作为当时川省唯一的高等专门国学研究和教学机构，在晚清民国蜀中学风的嬗替以及学脉传承中扮演着重要角色。民元后清季章程失去了效力，该校的继办者对首届学生原有教学规程进行了调整，教学方式也有变通。其中最根本且大体能凸显民初蜀学重心的改变在于，原本经、史、词章三科平行并列的设置模式被经学独大的局面取代。民国元年二月更名为四川国学馆后，新章在"教授主课"栏特加说明："前清以经、史、词章并列为三科。兹定国学馆学生全班分年专治一经，一经已毕业，再改治一经。由此递升，按年分授，以求深入（群经注疏平时兼习）。"此后更进而规定，即便是史学、词章两科学生也须将"本岁所习专经"与各自主科一并作为"主课"，且史学、词章授课钟点"不得与经学授课查课钟点相抵触"。

校方相当看重"分经专肄"学程，不仅明确提出，保存国粹"固以研究经史为最先，储养师资尤以分经专肄为必要"，更将其作为首班学生

---

① 《四川国学院附设国学学校章程》（1913 年 4 月），存古档，第 1 卷，第 20B—27B 页。
② 《蒙默先生采访记录》，2003 年 4 月 11 日，郭书愚采访并记录。

"造诣在中学以上"、应照高等规格办理毕业的依据。[①] 这一学程的"导师"制，相当有特色。为便考察，先列表6-2。

表6-2　四川存古学堂旧班学生专经名目

专经方向	导师	学生姓名
《仪礼》	吴之英	胡忠渊、胡特宪
《周礼》	廖平	陆蓍那
《礼记》	吴之英	邓宜贤
《春秋公羊传》	廖平	宋怀璟、邓先茂、邓纯经、李毓昭、彭先茂、罗树楷
《春秋穀梁传》	廖平	何耀祖
《春秋左氏传》	刘师培	皮应熊、李燮、鄢焕章、杨斌、华裔、庄鸿泗、李茵、萧定国、马尔滋、李绪、郑兰、桂熏、向华国、唐棣秋、姒禹谟
《左传》	刘师培	印国桢、彭咸、李世元、周以仁、魏继仁、杨盛华
《尚书》	廖平	郭从云、陈楚桢、吴光骘、吕志熙、李本道、董得科
《诗经》	吴之英	蓝启青、王锦谟、欧阳松、陈庆、王贞常、刘豪、刘基南、周梁鼎、李钟毓、张文熙、刘光枢、吴忠达、詹循臣
《论语》	吴之英	吴忠炳、廖先□（原件残）、江永祥
《孟子》	吴之英	凌月清、王溶章、李雍

资料来源：《存古首班学生专经名目表》（1913年5月10日），存古档，第26卷，第40A—43A页。

国学馆章程规定，"学生入馆一日后须各习一经，所习之经概由自定"。[②] 由表6-2可知"分经专肄"共列11个"专经名目"，每个"专经名目"皆列出一位"导师"。正因采取学生"各据性之所近"自愿择习一经而非校方按名额"配置"的方式，三位导师指导学生人数不等，各专经方向的学生分布尤不均衡。刘师培、吴之英分别指导的《春秋左氏传》和《诗经》分别多达15人、13人，而吴之英指导的《礼记》和廖平指导的《周礼》《春秋穀梁传》皆只有一人。

前文考察江苏存古学堂时述及以博、通为贵而不怎么讲求"分科"这一源远流长的传统，惟清代学术发展的内在理路中确有治学趋于专门

---

① 《国学院咨送前清存古学堂旧班学生试验成绩总分表、专经名目表文》（1913年5月），存古档，第26卷，第40A—43A页。

② 《国学馆办法简明章程》，存古档，第3卷，第2页。

的倾向，至晚清尤因西学东渐而得到强化。这一演进脉络在由书院到学堂的教学机构中皆有体现。广东学海堂的"专课生"制、同光之交张之洞在尊经书院力倡"专精探讨"的研习取向、[1] 清季四川致用学堂"意主专精，不事涉猎"的办学方针，[2] 以及存古学堂的专经专史学程，大体可说都是上述演进脉络中不容忽视的一环。

阮元道光六年初创学海堂，因"应课者各有所长，司课者宜兼众力"，故不设山长而代之以八学长，即有因应学术专门化趋向之意。至道光十四年两广总督卢坤增设"课业诸生"，各因性之所近，自择一书肄习，于 8 位学长中"择师而从，谒见请业，庶获先路之导"。如此"讲求专门之学"，固不限于经学，学生专肄之书也由官方兴办者限定范围。且对于学子极重要的每届季课仍循阮元"各用所长，协力启导"的思路，由 8 位学长共商出题，轮流由两位学长承办。但以专书为纽带确立的"专师"教学模式，多少有些后来"导师制"的雏形。[3] 四川存古学堂则直接出以西式"导师"的名目，展开分经专肄学程，说其是清季民初西方教学形式作用于中国传统学术研习的典型例子，似不为过，也提示着当时蜀学或不无"得风气之先"的一面。[4]

---

[1] 《輶轩语》（苑书义等主编《张之洞全集》第 12 册，第 9793—9795 页）列有专条倡导经、史皆宜专治一种，"通论读书"部分更明确提出"经治何经，史治何史，经济是何条，因类以求，各有专注"。《创建尊经书院记》（苑书义等主编《张之洞全集》第 12 册，第 10078—10080 页）告诫诸生："经、史、小学、舆地、推步、算术、经济、诗古文辞，皆学也。无所不通者，代不数人，高材或兼二三。专门求其一，性有所近，志有所存，择而为之，期于必成。非博不通，非专不精。"

[2] 《四川奏定致用学堂办法纲要》，《北洋学报》第 20 册，光绪三十二年，甲编，学界纪要，第 1A—3B 页。

[3] 林伯桐编，陈澧续补《学海堂志》，光绪九年续刊本，赵所生、薛正兴主编《中国历代书院志》第 3 册，江苏教育出版社，1995，第 279—308 页。"课业诸生"限于《十三经注疏》、前四史、《文选》、《昌黎先生集》、《朱子大全集》中择一书肄习，"即于所颁日程簿首行注明习某书，以后按日作课，填注簿内"，后又加增"数学一门，仍以十人为率"。目前尚无史料证明四川存古学堂的民初变体与学海堂的关联，但清季四川办学官绅确实对学海堂多有注重，致用学堂的办学方案中即鉴取了学海堂的学长制。

[4] 学界一般将国人参仿西式导师制的努力追溯至 1916 年金陵女子大学的"年级顾问"与"学生个人顾问"，以及同年清华学校实行的"顾问制"。二者以及此后的部颁规章皆意在"训导"，与四川国学馆、院专注于学术研习层面的"导师"异趣。惟国人对于西式导师制与中国传统教育相通的一面似乎早有观察。全面抗战之初教育部颁布的《导师制纲要》即是"参酌我国师儒训导旧制及英国牛津、剑桥等大学办法"而成。邱椿：《导师制的历史背景之检讨》，《战时知识》第 6、7 期，1938 年，第 10—11 页。

　　尽管鉴取了西式导师制，但传统学术在民初蜀中的嬗替似乎仍有其自身发展的内在理路。在四川存古学堂民初变体的教学授受中得到相当程度凸显与强调的，反而是注重"家法"这一源远流长的学术传统。在蒙文通的回忆中，四川国学馆、国学院是民初蜀中各种研经取向的交汇与互动之地。当时廖平、刘师培、吴之英"并在讲席，或崇今，或尊古，或会而通之。持各有故，言各成理。朝夕所闻，无非矛盾。惊骇无已"。① 其中尤以廖平、刘师培二人的学术交流引人注目。时任四川国学院院正吴之英曾有生动的描述："院士彬彬，颇尽西南之美。况廖季平一廛近市，绛帐垂门，近与刘申叔清语便如忘食忘寝。"廖、刘二人的学术交流已到"忘食忘寝"的程度，故急欲归隐的吴之英向当局推举由廖、刘二人"身臂相扶，同治院事"。②

　　按，廖平在晚清力主以"礼数判今古学之异同"，其"经学初变"即"依许、郑《五经异义》以明今、古之辨在礼制，而归纳于《王制》《周官》"。③ 刘师培为《国粹学报》撰《汉代古文学辨诬》一文，则认为"汉代以前经无今古文之分"，"今古文立说多同，非分两派"，其分别"仅以文字不同"。文中第四部分举列"今人某氏"所论"今古学宗旨全不相同"共计11处展开"辨诬"，从内容到文字表述皆明显针对廖氏《今古学考》。④

　　至1912年4月，廖平任教于四川国学馆。同年6月四川国学院成立后，刘师培任院副，廖平为院员。10月国学馆、院合并，二人皆兼任国学学校教职，在该校共事直至1913年7月刘师培"请假回籍"。⑤ 据蒙文通

① 蒙文通：《经学抉原·序》，《经学抉原》，上海人民出版社，2006，第54页。这样的学术氛围对蒙先生影响甚大。吴天墀在《蒙文通先生的治学与为人——为百周年诞辰纪念浅谈体会》（《吴天墀文史存稿》，四川大学出版社，1998，第437页）一文中指出，蒙文通正是在民初国学院中历经"时疑时信、回环往复的思想斗争"，"逻辑思维能力不断得到提高，同时也培养了独立思考的习惯"，这对他后来的治学成就"是非常重要的"。
② 吴之英：《与胡文澜书》，《厄言和天》卷4，第16A—B页。
③ 蒙文通：《廖季平先生传》，《经学抉原》，第197页。
④ 刘师培：《汉代古文学辨诬》，《国粹学报》第24—30期，光绪三十二年，收入《刘师培全集》，第177—197页。这11处中，前10处均是完全征引廖平《今古学考》（李耀仙主编《廖平学术论著选集（一）》，巴蜀书社，1989，第35—110页）所列"今古学宗旨不同表"，未有只字改易，最后一处则是对《今古学考》所列"《两戴记》今古篇目表"的概括。
⑤ 《四川省国学院附设国学学校一览表（1913年上学期）》《四川省国学学校一览表（民国二年八月起至三年七月止）》，存古档，第1卷，第37A—38A、40A—45B页。

所述，此时的刘师培"朝夕共廖氏（平）讨校，专究心于《白虎通义》《五经异义》之书"。① 这样的朝夕讨校对刘师培学术理路影响甚大。就在民元上半年，刘氏为吴虞开列治"汉学"书目，将《今古学考》列在"家法"类下，并指出："廖季平以前治汉学者率昧师法。廖书断古文学为伪，诚非定论（今亦不主此说），武断穿凿，厥迹尤多。然区析家法，灼然复汉学之真，则固魏晋以来所未有也。"② 刘师培对廖平"断古文学为伪"持保留态度，但将其"区析家法"的努力称作"灼然复汉学之真，则固魏晋以来所未有"之举，就论学不轻许人的刘师培而言，已是相当高的评语。

在蒙文通看来，刘师培在 1913 年担任国学学校校长期间所作《白虎通定本》，"辨析今古家法"已"极于毫芒"。③ 此外，刘氏在蜀另著有《西汉周官师说考》《周明堂考》等文，其阐发汉代今古文相异之故虽与廖氏经说异趣，但仍是推本于礼以辨析今古文的思路。④ 王汎森已指出，廖平早期经说"产生相当大的影响，从此对古代文化遗产分别不同群组，并对这些不同加以解释成了一种时髦"。刘师培撰《西汉周官师说考》"即受到廖平的影响"。⑤

刘师培受廖平影响后的研经努力又推动了廖氏经说的发展。蒙文通指出，廖平"劈析今古"。刘师培"从而疏通证明之，流乃益广"。⑥ 刘氏后来所著《周礼古注集疏》《礼经旧说考略》"专以礼为宗，其推明两汉说礼沿革，足以辅廖师之说"。⑦ 二人学说"若甚背驰，实乃相得益彰"，⑧ 形成清季民初一个独立的治经派别：

① 蒙文通：《议蜀学》，《经学抉原》，第 49 页。
② 《吴虞日记》上册，1912 年 5 月 26 日，第 43—45 页。
③ 本段及下段引文除特别注明外，皆参见蒙文通《井研廖季平师与近代今文学》，《经学抉原》，第 98—99 页。
④ 《廖季平先生传》，蒙默编《蒙文通文集》第 3 卷，第 142 页。
⑤ 王汎森：《从经学向史学的过渡——廖平与蒙文通的例子》，《历史研究》2005 年第 2 期，第 61 页。
⑥ 蒙文通：《经学抉原·序》，《经学抉原》，第 55 页。
⑦ 刘师培 1919 年秋病重期间对弟子陈钟凡说，清季为《国粹学报》撰稿，"率意为文，说多未莹。民元以还，西入成都，北届北平"，"精力所萃，实在《三礼》"。《礼经旧说考略》《周礼古注集疏》二书"堪称信心之作"。陈钟凡：《〈周礼古注集疏〉跋》，《刘师培全集》第 1 册，第 271 页。
⑧ 劭瑞彭：《〈礼经旧说〉题记》，《刘师培全集》第 1 册，第 98 页。

盖治经者有主于训诂，以《说文解字》《广韵》为本者为一派；主于微言，以纬候图谶为本者为一派；若廖、刘则主于礼制，以《白虎通义》《五经异义》为本，又自为一派。

民初的四川国学院及其附设国学学校不仅是"主于礼制"学派形成的大本营，而且是其学脉传承的重镇。据蒙文通回忆，刘师培当时"专以《五经异义》《白虎通义》为教学之规"。他当年初见刘师培，后者即"诏之以初学治经，但宜读陈乔枞父子书；经术有家法，有条例，《诗》《书》者有家法、无条例，《易》《春秋》者有家法、有条例。廖师于陈氏书又抉择其冗而无关于大体者，于《春秋》又抉择其孰为后师据文推衍者"。① 实际上，四川存古学堂民初虽几经嬗变，但其教学规章一直强调习经当从《白虎通义》《五经异义》入手。国学馆简章将《白虎通义》、《五经异义》与《说文解字》并列为新班初入学者须首先"抄习"的典籍。② 国学馆、院合并后，新章更明文规定全校学生均须"兼习"《白虎通义》《五经异义》。③ 1912 年、1913 年招入的新生每周排 8 个钟点经学课，"均习《说文解字》《白虎通义》《五经异义》"。④ 至 1918 年底，学校"改组"办"哲学""文学"两科，校方仍明确提出，两科学生的经学课皆"以《白虎通》为要"。⑤

值得注意的是，上述治经风尚固然是在民初的国学学校中兴起，但其影响所及并不仅限于该校教学授受的范围。廖平在 1915 年与吴虞的长谈中指出，"真正经学家即当以经为根据，由经例推言礼制"。《白虎通义》"为十四博士专门之说，实诸经之精华"，今人看此书，"宜先看陈左海《五经异义疏证》，方易了晰"。吴虞认为此言"有益学子，正不浅也"，先将其录于日记，后又特意将其"选载入随笔"，

---

① 蒙文通：《廖季平先生与清代汉学》，《经学抉原》，第 103—105 页。

② 《国学馆简章》，存古档，第 3 卷，第 4—8 页。

③ 《四川国学院附设国学学校章程》（1913 年 4 月），存古档，第 1 卷，第 20B—27B 页。

④ 《四川省国学院附设国学学校一览表（1913 年上学期）》《四川省国学学校一览表（民国二年八月起至三年七月止）》，存古档，第 1 卷，第 37A—38A、40A—45B 页。

⑤ 《关于改组国学专门学校的报告》（1918 年 12 月）、《国学专门学校章程》，存古档，第 7 卷，第 83B—86、58B 页。

刊登在《国民公报》上。① 蒙文通后来论及"每一学问必有其基础典籍"时提出，"清代汉学，不离《说文》；今古文学，则不离《五经异义》《白虎通义》"。② 他指导蒙季甫研习经学，即教读《今古学考》《新学伪经考》《经学导言》《王制笺》《白虎通义疏证》等书。其中《王制》和《白虎通义》"所载是今文学礼制的中心"，故要求都能"成诵上口"，以便大体了解"经学上的纠葛"。若要就经学上有争论的问题做进一步的探索，则要"从礼制着手"，接读陈寿祺《五经异义疏证》和皮锡瑞《驳五经异义疏证》二书，将"其中所胪列的各家异同分条列出"，再继之以秦蕙田《五礼通考》和黄以周的《礼书通故》，如此可对"礼制问题有一个全面而系统的了解"。这当然是更为繁复细密的学程，但其趋向及旨趣大体仍是民初国学馆、院"主于礼制"一派治经取向的延续。③

　　与经学独大以致形成学派流衍的局面形成鲜明对照的，是理学课程的边缘化。赵启霖创设四川存古学堂原有"以理学转移蜀学风气"之意，故筹办时将理学列为川省存古学堂的"主课"并由监督亲自教授，开办时监督实际兼授词章，另聘徐炯为性理教员。但理学一门在清季仅开设一学期即不了了之。至 1913 年首届存古学生进入毕业学期时，校方重新开设"理学"课程，但已由清季的"主课"地位降格为与算学、舆地等课并列的"普通兼习科"，也非学子可以择习的"专精方向"，多少提示着理学在当时蜀中学界的际遇。④ 清流名臣赵启霖"以理学转移蜀学风气"的设想终究未能实现，从一个侧面说明清季民初的蜀学有其发展的内在理路，或非个别外来官员的一己之力所能从根本上撼动。

　　但课程安排上经学独大、理学地位下降的局面，并不意味着校中师生忽略理学。时温江曾学传（习之）以国学院院员兼任国学学校理学讲

① 《爱智庐随笔》（1915 年 10 月），赵清、郑城编《吴虞集》，四川人民出版社，1985，第 90—94 页。
② 蒙文通：《治学杂语》，蒙默编《蒙文通学记》，第 3 页。
③ 蒙季甫：《文通先兄论经学》，蒙默编《蒙文通学记》，第 59—60 页。至 20 世纪 90 年代，四川大学历史系的魏启鹏、景蜀慧诸教授在课堂上仍反复告语有志研经的学生须从《白虎通义》入手。
④ 《国学院咨送前清存古学堂旧班学生试验成绩总分表、专经各目表文》（1913 年 5 月），存古档，第 26 卷，第 40A—43A 页。

席，"专以（陆）象山为教"。该校学生蒙文通、杨叔明、彭云生、曾宝和（曾学传子）等皆深受影响。而"宋明人学"后更成为蒙文通数十年"未释于怀"的心结所在。①

惟理学的学科性质和研习门径与经史之学毕竟异趣。蒙文通曾指出："读宋明理学书，不能当作是学知识，而要当作是学道理，读时应顺着书中所说去体会其道理。"② 宋明儒书"草草看去，字字认得，句句讲得，但其道理却常体会不得；盖以其非仅闻见之知，而更为德性之知，须于事上磨炼、心上磨炼；非深自体念省察，不能有得也"。③ 彭云生对吴天墀所言则更直白："理学是不须讲的，要实践，讲起来很头痛。"④ 故彭氏曾约曾宝和每月"具所得相质且以规过"。⑤ 他们显然更注重由宋学窥得做人的道理及其锻铸人格的实践层面，也即"吾人所恃以安身立命者"（曾宝和告蒙文通语）。⑥ 实际上，蒙文通尝言"自务之深者，厥唯理学"，且数十年读宋明儒书"实未尝稍间岁月"，但其正式的理学论述"则只《儒家哲学思想之发展》中《后论》一段"及《理学札记》遗稿而已。⑦

就全国范围而言，四川存古学堂在清季民初的转型历程是目前所知仅有的一例。整体看全国其他省份从宣统年间即陆续停办存古学堂，至辛亥鼎革后在民初教育部的明令要求下普遍停办。而四川不仅继续办理，还自行扩招，后来又能以各种不同方式顺应民国教育部的各类章程，实际还不断提高学校的层级，从含糊的专门学校到大专进而大学，体现出相当独特的走向。在此进程中，四川政局变幻无常，政权更迭频繁，但不论何人何派在位，官方与民间在这一事业上始终保持合作；同时，任何学校的持续办理当然也需要稳定的生源，四川的社会氛围显然是官民办学努力的基础。清季民初蜀中这样一种对高等专门的国学研教机构形

---

① 《致张表方书》（1952 年），蒙默编《蒙文通文集》第 1 卷，巴蜀书社，1995，第 155—157 页。

② 蒙文通：《治学杂语》，蒙默编《蒙文通学记》，第 5 页。

③ 蒙默：《理学札记·后记》，《蒙文通文集》第 1 卷，第 131 页。

④ 参见《吴天墀教授采访记录》，2002 年 3 月 14 日，郭书愚、许丽梅采访，郭书愚整理。

⑤ 曾宝和：《与彭云生书》，《磐斋集》卷 8，1922 年刻本，第 3A—B 页。

⑥ 此或可印证王汎森教授对清末民初知识分子注重"理学式自我修养锻炼工夫"的观察，详王汎森《中国近代思想中的传统因素——兼论思想的本质与思想的功能》（《中国近代思想与学术的系谱》，第 117—148 页）一文。

⑦ 这里所述蒙文通等对理学的认知，承已故蒙默教授在访谈中多次强调，特此致谢。

成正面支撑的社会氛围，是既存研究相对忽略的面向，可能也是当时四川异于其他省份的独特之处。

　　晚清蜀学原以经学为世人瞩目。四川存古学堂的民初变体出现经学独大的局面，以及"主以礼制"`研经学派在该校的兴起和传承，意味着经学在民初的蜀中学界仍被尊奉为传统中学的"正统"，这与同时期经学在外省从学术中心落向边缘的显著现象异趣，从一个侧面凸显出民初蜀学风气的区域特性。实际上，倾重经学的教学模式甚至到1918年底该校最终遵教育部令在形式上采用西式分科名目时，仍没有实质性的改变。① 西式的文科类分体制在民国蜀中学界的实际确立远滞后于教育部规章，且是充满迟疑和忧虑的过程，相关情形还可进一步讨论。

---

① 《国学专门学校章程》，存古档，第7卷，第58B—65B页。实际上，民国教育部1912年成立伊始即废止了普通中小学、师范学校的经学课程。翌年初颁行的《大学规程令》更将清季所有的经学内容拆分到"大学文科"的"哲学""文学""历史学"各门中。由此民国新教育系统内已不再有独立的"经学"课程。《教育部公布大学规程令》（1913年1月12日），《中华民国史档案资料汇编》第3辑《教育》，第115页。

第七章　清季其他保存国粹办学努力

由目前掌握的资料看，张之洞光绪三十年在湖北倡办存古学堂，是清季官方兴办高等专门性质的保存国粹学堂之发端。但晚清"新教育"中出以"存古之义"的办学努力实际缘起更早，至少可以追溯至"新政改革"之初，科举改革以及改书院为学堂政令的出台及自下而上的推行。即便是中央政府将存古学堂确立为官方保存国粹的主要形式以后，一些省份仍有在存古学堂以外兴办保存国粹学堂的办学努力。

本章拟在前文重建各地存古学堂兴办进程的基础上，梳理安抚和安顿游离于新教育以外的"旧学寒儒"这一从省府到州县乃至更基层的乡镇自"新政"之初即普遍看重的"政务"，与"保存国粹"的社会潮流交错缠结的历史履迹，并在当时除存古学堂之外的其他保存国粹学堂中，择取部分目前资料相对较充盈者进行个案考察，侧重这些学堂的兴办设想和办理运作与存古学堂的异同，尽可能呈现出清季朝野保存国粹的办学努力复杂而多歧的一面。

第一节　显隐交织的政令组合与"旧学寒儒"的长期存在

光绪二十七年七月十六日，晚清中央政府谕令废除八股取士。乡、会试皆为三场，分试"中国政治、史事论五篇"，"各国政治、艺学策五道"，"《四书》义、《五经》义各一篇"。翌月初二日，又谕令各省所有书院均改设各级学堂。① 八股文固非清代科举考试的全部，也未必是"埋没人才的祸源厉阶"，② 然在历来首场独大的清代科考程式中，毕竟

---

① 中国第一历史档案馆编《光绪朝上谕档》第 27 册，光绪二十七年七月十六日、八月初二日，广西师范大学出版社，1996 年影印本，第 152、176 页。

② 王震邦、罗志田：《两岸史学的现状与展望——罗志田访谈》，2012 年 12 月 29 日，http://www.cssn.cn/zgs/zgs_zgjds/201310/t20131025_546357.shtml，最后访问日期：2021 年 3 月 12 日。

是无可替代的"敲门砖"。晚清以降时人言说中的"专沦制艺""专课时文"等表述当然有相当明显的倾向性，但应考士子（尤其是中下层级者）对八股文的专注和倾重程度实在不能低估。①

对于废八股，此前已有不小的舆论造势，部分士子多少有些心理预期。② 而策、论也是早已有之的科考形式。但正式废止八股的政令出台毕竟意味着所有应试者不得不在当下即要迅速适应以"策、论"为主体、以"中国政治、史事"和"各国政治、艺学"为重心的科考程式，对于此前习惯"专沦制艺"的士子而言，难度不可谓小。刘龙心已观察到，废八股、改试策论的谕令"多少还是造成了考生们的恐慌"。尤其是有关第二场考试，枢府对于"各国政治、艺学策"既无明确具体的说明，也没有可资应考的书单，以致谕令出台后，"坊间立即出现各式各样供士子揣摩、应付科举的'参考书'"。③

实际上，科考新章对士子的冲击似乎不仅仅体现在第二场西学内容上。第一场"中国政治、史事论"对专注八股者也殊非易事。在时任山东巡抚袁世凯看来，当时鲁省的情形即是"虽不乏朴学之士，究于各国政治、艺学素鲜讲求。其专习八股者，甚至并中国之政治、史学，亦多不能通贯。转瞬应试，未免束手。又或中学颇具根柢，而年齿已长，未能选入学堂，弃之亦良可惜"。有鉴于此，袁氏于光绪二十七年秋奏呈书院改设学堂情形时，附片呈请"于学堂外另设校士馆"，按新的"科场定制"，收举、贡、生、监应课其中，士子可"知所趋向，而来岁应试，亦不至叹进取之难"。④

---

① 杨念群的论文《痛打"时文鬼"——科举废止百年后的省思》（《清史研究》2017年第1期，第3—4页），强调清代科举制"绝不是仅仅通过八股文来测试考生对古典知识的掌握情况"，同时也指出，"从一般情况而言，八股研习当然还是主业，晚清停八股改试策论对应试人的影响还是相当大的，一些人因习惯八股背诵记忆之法，所以对改试策论非常不适应"。
② 光绪二十七年夏初，16岁的湖北鄂城县寒儒朱峙三即听闻"省城院试有改八股为策论消息"，但并未因此放弃时文。大约三个月后废八股上谕正式送达，朱氏随即"俱做义论，不做八股文，讲求时务"。胡香生辑录《朱峙三日记》，华中师范大学出版社，2011，第86—91页。
③ 刘龙心：《从科举到学堂——策论与晚清的知识转型（1901—1905）》，《"中央研究院"近代史研究所集刊》第58册，2007年12月，第112—113页。
④ 本段及下两段除特别注明外，皆参见《拟设校士馆片》，骆宝善、刘路生主编《袁世凯全集》卷9，河南大学出版社，2013，第639—640页。

袁氏奏设校士馆，既是应对废除八股的科考新章，也是对一个多月前有关书院均改学堂谕令的顾虑和因应。盖当时的书院无论是"专课举业"还是"专勉实学"者，皆是相当数量读书人赖以维持生计乃至养家立业的重要资源。以今日眼光看，清季新式学堂待遇或已算不上低（仅概而言之），但若以传统书院为参照，则新式学堂因办学成本高昂，且数量和规模皆相当可观，故即便部分学堂能为学生提供食宿，也鲜有具备传统书院"养赡寒士"之功能者。书院一律改办学堂，意味着肄业其中的贫寒子弟不得不另谋生路，而未入学堂者（实际恐怕不仅是年龄因素，详后）立即面临衣食无着的窘境。对此，枢府并无明确的安顿和善后举措。地方主政者在实际运作中却不得不有所考虑和应对。袁氏奏设校士馆折只字不提"书院"，当是有意回避刚颁行不久的书院均改学堂谕令。但该馆的考课和优奖形式实际明显沿承书院运作模式而与新式学堂办法判然不同，说其是以"校士馆"的名义为仍然寄望科举的读书人保留备考之所，似不为过。

半个多月后，有上谕充分肯定袁氏所奏山东推进"新教育"的努力，要求政务处即刻"通行各省，立即仿照举办，毋许宕延"。① 而拟设校士馆的附片则奉朱批"知道了"。枢府未必没有察觉"于学堂外另设"的校士馆与此前刚刚明令一律停办的书院一脉相承之处，但没有驳回袁氏奏议，恐怕更多看重校士馆维系应考士子生计的功能，在无碍"新教育"大局的前提下，低调地开一个"小口子"以缓解书院停办对旧式读书人的巨大冲击，以及给地方政务运作带来的压力。

这一"小口子"虽然"其作始也简"，却对当时各地新、旧教育转型的进程具有实质性的深远影响。目前所知江苏、河南、广西、直隶、云南、湖南、福建、江西、奉天等地在将书院均改学堂的上谕见之于行事时，或直接保留书院，或将部分书院改为校士馆，作为旧式读书人应举备考之所。② 不少省份的做法在规模和力度上明显突破了袁

---

① 《光绪朝上谕档》第 27 册，光绪二十七年十月十五日，第 213 页。

② 参见《清季各地书院改办校士馆及同类机构概况一览表》，李宗庚《清季书院改学堂的实际运作与社会影响——以校士馆为中心的考察》，硕士学位论文，四川大学，2022，第 72—75 页。

世凯奏案。① 书院一律改办学堂的谕令本拟让"人才出于一途"，从而缓解"新教育"办学资源紧缺的压力。而各地保留书院或兴办校士馆则在办学资源捉襟见肘之际，不同程度地形成了新、旧教育竞存的局面，颇有些诡论（paradoxical）意味。② 关键的因素并非科举改章，而是当时新式学堂之外的"旧学寒儒"不仅具有相当规模，而且是较长期存在的社群。

概而言之，清季的书院肄业生一般以举、贡、生、监为主体，尽管通常没有正式入仕而只是所谓"士子－绅士"（scholar-gentry）群体中的中下层读书人，但各地主政者无论趋新抑或守旧，大多沿承"官绅共治"的传统政治伦理，普遍将其视作与"地方社会"（local society）运转，尤其是与府县乃至更为基层的乡镇事务休戚相关的"地方名流"（local elite）社群的一员。③ 安顿因书院停办而失去生计的"旧学寒儒"由此成为地方政务运作的要项。各地主政者保留书院或兴办校士馆，

---

① 在苏州，官方拟合平江、正谊、紫阳三书院经费，以紫阳书院旧址开办校士馆，而学古堂也"循旧办理"。河南的计划是将省城"旧有书院数处"皆"各仍其旧，以恤寒儒"。江宁尊经、凤池两书院皆改为校士馆。聂缉椝：《遵改书院为学堂疏》，《皇清道咸同光奏议》卷 7，光绪二十八年上海久敬斋石印本，第 21b—22a 页；林开謩：《遵旨设立学堂谨陈筹备情形疏》，《皇清道咸同光奏议》卷 7，第 23a 页；刘坤一：《奏办江南省各学堂大略情形折》，璩鑫圭等编《中国近代教育史资料汇编·学制演变》，第 72 页。

② 如广西为"养赡寒士"而设的"育才馆"，即明确提出要与新式学堂"并行不悖"。而云南方面的兴学方案是将新筹经费用于兴办省会高等学堂及各属官立小学堂与蒙养学堂。"各府、厅、州官立之中学拟设之校士馆，则以各书院原有各经费备支。"校士馆显然与中学堂共同分享着传统办学资源。《丁振铎奏设育才馆片》，《申报》光绪二十八年四月二十五日，第 13 版；《云贵总督魏奏为滇省遵旨创设学堂折》，《申报》光绪二十九年正月初五日，第 10 版。

③ 这里的讨论尝试鉴取已故美国学者孔飞力教授的研究理路。他将晚清的"传统名流"（traditional elite）理解为两个群体："士子－绅士"和"官僚－绅士"（official-gentry）。前者有功名而无官职，形式上居"国家政权机构之外"，但对"地方事务"（local affairs）有"广泛的、非正式的影响"。而"传统名流"按权力和影响力大小又有"全国性名流"（national elite）、"省区名流"（provincial elite）、"地方名流"之别，"地方名流"虽"缺乏前两部分人的社会特权和有力的社会关系，但仍然可以在乡村和集镇的社会中行使不可忽视的权力"。参见 Philip A. Kuhn, *Rebellion and Its Enemies in Late Imperial China: Militarization and Social Structure, 1796—1864* (Cambridge: Harvard University Press, 1970), pp. 3 - 4。需要说明的是，在清季"激变"的社会情势下，"阖省"一级书院的高才生，似不无与书院山长和宾师一同跻身"省区名流"乃至"全国性名流"者，目前掌握的史料也不排除个别"阖省"书院有取录童生的情形，惟二者占比皆较低。

普遍看重的，正是其"养赡寒士"的实际功能，而非备考应试的培才之所。

正因如此，至光绪二十九年底枢府谕令递减科举后，校士馆尽管不在枢府批准的善后方案中，但仍是一些地方实际政务运作中优容体恤"旧学寒儒"的选项，具有相当可观的兴办规模和吸引力。盖递减科举意味着读书人传统的"上升性社会变动"渠道已正式启动终止进程，其冲击面和冲击力度皆明显超过此前改书院为学堂。安抚"旧学寒儒"仍是各地相当看重的政务，甚至地位更为凸显。① 清季自上而下改书院为学堂的努力对读书人造成的巨大冲击，以及作为重要安抚举措的校士馆和书院在传统四民社会崩解时代留下的社会印记，似乎皆超过我们此前的认知。

相当数量的"旧学寒儒"群体较长时间地存续于"新教育"系统之外，成为清季民初文教学界的一个较显著的问题。前引袁世凯《拟设校士馆片》中所言"中学颇具根柢，而年齿已长"，大体即是当时对"旧学寒儒"群体的常见表述，也在相当程度上影响着后之研究者的认知。所谓"年齿已长"，更多的考虑是中年及其以上者不再适宜学习西学和西语，也被认为是阻碍他们进入"新教育"的主要因素。其可能"与时俱进"的出路恐怕更多仍是对标当时与传统学术文化相关的人才需求。所谓"中学颇具根柢"，正是强调"旧学寒儒"的特长。惟其实际专注的"旧学"普遍以科考应试为指针，与当时朝野颇有共性的"保存国粹"努力以及"新教育"的"中学"人才需求相去甚远。②

而在尊西趋新的大势下，随着新、旧教育转型在各地的逐步推进，作为"新教育"之外的文教机构，书院和校士馆不同程度地面临生存

---

① 如福建方面即在奉到递减科举谕令后，归并省城正谊、凤池、致用、鳌峰四大书院经费，开设校士馆，"宽设名额，优给膏赏"。光绪三十年春开办时，竟有 12000 余人报考，甄别录取 1000 名。《设立全闽校士馆详文》《全闽校士馆章程》，《鹭江报》第 64 册，光绪三十年三月二十五日，附录，第 1a、2a—b 页；《校士馆甄别志略》，《鹭江报》第 65 册，光绪三十年四月初五日，附录，第 1a 页。

② 时人对此早有所见。张之洞在戊戌变法时期成书的《劝学篇》（苑书义等主编《张之洞全集》第 12 册，第 9725—9732 页）中倡导"欲存古学必自守约始，守约必自破除门面始"。其中编纂"学堂说经义之书"这一重要环节，"必先尽破经生著述之门面方肯为之，然已非村塾学究、科举时流之所能矣"。这里的"村塾学究、科举时流"大体可说是"旧学寒儒"的另一表述。

空间被挤压的境遇。且它们毕竟是作为科举改革后的备考应试之所而得到枢府默许，科举减停显然会削弱其存在的政令依据，易于"被谈新学者所诟病"。在这样的内外双重压力下，它们必须另谋赓续办理之路。

实际上，确有不少主政者有意借助"古学复兴"的潮流，力图将"养赡寒士"的校士馆纳入新教育建制内。第一章、第二章述及的河南拟设尊经学堂，湖南拟设达材、成德学堂，皆是改办校士馆的努力（具体方案详本章第三节）。而在省府以外的州县乃至更为基层的乡镇，本不具备兴办高等专门性质的存古学堂之能力和条件，惟地方事务的运作因"天高皇帝远"而有相当可观的自主空间，书院和校士馆力图以仿办存古学堂之名，充数于新教育之内的情形并不鲜见。即便是在整体而言相对富庶而得风气之先的江南，传统办学资源向"新教育"的转移仍为持续多年甚至延宕到宣统年间的渐进履迹，下面以扬州、镇江两地新、旧教育转型的实际进程为考察对象。

第二节　"安旧学"与"存古学"的变奏

扬州为清代两淮都转盐运使司驻地，安定、梅花等各大书院"皆隶于盐官，借其财赋之余以为养育人才之地"。[①] 光绪二十七年下半年，两淮盐运使程仪洛因应废除八股取士的谕令，修订安定、梅花、广陵书院章程，"改试经艺、策、论各一首"。[②] 大约在同年底翌年初，程氏将安定、梅花两书院常款提出一半，开办"仪董学堂"，是为扬州"新教育"发端。同时，改两书院为校士馆，安定、梅花之名仍旧。[③]

与书院时代相比，安定、梅花校士馆课额和奖励的办法及规模皆有不小变化。据光绪十年版《江都县续志》附入的《安定、梅花、广陵书院章程》所记，安定、梅花书院每年二月甄别，分举人、生监、童生三类，各定正课、附课、随课三等。梅花书院附设孝廉堂取举人正、附课各 20 名；两书院分别取生监正、附课各 50 名，取童生正、附课各 20

① 吴锡麒：《曾都转校士记》，《扬州府志》卷 19，嘉庆十五年刊本，第 9a 页。
② 《甘泉县续志》卷 8 下，1926 年刊本，第 5b—6a 页。
③ 《书院改章》，《申报》光绪二十八年二月初九日，第 2 版。

名。附课以下三类皆有随课，俱无定额。所有正、附课生以及随课名次靠前者皆有膏火。每月官课、山长课按成绩排名，自正课第一名至附课第一名皆有"优奖银"。此外，生监、童生每月还有"小课"，由山长试诗赋策论，按名次得优奖银不等，两院取额皆以 40 人为限。梅花书院（含孝廉堂）、安定书院全年膏奖支出分别达 7600 余两、6100 余两，无论是办学规模、学生待遇，皆相当可观。① 两书院为至少 440 名士子提供伙食和稳定的膏火，其中还有至少 180 人可以拿到月课奖银，说其是扬州科考士子的重要收入支撑，或不为过。

程仪洛提安定、梅花书院一半常款充新式学堂经费，剩余 1902 两作为改办校士馆的月课膏奖，意味着两书院在面临"新教育"冲击之前，常年办学经费已大幅缩减至不足 4000 两，远不复往年之盛，但取额仍有200 余名，"得奖者约百余人"。② 改为校士馆后，仅以月课两试取超、特等各 30 名，一等 100 名，自超等第 1 名至一等第 10 名共 70 人有奖银。③取额规模及奖银支出总额皆大幅减少。即便如此，两校士馆的 1902 两常年款仍不敷支出总计超过 2300 两的奖银。此前书院时代不仅有膏火，且官课、山长课、小课各有奖银。改馆后则是单一的月课分等奖银制，学生整体上待遇远不如昔。成绩最优秀者的收入甚至不如书院时代在官课、山长课、小课中拿到最低等奖银的生监正课生。

安定、梅花书院改馆后常年款支付月课奖银尚有数百两的亏空，显然无力为学生提供伙食银。校士馆月奖制的各等奖额落差颇大。超等 30人的待遇尽管明显不如书院时代考课名次大体相等的正课生，但维持生计尚不成问题。超等前十名的奖金应该还可不同程度地贴补家用，最优秀的前两名学生甚至可用奖金大体支撑两三人的基本生活。而 30 名特等生似乎只能勉强解决个人温饱，至于一等前十名恐怕已无法单凭奖金维持生活。

安定、梅花改为校士馆后，得奖人数和金额的再次大幅缩减对于扬

① 《安定、梅花、广陵书院章程》，《江都县续志》卷 16，光绪十年刻本，第 10a—11b 页。

② 《平山买夏》，《申报》光绪三十年五月初八日，第 3 版。

③ 本段及以下段除特别注明外，皆参见《书院改章》，《申报》光绪二十八年二月初九日，第 2 版。改馆后超等生月课第 1 名奖银 5 两，第 2 名 4 两，第 3—5 名各 3 两，第6—10 名各 2 两 5 钱，第 11—20 名各 2 两，第 21—30 名各 1 两 5 钱。特等第 1—10 名各 1 两，第 11—30 名各 8 钱。一等前 10 名各奖银 5 钱。

州读书人影响不可谓小。1904 年上半年，岁贡生江征祥等即以两校士馆"取额逾［愈］减愈少，奖数愈减愈微，势不得不分心生计，志不得专顾"，联名禀请"酌增奖额，稍复旧规"。时任两淮盐运使恩铭决定自当年五月起，将两馆超、特等奖额各增 5 名，一等奖额各增 10 名。① 时《奏定学堂章程》以及递减科举的政令已颁行全国数月，扬州的校士馆规模反而还在扩张。惟增额有限，且入馆士子的待遇并未改善，即便拿到奖银，排名靠后者恐怕仍要"分心生计"，实际并未在多大程度上消解书院改馆对"旧学寒儒"的冲击。

　　大约一年后，举人吉亮工等人禀请将安定、梅花校士馆经费一分为二，"半仍课士，半则改办师范"学堂。恩铭"为保存国粹起见"，决定将剩一半经费的校士馆"仿照湖北存古章程办法，定名为'尊古学堂'"。② 第三章已述，湖北存古学堂规模恢宏，耗资甚巨。安定、梅花校士馆经费既拟再次减半，所剩常年费仅一千余两，实际并不具备照章仿办存古学堂的可能。所谓"仿照湖北存古章程办法，定名为'尊古学堂'"的方案，恐怕只是以"仿照"的名义，将校士馆更名为"学堂"，继续维持下去。

　　上述方案未及实施，恩铭即于 1905 年秋离任。③ 新任两淮盐运使赵滨彦认为湖北存古学堂"规模极大，经费浩繁，断非（校士馆）五成课士经费所能集事，不得已，即就'尊古'之名，先为课士之计"。而另筹款仿办存古学堂，以便"名副其实"地"保存国粹"，若"仅借膏奖以为课士，本不足言'保存'，亦未便遽称'国粹'"。当时在趋新士人眼中偏于"保守"的存古学堂，在这里则是完全正面的趋新办学形式，而"保存国粹"更是"仅借膏奖以为课士"的校士馆不能附会的事业。有意思的是，赵滨彦虽以"名不副实"为由推翻了前任恩铭拟令校士馆"仿照湖北存古章程办法"的方案，但赵氏提出"就尊古之名，先为课士之计"，实即外标"学堂"之名，仍沿课士之实，说其同样是"名不副实"的做法，似不为过。尊古学堂 1906 年 3 月 9 日开考，一年十课，

---

① 江征祥禀文及恩铭批语皆引在《平山买夏》，《申报》光绪三十年五月初八日，第 3 版。
② 本段及下两段所述除特别注明外，皆参见《禀留尊古学堂之批词》，《申报》光绪三十三年六月十六日，第 11 版。
③ 《光绪朝上谕档》第 31 册，光绪三十一年八月十四日，第 121 页。

每课仅取 20 人，不足校士馆时期的四分之一。①

大约一年后，有廪生贾观霄禀请裁撤尊古学堂，改设师范或法政学堂。赵滨彦的批示虽将裁撤尊古学堂称作"化无用为有用"之举，但未直接批准贾观霄禀呈的方案，而是札饬扬州府会同教育会"悉心妥议"后，再行定夺。如此谨慎，应是顾及仍在该校以考课领取奖银的"旧学寒儒"的切身利益。② 当时扬州读书人群体新、旧分化和冲突日渐剧烈，赵氏的顾虑并非杞人忧天。就在贾观霄禀请获批当月，举人陈延礼等联名禀请保留尊古学堂。赵氏此次批示说，尊古学堂"至今尤徒存虚名，本司未尝不引为缺憾"；而吉亮工等早在恩铭任内禀请以一半课士经费开办师范学堂，"至今亦尚缺如。际兹预备立宪时代，法政学堂更为应办之举。倘使款项充裕，则尊古与师范、法政三者缺一不可。现既不能并举，亦惟有权其缓急，略分先后"。③

先前以师范学堂为办学重心，现在则因"预备立宪时代"的来临而将法政学堂放在首要位置，赵氏为政相当与时俱进。④ 他是否真以尊古学堂"徒存虚名"为"缺憾"，目前只能阙疑待考。惟其先前批示即称该校"无用"，此次批示不仅承认该校"徒存虚名"，更明确表示自己当初"就尊古之名，先为课士之计"的做法是"不得已"，如此"知其不可而为之"，即或是故作姿态，也多少提示着在尊西趋新世风下官方力图安抚旧学士子群体的两难与无奈。尽管对尊古、师范与法政三校的"先后缓急"已有鲜明的态度，但赵滨彦同样没有直接批准陈延礼等的禀请，而是令其"仍候札饬扬州府督同教育会并案议复，以凭核办"，显然是不愿招怨于新、旧任何一方。

实际上当年七月扬州教育会开会商议此事时，的确爆发了尖锐的新旧冲突。会长周树年等主张尊古、法政两校"缺一不可"，故应"切实整顿尊古，另行筹创法政，以济当务之急"。惟当日"将行入

---

① 《扬郡学务》，《申报》光绪三十二年二月十二日，第 9 版。
② 《禀请裁撤尊古学堂（扬州）》，《申报》光绪三十三年五月二十六日，第 12 版。
③ 本段及下段除特别注明外，皆参见《禀留尊古学堂之批词》，《申报》光绪三十三年六月十六日，第 11 版。
④ 赵滨彦在批廪生贾观霄禀文时自述，到任后尤其注重创办师范学堂，曾禀请两江总督批准在案，因经费无着而未果。《禀请裁撤尊古学堂（扬州）》，《申报》光绪三十三年五月二十六日，第 12 版。

座，尚未布告宗旨，旧学全体遂群起咆哮，谓教育会左祖新界，有意破坏旧界生计，率行辱骂，几于殴打，以致一哄而散，未能成议"。周树年等"据情禀复"赵滨彦，"并将宗旨布告学界全体，以明心迹"。①

就办学资源的使用而言，扬州教育会并未偏向法政学堂，反而是将尊古学堂放在更优先的位置。关键是周树年等和与会的旧式读书人对于尊古学堂的性质和归属有根本分歧。在旧式读书人看来，法政与尊古学堂的"新""旧"界域相当分明，前者是"新教育"体制内的"新界"事物，后者作为"旧学寒儒"考课之所，则是"旧界"的势力范围。教育会力主"切实整顿"尊古学堂，无论具体做法如何，大体皆朝着"新式学堂办法"的大方向推进。该校的性质和归属势必因此而由"旧"转"新"。故若抛开表述的倾向，仅就运作思路而言，"旧界"中人坚称教育会"左祖新界"，确实大体可立。他们反应如此激烈，以致斯文扫地到辱骂、殴打他人的程度，一方面当然是无法适应新式学堂的运作模式，另一方面恐怕也是担心"整顿"后由"旧"转"新"的尊古学堂不能维持其原有的生计。

几天后，《申报》又报道说，尊古学堂的镇江籍"肄业诸生及斋夫等人"闯入扬州教育会议事会场，"始则哀恳存留尊古学堂，俾寒士有以糊口，继因不允，互相詈骂，以致议未就绪，即行闭会"。②当时民间舆论大多出以趋新立场，不排除上述两则报道中旧式读书人明显负面的"形象"多少有些人为"塑造"的成分，或非实录，但仍可从一个侧面折射出清季新、旧教育转型进程加速之后，未进入"新教育"体系的读书人因失去书院膏奖等传统收入，其日常生活的困顿和窘迫。

扬州围绕裁留尊古学堂引发激烈的新旧冲突和社会风潮，随即惊动江宁提学使司禀请两江总督端方札饬两淮盐运使司"切实整顿"该校。③翌月，江宁提学使司又致函两淮盐运使司，拟将该校改办师范传习所。赵滨彦奉函后，拟订了更恢宏的办学计划：以梅花、安定两书院为校址，

---

① 《新旧学之冲突》，《申报》光绪三十三年七月初七日，第11版。
② 《教育会议事未成》，《申报》光绪三十三年七月十二日，第12版。
③ 《筹议改良尊古学堂》，《申报》光绪三十三年七月十五日，第11版。

同时开办师范传习所和法政学堂。① 据宣统二年春两江总督张人骏所述，赵滨彦"将尊古书院改为师范学堂，而于盐引内所提书院之经费遂尽改为学堂之经费，又复于贡规平余项下酌量提拨资助，兼收淮商子弟与地方人士肄业其间"，② 可知当时的官方大员也不讳言尊古学堂实与书院无异。两淮盐运使司历时六年多，始将传统书院经费尽改为"新教育"所用，最终依靠"国家"自上而下的"行政"推行力，在形式上完成了新、旧教育的转型。

改办两淮师范学堂的实际运作仍在向"尊古旧生"倾斜，但效果却颇不理想。该校"定额四百名，按年分班添招"，"由尊古旧生尽先考补"。光绪三十四年应招正科、预科各 50 人，但"招生两月有余，报名仅二三十人"。③ 赵滨彦饬令各属申送学生，至当年八月初一日开学时，到堂者仅 50 余人。④ 尽管官方对旧式读书人多有照顾，但依照"初级师范办法"的两淮师范学堂显然对这一群体并无吸引力。

最终改办师范学堂体现出清季自上而下推动"新政学务"的"国家"行政意志，以及弥补"新教育"师资不足的办学导向。惟通观扬州方面安抚旧式读书人的努力，不难发现主政者考虑到旧式读书人多以"旧学"见长，明显有意借助"古学复兴"的社会潮流，以缓解逆势而为的压力。尽管赵滨彦否决了前任恩铭所拟仿照湖北存古学堂办理的方案，但"尊古"的校名毕竟一直沿用至改办师范的前夜。类似这样以"学堂"之名，沿考课之实且与"尊古学"交织缠结的"安旧学"运作在当时的办学实务中并不鲜见。

在镇江府，接奉光绪二十七年立改书院为学堂上谕后，丹徒县报经镇江府批准，将宝晋书院改设学堂，惟学堂"规模阔大"，书院原有"房屋既少，颓败尤甚"，须"宽筹经费，建造堂舍"。为免众多"寒畯清修之士"因学堂建造需日而"训课久疏"，故"拟仿照苏州新改紫阳校士馆课试经算策论章程，名曰'宝晋校士馆'，仍照旧章，按月由道、

---

① 《筹议改革尊古学堂事宜》，《申报》光绪三十三年八月十四日，第 11 版。
② 张人骏：《札复规划全省教育案内乙之第六条》，《申报》宣统二年四月初一日，第 2 张后幅第 2 版。
③ 《两淮师范报名寥落》，《申报》光绪三十四年六月二十四日，第 2 张第 3、4 版。
④ 《两淮师范学生之寥落》，《申报》光绪三十四年八月初六日，第 2 张第 3 版。

府、县轮课"。①

但在实际运作中，宝晋校士馆却并非建造学堂房舍期间的暂设机构，而是一直赓续运转。至光绪三十一年有改办师范传习所并分设蒙养学堂的提议，光绪三十三年又有改办高等小学堂的方案，皆未果。② 此后不久该馆"恐为众訾议，故改名为崇古学堂，实则仍旧考课，与书院无少差异"。这样的演变进程几乎可说是前文所述扬州安定、梅花两校嬗替轨迹的翻版。目前所知崇古学堂以学堂之名、仍沿书院考课之习的运转模式至少维持到宣统二年夏，时有士绅提请教育会集议将该校切实照新式学堂办理，仍沿用"崇古"校名。③ 即便是在倾向"新教育"的士绅看来，"崇古"仍是可以成立而且是多少有些标识度的名称。

在府县以下基层乡镇改书院为学堂的进程中，以"存古"的名义"安旧学"的政务运作，同样有延续到宣统二年者。在扬州府属海州板浦镇这一淮北鹾业中心，两淮盐运使司下属海州分司道光十八年建敦善书院，初以票盐一千引余利为膏火，后增至二千引。④ 大约在光绪三十一年，郡绅吴鸿年等在江苏学务总会支持下，将其改办"北鹾公学"。⑤ 至宣统元年初，学董陈培等提请用改办公学后累积的"六七千金"盈余，"仿苏州、湖北存古之例，开办存古学堂，以安旧学"，得时任海州分司运判袁述之批准。⑥

由陈培等与袁述之的文牍往还可知，与前文所述两淮盐运使司的情形类似，海州分司办学经费由传统书院向"新教育"的转移同样不是按照上谕一蹴而就，而是持续数年，逐步推进。至少到光绪三十三

---

① 《示期甄别》，《申报》光绪二十八年二月二十九日，第2版。

② 《镇江》，《申报》光绪三十一年九月二十四日，第9版；《太平厅热心兴学》，《申报》光绪三十三年八月十七日，第12版。

③ 《柳董将无可把持矣》，《申报》宣统二年八月二十日，第1张后幅第3版。

④ 童濂：《新建敦善书院并请酌增经费银两及添设义学禀》，《淮北票盐志略》卷14，道光十八年刻本，第1a—6a页；《两淮盐法志》卷151，光绪十八年刻本，第8b—9a页。

⑤ 江苏学务总会：《致两淮盐运使赵论北鹾公学书》，《江苏学务总会文牍》初编下，商务印书馆，光绪三十二年，第71页。

⑥ 本段及下段除特别注明外，皆参见陈培《海州板浦学堂董事陈培等禀两淮盐运使赵滨彦文》，引在《禀请澈查学款之影射》，《申报》宣统元年三月初一日，第2张第3版。

年（也即敦善书院改为"北罴公学"约两年后），该校仍有多达 5000 余两的"书院考课开支"。更重要的是，陈培等宣统元年仿办存古学堂，明确以"安旧学"为目的，实是张之洞等倡办存古学堂未有只字言及者。[①]

实际上，在宣统二年秋江宁清理财政局按照当年收支款目拟订的翌年"宁属地方经费预算"中，仍有"海州支出存古学堂月课银两"的条目。[②] 所谓"月课银两"，显然是"安旧学"的重要手段和方式。敦善书院约自光绪三十一年开始改办，历时近六年，一直沿用被中央政府多次明令禁止的书院考课形式。海州在"安旧学"方面不仅有相当规模的经费投入，且以"存古"之名列入宣统二年江宁的"阖省"收支款目中。基层乡镇安顿"旧学寒儒"的持续努力，不仅实质性地影响到当时新、旧教育转型的具体进程，而且通过与"存古学"的缠结变奏，通行于由乡镇至行省自下而上的政务运作中，说其是既有研究尚未充分注意却甚可思的历史履迹，似不为过。

第三节　河南尊经学堂与湖南达材等学堂

光绪三十一年八月初四日清廷谕令立停科举后，在"阖省"一级的"地方"层面，也出现"安旧学"与"存古学"缠结交互的情形，皆由督抚等地方大员主导，一般在省垣展开。但与上节所述基层州县乃至乡镇不同，在"国家"兴起的大背景下，地方大员作为"国家"的代表已基本掌控多数办学资源，确实具备将"阖省"层级的书院或校士馆改办高等专门学堂的条件和能力，且立停科举的奏折中的确将注重中学放在显要位置，而张之洞对存古学堂的定位也是"阖省"性质的高等专门学堂，故豫、湘、赣、川等省主政者"安旧学"兼"彰存古之义"的办学

---

① 惟张氏其实相当注重以立停科举后保留的优拔考试"安旧学"。宣统元年山东巡抚袁树勋联络多省大员拟"掣衔会奏"停止优拔考试，即因当时主管学部的张之洞极力反对而未果。参见张仲民《"非考试莫由"？清季朝野关于己酉优拔考试应否暂停的争论》，《学术研究》2019 年第 7 期。

② 张人骏：《谘议局决议预算案删减增补碍难实行并陈始末办理情形折》，《申报》宣统三年五月初九日，第 2 张后幅第 2 版。

努力，既有政令依据，也有见之于行事的可能，并不完全是"徒存虚名"的空言附会之举。

直隶总督袁世凯、湖广总督张之洞等奏准的立停科举方案列出若干"切要之办法"，其中首条即是"尊经学"，各省督抚学政应"责成办理学务人员，注意经学暨国文、国史，则旧学非但不虑荒废，抑且日见昌明"。末条是"旧学应举之寒儒，宜筹出路"，具体办法是"十年三科之内，各省优贡照旧举行，（宣统元年）己酉科拔贡亦照旧办理，皆仍于旧学生员中考取"。各省督抚学政每三年保送举贡至京师考试，取定者"酌量用为主事、中书、知县官"。① 两日后，又有谕旨着令各省学政"专司考校学堂事务，会同督抚经理"。②

此后不久，豫、湘两省皆以上引袁世凯等立停科举方案以及两天后的谕旨为据，相继奏请将各自省城的尊经、达材校士馆改为学堂，分别考取全省举贡 100 人入学，毕业后择优咨送学务大臣考验，合格者给予奖励，并升入分科大学进而递升通儒院。将来保送举贡时，官方"亦可有所选择，不至滥举"。此外，湖南方面还奏请将省城的成德校士馆、岳麓景贤堂分别改为成德、景贤学堂，考录全省中年以上生员入堂，平时考察习知其学问品行，以便将来考拔考优时有所选择，毕业时"均拟仿照湖北存古学堂并参酌河南尊经学堂章程，分别奏请奖励"。由此，立停科举方案中"宽筹旧学寒儒出路"的条目在具体运作中与兴办存古学堂有了直接关联。

湘省奏设四校虽晚于河南奏设尊经学堂，但规模恢宏，且缘起较早，体现出湖南绅界尤其中上层湘绅对书院改学堂的忧虑和犹疑。光绪三十年下半年，在籍工科给事中冯锡仁、候选道张祖同、江苏候补道程颂祥等联名公呈署理湖南巡抚陆元鼎，明确表示前任湘抚赵尔巽去年奏准将岳麓书院改建高等学堂这一"变通往制，改弦更张"之举，是"不甚爱惜"先贤遗迹，"士林恫之"。该书院"为全省士子聚集之所。各属每年来学者众，寻师访友，通声气而便取资，莫此为善。今废弃之后，风气

---

① 袁世凯、张之洞、赵尔巽等：《会奏立停科举推广学校折》，光绪三十一年八月初四日，璩鑫圭等编《中国近代教育史资料汇编·学制演变》，第 530—533 页。

② 《光绪三十一年八月六日上谕》，朱寿朋编《光绪朝东华录》第 5 册，总第 5390—5394 页。

隔阂，全省血脉为之不灵，于外郡县人士尤多未便，非另行设法通筹，奚以慰儒林之觖望?"① 岳麓书院东北原有屈子祠，未纳入高等学堂校址，冯氏等呈请就其"扩充堂舍"，仿令德堂之例，创建"岳麓爱礼堂"，收未入学堂的中年之士入学，学业课程参用"通儒院新章"，旨在彰"存古之义"，为新式学堂"补其偏而救其失"，以期二者"相辅而不背"。

陆元鼎认为此议是"存古迹，延道统，讲朴学，储通材，一举而数善"，批示将"爱礼堂"改名为"景贤堂"，取"高山景行之意"，并由官款筹拨开办经费1万两、常年费5000两。陆氏自述莅任以来，"见学堂规模已具，年龄合格之子弟均可从容造就"，而为"中年以上之馆生"设立的成德、达材校士馆"只以额少人多，不免仍抱向隅之憾，正拟设法扩充"。湘省设立两所校士馆的规模本已超过得到枢府默许的袁世凯奏案，仍出现"额少人多"的局面，可知当时未入学堂的"旧学寒儒"无论占比还是绝对数量皆相当大。至少在湖南，主政者不仅没有因科举减停而裁撤本为应举备考之所的校士馆，反而力图"设法扩充"，对其的重视程度甚至不亚于"新教育"。

得到主管大员鼎力支持后，湘绅的热情更高，不久即有20余位联名请建"岳麓景贤堂"，呈文对"新教育"的态度较此前请设"岳麓爱礼堂"文更平和，但基本思路和旨趣依旧。光绪三十年十一月，陆元鼎奏报筹办湘省学务情形时，附片具陈此事，奉朱批"学务大臣知道"。② 由此，湖南省城即有三所专收中年以上"旧学寒儒"的文教机构。第一章已述，学部成立不久即于光绪三十二年三月奏准饬令景贤学堂改办高等学堂，成德、船山两校以及河南尊经学堂一律改办师范学堂，继而专文通咨各省，如有类似学堂，事同一律。③

但达材、景贤、成德三校实际皆未照学部饬令办理。学部奏驳当月正式开办的达材学堂，并未遵照学部奏驳饬令，"按照定章高等学

---

① 本段及下段引文皆出自冯锡仁等《湘绅请建岳麓爱礼堂公呈》，《湖南官报》第863号，光绪三十年十一月十一日，专件，第41A—B页。

② 《前署湖南巡抚陆奏湘绅建立岳麓景贤堂片》，《东方杂志》第2卷第4期，光绪三十一年四月二十五日，第69—71页。

③ 学部：《通行各省湘省达材学堂、豫省尊经学堂改办两级师范文》（光绪三十二年三月初五日），《学部官报》总第1期，光绪三十二年七月初一日，文牍，第6A—7A页。

堂第一类学科讲授"，而是仍按庞鸿书等原奏的方案，"分经、史、理、文四科为四班，举贡三年毕业，生员五年毕业，皆以能著有成书为据"。① 故宣统元年八月湖南提学使吴庆坻虽鼎力支持兴办存古学堂，仍不得不承认湘省虽早有"存古专校"，但"办法未甚完全"，较湖北存古学堂，"范围不无广狭之殊，学科亦有疏密之判"。②

景贤、成德两校皆改为法政学堂。前者自光绪三十二年秋，庞鸿书奏准改办高等学堂"景贤法政分校"，至宣统二年夏一直未修建新教育课堂教学所需校舍，也没有延聘讲课之教员，而是在"新教育"的名目下照书院考课办法运作。③ 后者光绪三十三年招收学员，以当年考优备取生、"考优、考职取列头场各生及在校未经毕业诸生"为招录对象，宽筹"旧学寒儒"出路的意味仍相当浓厚。④ 第二章第三节已述，宣统元年湖南提学使吴庆坻力主将景贤、成德、达材三校合并设立存古学堂，因湖南谘议局反对而未果。

另外，尽管枢府明显是以"一家眷属"的眼光整体看待"宽筹旧学寒儒出路"兼彰"存古之义"的办学努力，但实际上，各地具体的办学思路和方案并不整齐划一，与存古学堂的关联度也各不相同。这一多歧互渗的图景是深入认知张之洞"存古"初衷及其与"书院考课"区别的关键环节。以下即从招生思路、学程模式、科目配置、考试规章、管理方式、师资规模等方面，细究豫、湘两省奏案与张之洞拟办湖北存古学堂的异同。为便讨论，先列表 7－1。

---

① 《湖南省官立达材存古学堂光绪三十三年下学期一览表》《湖南省官立达材存古学堂光绪三十四年上学期一览表》《湖南省官立达材存古学堂宣统元年上学期一览表》，清学部档，档案号：195/141。

② 吴庆坻：《详覆抚部院遵议湖南九年筹备事宜请咨部立案文（并表折）》（宣统元年八月），《湖南教育官报》总第 11 期，出版日期残，文牍，第 29A—B 页。

③ 该校光绪三十三年四月招录 300 名学生，在"荷池精舍"正式开学，"照旧书院办法，以千六百金为正课生膏火，千金为正课、附课及随时投考生奖品"。至宣统二年六月校方通告，"非裁奖金，无以为延聘教员、印刷讲义之费；非加甄别，则校址狭隘，正课三百名端坐听讲，将不能容"。《投考法政之踊跃（长沙）》《景贤法政学堂开学（长沙）》，《申报》光绪三十三年三月十八日、五月初三日，皆为第 2 张第 11 版；《景贤学堂改良之通告》，《申报》宣统二年六月二十八日，第 1 张后幅第 4 版。

④ 《成德法政学堂开学（长沙）》，《申报》光绪三十三年六月二十七日，第 2 张第 12 版。

表 7-1　河南拟设尊经、湖南拟设达材等学堂预案与张之洞兴办湖北存古学堂规划比照

	张之洞规划的湖北存古学堂	河南拟设达材学堂	河南拟设尊经学堂	湖南拟设达材、成德、景贤、船山等学堂
招生及学制	本应选取高等小学毕业者升入，特以目前小学尚未造有成材，应就各学生员考选，不拘举、贡、廪、增、附皆可，七年毕业	专收通省举贡入学，三年毕业		达材学堂专收举人五贡入学，三年毕业，成德、景贤、船山学堂收旧学生员，五年毕业
教学模式	按，入校即分经、史、词章三科，各科主课管是"前博后专"的研习思路	学生一人入校，即将其三年内拟治何经，著何政，习何艺，分晰亲注于手册		学生一人入校，即将三年、五年内拟治何经，著何学，兼考何学，分晰亲注于手册
教职员	监督一时暂难选得其人，委提调一人，专聘博通中学经史、诸子、词章各门学问之师稿为教员。拟请总监四人，协总八人或六人，分教四人或十人。（按，分教人数或教若干，另设各省总教若干）	设教务长、监督、庶务长、文案官兼书官各一人，监学官兼掌书官各一人，教员二人，四人		聘堂长一人，并委监学一人，科学分校教员一人，斋务长一人，庶务长一人，管书官一人
经学	先通览九经全文，再治专经之学，并须参考所习本经外之他经及子部、史部诸书。以证明本经要义者和本经自古及今致用之实效见于支传群书者，其研究之法，已详《奏定大学堂尊经学门》	首尊经学：宜就钦定诸经奉为准的，博采诸家经说，以求会通，其研究之法，堂采经学专门办理		首尊经学：奉钦定诸经为准的，博采历代训诂注疏诸家经说以求会通，其研究之法，均恪遵大学堂经学专门办理
史学	先博览全史要事大略，再治专门史学，并须专考所习己治乱之大端与今日相类相反之处，可为今日法戒者。凡专治何史之处，其统系、疆域、重镇、兵制、官、财政、典礼、教派、学制、	博览史学，诸史任任足以证经。凡历代政治得失之由，风俗盛衰之故，以及兵农典礼，外国史译本均应分类采摭，嘉言懿行均应分类采摭亦可供研讨		博览史学，奉《钦定二十四史》《御批通鉴纲目》《御批通鉴辑览》为准的，其它史可以证明本史并经又诸子之可以证明本史以及关系历代政治之得失，风俗之盛衰，兵农礼乐，嘉言懿行，外国史译本典雅者办须兼涉猎

续表

	张之洞规划的湖北存古学堂	河南拟设尊经学堂	湖南拟设达材、成德、景贤、船山等学堂
史学	弄律、邻国边界，均须能画出图表，一朝治乱大事，变古大事、创立法制，创造有益民用军用之物，取民之制、度支之数，户口息耗，物产盛衰，工役大举，关系农工商各项人民生计大事，交宗旨大事，均须能立表讲说。若治三通鉴、三通考者，列朝均须充贯串。外国史先讲近百年来之大事，渐饮及于近古、上古，使知时局变迁之所盾		
理学		精研理学：凡宋元明学案暨国朝学案诸书，均宜切实研求，如有心得，可以编纂成书	精研理学：奉《御纂朱子全书》为准的，探讨《国朝学案》、《宋元明学案》等书均宜切实精求，期有心得，施之实践。先贤先儒语录及《正谊堂全集》均有心得，施之实践
词章	先点阅古人有名总集并练习作文，再讲读研究词章诸家专集、史部，子部之可以发明词章要指者，并专考古今词章之有益世用者，尤须以能自作为实际	保存文学：今诸生练习各体文词。惟所诵读者必有益德性风化之书，所撰述者不徒以雕琢丽藻为工	保存文学：学者练习各体文词之有益世用者，以能自作为实际，又不徒以雕琢藻丽为工
舆地	先讲习中国今日地理、国朝疆域、海陆边界、各省重要城镇、水陆道路、通商口岸。再讲习地球全体及外国名山大川，重要都会、港口险要、人种风俗、宗教政体、天候物产等事，以扩充者	兼通舆地学：讲习中国地理、国朝疆域、海陆边界、各省重要城镇水陆道路、通商口岸。按，该校章程的"博览史学"条中说："舆地一门，与史学相表里，尤宜考订。"	兼通舆地学：讲习中国地理、国朝疆域、海陆边界、各省重要城镇水陆道路、通商口岸、地球全体、重要都会、水陆险要、沿革迁变，强弱得失等事均宜讲核，以扩充耳目，启发其爱国之心思

续表

	张之洞规划的湖北存古学堂	河南拟设尊经学堂	湖南拟设达材、成德、景贤、船山等学堂
舆地	之耳目，而后启发其爱国、爱种、爱教之心思。最后讲习中国前代历史地理及各国国际地理，险要之变迁，强弱之形势，政之沿革，险要得失，以激励学者愤发之心，并宜博览舆地丛书，旁及中外各家游记之类，以扩见闻。自初讲起即须兼摹地图，先略后详		
算学	前四年宜习西算，取其简而易入。后三年研究国朝各家算术，递溯元、明、历汉、唐以至上古算术，以存中国古法	按，该校"兼通艺学"项中举列有"中算"内容	兼通算学：研究国朝各家算术，递溯元明，历汉唐以至上古算术以存古法，西算简而易入者为下乘之先著
艺学	讲农林渔牧各实业大意，于奖土莱生及作更治民，皆有裨益。讲工商实业大意，使知凡系国民，人人宜各尽自食其力之才，但使能知其大要已不致多流于腐陋偏执，空谈误事	兼通艺学。古者称六经为六艺，而由射、御、数亦称六艺，况格致为《大学》始基，治生之暇，诸生于枕经诵史之所近，宜各就性之所长，分认一门或数门，以尽游艺之长	兼通艺学：农、林、渔、牧、工、商各实业以及此同名物门类、性质功用皆宜讲明大意，于治生之计、保利权之法，为有裨益
政学	讲外国立政大意，务使学者知外国政法有当采取处、有情势不同，不能强学处。且可知中国之所谓平权，自由皆在法律之范围以内，而邪说诐辞自无由生。讲外国安民防患，监狱恤刑大意，狱讼之法，以备人仕临民之用，知中国古来比同之制，外国多与之暗合	预习政学。通经原以致用，授政不达，虽多奚为	预习政学：凡财政、兵事、交涉、铁路、矿务、警察、外国政法等事，各择一门加意考习以储心得

续表

	张之洞规划的湖北存古学堂	河南拟设尊经学堂	湖南拟设达材、成德、景贤、船山等学堂
考试	凡学生平日功课，由各门分教员填注分数，送交提调，汇齐列表，呈候湖广总督核定榜示。其年终大考，由总督亲临察试。毕业时令呈所习专经专史或词章之心得，著述札记。(按，经、史、词章各科皆定有各科自有具体的考核依据)	每月初二日由教务长命题，试以经史策论及各体文；十六日由教员命题，试以政治及西国艺学，榜示讲堂。两次均由教员核阅，送教务长评定甲乙。榜示甲乙，已未成书，应令于暑假前开具卷数并本学，送送庶务长核存记，下期开学仍发交各生续领。毕业时以著有成书为据	每月由堂长命题考试一次，试以经史策论及各体文；劳及政治，西国艺学。先由分校核阅及堂长评定甲乙，或书评札记，送堂长评定积分之多寡，合校面试诸艺及其品行，以定积分之多定。每年暑假年限前，由巡抚学政会同考试一次，毕业时以著有成书为据
管理	学生须规矩整肃，衣冠画一，讲授皆在讲堂，问答写于粉牌，每日兼习兵操，起居有定，课居有时，课程应各有章，与现办文武各学堂无异，与旧日书院积习绝不相同。(按，张之洞并定经学、史学、词章各门"分年功课表"中拟订了所有主课、补助课，通习课的学程及周课时钟点数)	不以星期制作息。遵国家朔望谒庙之制，朔望日教务长，监督全学人员于教务长、望日朔首，即是日，礼毕后诸生行三跪九叩首，即是日放假。凡限日晨出暮归，不得在外歇宿，每月除朔望限外，准告假三日，不遇无故告假，违者均记过一次，如记过三次，即行饬退	春秋二仲，堂长及监学率全学人员照章致祭。至圣诞辰暨每月朔望上香致奠。有故准须假，无故不准违者。记过三次及不服规束者，革职。管书斋号子诸生领书送书随时登记，失者必赔损必赔

资料来源：《鄂督张设立存古学札》，《湖南官报》第891号，光绪三十年十二月初九日，时政录要，第33A—34B页；张之洞：《存古学堂计粘附各门功课钟点清单》，《湖北官报》第3册，光绪三十一年三月二十一日，本省公牍，第31A—33B、34A—40B页；《河南拟设尊经学堂章程清单》，附在《河南巡抚陈夔龙、学政王垿会奏遵旨拟设尊经学堂及师范传习所，以保国粹而广师资折》(光绪三十一年十月初六日)，朱有瓛主编《中国近代学制史料》第2辑下册，第528—530页；《湖南达材、成德、景贤、船山各学志》，《东方杂志》第3卷第3期，光绪三十二年三月二十五日，第43—49页；张之洞：《致苏州曹叔彦中翰即元弼（急）》(光绪三十三年七月二十一日发)，张之洞档，甲182—419。按，本表各项内除少数地方出以括义外，皆引各资料原文。

在招生方面，河南尊经、湖南达材等学堂与湖北存古学堂皆招录科举出身的读书人，但具体的招生思路明显歧异，正体现出办学初衷的不同。前文已述，张之洞兴办存古学堂原拟"选取高等小学毕业者升入，特以目前小学尚未造有成材，应就各学生员考选，不拘举、贡、廪、增、附皆可"。换言之，"就各学生员考选"是权宜之计，故对举、贡、廪、增、附生一视同仁，皆给予同等的应考资格，以便尽可能网罗到具有天资且诚挚"存古"的高才士子。招生初衷既是考选高等小学堂毕业生，则其办学旨趣自然也不是为旧式读书人在科举停废后"宽筹出路"。按照张氏的设想，存古学生毕业后应送入京师大学堂肄习进而递升入通儒院，说明该校的实际定位就是力图在《奏定学堂章程》颁行后补入"新教育"体系的专门保存国粹的新式学堂。

而豫、湘两省拟设的尊经、达材等校皆延续了改办学堂前校士馆或书院完全面向旧式读书人的传统做法，对科举出身皆有明确而具体的要求。尊经、达材学堂"专收举人五贡入学肄业"，成德、景贤两校以湖南全省中年以上"旧学生员"为招生对象，而衡阳府船山学堂则专收衡、永、郴、桂四府州属生员。① 科举出身的规格和等级仍是湘省四校招生的基准和尺度。

在学程方面，湖北存古学堂学生一入校即分经、史、词章三科，各科主课皆是"先博后专"的研习思路。② 而河南尊经、湖南达材等校倡导"首尊经学""精研理学""博览史学""保存文学""兼通艺学""预习政学"，各学科固有轻重之别，但大体是对应着优拔考试的科目和内容对学员提出的学习要求，既为应考而设，当然不能取一入校即分科专精一门的模式，故河南尊经学堂规定："学生一入校，即将其三年内拟治何

① 本节以下所述河南尊经学堂及湖南达材、成德、景贤、船山学堂办学设想，除特别注明外，分别参见《河南改设尊经学堂章程清单》，附在《河南巡抚陈夔龙、学政王垿会奏遵旨拟设尊经学堂及师范传习所，以保国粹而广师资折》（光绪三十一年十月初六日），朱有瓛主编《中国近代学制史料》第2辑下册，第528—530页；《湖南达材、成德、景贤、船山各学堂章程》，《护理湖南巡抚庞、学政支会奏改设学堂以保国粹而励真才折》（光绪三十二年正月），《东方杂志》第3卷第3期，光绪三十二年三月二十五日，第43—49页。
② 本节以下所述湖北存古学堂办学方案，除特别注明外，皆参见《咨学部录送湖北存古学堂课表章程》（光绪三十三年五月），苑书义等主编《张之洞全集》第6册，第4387—4389页。

经，著何书，考何政，习何艺，分晰亲注于册。"湖南达材等学堂章程中也有类似的规定。

科考应试与保存国粹的区别，也体现在科目的设置和具体要求上。豫、湘两省皆要求学员"精研理学"，提示着清廷即便已启动立停科举的进程，理学作为"官学"意识形态的角色和地位至少在规章和形式上并未改变。而张之洞拟订的湖北存古学堂教学内容完全不言理学，并非其个人的学术倾向所致，可能是有意让"专门著述之学"与官学意识形态相区隔。

也正是从保存和研究"古学"的角度出发，张氏为存古学生开设"博览古今子部诸家学""算学""舆地"等通习课，以佐助经、史、词章三门主科的研习。三者皆没有明确出现在停废科举后保留的优拔考试范围内，故豫、湘两省办学章程只字未提任何有关"子部"的内容。在河南尊经学堂章程中，"算学""舆地"皆非独立的科目。后者因"与史学相表里"而在"博览史学"条目中一语带过；前者只是传统算学作为"六艺"之一的"数"涵盖在"艺学"中，要求"诸生于枕经葄史之暇，宜各就性之所近，分认一门或数门，以尽游艺之长"，完全不涉"西算"，与张之洞先西算后中算以"存中国古法"的研习思路迥然异趣。

实际上，不仅是"西算"，甚至整个"西艺"皆没有出现在尊经学堂的科目范围内，而"新政"之初废八股后的优拔考试新章同样是头场即要考"各国政治、艺学策"的。① 河南方面应该是考虑到中年以上的应举士子此前更多"专沦制艺"，学习西语和西学有相当难度。其"预习政学"一项也落在通经致用的层面，要求学员按照立停科举的"保送举贡"方案所言（"凡财政、兵事、交涉、铁路、矿务、警察、外国政法等事，但有一长可取，皆可保送"）做好准备，与张之洞设"外国政治法律理财"、"外国警察监狱"、"农林渔牧各实业"和"工商各实业"四门西学通习课为存古学生"开其腐陋，化其虚矫"形成鲜明对照。

与河南尊经学堂相比，湖南拟办达材等学堂有不少参仿湖北存古学堂之处。其奏折以外国榜样诠释"国粹"的大段表述是酌改张之洞饬设存古学堂的札文而成，对新式学堂中学师资匮乏的忧虑，也是张之洞创

---

① 《光绪朝上谕档》第27册，光绪二十七年七月十六日、八月初二日，第152、176页。

设存古学堂相当强调而河南奏设尊经学堂没有提及的面向。① 不仅如此，湖南达材等四校章程中"兼通舆地学""兼通算学"条目为尊经章程所无，前者删减湖北存古学堂"舆地学"课程内容而成，后者基本与湖北存古学堂的"算学"课内容相同。其"兼通艺学"条目对"艺学"的诠释明显综合湖北存古学堂"农林渔牧各实业"和"工商各实业"两门西学通习课而成，但在研习目标方面，"预习政学"条目明确要求学员于"财政、兵事、交涉、铁路、矿务、警察、外国政法"中各择一门研习，显然仍是以"保送举贡"为旨归，与河南尊经学堂如出一辙。

在考试方面，尊经学堂每月初二日由教务长命题考"经史策论及各体文"，十六日由教员出题考"政治及西国艺学"，两考均由教员"核阅，送教务长评定甲乙"。湖南达材等校将每月两考合为一考，内容不变。"策""论"等传统考试形式固然也出现在清季新教育中，并非科举与学堂的根本区别所在，② 但由具体的考试内容仍不难看出豫、湘两省的考章明显以优拔考试为指针，而与《奏定学堂考试章程》的规定相去甚远。③ 尤其河南尊经学堂章程的"兼通艺学"条目只言"中艺"，却将"西艺"列为学生每月必须参加的考试项目，如此"不言学只言考"，适从一个侧面揭示着宽筹旧学寒儒出路的学堂面临的困境：一方面中年以上应

---

① 张之洞：《鄂督张设立存古学堂札》，《湖南官报》第 891 号，光绪三十年十二月初九日，时政录要，第 33A—34B 页；《护理湖南巡抚庞、学政支会奏改设学堂以保国粹而励真才折》（光绪三十二年正月），《东方杂志》第 3 卷第 3 期，光绪三十二年三月二十五日，第 43—49 页。

② 《奏定学堂考试章程》（光绪二十九年十一月二十六日，璩鑫圭等编《中国近代教育史资料汇编·学制演变》，第 509—510 页）即规定，高等一级学堂及京师分科大学的毕业考试分内、外场。内场"比照拔贡、优贡例，只考两场"，每场"出论策、考说各二题。头场以中学出题，经、史各一，经用论，史用策；二场以西学出题，西政、西艺各一题，西政用考，西艺用说"。外场"试以策论、考说文字，应就学生已习之中国经史文学及西学各科学中，分场发题考问"。有关晚清"策""论"等考试形式，参见刘龙心《从科举到学堂——策论与晚清的知识转型（1901—1905）》，《"中央研究院"近代史研究所集刊》第 58 期，2007 年 12 月，第 105—139 页。相关面向（诸如晚清"新教育"体系对科举"策""论"等考试形式的承继和变通等）似尚有进一步研究的空间，详另文。

③ 光绪二十七年十月初一日政务处、礼部在《会奏变通科举事宜折》（璩鑫圭等编《中国近代教育史资料汇编·学制演变》，第 32—36 页）中提出，全面废止"八股文程式"而代之以"策""论""义"。优拔考试头场改试"中国政治史事论"及"各国政治、艺学策"，二场"改试《四书》义一篇，《五经》义一篇"。

举之士子研习西艺有相当难度，另一方面优拔考试对西艺又有明确要求。

更为关键的是，湘、豫两省拟聘教职员的方案皆不足以支撑一整套教学授受方案。尊经学堂实际承担教考职责的师资仅 3 人，包括教务长 1 人、教员 2 人。湖南的办学方案则有堂长 1 人、"分校教员" 4 人承担教考工作，虽然每月只考一次，但所有学生每旬皆要交札记由 "分校教员" 核阅后送堂长评定等级，总体的工作量较尊经学堂实际有增无减。若以湖北存古学堂的总教 4 人、协教 4—6 人、分教 6—10 人的师资规模为参照，考虑到尊经、达材学堂皆有 100 人的正额招生规模，若说豫、湘两省拟聘师资似乎更多承担月考命题、核阅试卷和札记之责，而非像张之洞设计的存古学堂那样开展日常的西式学堂课程教学活动，应不为过。

校务管理方面的规章可资印证豫、湘两省对于日常教学活动的安排和设想。河南方面明确提出尊经学堂 "遵国家朔望谒庙之制"，每月朔望，全校师生按照《奏定学堂管理通则》的规定 "行礼" 后放假。行礼的程式以及 "皇太后、皇上万寿圣节" 等假日固然比照新式学堂的规章进行，但放弃清季新教育通行的西式作息，意味着张之洞为湖北存古学堂设计的一整套以星期制为基础、以周课时为框架的课程授受和课时配置方案，原本即不在尊经学堂的预案中。

类似的朔望行礼规定也见于湖南达材学堂章程中。湖南方面既明确表示达材等学堂章程曾 "参酌" 湖北存古学堂规章，显然是看过张之洞饬设存古学堂札文中所言学生 "须规矩整肃，衣冠画一，讲授皆在讲堂，问答写于粉牌，每日兼习兵操，出入有节，起居有时，课程钟点有定，会食应客有章，与现办文武各学堂无异" 等表述的。[①] 但达材等学堂章程与尊经学堂章程一样，未有只字言及教学授受的管理层面。

张之洞饬设存古学堂是在学部奏驳豫、湘两省设立尊经、达材等学堂方案之前，故上引张氏饬设札文所言实与学部奏驳无关，说明其确有利用新式学堂在管理方面的长处，摒除旧日书院积习的初衷。张之洞后来正式奏设存古学堂时，学部早已将尊经、达材等校奏驳在案。奏折在上引札文后特别强调 "与旧日书院绝不相同"，并在结尾部分申明豫、

---

① 张之洞：《鄂督张设立存古学堂札》，《湖南官报》第 891 号，光绪三十年十二月初九日，时政录要，第 33A—34B 页。

湘两省方案"与鄂省存古学堂之办法判然不同，毫不相涉"，确有避免学部批驳的考虑。① 由上文对三校规章的比较考察可知，湘、豫两省办学方案确如学部奏驳时强调而张之洞《存古奏折》中申明的那样，原即"与向来书院考课相仿"，而较疏离于清季"新教育"通行的西式"学堂"办法。张之洞在"新教育"内保存国粹的"存古创举"与枢府的办学方针在大方向和根本精神上是同向而行的。

第四节　江西明经学堂

豫、湘两省为"旧学寒儒"宽筹出路兼彰"存古之义"的办学努力，与书院考课相仿，没有常规的西式学堂课程教学活动，被学部批驳在案。而在当时通行的"新教育"体制内，竭力照"学堂办法"展开的办学努力也不尽如人意，不久即以失败告终。光绪三十二年四月十六日，也即学部奏驳豫、湘两省奏案大约一个月后，江西方面"援照湖南达材学堂成案"开办明经学堂，原拟就豫章书院旧址设立，后因豫章书院校舍被江西高等学堂"借用"，故"暂借经训书院改充"，② 选录本省举贡生员"入堂讲习。立学宗旨于保存国粹之中寓恤寒畯之意，一切学科程度按照定章'高等学堂第一类'讲授，并先行补习普通（课程），以备升入大学分科"。其"应行补习之历史、地理、算学、格致、图画、东语、英语、体操各普通（课程）暨讲经一门"，先后由江西教务处派员"到堂授课"。③

江西方面显然将避免重蹈河南尊经、湖南景贤等学堂被奏驳的覆辙视作重中之重。而学部同意湖南开办达材学堂也让明经学堂看到了希望。所谓"一切学科程度按照定章'高等学堂第一类'讲授，并先行补习普

---

① 《创立存古学堂折》（光绪三十三年五月二十九日），苑书义等主编《张之洞全集》第 3 册，第 1762—1766 页。

② 学部：《奏派调查江西学务员报告书·江西明经学堂调查总表》，《学部官报》总第 34 期，京外学务报告，第 288B—289A 页。

③ 本段及下段除特别注明外，皆参见《江西明经学堂详呈章程及课程表格并请转详咨部立案文》，学部《咨覆赣抚明经学堂学生应请转饬拨入师范学堂肄业文》（光绪三十三年六月），《学部官报》总第 26 期，光绪三十三年六月初一日，文牍，第 313A—320B 页。

通（课程）"，正是比照学部同意达材学堂开办时提出的要求。① 不仅如此，江西方面进而强调明经学堂"程度既系高等，则一切科学章程均应遵照定章办理"，故对"科学程度尤为注意"。惟"补习普通（课程）时，依中学程度增入讲经一门。盖因学堂取义显揭明经，循名核实，理似应尔"。如此则"既系参照高等（学堂）讲授，而肄业之举贡又皆国文夙有根底"，故学生将来毕业时，所有"考试、分等、录用、给凭、升学"等事项，按"例应请（学部）准予援照高等学堂奖励章程"办理。

该校开办当年的"调查总表"及"经费调查表"显示，学堂聘有监督、监学官、监学兼斋务长、文案官、会计官、检察官、杂务官各 1 人，司事 2 人，教员 9 人。学生定额 120 人，在校 71 人，分甲、乙两班，甲班 34 人，乙班 37 人。② 开设伦理、经学、国文、历史、地理、心理及辨学、西语、东语、法学、兵学、算学、格致、理财、体操、图画等课程，除个别名目略有变化外，确实参照《奏定高等学堂章程》"高等学堂第一类学科"的教学规章而成。③ 可观的师资规模与西式课程教学方案相匹配，与前文所述河南尊经学堂、湖南景贤等学堂、四川致用学堂大异其趣。明经学堂开办费和常年费由"省城旧有各书院款项内每年拨银八千两，不足之数由提学使署按月给发"，要求学员缴纳学费的规定明显异于清代书院通常的做法，正是清季"新教育"因办学成本高昂而出现的新气象。

尽管在办学模式上已与新式学堂无异，但《奏定高等学堂章程》中的"第一类学科"是"预备入经学科、政法科、文学科、商科等大学者治之"，并非仅以经、文两科大学为升学之阶，其课程安排和课时配置自然也不是专门以保存国粹为旨归。实际上三年学程中，"经学大义"、"中国

---

① 《学部奏湘省学堂不合定章拟令改正折》（光绪三十二年三月初一日），《东方杂志》第 3 卷第 6 期，光绪三十二年五月二十五日，第 128—130 页。

② 本段所述除特别注明外，参见学部《奏派调查江西学务员报告书·江西明经学堂调查总表》，《学部官报》总第 34 期，京外学务报告，第 288B—289A 页；《江西明经学堂光绪三十三年经费调查表》，《学部官报》总第 34 期，京外学务报告，第 289A 页。

③ 《奏定高等学堂章程》列出的"高等学堂第一类学科"的三学年课程包括"人伦道德、经学大义、中国文学、心理及辨学、兵学、体操、英语、德语或法语、历史、地理、法学、理财学"，章程并要求有志入经科大学的学生加物理、算学两课。张之洞等：《奏定高等学堂章程》（光绪二十九年十一月二十六日），朱有瓛主编《中国近代学制史料》第 2 辑上册，第 570—574 页。

文学"以及"中国史"三门"古学"课程的课时仅占总课时数的约20%，且仅"中国史"为"主课"，其余两门甚至只是"通习课"。①学部饬令湖南达材学堂"先行补习普通（课程），按照定章高等学堂第一类学科讲授"，正是要将其完全纳入《奏定高等学堂章程》的学制序列中，意味着该校在课程设置和钟点配备方面已不是一所专门以中国传统学术为主要研习内容的保存国粹学堂。

当时的情势是"不讲新学则势不行，兼讲旧学则力不给"，而明经学堂更力图面面俱到的中西学并重，实际陷入鱼与熊掌无法兼得的两难境地：若严格按照奏定学章，"对科学程度尤为注意"，则已没有课时钟点凸显古学的重要性；若要"循名核实"，践行"于保存国粹之中寓恤寒畯之意"的办学初衷，又无法照学部要求"补习普通（课程），按照定章高等学堂第一类学科讲授"。事实上，学部不久即发现明经学堂"补习普通学"仅一年学程，科目设置及钟点配备"多有缺陷"。不少普通课程远未达到《奏定中学堂章程》规定的三学年程度。而其保存国粹的办学意图也成效不著。学部奏派调查江西学务员罗振玉即观察到，明经学堂"国文有功力者甚少，远逊高等学堂，即较之方言预备学堂诸生亦不能及"。②该堂虽"意在保存国粹，用意至善，但经学渊源即夙有根柢者亦不能于三四年中遽能养成专家，况在堂更须修普通学科，则养成经学专家更无可望"。换言之，明经学堂在《奏定学堂章程》内兼顾普通学科的"养成经学专家"方案不具有现实的可行性。

另外，第一学年补习普通课程的教学方案在践行之初即引发学员不满。光绪三十二年八月初五日《申报》报道，明经学堂全体学生以"年岁稍长，他项科学恐难成就"，禀请时任江西巡抚吴重熹将该校改为"江西法政学校"。吴氏批复表示，对"年老诸生强以科学，成效较难，尚系实情。惟甫经奏报之案能否酌量变通办法以慰多士而期造就之处，

---

① 张之洞等：《奏定高等学堂章程》（光绪二十九年十一月二十六日），朱有瓛主编《中国近代学制史料》第2辑上册，第570—574页。"历史"虽为"主课"，但"中国史"仅开设一年，其余两年皆授"外国史"。所有课程中，课时最多的是"英语""德语或法语"两门，每学年每周皆各有9个钟点，正是总课时数的一半。

② 学部：《奏派调查江西学务员报告书·江西明经学堂调查总表》，《学部官报》总第34期，光绪三十三年八月二十一日，京外学务报告，第288B—289A页。

仰学务处会商该堂监督斟酌情形，妥议详复，核饬遵照"。① 八月底，《申报》继而报道，江西学务处会同明经学堂监督告谕学生，该校"甫经奏设，未便遽改。且课吏馆已经改为法政学堂，并招本省在籍学员肄业，此后尚可推广。不如仍留明经学堂，多一造就人才之地"。各生"允作罢论"。② 大约在光绪三十三年初，又有萍乡县优廪生张树风在条陈学务的禀文中专条提议将明经学堂改为"法政专科"。江西提学使司仍坚持认为，该校"所有课程均遵学部新章，照高等学堂第一类办理，且奏明未久，未便朝令夕改"。③

光绪三十三年五月下旬，江西提学使林开謩以"各学堂均有经学一科，不必专立学堂，致多糜费"为由，札饬将明经学堂"即行裁撤。所有各学生业已分科考试，未取者各自回籍，另谋学业；已取者量其程度，分拨高等学堂及优级、初级师范各学堂肄业。所有该堂校舍以及经费即将医学堂移入接管"。④ 翌月，学部明令江西官方将明经学堂所有学生"按其年龄学力分拨入师范学堂或中学堂肄业，所有经费亦移作扩充师范学堂及中学堂之用"。⑤

由江西明经学堂失败的办学履迹反观张之洞在奏设存古学堂时强调该校章程为"创举"，确有"不得不如是之苦心孤诣"。盖《奏定学堂章程》确立的"新教育"体系没有高等专门层级的保存国粹学堂建制，且无论是"普通"还是"专门"的学程，皆明显倾重西学。这样一来，在既存体制内博观精造"古学"的办学努力缺乏足够的生存和发展空间。故张之洞明确提出存古学堂虽在办学性质和管理模式上与

---

① 吴重熹：《批明经学堂全班学生禀请将该校改设法政学堂文》，《禀请改设法政学堂（江西）》，《申报》光绪三十二年八月初五日，第 2 张第 9 版。据批文所述，此前江西学务处在"详请扩充法政学堂本省学额共计五十名，由各属保送举贡生员入堂肄业"时，即曾声明："明经学堂甫经奏准，未便归并办理。"可知当时已有将明经学堂"归并办理"法政学堂的动议。

② 《明经学堂议改法政作罢（江西）》，《申报》光绪三十二年八月二十九日，第 2 张第 9 版。

③ 《江西代理提学司傅批萍乡县优廪生张树风条陈学务事宜文》，《提学司批示条陈学务事宜（南昌）》，《申报》光绪三十三年正月二十五日，第 2 张第 9 版。

④ 《学使饬裁明经学堂（江西）》，《申报》光绪三十三年五月二十五日，第 2 张第 11 版。

⑤ 学部：《咨覆赣抚明经学堂学生应请转饬拨入师范学堂》（光绪三十三年六月），《学部官报》总第 26 期，光绪三十三年六月初一日，文牍，第 313A—320B 页。

其他新式学堂无异，但研习内容和目标"重在保存国粹，且养成传习中学之师，于普通各门止须习其要端，知其梗概"，与"重在开发国民普通知识"的《奏定学堂章程》异趣，二者"互相补益，各有深意，不可偏废，不相菲薄"。

实际上在目前所知清季以西式学堂办法保存国粹的办学努力中，像明经学堂这样试图完全融入既有学制规章者即使不是唯一特例，也相当罕见，大多与张之洞倡办存古学堂类似，力图突破规章限制，在"新教育"体系内而又独立于《奏定学堂章程》规划的学制，探寻国学研习之路。它们与存古学堂有不同程度的关联，但在"存古"思路、文化观念乃至办学定位等方面差异不可谓小。山东国文学堂与曲阜学堂即是较突出的例子。

第五节　山东国文学堂

光绪三十一年十月初九日，山东学务处议员、增生宋恕禀请山东巡抚杨士骧奏设"粹化学堂"，"招英俊之书生，施特别之教育。以博览方闻为日课，融国粹、欧化于一炉，专造异材，以备大用"。[①] 据宋氏自述，此举得杨氏"手批暨面谕嘉奖"。[②] 惟由目前掌握的资料看，"粹化学堂"似未见于行事。杨士骧对国学人才的培养实际另有规划。

大约同年底，杨士骧札饬兴办"国文学堂"。在他看来，当时的情势是"俗论纷披，迄莫能止"，故以辨析"俗论"之非的方式申明国文学堂办学宗旨。[③] 首先是有关"国文止中学之一端，不足概学术之全"的时人言说。杨氏认为"国文"一词，"有广、狭二义。如与经学、史学并列，则'国文'专指'文词'一事而言，此国文之狭义也；若第言'国文'，则即是'国粹'之义。凡经学、史学、义理、考据、词章，莫不包括于'国文'之中。盖所谓'文'者，犹言'文明'之'文'，非

① 《上东抚请奏创粹化学堂议》，胡珠生编《宋恕集》上册，第371—374页。
② 《推荐国文学堂监督人选禀》（光绪三十一年十二月），胡珠生编《宋恕集》上册，第400页。
③ 本段及下段所述除特别注明外，皆参见《东抚杨中丞设国文学堂文》，《广益丛报》第5年第20期，光绪三十三年八月二十九日，文牍，第1A—2B页。

但'文字'之'文'也。若以科目之一端视之，则所失多矣"。

有鉴于此，杨氏明确提出，文字"实为一切学问之根源。数千年来圣哲传授之菁华，莫不具存于文学之中。无论经史传记、诸子百家，以及汉唐笺疏、宋明性理，要皆借文字以传。苟不讲求文学，则载籍精微，无由窥见，故宜圣生平尝以斯文自任。盖文所以载道，皮之不存，毛将安傅？"这与宋恕此前拟在粹化学堂力矫"轻理重文"之弊明显不同。宋恕发现"文理"虽为古名词，但今意一般专指"文"，而"理"字几乎已无足轻重，此弊"乃隋唐以来文词取士之制积重所酿成。宋、明诸儒提倡理学，原欲以理矫文，故其语录皆不用文词，与今海外望国之演说录、讲义录同体。徒以取士时制皆用文词，故卒不能革轻理重文之俗"。既然文词取士之弊制已废，若"理解取士之制不兴，则一线相传之理解将随文词而俱亡矣"。粹化学堂如"仍轻理重文，则何关于调和粹、化之本意！"只是"我国为古望国，愈古之书，理解愈正，若竟如理学先儒及日本言文一致派泰斗——福泽谕吉氏等之痛摈文词，则又恐训诂益荒，古书将无人能读，于海外望国皆先振古学、后发新知之进化历史亦不合"。故粹化学堂考选学员的首要标准是"理解必宜首重，而文词亦宜（讲求）"。①

宋恕欲矫"轻理重文"之弊，正契合道咸以降"一切诸学"皆讲究"义理"的学术理路，而在强调"理解"的同时，又以外国榜样规避"痛摈文词"可能带来的"训诂益荒"风险。所谓"理解必宜首重，而文词亦宜（讲求）"以免"训诂益荒"，实际表述的恐怕是义理与考据并行不悖，且以前者为重的汉宋兼综取向。关键是这一取向竟是"调和（国）粹、（欧）化"的首要之义，说明汉、宋的息争与调和至清季科举停废后至少仍是部分知识精英关注并思考的核心，与四川学政郑沅大约同时观察到的"昔也汉宋，今也新旧，叠成聚讼"情形明显不同。这多少提示着当时"西潮"固已呈席卷之势，但学术思想界由传统的"汉、宋"到"新（西学）、旧（中学）"的话语权势转移并不完全是叠踵交替的过程，还有交融并汇的一面。粹化学堂即力图将汉宋关系问题融入中西学交汇与碰撞的洪流中，在"调和中西"的框架下"调和汉宋"，

---

① 《粹化学堂办法》，胡珠生编《宋恕集》上册，第377—389页。

相当能体现清季民初"西潮"与"道咸新学"共同激荡、相互加持的学术风貌。

宋恕虽为山东学务处议员，但仍更多从学理层面究心学术的演进，尽显"士子－绅士"的底色。而封疆大吏杨士骧则明显出以上层"事务官"的务实眼光，注重"国文"的工具性质和广泛而基础的实用功能。在他看来，读书人"立身涉世，大而国政朝章，小而往来交际，何在非文字之为用？文理不达，事理必亦不明，何由练习才情以供国家之用？"①"通达文理"即是"明白事理"的必由之路，则与"事理"对应的"文理"更多仍指向"文字"（"文词"）本身，重心落在"文字之为用"上。

杨士骧明确反对将"国文"仅视为"科目"之一，尤其是径以"国文"为校名的做法，在将"国文之为用"几乎推向极致的同时，可能也不无与存古学堂区别之意。杨氏专门批驳了时人的"崇古"取向，认为"国文"实为"朝廷立国、士夫立命之基础，非第以为古尝有是而护惜之也。方今世变无极，苟其事于生人日用无关，则今昔异宜，何暇顾已陈之刍狗？"而"已陈之刍狗"直接指向的，正是张之洞办存古学堂相当注重的"钟鼎尊彝之古物"。② 实际上，杨士骧札设国文学堂时已知张之洞倡办存古学堂的努力。③ 前引杨氏所谓"第以为古尝有是而护惜之"，大体可说是张氏札设存古学堂时所言国文即便有因"时势变迁，不尽适用者，亦必存而传之，断不肯听其澌灭"的另一种表述。若说杨氏批驳"崇古"多少有些针对张之洞整体性保存古学的主张，似不为过。

杨士骧还批驳了"国文是专门之学，当特别肄习"的时人言说。在他看来，作为"科目之学"的"国文"，与历史、地理、理化、算数、法政、教育等一样，"固当各立专门"以博观精造，"而普通知识则人人所不可缺"。且文字正如布帛菽粟，为"人生必需之物"，比以上诸科更

---

① 本段及下段所述除特别注明外，皆参见《东抚杨中丞设国文学堂文》，《广益丛报》第5年第20期，光绪三十三年八月二十九日，文牍，第1A—2B页。
② 张之洞在《创立存古学堂折》（苑书义等主编《张之洞全集》第3册，第1762—1766页）中明确提出"书库（应）多储中国旧学图书、金石、名人翰墨、前代礼器"。
③ 杨士骧饬设国文学堂的札文（《广益丛报》第5年第20期，光绪三十三年八月二十九日，文牍，第1A—2B页）有言：此前张之洞创设存古学堂、河南官方奏设尊经学堂"忧世之衷，如出一辙"。

重要。故"专门固所当求，普通尤为切要。今所设（国文）学堂，预防斯文废绝之忧，特谋深造，即各学堂中亦何在不当以国文为重？岂谓举世所不须而特留此硕果之不食哉？若以专门等之，而不习此科者遂可视为无与，则文学日荒，人才必有横决之患矣"。①

杨氏将"普通"置于比"专门"更重要的位置，在力图兼顾"普通"与"专门"且以前者为重的大方向上，与前文所述张之洞的保存国粹理路基本趋同。而据杨氏的观察，当时"新教育"的"普通"层面已不仅是张之洞所言"经史汉文所讲太略"的问题，甚至出现以"国文"为"举世所不须"，故将其等同于"专门"，摒除在"普通"学程之外的言论。目前尚不清楚杨氏批驳的言论具体所指，但类似的主张乃至见之于行事的努力确实存在。光绪三十二年九月，御史赵炳麟奏请各省设一所国学专门学堂，即明确提出《奏定高等学堂章程》中"凡关于经、史、文学三项者，皆可减少钟点。俾得悉力于各种科学，似于中西学业两有裨益"。② 高等学堂固然已非"普通"学程，但在赵氏的表述中仍是与"专门"相对的"普通"性质。进一步压缩"普通"层面的中学授受空间以便学生能"悉力于各种科学"，俨然已是兴办国学专门学堂的目的之一。

将教育分为"普通"和"专门"两学程的西来观念，在清季朝野所产生的相当广泛而深远的影响，似乎超过我们此前的认知。宋恕也注意到，当时"海外教育学家"论教育，"恒分普通、特别二种。普通者，所以造多数之常识；特别者，所以造少数之异材"。二者区别在于"芸芸常识"意在以"新利"固其基础，"济济异材"贵在革除旧弊。关键是"必须少数之异材相与先立其大，而后彼多数之常识得以各尽其长，此古今之定例，中外所同然"。当时"普通之教育难振，即由于特别之教育久无；欧化之罕能调和，即由于国粹之罕能传习，故普通诚不可缓办，而特别尤必须补施"。③ 宋恕与张之洞、杨士骧皆力图兼顾"普通"与"特别"（专门），且都希望以后者推助前者，但似乎各有侧重：宋恕以"特别教育"为重中之重，而张、杨二人则将"普通"置于更优先的位置。

---

① 《东抚杨中丞设国文学堂文》，《广益丛报》第5年第20期，光绪三十三年八月二十九日，文牍，第1A—2B页。

② 赵炳麟：《请立国学专门疏》，《赵柏岩集》上册，第422—423页。

③ 《上东抚请奏创粹化学堂议》，胡珠生编《宋恕集》上册，第371—374页。

杨士骧明确反对"守拘墟之见，姝姝然悦己而自足"，强调国文学堂并非"专以向日旧学为限，而不驰域外之观"，或有效仿张之洞以西学"通习课"为存古学生"开其腐陋，化其虚矫"之意。但杨氏认为国学"学业至繁"，学生势不能穷尽西学各门类，故以"外国文科大学、日本早稻田学堂"为榜样，将"东西洋政治、教育、法律、理财、交涉"等今日一般归入"社会科学"者列为兼习内容，其中"教育""交涉"为张之洞拟订的存古学堂课程所无，而"农工商矿、格致、制造"等大体接近今日所谓"理工科"者，则非"文科所能赅备"而被排除在外。① 因材料有限，这样的取舍方案是否付诸实施尚不得而知。惟由湖北存古学堂并不成功的办学实践来看，② 国学研教机构若添加西学内容，依循西学各分支学科的特点及其与"古学"的远近亲疏关系，对其进行较细密的区分，恐怕有相当的必要。

在终极关怀上，杨士骧仍秉承"文以载道"的传统理念，力图坚守"孔孟以来相传之道统"，与张之洞似无根本差异。但杨氏对西学的态度明显较张之洞更积极而开放，他明确提出"国文一道，即科学之基，殊途同归，未有昧乎此而能明乎彼者"。国文已是讲求科学的基础，与赵尔巽的表述几乎如出一辙，相当接近国粹学派大约同时提出的先强化"主观"以接受"客观"的主张。③ 而张謇试图以中学"通各科学之精神"的努力，同样强调国文作为工具的致用功能，但在终极信仰层面已与张之洞、杨士骧等明显分"道"扬镳，相关面向尚有研究空间。

相对而言，宋恕兴办粹化学堂的方案更精于学理的论证与推演，将国粹与欧化视作基本对等的主体并力主调和之，注重导扬学风，强调"专造异材"的"特别之教育"，甚至力图在该校试验西式"三权分立"

---

① 本段及下段所述除特别注明外，皆参见《东抚杨中丞设国文学堂文》，《广益丛报》第5年第20期，光绪三十三年八月二十九日，文牍，第1A—2B页。

② 第三章已述，湖北存古学堂的"外国历史"课实际历时四个多学期才被"博物"课替代，校方显然极看重"外国历史"课对研习中学的助益，而并不仅仅是让学生"略知世间有此切用学问"而已。但这样一来其他六门西学通习课的学程则被挤压到平均不足一学期的程度。考虑到课时总数和教室条件已达饱和上限，该校学生实不可能照张氏原拟方案修完所有西学通习课。

③ 关于国粹学派先强化"主观"以接受"客观"的主张，参见罗志田《清季保存国粹的朝野努力及其观念异同》，《近代史研究》2001年第2期。

的政治建制。① 虽然宋恕自言粹化学堂得杨士骧"手批暨面谕嘉奖"，但由上文的讨论可知，杨氏弃粹化学堂而另办国文学堂，可能隐伏着办学观念和思路的歧异。

　　整体上看，山东国文学堂是目前所知清季官方最开放而前瞻的保存国粹办学方案之一。光绪三十一年底，宋恕向杨士骧推荐14位"海内鸿儒"，作为该校监督人选，包括四品京堂汤寿潜、翰林院编修蔡元培、刑部主事孙诒让、户部主事陈黻宸、户部主事孙宝瑄、前刑部实缺主事吴保初、户部主事丁惠康、吏部主事陈三立、内阁中书潘鸿、候选道员严复、候选道员陶浚宣、江苏道员俞明震、安徽候补知府王咏霓、候选知府钱恂。② 该校后来的情形因资料缺乏，只能阙疑待考。

第六节　山东曲阜学堂

　　清季诸多保存国粹办学方案中规格最高、筹备时间最长的是曲阜学堂。光绪三十二年十一月二十二日，湖北按察使梁鼎芬奏请中央政府"颁发帑金，建设曲阜学堂"，由湖广总督张之洞"督同"湖北提学使黄绍箕"尽心经理"，精选各省学生入学，"广孔教教人之法。以时习为要，分科专门，各造其极"，以期"天下学堂皆以此堂为法"。③ 该折奏呈当日，内阁奉慈禧太后懿旨，准照折中所请，所需经费由张之洞筹办，"并颁发帑银十万两，由山东藩库发给"。④ 此后不久，江苏道监察御史赵炳麟奏请"明谕天下，定教育宗旨"，以曲阜学堂为"天下学术之正

---

① 具体办法是，由巡抚亲自照会或札委"议员、裁判员"，分别组成立法、司法两部，本校讲师和监督以下的管理员组成行政部。凡学校"改良之议，专由议员随时各陈所见"，请巡抚定夺，"监督及裁判员均不许参与。出有罪案及讼案，均由裁判员传审，用文明国刑事、民事裁判法裁判"。如此具有想象力的办学计划实际上是将学校视作政治体制改革的"试验田"，在目前所知清季"新教育"中即或不是仅有，也相当鲜见。《粹化学堂办法》，胡珠生编《宋恕集》上册，第389—390页。
② 《推荐国文学堂监督人选禀》（光绪三十一年十二月十三日），胡珠生编《宋恕集》上册，第399—401页。
③ 《湖北按察使梁鼎芬请建曲阜学堂折》，《申报》光绪三十二年十二月初一日，第1张第2版。
④ 《光绪三十二年十一月二十二日慈禧太后懿旨》，《清德宗景皇帝实录》卷567，《清实录》第59册，第504页。

伪"的"标准","国本之治乱"也"视此（校）为转移",呈请责成张之洞会同学部,"慎选师儒,注重行谊。求孔孟之正宗,破门户之陋习。详定规则,奏核施行,务期国学昌明,世风隆厚"。① 同年十二月初一日,此奏得慈禧太后懿旨批准。②

慈禧太后对梁鼎芬奏设曲阜学堂"夸赞"有加。她在光绪三十二年十二月初梁鼎芬请训时谕示:"曲阜学堂奏得好,这件事情张（之洞）必能料理得好。"梁氏又面陈四件事,也得慈禧太后称许:一是孔子"大祀典礼,部议上时请皇上即举行,并谕各部堂官及京城各学堂学生皆行礼。二、请先数日谕各省督抚均于是日行礼,本省实缺官及学生亦随同行礼。三、请派王公前往曲阜代皇上行礼。四、请皇上御书曲阜学堂匾额"。③ 正是在最高统治者的鼎力支持下,曲阜学堂成为当时唯一由中央政府推动兴设的保存国粹专门学堂。

但该校的具体筹划却进展缓慢。大约自光绪三十三年二月开始,学部与张之洞"往复筹商,未及定议"。④ 同年八月张氏主管学部后,经过"熟商审计",始"粗定规模"。又过了近两年时间（宣统元年底）,张之洞已病逝,学部呈《奏酌拟曲阜学堂办法并请派员充当监督折》,提出曲阜学堂由学部"直辖管理",拟"以通今合古为该学堂一定宗旨。其大概办法应仿照湖北存古学堂,分为正科、豫科两级。正科为专门学,分习经学、史学、文学各门,选录学生以旧章中学堂暨新章中学堂文科与初级师范毕业生为合格"。"豫科课程"即照《奏定中学堂文科章程》办理,"选录学生以高等小学堂毕业生为合格。至于中学之外,凡泰西文字亦当肄习,以资博通而广闻见"。⑤

曲阜学堂还得到"袭封衍圣公"孔令贻的鼎力支持。他向学部提出,可用其在"曲阜附城一带"的土地作为校址;又因张之洞、黄绍箕

① 《御史赵炳麟奏请定教育宗旨折》,《申报》光绪三十二年十二月十三日,第 3 张第 17 版。

② 《光绪三十二年十二月初一日慈禧太后懿旨》,《清德宗景皇帝实录》卷 568,《清实录》第 59 册,第 509 页。

③ 梁鼎芬:《致张之洞》（光绪三十二年十二月初五发初六到）,张之洞档,甲 182－422。

④ 学部:《咨鄂督请拟曲阜学堂办法文》,《学部官报》总第 17 期,文牍,第 96B－97A 页。

⑤ 本段及下两段所述除特别注明外,皆参见学部《奏酌拟曲阜学堂办法并请派员充当监督折》,《湖北教育官报》第 2 期,宣统二年,章奏,第 17A—19A 页。

皆已病逝，梁鼎芬奏设该校，"本在随同筹划之列"，咨请学部奏派梁鼎芬为曲阜学堂监督。学部在上引该折中提请"允如所请，以资熟手"。先前颁发币银 10 万两，用于"建造校舍、购置图书各款"。开办后常年经费每月需银三四千两，"拟请旨饬下度支部核议，或指拨库款，或摊派各省，以资应用"。同年十二月二十八日，该折得旨批准。① 此后不久，学部即"钞奏照会"梁鼎芬，并于宣统二年正月十四日电促其至京师"面商一切"筹办事宜。② 梁氏以自己"学行才志本不能称，加以病久体衰"，回电辞任曲阜学堂监督，并具折陈请学部代奏，选派他人。当月底及翌月，学部又两次电促梁氏到部面商，梁氏皆"复电力辞"。

　　但学部并未就此放弃，约在同年五月又致函梁鼎芬，"公一日不起，兹校一日不开，揆诸奏请初志，恐亦不能恝然。务祈力疾强起，布置一切。执事身在江湖，心存魏阙，当不至屡渎为忤也"。梁氏接电后仍"毫无俯就之意"，回电表示"足疾加剧，鄂无医，拟即回粤调治"。③ 同年夏，梁鼎芬"骤得中风之疾"，日本医生治疗后，认为"即可全愈，并无大碍"。④ 而有关梁氏"以中风之疾曾电辞曲阜学堂监督一席，未邀学部允准，兹病虽渐愈而精神颇为衰减，已再具正式呈文力辞其任"的消息见诸报端。⑤

　　至宣统二年十月，学部终以梁鼎芬"久病未愈"，虽经多次"婉留"，仍"一再恳辞"曲阜学堂监督，故"请旨派臣部候补参议李熙充曲阜学堂监督"。⑥ 翌年八月十五日，学部又以李熙"因患病未愈，迭次请假"，近来"病虽稍痊而调摄尚需时日"，奏请另委翰林院侍读学士王锡蕃接任曲阜学堂监督一职。⑦ 四天后，辛亥革命爆发。王锡蕃到任后，

---

① 《宣统元年十二月二十八日谕旨》，《宣统政纪》卷 28，《清实录》第 60 册，第 522 页。
② 学部：《致武昌杨护督转梁廉访电》（宣统二年正月十四日），《梁廉访电辞曲阜学堂监督（北京）》，《申报》宣统二年正月二十二日，第 1 张第 5 版。
③ 《梁鼎芬坚辞曲阜监督（武昌）》，《申报》宣统二年五月十七日，第 1 张后幅第 2 版。
④ 《梁星海忽患中风症（武昌）》，《申报》宣统二年七月二十日，第 1 张后幅第 4 版。
⑤ 《梁星海再辞曲阜学堂监督（武昌）》，《申报》宣统二年八月十八日，第 1 张后幅第 3 版。
⑥ 学部：《奏派本部候补参议李熙充曲阜学堂监督片》（宣统二年十月二十九日），《政治官报》第 1115 号，宣统二年十一月初三日，折奏类。
⑦ 学部：《山东曲阜学堂监督请改派侍读学士王锡蕃片》，《内阁官报》第 50 号，宣统三年八月十五日，折奏类。

"以校款无着，不能开办，但每月由司库动支薪水二百金，俾资津贴"。①
筹办工作基本处于停顿状态。

民元后，山东都督"以民国新建，学务经费既属难筹，教育方针尤
须改定。曲阜大学之建设关系全国，非山东一省所可主张，不得不咨请
教育部请示办法"。五月二十一日，教育部复电表示"已办之学校经费
尚属难筹，未办之学校自当暂行缓办。且曲阜为圣贤桑梓，更未便草率
将事，应即暂缓筹办"。《申报》探闻到山东都督得教育部复电后，即
"咨照王（锡蕃）君遵照办理，停支薪水矣"。②

综上所述，曲阜学堂无论是办学缘起、人脉背景，还是具体的兴办进
程，皆与存古学堂关联密切。梁鼎芬光绪三十二年自鄂进京前，曾与同门
密友马贞榆（季立）商定奏设曲阜学堂事宜。③ 当时梁氏与张之洞、黄绍箕
等正在湖北筹办存古学堂，马贞榆则是湖北存古学堂开办时的两位经学总教
之一。学部也在宣统元年底的奏折中声明，曲阜学堂的"大概办法应仿照湖
北存古学堂"办理，后又以曲阜、存古学堂"学科程度相符"为由，饬令山
东方面将山东存古学堂归并曲阜学堂办理。④ 若说曲阜学堂是以张之洞为首
的阵营在存古学堂以外另一重要的"存古"办学努力，应不为过。

在"圣人之乡"建立保存国粹的学堂，显然有特殊的象征意义。慈
禧太后鼎力支持兴设该校，正是看重其在"新教育"体系中的示范效应
和标杆式的教化作用。该校由此而具有极特殊的地位和相当高的办学规
格。梁鼎芬所奏及慈禧太后的懿旨也多少有些打破常规、特事特办的意
味。学部后来虽然将该校视作高等专门学堂，并在具体筹建中试图寻求
其与既存学制的衔接，但仍确认该校由中央政府"直辖管理"，面向全
国"精选"学生入学。这样的办学方式和规格实已类似大学堂，远非
"阖省高等专门"性质的存古学堂可比。

实际上，当时报章舆论对曲阜学堂较通行的称谓就是"曲阜大学"
或"曲阜大学堂"，多少提示着在野一方对该校的定位和认知。曲阜学

---

① 《停办曲阜大学》，《申报》1912 年 7 月 6 日，第 6 版。
② 本段引文皆出自《停办曲阜大学》，《申报》1912 年 7 月 6 日，第 6 版。
③ 《京梁臬司来电》，光绪三十二年十一月二十二日，张之洞档，甲 182－442。
④ 学部：《咨覆山东巡抚文》，《存古学堂归并曲阜大学》，《教育杂志》第 2 年第 5 期，
　　宣统二年五月初十日，学堂消息，第 44 页。

堂的舆论关注度整体上似乎高于存古学堂。而与后者备受舆论抨击不同（详第八章），曲阜学堂似乎并未成为当时朝野公开对立和论争的焦点，至少在《申报》《大公报》《盛京时报》等报章上基本未见趋于负面的报道和言论。《申报》以"代论"的形式刊发梁鼎芬奏设曲阜学堂折。① 稍后《盛京时报》更刊发"论说"一篇，肯定梁氏奏设该校意在"通古今之变"，实为"人才消长之枢"。② 不仅如此，在清季山东"新教育"中具有不小话语权，尤其在曲阜地方上有相当权势的"衍圣公"孔令贻鼎力支持并积极推动兴设曲阜学堂。在时局动荡、经费支绌的清季最后几年，该校具备相当难得的办学条件和氛围。

但该校的兴设努力仍然缺少一个重要的环节：没有精通"新教育"办学运作，将上述有利条件"见之于行事"的干才。许同莘在编《张文襄公年谱》时说，湖北存古学堂"开馆之日，讲席犹虚，盖师资难得如此。故曲阜学堂虽明旨敕办，竟不及草创规模。非卸责也，乃重难其事也"。③ 实际上在张之洞的观念中，学堂管理员仍是师资的一部分。他在力劝梁鼎芬出任湖北存古学堂监督的电文中说，"辞官而为师，于义未尝不可"。④ 换言之，出任学堂监督并非"居官位"，而是"为人师"。

按，前文所述清季"新教育"的职官化倾向更多就建制层面而言。惟"官"与"师"毕竟是两种不同的身份。传统的"官""师"界域至少在部分时人的观念中仍较清晰而分明。宋恕注意到新式学堂学生"呼讲师曰'先生'，呼监督曰'大人'"，正是"新教育"的职官化在实际运作中的重要表征，与通常以"宾师"自居的传统书院山长固已大异其趣。宋恕由此而强调监督对学生不得以师自居，意在确保教员退守"师"的身份，实际看重和强调的，仍是"官""师"之别。⑤

在梁鼎芬的友人陈树屏看来，出任学堂监督是与仕途完全不同且远比后者有意义的"救世"事业。梁氏于宣统二年正月十七日函告时任湖

---

① 《湖北按察使梁鼎芬请建曲阜学堂折（代论）》，《申报》光绪三十二年十二月初一日，第1张第2版。
② 《论鄂省梁臬奏请设立曲阜学堂》，《盛京时报》光绪三十二年十二月初十日，第2版。
③ 许同莘编《张文襄公年谱》，第184页。
④ 《致武昌赵制台》（光绪三十四年正月二十九日），苑书义等主编《张之洞全集》第11册，第9672页。
⑤ 《粹化学堂办法》，胡珠生编《宋恕集》上册，第387页。

北存古学堂斋务长陈树屏，拟辞任曲阜学堂监督。陈氏翌日复电说：

> 曲阜为宣圣讲学旧乡，此间学堂即为我国数千年宗教所关系。公自谓学行才志不胜监督此堂之任，环顾七十二州，能胜任愉快者更有何人？然则此堂遂不办耶？方今沧海横流，人心芬泯。除讲教育、兴实业者，无可驻足息肩之地。假如朝廷此时任以边徼巡抚，屏尚不劝公就，惟此监督一席，窃谓不宜辞且不可辞。①

曲阜学堂监督不仅要"学问淹通，资望素著"，而且要在枢府有相当的话语权，并得到山东官绅的支持。② 梁鼎芬是该校倡办者，且得孔令贻鼎力举荐，确为当时最佳的监督人选。学部在其坚决辞任的情形下，仍一再劝驾长达一年多之久，实良有以也。惟梁鼎芬光绪十年参劾李鸿章未果，翌年被追加"交部严议，降五级调用"；光绪三十三年七月，又以湖北按察使身份奏劾庆亲王奕劻及袁世凯未果，同年底呈请开缺获准。他先后固辞湖北存古学堂、曲阜学堂监督职位，显然是不愿在仕途受阻后再选择"为人师"的身份和办教育的人生道路。

第三章已述，"管理乏人"而又迟迟没有聘请到最理想的专职监督，是困扰湖北存古学堂办学运作的一大难题。而曲阜学堂"管理乏人"的问题似乎更为突出。前引学部致梁鼎芬公函中所谓"公一日不起，兹校一日不开"，固然是竭力劝驾之辞，但"成败系于一人"的表述也多少从侧面提示着梁氏辞任监督对曲阜学堂的影响实较湖北存古学堂更严重。若说学部一直没有为曲阜学堂聘请到资历威望、学术影响、办学思路和理念乃至人脉关系等各方面俱佳的干才出任监督，是该校迟迟未能开办的决定性因素，似不为过。

---

① 陈树屏：《复梁鼎芬函》（宣统二年正月十八日），中国社会科学院近代史研究所藏梁鼎芬档案，档案号：甲135-1。

② 学部在奏请改派王锡蕃出任曲阜学堂监督时说，王氏"学问淹通，资望素著，且籍隶山东，于本地官绅亦多浃洽，于筹办学堂事宜自可措置裕如"，透露出该理想的监督人选应具备的能力和条件。慈禧太后特批的10万两经费是否确如《申报》报道所言因"漏列"宣统元年、二年预算而"不能照支"，目前只能阙疑待考。（《停办曲阜大学》，《申报》1912年5月22日，第6版）但若说中央政府直辖的曲阜学堂即便曾有最高领导人的支持，仍需在枢府有相当能量者强力推动，似不为过。

第八章　时人对官办保存国粹学堂的反应

清季官方兴办存古学堂之前，"保存国粹"的社会思潮已然蔚为风气。官方的"存古"努力自张之洞倡导之初即成为时人关注的热点。时人对官方"存古"方案的质疑，民间舆论对官方"尊经复古"的批评、对存古学堂以及张之洞本人偏于负面的"形象"塑造，正是那个"激变"时代朝野因趋新程度的多层次差异而逐渐走向尖锐对立的缩影。

本章拟在此前梳理枢府办学方针演变和各省兴办进程的史实基础上，尝试将存古学堂等清季官方保存国粹的办学努力回置到当时的思想言说中，尽可能还原出时人对其的反应和认知，兼及官方"存古"努力的核心人物张之洞在民间舆论中的"守旧"形象，希望能为我们更深入认识当时各种言说纷纭驳杂、多歧互渗的动态历史图景提供一个具体而微的视角和例子，而尽可能梳理时人认知与官方"存古"初衷的异同，或许也有助于我们探寻张之洞、沈曾植等兴办存古学堂的愿景中隐而不显乃至被趋新世风遮蔽的面向。

第一节　"官、学分途"：时人对"学古而
不能入官"的质疑

光绪三十年下半年张之洞饬设存古学堂伊始，质疑和反对声即不绝于耳。其中出于支持兴办的立场，质疑该校毕业生如何"入官"以"济国家之用"者，实际视该校为"新教育"的典型，表达出对当时"官、学分途"局面的不满，相当值得注意。

光绪三十年十一月，《南洋官报》刊登张之洞《饬设札文》并附《鄂督南皮尚书建置存古学堂札文（附书后）》一文，① 先肯定张之洞

---

① 《鄂督南皮尚书建置存古学堂札文（附书后）》，《南洋官报》第 162、163 期"著录文字"栏连载，光绪三十年十一月二十八日、三十日，第 2B—3B、2A—3B 页。本节所述时人对存古学堂的质疑，除特别注明外，皆参见此文，以下简称《书后》，不再赘注出处。

"通今而不悖于古，崇实而不弃其华"，保存国粹"尽善尽美，无以尚矣"，随即用大量篇幅转述时人的一系列疑问："今日之学堂将为国家辨官材乎？仅为天下储师范乎？"若是后者，则"何须如许多数之学堂？"且即便学堂造就者"人人皆能为师，而空言讲学，手无事权，犹是学非所用之故习耳，于国家胡利焉？"如为前者，则国家"辨官材之地"终究不能囿于学堂，原因在于：

> 国家之育人才，所以使之入官也，所以使之治民也。今学堂学子但曰毕业之后给予凭照，即存古学堂能毕业者，亦但名以"通儒"而已。至若何官之，曾未议及。夫存古者，使人知学古也。学古而不能入官，不能治民，是入官以治民者，必不学之人而后用也。教学为一途，官人又为一途，两途区分，迥不相合，则学非所用之弊，今日之学堂未见愈于昔日之科举也。

《书后》进而以时人的口吻申论道，科举制下"学人以能得官，故群焉趋之，如恐不及；学堂出身既无定章，则士之志功名者，必且相率裹足，蹙然不乐受其范"。虽说士志于学，本不以功名为贵，但若"人人有一淡视功名之见，亦谁肯竭忠尽命，牺牲其身以供国家之驱使耶？"故"国家将欲挟以奔走一世之人才，则功名不可以不重。重功名而不使入学堂者得有功名之出路，如此南辕北辙，正如'欲入室者，闭之门'"。

实际上，早在大约一年前与递减科举方案同时奏准颁行的一系列《奏定学堂章程》中，即有专门的《奏定各学堂奖励章程》。但据《书后》所述，这一专章并不足以消除时人的疑虑。盖递减科举方案"虽有学堂升迁作为生员、举人、进士等名目，然皆未见之施行也"。《奏定学堂章程》也有考核、考验、分别录用的规定，"皆为学堂中人入官之明据，然用以何官，则犹未可必也"。已办各式学堂，包括庚子以前所设者，创始之初，"非不筹及其出身"，但迄今无论是朝廷"登进"的翰林、主事、中书、知县，还是各省各府考取的举人与秀才，皆无升自学堂者。政务处表示各省"教职及府佐、州佐等杂职"裁后所遗之缺"即可留为毕业学生补官之出路"。惟"教职不治民，佐杂虽佐治民，而无治民之特权"，学堂学生中的贤才，"志必不止于是也"。国家仍难收学堂育才之效。

对于时人的上述疑虑，《书后》作者回应说，庚子以前，国家仍以科举为重，学堂不过如"同文、方言等馆之例，别开一教学之门径，未尝视之为正途"。庚子后，"新教育"虽为要务，但草创伊始，"学科未备，不得遽议其出身"；继而学制体系形成后，学生须按规定年限由低到高毕业递升，国家"所取之士不能猝及于学生"。朝廷虽"决意停止"科举，仍出以三科递减的方案，部分原因也在于此。张之洞先"以改科举为学堂之升级发其端，继以《奏定学堂章程折》中所言'分别录用'立之准"。而存古学堂旨在培养学生，递升通儒院。所谓"通儒"，即"通天、地、人之谓也。能通天、地、人者，必能仔肩国家之重寄"。故设存古学堂，"将使国家知学堂人才可以大用而重用之也"。

实际前文已述，张之洞对存古学生的"功名"和"出路"皆有较周详的考虑：兼习外文者，"毕业后可照高等学堂例奏请奖励，并准送入大学堂文学专科肄业，将来递升入通儒院"；不习洋文者，"奖励须量减一等，毕业后止能送入大学堂文学选科肄习"。[①] 但时人似乎并不满足于此，而有为何不明确毕业"录用之等级"的疑问。这里的"录用之等级"显然不是指学业的深造升等，而是学堂奖励出身的"功名"对应的"入官治民"之等级。对此，《书后》作者劝时人少安毋躁，并断言张氏急于挽救学生醉心欧化之弊，待"各学堂中果知以保存国粹为主义宗旨"后，定将"封章入告，请定升级，为吾学子之荣而济国家之用"。

《书后》通篇皆在为张之洞及"新教育"代言，不厌其详地释疑解惑，从一个侧面提示着当时对新式学堂毕业出身及出路的质疑即便不是众口铄金，也绝非个别微不足道的言论，至少是已到需要特意澄清说明的地步。尽管尊西趋新是大势所趋，废科举的舆论也已基本呈压倒之势，但时人对"官""学"合为一途以便"学有所用"的期待，意味着"学而优则仕"的传统观念仍在相当程度上深入人心。所谓"学堂出身既无定章，则士之志功名者，必且相率裹足，蹙然不乐受其范"的言论，多

---

① 张之洞：《设立存古学堂札》，《湖南官报》光绪三十年十二月初九日，时政录要，第33A—34B页。

少印证着官方出台学堂奖励出身方案或有"不得不如是之苦心孤诣"：当时似乎尚不具备将"官"与"学"完全分途的条件。①

另外，《书后》对张之洞办存古学堂的诠释未必完全贴合张氏原意。事实上稍后张氏奏设该校时并未如《书后》作者所言进一步明确学生毕业"录用之等级"，而是完全沿用了《饬设札文》中的表述。所谓张氏先以保存国粹为急务，再落实学生毕业"录用之等级"的说法不免牵强，二者实无轻重缓急之分。张之洞明确存古毕业生的递升方案以鼓励深造，但不明示甚至可以说是某种程度地淡化毕业功名对应的"录用之等级"，可能体现的恰是在"专门"层面"官""学"分途的倾向。

前文说过张之洞办存古学堂，大体可说是践行《劝学篇》中所言极少数"好古研精、不骛功名之士"从事的"专门著述之学"。惟《劝学篇》中的"专门著述之学"本是"任自为之""无有底止"的研习模式，存古学堂则代之以"有限有程"的"新式学堂办法"，实是相当大的改变。② 但七年的学制（后学部修订时更延至八年）本不为"急于谋生者"所设，其一整套中学研习方案未有只字言及"入官用世"，显然有意引导学生在"专力中学"时能不计名利，静心治学，潜心精造。说其力图培养的仍是"好古研精、不骛功名之士"，希望他们能矫正时弊，转移风气，挽回世道人心，似不为过。

若以稍开阔的眼光看，清代学人向往并追寻"不骛功名"的学术至

---

① 对于学堂奖励出身这一清季重要的兴学手段，学界已有专论。左玉河《论清季学堂奖励出身制》（《近代史研究》2008 年第 4 期）是管见所及迄今最新的代表性研究，取"学术奖励制度转变的新视角"，关注学堂奖励出身在制度设计上"学堂与仕进混合""抡才与育才并一"的"内在冲突"，侧重其助长"以学干禄"风气，强化"官学一体化"格局等弊端而被猛烈抨击的一面，有助于我们理解由传统科名奖励到现代学术奖励制度演进的复杂性与必然性。若考虑到科举停废后"旧学寒儒"整体上日益窘迫的境遇，以社会史（尤其"学术社会史"）的眼光，给当时众多普通的中下层读书人以更多的发言权，关注其人心所向，相关面向似仍有研究空间。

② 张之洞在《劝学篇·守约第八》（苑书义等主编《张之洞全集》第 12 册，第 9725—9732 页）中提出新式学堂基础性的中学教育应"举要切用，有限有程，人人能解，且限定人人必解"，以确保"将来入官用世之人皆通晓中学大略之人"。此后多数读书人"专力讲求时政，广究西法"，极少数"好古研精、不骛功名之士愿为专门之学者"，博观深造，任自为之，是为"专门著述之学"。这里的"专门著述之学"不仅在新式学堂之外，而且入学者既"不骛功名"，又无"入官用世"之志。

少可以追溯至乾嘉时代，从《劝学篇》到存古学堂的"专力中学"方案大体可说是清人追求"学术独立"这一长期努力在清季的延续。① 张之洞毕生力主兼讲汉宋，虽多倾重汉学，但一直未曾废弃理学。实际上光绪二十九年颁行各省的"新教育"建制的确以"汉宋兼讲"为中学授受的总体构想。高等及其以下"普通"序列各学堂明确视"理学为中国儒家最精之言，惟宗旨仍归于躬行实践"，以"行检笃谨"为培养目标，凸显"处处皆以理学为本"的"官学"导向。② 至于理学中"过于精深微渺"的内容，则于经科大学专设"理学门"以研究之。③ 若以此为参照，几年后张之洞办存古学堂，倾重清代汉学的同时，将理学完全摒除在教学内容之外，说其多少有些淡化乃至疏离于"官学"意识形态之意，似不为过。

张氏尽管淡化功名利禄，但并非完全不考虑学生在"治学"以外的现实出路。其拟定的存古学堂教学方案仅有两处言及"入仕为官"，皆在为学生"开其腐陋，化其虚矫"的西学通习课中。④ 西学的席卷之势既

---

① 王国维《沈乙庵先生七十寿序》（《王国维全集》第 8 卷，第 618—619 页）所言乾嘉时代"经史小学专门之业兴焉"，正是当时学术疏离科举功名和官学体系的重要表征。惟学术成为"专业"不意味着"独立"已完全实现。那时的读书人即便心向学术，也大多先以科考为务。不少"肆意稽古"的学术精英实际并未荒废"举业"，一般还有长短不一的"仕宦"经历。而少数科场失意者常被表述为"沦落"或"潦倒"，提示着至少在时人通常的认知中，成为"专业"的学术仍未从根本上撼动以"官学"意识形态为导向的科举在读书人心目中的"正途"地位。

② 据说为张之洞"手订"的《奏定学务纲要》（璩鑫圭等《中国近代教育史资料汇编·学制演变》，第 498 页）明确要求各学堂"于中国向有之经学、史学、理学及词章之学并不偏废"，其"理学宜讲明"专条强调，"理学为中国儒家最精之言，惟宗旨仍归于躬行实践，足为名教干城。此次章程，既专设品行一门，严定分数；又于修身、读经著重，是处处皆以理学为本"。高等学堂及优级师范学堂开"人伦道德"课，"择要讲习"宋元明清"诸儒学案，及汉、唐诸儒解经论理之言与理学家相合者"，只"阐发切于身心日用之理"，学生"果能行检笃谨，即是理学真儒"。

③ 《奏定高等学堂章程》（璩鑫圭等《中国近代教育史资料汇编·学制演变》，第 423 页）以宋元明清"列朝学案等书，为理学诸儒之言论行实，皆是宗法孔孟，纯粹谨严"，故设通贯整个三年学制的"人伦道德"必修课，摘讲其中"切于身心日用，而其说理又明显简要、中正和平者"以及诸儒"躬行实事"的部分，至于"过于精深微渺者"，待学子"入大学堂后，其愿习理学专门者自行研究"。

④ 《存古学堂各学科分年教法》（《湖北官报》光绪三十一年三月二十一日，本省公牍，第 34A—40B 页）规定："外国警察监狱"课"讲外国安民防患、慎狱恤刑大意"，以"备入仕临民之用"；"农林渔牧各实业"课"讲其大意"，使学生"略知治生之法，于寒士谋生及作吏治民，皆有裨益"；而"工商各实业"课的用意与"农林渔牧各实业"课略同。

然已到"不得不讲"的地步，且被时人认为更为"切用"，则"学术"之外无论"谋生"还是"作吏"的现实考虑，当然着落在辅助性质的西学课程中。换言之，张之洞在"专精"层面为中学进一步寻求"学术独立"时，西学竟然在一定程度上扮演着助力和推手的角色，甚可思！

不过，存古学堂终究是官办学堂，淡化功名利禄和疏离"官学"的努力当然不能大张旗鼓地明示，只能静默地将其融入具体规程中"见之于行事"。由目前所知该校在全国推广的情形看，张之洞的上述努力鲜有同道之人。仅见的特例是沈曾植办安徽存古学堂，明确表示"不导人于利禄之途"，学生毕业后不奏请奖励；并推动理学褪去"官学"的意识形态色彩，回归其学术自身发展的内在理路，在淡化功名和疏离"官学"方面似较张之洞走得更远。除此之外，多数办学官绅仍以"学而优则仕"的理念，将毕业奖励出身置于相当重要的位置。

如前文已述的江苏存古学堂，不仅为学生奏请明显逾于常格的奖励出身，甚至允许他们突破中央政府的禁令，参加宣统元年优拔考试。山东方面更是以张之洞奏设存古学堂"并未定有何项奖励，与各等学堂未能划一，似系疏漏"，提出存古毕业生"酌照优级师范学堂给奖"，不仅取消了张之洞原拟必须兼习外文并得到成绩认定才能照高等学堂例奏奖出身的严苛条件，大大降低了毕业奏奖出身的难度，而且为学生争取派充"高等国文教员"这一较优级师范学堂毕业生还明显高出一格的出路。

各省兴办存古学堂的努力中，也不乏将该校视为官途升阶者。广东存古学堂的章程即明确提出，该校除"研求古学、永保国粹、养成教材"外，还要"兼备从政之选"。① 四川蓬州举人魏鼎宣统二年初上书四川提学使赵启霖，力主"存古之道均归实验"。方式有二，"一验诸当前所经，一验诸入官以后"，故存古学堂应以"讲明政治"和"考求教术"为要务，不仅经学、地理学的研习要为学生"后日服官之备"，史学尤其侧重"外国政治"和"古人政体"，以培养充当议员的"宪政才识"。②

---

① 丁仁长：《详署理广东提学使蒋式芬文》，《两广总督袁树勋咨呈广东存古学堂章程册及职员学生名表并呈报该堂开办成立情形文》（宣统元年十一月十四日），清学部档，档案号：195/142。

② 《蓬州举人魏鼎上赵提学存古学堂书》，《广益丛报》第8年第7期，宣统二年三月二十九日，寄书，第1A—5B页。

魏鼎的建言似乎并未被川省官方采纳，但至少从一个侧面印证着前引《书后》一文中有关"学古"以"入官治民"的时人言论并非少数人的呼声，在读书人中即或没有达到众皆认可的程度，恐怕也有相当的普遍性。张之洞、沈曾植淡化功名利禄和疏离"官学"意识形态的构想，即便是在力图兴办存古学堂的官绅以及基本认可该校的读书人中，也多少有些曲高和寡。其实枢府也注意到张氏原拟章程的上述倾向，故在宣统三年三月奏准颁行的《修订新章》中新增一语，要求"义理之学当与训诂并重，应授宋儒理学源流及诸家学案之大略"，"政治正确"的"纠偏"意味相当明显；同时学部还相当注意存古学堂与其他新式学堂的衔接，其"中等科""高等科"的毕业考试、出路和升学规章与普通中学堂和高等学堂（第一类）已几乎全同，学生由此而被完全纳入"新教育"的"功名利禄之途"。①

以上的讨论更多关注当时基本出于同情（至少是不反对）立场对存古学堂的质疑。实际上，清季民间舆论基本掌控在较激进的趋新士人（即张之洞所谓"谈新学者"）手中，他们大多反对兴办或竭力废止存古学堂。该校自兴办之初即被营造成"顽固守旧""有碍新机"的负面形象，其存废成为清季最后几年朝野尖锐对立和论争的焦点之一。

第二节　不利的舆论氛围与尖锐的朝野论争

第一章述及，张之洞光绪三十三年五月进呈《存古奏折》，在两年多前的《饬设札文》基础上特意说明该校课时倾重中学而"略兼科学，以开其普通知识，俾不致流为迂拘偏执，为谈新学者所诟病"。最后一语提示着张氏已顾虑到该校在尊西趋新的大势下可能遭遇批评乃至抨击而有所应对。实际上，张氏的担心并非多余。舆论对该校确实颇为不利。同年六月二十五日《北京公益报》刊发署名为"冬"的"时事短评"，即认为"保存古学，当以发挥孔子道德为第一要着；打算发挥孔道，当以普及全国人民为第一要着"。存古学堂不过是将学生教成"一种大古

---

①　《修订存古学堂章程》，《政治官报》第 1249 号，宣统三年三月二十六日，折奏类。但这样的"纠偏"只是流于形式而已，各学年的具体研经安排实际并无理学内容，理学既非学生可以择习的学科门类，甚至也不是单独的课程。

董，那有甚么益处哇?"①

翌月底，湖北存古学堂正式开学。此后不久，新任湖广总督赵尔巽牌示各属军民，准许"上书直陈本省利弊，尽言无隐"。② 时以"课徒"为生的湖南巴陵人杜显鉴在上书中担心存古学堂"主持无人，饩羊虚设"。③ 而云梦县举人周家坦更在上书中专条指陈该校"内容极为腐败，缘教习并无实学，学生更多青年，时有'存古不古'之谣。前督（张之洞）曾电招湖南叶吏部（德辉）充当教习，乃携四雏伶而来，日跑马车、宴戏园，卒乃函索银三百两而去。又王闿运之子代功，狂妄好为大言，品学俱劣，亦充教习。今存古既设，糜［靡］费讵［巨］款，尤宜顾名思义，所有教习学生似宜从速改良，以重公款而培士气，则学界幸甚矣"。④ 实际叶德辉因家境优裕、不喜约束并未受聘出任存古教职。⑤ 周家坦所言恐有失实之处，但其所述（尤其是"时有'存古不古'之谣"一语）仍多少提示着湖北存古学堂开办伊始即在鄂省部分民众中"形象"不佳。

同年十一月，《广益丛报》刊发《陶铸国民以储材说》一文，参仿张之洞《存古奏折》指陈新式学堂"积弊"，将存古学堂视作张氏继厘定学堂章程后又一思虑深远的"补救时艰、陶铸国民"之举。这样完全肯定的态度在目前所知清季民间舆论中似不多见。⑥ 大约三个月后，该报登出《论新旧交哄为激进时代》一文，即完全否定存古学堂。据该文作者的观察，自"吴樾之弹"和"徐锡麟之枪"后，政府"仇视新党，构动疑狱。兼之晋人争矿权、苏浙人争路权、粤人争航权之风潮，其主动力多起自学界，不先不后，适当其冲，又为政府所忌嫉，为朝旨所申斥。守旧党乃动色相告曰：科举复活矣！科举复活矣！不见夫举人进士

① 冬：《时事短评》，《北京公益报》第 271 号，光绪三十三年六月二十五日。
② 赵尔巽《牌示各属军民准其上书直陈本省利弊文》、杜显鉴《上湖广总督赵尔巽直陈鄂省利弊书》，赵尔巽档，档案号：256。
③ 杜显鉴：《上湖广总督赵尔巽直陈鄂省利弊书》，赵尔巽档，档案号：256。
④ 《云梦县戊子举人指分江西知县周家坦谨禀湖广总督赵尔巽说帖》，赵尔巽档，档案号：256。
⑤ 湖北省官立存古学堂光绪三十四年上学期、宣统元年上学期、宣统二年上学期一览表，清学部档，档案号：195/135。
⑥ 《陶铸国民以储材说》，《广益丛报》第 5 年第 29 期，光绪三十三年十一月二十日，教诠，第 1A—2A 页。

之名、考优考职之榜绝而复续乎？不见夫存古学堂之奏准与夫丁未（光绪三十三年）十一月二十、二十一日之谕旨，对于新学界贱之如土芥，恶之如寇仇，防之如匪党乎？盖已激成为新旧党交哄之时代矣"。这里"新"与"旧"的界限相当分明，存古学堂不仅被归入"守旧党"的阵营中，而且成为官方轻贱、仇视和防范"新学界"的标志性举措。①

翌月二十日，《申报》"清谈"栏发表评论，虽肯定"有志之士"创设国粹保存会的"苦心"，但将湖北存古学堂、湖北提督张彪所设"武技保存队"以及"某绅士夫人"提倡缠足分别称为"文国粹""武国粹""女国粹"，皆是保存国粹"潮流所激"之弊。"武国粹"对"新武学尚未研求而亟亟以旧武技是保"，固为"顽固"之举，而"文国粹"所聘教习"大都老耄之儒"，与提倡缠足的"女国粹"并列，讥讽之意也至为明显。②

《大公报》的言辞更为激烈，光绪三十四年正月初九日"言论"栏的未署名文章，认为京师仿照存古学堂兴办尊孔学堂，体现出政府"好整以暇且喜作无益以害有益之竟至于此极也！"该校不过是在跪拜之外，削减科学课时、增加经学课时而已，"遗神而取貌，买椟而还珠"，对风俗人心"毫无裨益"。其实"历来相传之糟粕，废亦废，不废亦废"，当务之急在于"锐意进步"。该校南辕北辙，且因"尊孔"名号而有别于其他学堂，不仅"为世所诟病"，且为"他年教育史上留一笑柄"。③

在《大公报》看来，"尊经复古"正是当时社会关注的热点。其为庆祝发刊2000号公示的征文题目之一即是"今日所为尊经复古果否能挽风俗正人心且征其往效"。刊出的所有征文均持否定态度。署名为"阳羡长溪潘氏"的文章指出，各地所办尊经、存古等学堂"如大辂之车，不适于行；太和之羹，不适于口"。存古学生将来毕业后，与留学生"分途杂进，必致新旧水火，益滋党派之争"，终因无裨实济而被弃而不用，势必"狂诋西学，为他日新政之敌"，尤为人心风俗之忧。更可虑的是，办学堂本为"有志之士习完全之科学"，而"政府方针忽变，风

①《论新旧交哄为激进时代》，《广益丛报》第6年第4期，光绪三十四年二月二十九日，萃评，第1A—2B页。
②《保存国粹之潮流》，《申报》光绪三十四年三月二十日，第2张第4版。
③《论议立尊孔学堂之谬》，《大公报》光绪三十四年正月初九日，第2、3版。

声所播，适足以纷其志而寒其心，遏其研求实学之进步，是为中国前途生一绝大阻力者"。《大公报》将该文评为"三等"，刊发时加有"本馆附志"明确表示："居今日而犹言尊经复古，何异夏裘冬葛？是本馆主持之宗旨也。作者能痛快言之，不顾腐儒咋舌，令人倾佩！"①

存古毕业生是否真如潘氏所言因无裨实济而被弃而不用暂时存而不论，惟潘氏断定存古学生必"狂诋西学，为他日新政之敌"，显然有虚悬想象的成分。至于存古学堂会"有碍新机"，意味着"政府方针忽变"的言论，更是张之洞兴办该校时所竭力澄清和反对者。类似这样"错位"式的批评在郁宪章提交的同题征文中体现得更为明显。该文认为官方倡尊经复古之说，"似欲使学者拒绝一切有裨民生日用、国家社会之科学以从事于治经"，适与张之洞有关"救时局"与"存书种"关系的表述形成鲜明对照。② 若说郁氏所言已多少有些"塑造"官方"形象"进而批判之的意味，似不为过。

在基于"形象塑造"的批判舆论背后，隐伏的是朝野实际办学取向的共性。郁宪章在文尾建议中小学堂"注重经学而科学从略，至高等以上则反之"，以解决中学"根柢不固""畸重畸轻"之弊，对《奏定学堂章程》注重中小学堂经学教育的取向实取认同态度，尤与约十年前张之洞在《劝学篇》中所言"先中后西"的中学授受思路相契。《大公报》已注意及此，故在刊发时加有评语称，其所"论颇透切，惟于'尊经'二字尚不敢直斥其非，请一读《新政真诠》关尊经各篇，当有所得"，显然倾向于更加激进的批判言论。③

另一篇署名"文安薛式"的征文则更为明显地透露出救亡的焦虑情绪和急于追赶西方的紧迫感。

朝野上下同竭其心力以讲求强国强种之术，犹恐缓不济事，顾反

---

① 阳羡长溪潘氏：《今日所为尊经复古果否能挽风俗正人心且征其往效》，《大公报》光绪三十四年正月初九日，附张（《大公报二千号祝典增刊》）第8版。

② 本段及下段所述参见郁宪章《今日所为尊经复古果否能挽风俗正人心且征其往效》，《大公报》光绪三十四年二月初三日，第2—3版。

③ 《大公报》推重的应该是半商半士的何启、胡礼垣所著《〈劝学篇〉书后》一文（收入《新政真诠》），批驳《劝学篇》"宗经""守约"各篇，言辞激烈，而批判内容则明显疏离于《劝学篇》原意，详另文。

提倡经术，招聚腐儒。以此影响，使通国之青年空消耗其精神于咕哔雍容之地，是火方燎原而沃以膏，时方饥渴而谋避谷也，岂不殆哉！①

有鉴于此，薛式与"阳羡长溪潘氏"一样，皆倡言立宪有"挽风俗、正人心"之效，而将官方的"存古"努力视为其对立面。实际上大约一年后学部即奏准将存古学堂列入"预备立宪第三年（宣统二年）"的办学清单中。②

其实朝野知识精英对中学的理解和认知不无趋同的一面，对"存古"的关键环节也有类似的洞察。宣统元年三月《申报》刊发署名"西禅"的文章《论存古学堂改良之难》，认为"昌明古学，当推其本而达其用"。所谓"古学"，不外汉学、宋学、词章、古文四者。汉学"不免支离破碎之讥"，宋学"为太极元虚之说"，词章"以雕词琢句为能"，古文"则以格局气韵相胜"，皆非古学之本，也不合"济世之用"。存古学堂难以改良，关键在于主持者"非雍容翰苑之文才，即科举时代之老宿。其深入心坎者，不外汉宋门户、骈体古文之等等。一般学子圭臬奉之，寝馈依之。几若舍此别无所谓'学'，更无所谓'文'，是导而入于迂腐庸陋之途也。以导人入于迂腐庸陋之人，责以改良迂腐庸陋之弊，其能有效与否，不待蓍龟而知也"。故"我国古学之亡，或不在新学之输入，而反在号称保存古学之人"。③

该文所述汉学的"支离破碎"，词章"以雕词琢句为能"，以及"汉宋门户之见"等学术流弊，皆是张之洞明确反对者。而"科举时代之老宿"，与《劝学篇·守约》中不能胜任中学授受工作的"村塾学究、科举时流"，表述的基本是同一社群。"西禅"认为他们"迂腐庸陋""心习之深"，不足以存古；《劝学篇》强调破除其"经生著述之门面"，是"守约"之前提、存古之开端，都以"存古之人"的素质为核心环节。

同年六月《教育杂志》"社说"栏刊发高凤谦《论保存国粹》一文，

---

① 文安薛式：《今日所为尊经复古果否能挽风俗正人心且征其往效论》，《大公报》光绪三十四年二月二十五日，第 1 张第 2 版。

② 学部：《奏分年筹备事宜折（并单）》（宣统元年闰二月二十八日），《学部官报》总第 85 期，宣统元年三月十一日，本部章奏，第 1A—5A 页。

③ 本段及下段所述参见西禅《论存古学堂改良之难》，《申报》宣统元年三月二十六日，第 1 张第 2 版。

言辞相对温和，认为较之"消极"地"禁用新名词"，存古学堂尚是"积极"的保存国粹举措，但仍面临诸多难题。① 以经学为例，"兼治群经则学生力有不及；专治一经则讲堂必多，教员必众，经费又复甚巨，恐非一省之力所能及"；学制和课时有限，"由教员讲授乎，既已不胜其烦；令学生自行点阅乎，则不如听其闭户潜修"；就授受程度而言，如粗浅研习，"则旧学有根柢之学生既已优为之，无所用教授也；若必责以精深"，则"断非数年之期限、数时之研究遂足以尽之"。

实际上述难题，无论是中学的"繁难"，还是有限有程的学堂办法与中学浩博之间的矛盾，张之洞同样有深切认知。但与张氏知难而进不同，高凤谦力主改弦易辙，以普设图书馆作为"保存国粹之唯一主义"。各州县先设一小图书馆，只需"经史子集之最要者略具规模"即可，待城镇乡如期"自治"后，每镇每乡各设其一，以便"普通应须知之书无地无之"，凡有志向学者皆可"就馆翻阅，所裨甚大"。京师、省会所设图书馆规模大、经费足，可"延聘二三通儒以主其事，俾阅书之人得以就正，较之存古学堂区区为数十百人计者，相去不可以道里也。或并设月课以奖励稽古之士，更拔其尤者使任编辑（如阮氏《经籍纂诂》之类）以便后学，收效当更宏也"。图书馆"固以收藏旧学之书为主，而新学各书亦不可不备，使人得就其性之所近者求之"。故此举"谓之保存国粹也可，谓之推广新学也亦可"。

目前所知清季反对存古学堂的言说大多"破而不立"，高氏此文"又破又立"，似不多见。清季兴设图书馆的努力多与保存国粹缠结。学部宣统元年奏准颁行的"筹备立宪"办学清单中与"存古"直接相关者，除京师分科大学的经、文两科以及存古学堂外，即是"创设图书馆（附古物保存所）"。② 高凤谦拟设的图书馆是以书籍典藏为主，兼及教学授受、古籍整理与编辑的多功能综合性文教学术机构。具体办法固与存古学堂明显歧异，但无论是首重"普通"、"先中后西"的总体思路，还是以中学为主、兼顾西学的大方向，皆与官方的"存古"努力

---

① 本段及下两段所述除特别注明外，皆参见高凤谦《论保存国粹》，《教育杂志》第 1 年第 7 期，宣统元年六月二十五日，社说，第 79—82 页。

② 学部：《奏分年筹备事宜折（并单）》（宣统元年闰二月二十八日），《学部官报》总第 85 期，宣统元年三月，本部章奏，第 1A—5A 页。

基本一致。

至宣统二年清廷缩短筹备立宪期限后，虽然学部的办学方针明显更倾重于"灌输科学"，但朝野围绕存古学堂的论争却愈趋激烈，屡屡形成尖锐对立的局面。同年十一月《申报》登出资政院议员孟昭常"质问"学部"奖励（出身）、考试、存古学堂三项应否废止，中小学章程应否修改"的"说帖"。学部回复表示，"拟将存古学堂酌量财力，归并办理"，其实是在此前拟"行各省一律设立存古学堂"的基础上倒退而为。而《申报》的报道则以《学部负固不服之答复》为标题，倾向性相当明显。①

资政院议员胡家祺等在"拟请学部改订教育法令建议案"时，也将"宜停办存古学堂"列在首要位置，认为该校"毋乃赘疣，且糜巨款。况世界学术方日趋于知新，而我国学堂乃标名为'存古'，亦无以动万邦之观听，或疑中国教育主义犹是守旧之主义也"。"存古"之名不仅是教育"守旧主义"的标志，且被视作"新教育"获取"世界"接纳和认可的障碍，由此成为饱受非议的焦点。② 据学部主事陈衍大约同年早些时候所述，有"议者曰：'国之所以不竞者，旧学有余，新学不足也。既曰古矣，焉用存？'"也有人提出："吾中国自有之学问皆古也，未尝亡，何待存？"陈衍本人也认为"名之曰古，侪诸乐器、金石、书画、板本诸古物之列，无怪来不学者之诟病，百方欲去之矣"，力主将存古学堂改为"专门文学堂"。③

至宣统三年三月，学部奏准颁行《修订新章》。第一章已述，《修订新章》明确限制兴办规模，且在课程安排上极倾重西学。即便如此，对其的质疑和讥刺仍屡见报端。《申报》对《修订新章》的报道配以"所谓不急之务"为题。④《大公报》更是刊发言辞相当激烈的"闲评"，正面质问"学部诸公"：

---

① 《学部负固不服之答复（北京）》，《申报》宣统二年十一月二十日，第1张第5版。
② 胡家祺等：《建议学部改订教育法令案》，晚清学部档，文图庶务类，档案号：365。不过，《申报》《教育杂志》《广益丛报》皆注意到在中国读书人整体上冷落经科大学时，英、美、日、法等国纷纷照会清政府，商请设法安置各国有意至经科大学留学者，提示着清季时人对"世界"的认知可能部分带有想象的成分，其力图获取"世界"接纳的努力似乎不无与外人实际的"观听"错位的情形，详另文。
③ 陈衍：《与唐春卿尚书论存古学堂书》，陈步编《陈石遗集》上册，第492—493页。
④ 《学部修订存古学堂章程·所谓不急之务》，《申报》宣统三年四月初三日，第1张后幅2版。

存古学堂之遗污学界，有识者莫不訾之。乃观学部此次《修订存古学堂章程》详细周密，一若视为教育上之绝大问题也者。岂生今之世必反古之道耶？否则殆虑数年之后腐朽人物行将断种，故急急造就出一班废物，为公等极盛之继耳。①

《广益丛报》先是登出学部拟令每省设高等、中等两所存古学堂的扩办"传闻"，并将其与满蒙文高等学堂学生因畏考而以旷课要挟监督、总教致酿学潮一事并列编发，题为《学务中两怪象》；②继而又以《学部笑柄记闻》为题报道说，《修订新章》在"必要之书籍"项下列有"全宋诗"，实际并无此书；又因《文苑英华》《古文苑》《续古文苑》"卷帙浩如烟海"而代之以《经史百家杂钞》，实则《古文苑》《续古文苑》"皆不过十余卷。综合两书，简于《经史百家杂钞》"。各省就此咨询，学部"无以为答，乃谓'全宋诗'系一时录事书写之误，将《宋诗钞》误为'全宋诗'。惟'卷帙浩繁'之《古文苑》《续古文苑》无以自解。有黠者告之：莫如言《经史百家杂钞》之下遗录'简编'二字可以掩饰一时云"。③

按，学部同年四月初十日的确咨札各省，申明《修订新章》中的"全宋诗"为"《宋诗钞》于刷印时缮写错误"。④惟《古文苑》《续古文苑》在《湖北存古学堂课表章程》中本为"点阅书"，《修订新章》将其"降格"为"参考书"，而取代它们成为"点阅书"的，其实是《经史百家简编》而非《经史百家杂钞》。⑤《古文苑》与《续古文苑》卷帙固简于《经史百家杂钞》，但较两卷本《经史百家简编》毕竟浩繁许多。《修订新章》此举意在沿着张之洞"守约"的思路将中学典籍进一步精简到"损之又损"的程度。《广益丛报》的报道不无失实之处，结尾处

---

① 无妄：《闲评一》，《大公报》宣统三年三月三十日，第4版。
② 《学务中两怪象》，《广益丛报》第9年第8期，宣统三年四月初十日，纪闻，第3A页。
③ 《学部笑柄记闻》，《广益丛报》第9年第13期，宣统三年五月二十九日，纪闻，第2B—3A页。
④ 学部：《咨札各省督抚学司更正存古学堂章程讹字文》（宣统三年四月初十日），《学部官报》总第157期，宣统三年六月初一日，文牍，页码残。
⑤ 学部：《奏修订存古学堂章程折（并单）》，《政治官报》第1249号，宣统三年三月二十六日，折奏类。

所谓"黜者"告学部之词，说其极尽讥刺嘲讽之能事，似不为过。

相对而言，《教育杂志》同年五月刊发的庄俞《论各省可不设存古学堂》一文，语气较平缓，对学部办理取向的观察也较切实，不仅注意到《修订新章》已完全删除了宣统二年筹备事宜清单中"催设存古学堂"的条目，该校实际处于"可设可不设"的状态，而且并不反对保存国粹。但强调"时异势迁，国衰民鲁。保存国粹不足以补救大局，安全身家"。办存古学堂是以"保存国粹"四字"炫惑国民之观听"的"亡羊告朔之举"，实则"保存国粹之策，固别有在，无用此特殊之学堂以淆乱教育之统序也"。① 但庄俞并未说明何为理想的"保存国粹之策"。同样是以"救时局"为重，庄俞对保存国粹的定位，尤其是对"救时局"与"存书种"关系的认知，与张之洞的观念几乎截然相对。

翌月，中央教育会开会。会员石金声、王景禧、王朝俊、王炳尊、赵正印、鞠承颖等联名提交"废止存古学堂议案"，认为无论"经师大儒"还是"修明古学之人"皆不能"适用于今之教育"。"新教育"不仅有经科、文科大学及通儒院，还有可以培养中学教员的两级师范学堂，存古学堂已无存在的必要，故应将其"改办实业或他项需要学堂"，学生经考验后，"分别入师范分类科、公共科及初级师范"。即便是学部在《修订新章》中极强调的"科学课程"，也被视作"不古不今，名实均失"。石金声等眼中的存古学堂，作为民众"确知朝廷兴学维新之至意"的障碍，实已一无是处。② 该议案原被列在中央教育会宣统三年闰六月十七日上午的议事日程表中，③ 但因当日朝野双方代表就"军国民教育咨询"等议案展开的激烈争论耗时过长而未能上会，最终成为中央教育会"未议"诸案之一。④

另外，学部在办学运作中相当维护《修订新章》的权威，不仅咨令陕西官方裁改"陕西存古学校开办常年经费清册"中与部章不符的名目，而且相继驳回了湖南、甘肃两省与《修订新章》不符的兴办存古学

---

① 庄俞：《论各省可不设存古学堂》，《教育杂志》第 3 年第 5 期，宣统三年五月初十日，言论，第 47—52 页。

② 《中央教育会议议案录·废止存古学堂议案》，《大公报》宣统三年闰六月初九日，第 3 张第 2 版。

③ 《中央教育会议事日表》，《大公报》宣统三年闰六月十九日，第 2 张第 1、2 版。

④ 《中央教育会已列议事日表、未议各案表》，《广益丛报》第 9 年第 20 期，日期残，第 1A—2B 页。

堂方案，要求照章办理。① 同年五月初五日的《大公报》更"探闻"到学部尚书唐景崇拟于京师兴办存古学堂的消息。② 在野趋新士人废止存古学堂的努力虽颇有声势，但实际成效不著。

不过，概而言之，颇为不利的舆论氛围几乎贯穿清季官方兴办存古学堂的履迹，对该校由湖北推广到全国的进程不无直接影响。宣统元年十一月，江苏举人沈维骙等联名禀请设立江宁存古学堂时说，面对"人心不古，惟益浮嚣，世道就衰，（中学）将至灭绝"的景象，他们虽已"目击心惕数年"，但存古学堂"既非时尚，易为人所诟病"，"自顾薄力，曷振斯文？故虽欲指陈而未敢轻发，因之中止者屡矣"。此次"伸其素怀"，实是"迟回审顾，数四熟计，不欲以告人而不敢不并陈清听者"。③ 在本为清学渊薮的江南，存古学堂不仅成为"时尚"所趋的对立面，而且趋新学者对其的批评一直保持着高压态势。

即便是在官绅通力合作、舆论积极配合的四川，办学大员仍有同样的压力和顾虑。第六章已述，川督赵尔巽和四川布政使王人文在筹办存古学堂时，皆刻意将该校与"守旧"的倾向加以区别，从一个侧面提示着"孤陋寡闻、顽固方深""窒塞新机"等皆已成为存古学堂的常规"形象"。实际上不仅是存古学堂，该校的主要倡办者张之洞晚年在时人心中普遍留存的也是偏于"守旧"的形象，至其离世后更趋于极端，与其办学实践形成鲜明对照，对时人及后之研究者影响实不可谓小。

第三节　张之洞晚年办学观念
与"守旧"形象的错位

光绪二十四年上半年，张之洞在门人纪钜维的协助下，完成《劝学

---

① 学部：《咨度支部、陕西巡抚裁省存古学校糜费文》（宣统三年四月初五日），《学部官报》总第157期，宣统三年六月十一日，文牍，第14A—15A页；学部：《咨覆湖南巡抚杨文鼎查照饬遵奏定新章筹办湖南存古学堂文》（宣统三年四月），清学部档，档案号：195/141；学部：《咨覆陕甘总督文》（宣统三年六月二十七日），清学部档，档案号：195/138。

② 《京师拟设存古学堂》，《大公报》宣统三年五月初五日，第2张第1版。

③ 沈维骙：《公呈张制军在江宁设立存古学堂书》，《海粟子初存文》，第8A—B页。

篇》一书的审定工作。① 该书在戊戌变法期间的刊行成为张之洞"守旧"形象的源头。罗志田师已注意到，"一般视张之洞为'守旧'，多因《劝学篇》在戊戌维新时为帝后双方所共同欣赏，而张氏在政变后不仅未吃亏，反得重用，其书也为朝廷赞助而大力推行"。② 实际早在宣统元年八月，也即张之洞去世的当月，便有评论将《劝学篇》视作张氏"由新返旧"的标识。

至光绪二十九年十一月，张之洞会同张百熙、荣庆奏准颁行《奏定学堂章程》，其中主要照张之洞的意见拟订的小学堂读经学程，以及经科大学设立规划等"注重读经"的内容，广受时人和后来的张之洞研究者批评。但张氏本人则认为《奏定学堂章程》的中学内容不是过多而是太少，故翌年上半年回鄂后，即以"各学堂经史汉文所讲太略"，札饬设立存古学堂。在这个意义上，修订学堂章程继而倡办存古学堂，适为张之洞在"新政学务"层面与日益激进的趋新思潮明显分野的重要表征。

当时各地办学风气也大有不同。据时任荆州知府余肇康（敏斋）光绪三十年三月所述，张之洞认为，"新教育"的现状是"各省患其不新，京师患其太新"。③ 对于趋向新、旧两端的办学态势，张氏皆引以为患，言下之意理想的办学方针应在"不新"与"太新"之间，大体即是他本人的自定位。

张之洞相当在意自己的"形象"，居新旧之间而调停之，正是他想要留给世人的"形象"之一。光绪三十二年，张之洞门人樊增祥为其作

---

① 有关《劝学篇》的编撰，一直有不同的说法。宣统元年八月张之洞刚去世，即有评论称《劝学篇》一书为张氏"授意门下士某君"所作。后两湖书院出身的张知本在《辛亥武昌首义成功之因素》（《中华杂志》第 1 卷第 3 期，1943 年）中说该书实际出于黄绍箕与辜鸿铭二人之手。中国社会科学院近代史研究所藏张之洞档案中有纪矩维《禀呈张之洞文》（甲 182–218），禀文说张之洞先前"命查朱子论罢科举语，数日未检得，顷始于《语类》百十八卷得之，曰：'周宣干有一语最好，朝廷若要恢复中原，须罢科举三十年始得。'文中但引作朱子语，应否酌改，希即鉴核"，可知《劝学篇》的"变科举"部分在定稿前是将周宣干力主罢科举语直接引作朱熹语，后张之洞命纪矩维查检出《朱子语类》原文，《劝学篇》正式刊行的版本最终改成"朱子尝称述当时论者之言曰'朝廷若要恢复，须罢三十年科举'，以为极好"。该书初稿出何人之手尚待考证，但确由张之洞本人审定，且在定稿过程中得到门人幕僚的辅助，应无疑义。
② 罗志田：《张之洞与中体西用》，《昨天的与世界的：从文化到人物》，北京大学出版社，2007，第 255 页。
③ 余肇康：《致止盦（瞿鸿禨）先生函》（光绪三十年三月初三日），中国社会科学院近代史研究所藏瞿鸿禨档案，档案号：甲 375。

寿文一篇。张氏见文中"历叙古来名儒名臣皆不能比，惟周公、召公可比云云"，"骇汗惶悚，不可名状"，电告樊氏，"此文若传播海内，不惟鄙人招人诟厉，且于足下文格有损。……窃谓拟人必于其伦，谨就平生心迹行事与古人仿佛万一者，略举二十一人"，其中专列"调停新旧"一项，所举先贤则是支持司马光，但在司马氏掌权后反对尽废王安石新法的北宋名臣范忠宣。[①]

这当然只是张之洞理想化的个人"形象"。其实即便是在他的门生故旧中，也不乏"患其不新"者。第三章已述，光绪三十年五月，门人孙诒让在婉辞湖北存古学堂监督时说，当下应"以救亡为急"，存古学堂"似可略缓"。存古学堂既是与"救亡急务"相对的"可略缓"之事，则对其"最所关心"的张之洞在孙诒让眼中显然是偏于保守的形象。较之孙诒让，学部司员罗振玉可说是张之洞"调停新旧"的同道之人，但在成立伊始的学部已是相当另类的"守旧"者。该部讨论教育方针时，罗氏认为应以"进取为最要。保存（国粹）主义，当与进取主义并行，但不可以保存阻进取"，适与大约两年前张之洞有关"救时局""存书种"的言论如出一辙。罗振玉进而以日本明治维新时大学设立的"古典科"不久即被废止为例，认为"新学愈昌明，而国粹愈得保存"，似较张之洞更强调"新学"。但即便如此，罗氏在学部已是几乎公认的"顽固愚戆""不合时宜"形象。[②]

舆论已注意到张之洞与学部的分歧。光绪三十三年五月张之洞正式奏设存古学堂后不久，《盛京时报》即有报道说，学部原拟删去《奏定学堂章程》中小学堂"读经讲经、历史、舆地诸门，而仅以国文一门包括之，并缩短初等小学之毕业期限"，因恐张之洞"力持正论，姑先将删改稿本行文咨商各省，窥探各督抚意旨"。而张氏《存古奏折》陈述的学堂弊端，尤其列举的"有议请废罢四书五经者，有中小学堂并无读经讲经功课者，甚至有师范学堂改订章程，声明不列读经专科者"，即是

---

① 张之洞：《致西安樊藩台》（光绪三十二年七月二十八日），张之洞档，甲182–219。

② 学部成立后不久曾集议废国子监而"以南学为京师第一师范学校"事宜。与严修力主尽早废止不同，罗振玉认为："师范虽急，京师之大，似不至无他处可为校地，何必南学？即用南学，似亦不必遽废国子监。"罗氏并在议学部官制时提议"设国子丞及各郡县学，留教官一人奉祀孔庙"。他感觉"自此部中皆目予为顽固愚戆矣"。罗振玉：《集蓼编（雪堂自述）》，《罗雪堂先生全集》第5编第1册，第21页。

"专指斥此项删改之新章而言"。① 这当然只是时人的推测，未必成立。但明确出以张之洞立场的舆论报道，与上节所述反对张氏办存古学堂者，皆将奏设该校的张氏视为学部趋新办学方针的对立面，多少提示着无论褒贬，"不新"的确已是其常规形象。

同年七月底张之洞奉旨补授军机大臣，翌月奉旨管理学部。② 时翰林院侍读学士朱福诜上书张之洞，请其倾"全力"争取"速定（立宪）大计"。书中说张氏"近日议论，人多以为保存国粹。盖实有见于新学界之偏宕失中，不得不挽末流而持本论。不知中国三十年前主张欧化者，中堂固先觉之第一人也"。③ 如此特意"诠释"张氏保存国粹的举措，正说明其在"近日议论"中的负面"形象"已相当凸显，不仅与"欧化"分居"新""旧"两端，而且隐隐有些妨碍"立宪"的意味。

而在较"守旧"的士人眼中，存古学堂则是张之洞"悔改"此前趋新办学取向的"守旧"之举，其徒劳无功的形象同样趋于负面。大约与朱福诜上书张之洞同时，给事中李灼华奏请将科举、学堂"并行不悖，以挽士习而遏乱源"。奏折认为张之洞先前倾力兴办"新教育"，"糜款巨万，精疲力竭"，"养成痼患"。而新近所呈"开办存古学堂奏牍，于学生则深恶痛绝，不遗余力。其追悔诟病，情见乎词……曩者戊戌之乱，张之洞作《劝学篇》以解之；今者学界之哄，张之洞立存古学堂以挽之，二者谓为张之洞悔过书可也。独是一误再误，天下事能铸几大错哉！"④

由上可知张之洞晚年在无论正面、负面的舆论中，皆是以"保守"为主的形象，其保存国粹的努力在界域日益分明、对立渐趋严重的新旧两端，也往往是偏于负面的评议。这样的舆论形象与负面评议与其实际

① 《鄂督暗驳学部新章之意见（湖北）》，《盛京时报》光绪三十三年七月初七日，附张。
② 许同莘编《张文襄公年谱》，第205页。
③ 朱福诜：《上南皮相国书》（光绪三十三年八月），《四川教育官报》第10期，光绪三十三年十月，附编，第1A—4A页。
④ 李灼华：《学堂难恃拟请兼行科举折》《变通学堂规制复行岁科两试片》，光绪三十三年八月十一日军机处原折，见《清末筹备立宪档案史料》下册，第993—997页。清季曾任监察御史的胡思敬在宣统三年成书的《国闻备乘》（中华书局，2007，第133—134页）中也认为，张之洞"晚年见新学猖狂，颇有悔心"，但"新政倡自湖北，废科举，专办学堂，事极孟浪，实由之洞主持。既提倡在先，不能尽反前议，袖手嗟叹而已"。

奉行的办学方针形成鲜明对照，二者间的反差在其死后舆论对其的"盖棺论定"中体现得尤为明显。

第四节　张之洞病逝后的"陈腐" 与"锢蔽"形象

据时人的观察，张之洞宣统元年八月二十一日去世后，"海内毁誉相半，而毁似多于誉"。[①] 目前所知"毁"的言论以《大公报》《教育杂志》最激进，全盘否定，几乎不留余地。《大公报》于张氏病逝三天后刊发的未署名文章，"论定"张氏"以顽固之头脑、专制之精神立足于此二十世纪之世界"。这一"毫无宗旨、毫无政见、随波逐流、媚主以求荣之人"，"一日不死，虽不至举已有之萌芽尽行芟除，而其足为文明进步之阻力，则固可断言者也"。[②] 之后，该报又相继刊发未署名"闲评"，讥讽张之洞生前"日以维持名教、慎重纲常以警告于天下"，死后对"名教之防日益败坏、纲常之义日就沦亡"的情形，"亦必有耿耿于心而难以瞑目者"；[③] 甚至指斥张氏非"一国之功人"，而为"一家之功狗"，"不过一老朽物耳！"[④]"功狗""老朽物"等已有人身攻击的意味。

同年九月二十五日《教育杂志》的未署名文章聚焦张之洞与教育的关系，重心正落在保存国粹上。文章认为近年来张氏"对于教育主保守主缓进"，故"居群伦属望之地，握全国学务之权，而教育光芒不能如东升旭日，一放万丈，反如西下斜阳，转瞬有黑暗之虞"。在"欧风东来，学说为之一变"时，张氏"不能调和利用，以促进国家之文化，乃牢守保存国粹之政见，不论有益无益，概斥之为西人谬论，尽力反对之，压制之"。如《奏定学务纲要》中"大书特书曰：不许民校习兵操，不许民间专习政治法律；甚且反对女学，限制留学陆军学生；侈言存古，倡设存古学堂。无一事不与世界大势反对，无一事不袭科举之精神"。中

---

① 《张故相遗闻》，《民吁日报》宣统元年九月初六日，第1页。
② 《对于张相国死后之论定》，《大公报》宣统元年八月二十四日，第3版。
③ 《慰张相国》，《大公报》宣统元年八月二十五日，第5版。
④ 《一家之功狗》，《大公报》宣统元年八月二十六日，第5版；《生也老朽，死也不朽》，《大公报》宣统元年九月初八日，第4版。

国"文化之不进"，张氏"实尸其咎"。①

《申报》的言论相对温和，宣统元年八月二十四日、二十五日连载刊发的未署名文章肯定张之洞是"中国近代之伟人"，辛丑后，实为地方大员中"行新政最得力"者。晚年应召入京，管理学部，"朝廷之大规画"俱出其手，然而张氏本人"于此时已由春华而进秋实，骎骎焉持保存国粹主义为天下倡"。他在湖北兴办学堂，"开风气之先"，士大夫"翕然奉之为准则"；复"忧世教之横流也，则殷然有《劝学篇》之作；忧大雅之陵替也，则毅然有存古学堂之设。懿欤，铄哉！甘泉相国（阮元）愧斯宏玮矣"。② 如此正面肯定《劝学篇》及存古学堂，在当时舆论中似不多见。然而即便是立足于"誉"的评论，仍将张氏晚年倡导保存国粹喻为"由春华而进秋实"，提示着当时有关张氏晚年办学方针发生转变的看法几乎已是毁誉双方的共识。

对于张之洞"由趋新转向守旧"的具体过程，时人评论各有侧重。其中较常见的是聚焦张氏主管学部后的办学事项，对后之研究者影响深远。《申报》宣统元年八月二十七日登出的未署名评论观察到，张之洞任湖广总督期间，"首先采用欧西学制，开办文武各学堂，注重科学，学界翕然称之曰新；及入都以后管理学部，则翻然一变，不喜西国科学，一意注重经学，以保国粹，学界又哗然贬之曰旧，是为学界上之两截人"。③ 这里所谓张氏管理学部后，"学界又哗然贬之曰旧"，大体即是上节所引朱福诜《上南皮相国书》对于张之洞保存国粹想说而未明说的话。

《新闻报》八月二十三日登出的《哀张相》一文以褒扬为主基调，分三个阶段纵论张氏生平。早年为清流之领袖，"直声震天下"，"俨然诤臣也"。此后历任地方大员，"所至之处，一以提倡新事业为志"。其"以雷厉风行之手段，措置锐敏，实足趋物质文明之进步"，"可以能臣称"。至光绪三十三年被征召进京，时"事变益繁，交涉频起。舆论亦稍稍兴矣。张相则一为持平之论，盖已深知政事改革，不可操切；

---

① 《张文襄公与教育之关系》，《教育杂志》第 1 年第 10 期，宣统元年九月二十五日，评论，第 19—23 页。

② 《对于张文襄公薨逝之观感》，《申报》宣统元年八月二十四日、二十五日连载，皆为第 1 张第 2、3 版。

③ 《张文襄》，《申报》宣统元年八月二十七日，第 2 张第 4 版。

国拘未纾，民气易溃。加以年老体衰，时复多病，益无更端之建议，惟雍客［容］坐镇而已"，正所谓"朝有良臣，为国柱石者"。① 全文虽未明言张氏由新到旧的转变，但对"能臣"与"良臣"两时期的"形象"建构形成"提倡新事业"与"无更端之建议，惟雍容坐镇"的鲜明对照，耐人寻味。

当时无论正面、负面的评论多将张氏由趋新到守旧的转变追溯至戊戌变法时期。前引《申报》刊发的《对于张文襄公薨逝之观感》、《大公报》所登《对于张相国死后之论定》虽褒贬各异，但皆以《劝学篇》为张氏"守旧"的发端。《新闻报》大约同时登出的《论张文襄之学术》一文，更明确指出张氏"初由旧而之新，复由新而返于旧"。其"以新学名世"，是在出任山西巡抚以后；其"由新而复返于旧也，则在戊戌变政之时，其宗旨具见所为《劝学篇》"，该书实是张氏为"避祸"而"授意门下士某君"所作。② 在这里，《劝学篇》俨然已是张之洞"由新而复返于旧"的标识。

《时报》同年八月二十三日刊发题为《张之洞之盖棺论定》的"时评"，观察到张氏名声由新到旧的转换，对其趋新和守旧皆不认同。作者自称是忧虑中国时局的"外人"，认为"张之洞之得名也，以其先人而新，后人而旧。十年前之谈新政者，孰不曰张之洞、张之洞哉？近年来之守旧者，又孰不曰张之洞、张之洞哉？以一人而得新旧之名，不可谓非中国之人望矣。然以骑墙之见，遗误毕世，所谓新者不敢新，所谓旧者不敢旧，一生知遇虽隆，而卒至碌碌以殁，惜哉！"③

前引《新闻报》的《论张文襄之学术》、《哀张相》以及《时报》的《张之洞之盖棺论定》等文，晚些时候皆收录在《张文襄公事略》一书中。④ 该书开篇"绪言"认为张之洞"以其先人而新，后人而旧"得名，实"中国之人望"，言辞与前引《时报》评论的前半部分大体相同，

---

① 《哀张相》，《新闻报》宣统元年八月二十三日，第1页。
② 《论张文襄之学术》，《新闻报》宣统元年八月二十五日，第1页。
③ 《张之洞之盖棺论定》，《时报》宣统元年八月二十三日，第2版。
④ 《论张文襄之学术》《哀张相》《张之洞之盖棺论定》被分别编录成《张文襄公事略》的第十三、十五、十九节（《清代野史》第6辑，巴蜀书社，1988，第116—118、120—122、124—125页），各节更名为"张文襄之学问""张文襄之敢言极谏""张文襄之盖棺定论"。

继而提出今日对于张之洞，"誉者固非，而毁之者亦未剧得其真相也"。实际张氏心中并无"革新守旧之定见"，不过"见于时势之所趋，民智之渐开，知非言变法不足以自保其名位。而又虑改革过甚，而己益不能恣其野蛮之自由，亦出于万不得已而为此一新一旧之状态，以中立于两间"。尽管如此，该书作者仍然感慨，张之洞病逝后，满朝诸公"能与一新一旧之张公并驾而齐躯者，竟何人耶？"①

所谓"中立于（新、旧）两间"，虽为批评之词，却相对较接近张氏本人的定位，且最后的感慨于批评之中暗寓肯定之意，与前引《时报》评论完全立足于"毁"不同。二者皆勾勒出张氏"一新一旧"的形象，在《张文襄公事略》一书中首尾映照，桑兵认为可以视作该书编纂者对时人评论"进行取舍和编排"的标准。②

当时不少评论猜测并期待中央政府可能变更张之洞在世时的政策。宣统元年九月二十一日《大公报》以《大哉！王言》为题，报道说，摄政王载沣曾有谕令，所有张之洞生前所拟各项事宜，"其窒碍难行，务即据实指陈，切毋稍涉瞻徇，致使大局有损"。③翌月二十五日《教育杂志》也有报道说："枢府以庚子后新学振兴，国学衰替，幸赖张文襄管理学务，以保存国粹为宗旨，国学因以复彰，请饬学部：凡张文襄所订之学务章程均须遵守，不得轻议更改。"这篇署名为"我"的报道加有按语称："良剑期乎断，不期乎镆铘；良马期乎千里，不期乎骥骜。学务章程当问其适时与否，不当沾情于一陈死人也。"④

《申报》则较含蓄，同年八月二十三日登出不署名评论，认为张之洞管理学部，"以保存国粹为主，而以重经为入手之方"。张氏既已去世，"则我国教育之大势或有变迁之日欤？"⑤六天后，该报又刊发未署名评论，指出张之洞继任者如欲变其宗旨，"则极宜慎所变"，如不变其宗旨，"则亦宜稍变其手段。夫读经固宜注重，而小学之读经宜改；文科

①　《张文襄公事略·绪言》，《清代野史》第6辑，第98页。
②　桑兵：《盖棺论定"论"难定：张之洞之死的舆论反应》，《学术月刊》2007年第8期，第141页。
③　《大哉！王言》，《大公报》宣统元年九月二十一日。
④　我：《张文襄学堂章程之影响》，《教育杂志》第1年第11期，宣统元年十月二十五日，记事，第81页。
⑤　《张相出缺》，《申报》宣统元年八月二十三日，第2张第4版。

固宜添设，而中学之文科宜改；经科固宜开办，而目前之经科大学不必先他科而开办。盖国粹固宜保存，而手续当略为变通者也"。"新政"之初张百熙与荣庆同办学务，前者"才识开通，办事稍趋于新"，荣庆"已与之不甚融洽"。张之洞主管学部后，荣庆与之"水乳交融"。故张之洞病逝后，荣庆的办学宗旨必与张之洞相合，"决不肯变。所虑者，拘执成法并其手段而不略变耳，则非学界属望之意也"。① 这里力主"变通"的，皆是张之洞主管学部时注重中学教育的面向。但作者似乎意识到激进而根本性的"变通"没有实现的可能，故主动降低了对枢府的期待，给出务实而留有余地的"变通之法"。②

而倾向保存国粹的论者则对张之洞去世后官方的办学方针深表忧虑。收录在《张文襄公事略》一书第五节的评论文章即感叹："中国兴学以来，每事皆张相主之，议者每以学务之废弛，咎办理之非人。然试平心论之，以今日各省人民之程度，之人才，之心术，其果能负新学之责任否耶？吾恐自兹以往，放弃之弊，更甚于前。否则抑中扬西，变而愈厉，所谓保存国粹之主义，消归于无何有之乡也，此学务之可虑者也。"③

有意思的是，当时也有趋新士人认同张之洞保存国粹的努力，但其笔下的张之洞仍是"陈腐""锢蔽"的形象。宣统元年八月二十四日，《民吁日报》的景耀月（笔名帝召）在该报"社说"栏发表《张相国之定论》一文，称张氏为"治世之良相，而非乱世之能臣"。④ 自戊戌以来，其"对于小己，无震世惊人之事业；对于国家，无持危理乱之功能"，实"当代之文臣循吏，而绝非卓识之政治家、雄断之外交才也。彼欲以其陈腐之脑筋，模拟新时代之思想；欲以其锢蔽之眼光，解决政策上之机能。彼不自悟其非政治的才具，而欲以文学的知识，决择外交

---

① 《所望于后之管理学务者》，《申报》宣统元年八月二十九日，第 2 张第 4 版。

② 按，张百熙与荣庆固于"新政"之初有新旧之别，而张之洞和荣庆也确实皆有倾向于中学的一面（荣庆在为张之洞撰写的挽联中嗟叹"斯文未丧，吾道益孤"），但说荣庆与张之洞办学宗旨相合到"水乳交融"的程度，则未必成立。关晓红教授在《张之洞与晚清学部》（《历史研究》2000 年第 3 期，第 91 页）中已注意到"荣庆在张之洞生前与之多有分歧"。

③ 《张文襄之参预新政》，《张文襄公事略》，《清代野史》第 6 辑，第 103—105 页。

④ 帝召：《张相国之定论》，《民吁日报》宣统元年八月二十四日，第 1 页。

内政之进行。此其所为周章而狼狈者也"。

翌月初二日，景氏又在该报"公言"栏以《令德之遗训》为题，对张之洞临终时命其子"竭力维持"其生前"煞费苦心"的经科大学一事评论说："国学之陵夷，亟矣！""夫君子居是国，则知其学。通其国之学，而后能治其国之事。故有国学既通，而后兼习他国之学以资辅益者；未有自弃其学，而能贯穿他人之学以为用者。"① 景氏进而举出颜之推不愿其子习鲜卑语、弹琵琶以"伏事公卿"的典故，感慨道："呜呼！令德之裔，其后将大。颜之推而后，讫今数千载，乃见一张文襄焉！甚哉！此风之息久矣。学术陵夷，士风颓败，诸夏式微，不亦宜乎？"

景氏固然认同张之洞有关"经科大学"的临终遗言，但终究认为其只是"治世之良相"，虽"学力宏富，颇识治体"，且"道德高尚，犹不染现今政界之恶习"，惟身处"世变日亟"的"乱世"，实不具备在内政外交方面"发越猛进"的"政治智能"。总之，"中国今日之国家，贵有济时的政治之才，决不贵有优柔的文学之相，此秉国钧者所不可不引为忠告者也"。② 换言之，"学术陵夷，士风颓败，诸夏式微"固然可虑，但在内政外交方面"发越猛进"才是最紧迫之事。而张之洞则因"陈腐之脑筋""锢蔽之眼光"，不能适应"新时代"对"卓识之政治家、雄断之外交才"的需求。在"世变日亟"引发的焦虑情绪和内政外交"发越猛进"的紧迫感主导下，对"保存国粹"的同情甚至认同，并不足以挽回张之洞去世后在激进的趋新士人中更趋鲜明的"顽固守旧"形象。

---

① 本段及下段所述除特别注明外，皆参见帝召《令德之遗训》，《民吁日报》宣统元年九月初二日，第1页。

② 帝召：《张相国之定论》，《民吁日报》宣统元年八月二十四日，第1页。三天后该报"社说"栏登出署名"无"的《张文襄哀词》（第1页），也认为张之洞生不逢时，朝廷"用违其才"。

结　语

　　近代中国在"西潮"冲击下出现"数千年未有之大变局"。中学在与西学的激烈竞争中惨败，导致日益严重的文化危机。至清季，士林普遍弥漫着对国家衰弱的焦虑情绪，以及急于追赶西方"文明进步之大势"、"争存于世界"的紧迫感。尊西趋新的世风愈演愈烈，传统则在整体上逐渐从社会的主流思想乃至人们的日常生活中淡出。"在传统之外变"（change beyond tradition）乃至有意"背离传统而变"（change against tradition）成为主流的社会风尚。但在一些地方，经典的研习直至清末仍蔚为风气。在此语境中，朝野皆有保存国粹的办学努力。时人对"国粹"内涵和外延的表述、对古学研习和保存方式的认知，以及培育中学人才的思路与宗旨，乃至各地文教事业的嬗替、学术风尚的转移，既有鲜明的时代风貌，也不同程度、或隐或显地带有传统印记。

　　本书着重关注的存古学堂即为深入认知这样一幅精彩纷呈的动态历史图景提供了一个具体而微的视角。它由晚清重臣张之洞首倡于湖北，力图以"学堂"这一新形式"保存国粹，且养成传习中学之师"。学部对保存国粹学堂的态度经历了由驳斥改办到积极推广，再到规范划一并限制发展的演变过程。在纷纭驳杂的诸多方案中，既非激进趋新，更算不上"守旧"的存古学堂被中央政府确立为"新教育"体系内保存国粹的主要形式，并纳入宣统二年的筹备宪政办学计划。在该校由湖北向全国推广的进程中，从中央到地方的主政者大多依循"救时局""存书种"两义并行不悖且以前者为重的办学方针。"新政学务"整体上没有出现"存古有碍新机"的情形。学部在与各省官方协商存古学堂的相关办学事宜时，虽时有让步，但多占上风。晚清最后几年虽时局动荡，但中央政府的相关政令和章程仍有相当的权威。

　　张之洞办存古学堂，强调并彰显"新式学堂办法"，力图利用"新教育"在管理方面的长处，摒除晚清书院章纪废弛、"溺于积习"之弊，同时又试图静默地将其认同的中国传统学术授受方式（尤其是他此前兴办书院的部分举措和经验）见之于行事。湖北存古学堂在师资、典籍、教学以及办学功能等方面皆有自经心、两湖书院以降的学脉传承轨迹。而江苏存古学堂与"学古堂"（正谊书院）和南菁书院，四川存古学堂与尊经书院，广东存古学堂与广雅书院、应元书院、菊坡精舍，也可见类似的承继关系。概而言之，民元后大多停办的存古学堂基本可说是传统学术研习和授受方式在民初十年间发生"典范转移"前临近尾声的重镇。

　　清季民初因救亡图存的压力日增，整个社会持续处于开足马力、加速运行的状态。而时人又普遍将救亡希望寄于教育，故"大步跃进"的倾向在"学务"上体现得尤为明显。存古学堂的兴办进程可说是"躐等"以求"速效"这一晚清民国持续而强劲的办学风尚下，一个较典型而突出的实例。张之洞让未读完五经的小学堂毕业生在存古学堂"博观精造"中学，已多少有些"逾越"。其他省份所办存古学堂在"破格"追求速效方面走得更远。江苏创制而盛行一时的"简易"模式，先将张氏原定七年学制分为前三后四的两节学程，进而通过一系列超常规的办学运作，将前三年的"半截学程"变为几乎完全独立而完整的教育流程，所有学生习满三年皆可派充中小学堂国文教员，多数学生（具有廪、增、附生等旧式功名者）还能得到与五年制中等学堂毕业生同等的奖励出身。贵州、甘肃、山东、四川等省存古学堂也都有效仿江苏的"躐等"和"提速"努力，在蜀中甚至延续到民元后，且有愈演愈烈之势。

　　进而言之，张之洞在"新教育"体系内办存古学堂，取代《劝学篇》中"任自为之，无有底止"的"专门著述之学"，固可发挥西式教育注重"管理"之长，也可在一定程度上应对（至少是抵挡）"新学家"的抨击，但"有限有程"的西式学制与"国学浩博"的矛盾也显露无遗。张之洞、罗振玉等对此已有洞察。甚可思的是，无论是学程由七年延为八年的学部《修订新章》，还是江苏存古学堂"分节"的"简易"模式，"国学"主课的课时数皆有相当程度的削减。追求"速效"的急功近利之风，不仅使"普通"和"专门"层面的中学教育脱节，而且加剧了"国学浩博"与新式学堂年限短、课时少的矛盾。①

各省兴办存古学堂的进程也为我们观察当时"新政学务"的具体运作进而深入认知那个"激变"时代的社会、政治与文化，提供了重要的"地方"视角。就初衷而言，晚清"新政"学务改革的核心是力图将过去主要由"民间"在"公领域"中运作的传统教育骤然转变为整个"国家"重中之重的"政务"。在"国家"兴起的大背景下，新教育建制有明显的"官化"趋向。② 而江苏存古学堂以总教为核心，办学员绅共治的校务运作格局，明显可见"小政府"的痕迹，与"新教育"建制极力凸显行政管理威权迥异其趣。

惟当时传统"公领域"在"国家"职责和功能急剧扩张后几乎被挤压殆尽，传统书院的官绅合作形式在实际操作层面已无法完全复制。江苏存古学堂"总教治校"的"士治"表面上固以官不经手为常态，实际上是代表"国家"掌控绝大多数资源的官方大员将学务主导权授予办学员绅，运作的环境和内在逻辑皆已改变。且正因与"国家"兴起的大势和以外国为榜样的规章法令皆有明显"张力"，官方大员对"士治"的鼎力支持，尤为学校顺利运转的关键环节。这样在"国家政务"体制内必须仰仗"官力"始能践行的新"士治"，显然不同于昔日多为地方公益性质的传统教育主要在"公领域"内运行的"官绅共治"。

江苏存古学堂实际运转的内忧外困局面也甚可思。"官力"在官办学堂的管理中应进而实退，士绅仍居中心却权责不一。校方对师生极宽松包容，校务管理在去行政化道路上渐行渐远，虽无涉贪污，却"腐败达于极点"。宣统二年江苏巡抚程德全到任时观察到的"腐败状况"之

---

① 民元后中学教育"躐等"失序的现象进一步凸显。谢国桢 20 世纪 30 年代即观察并质疑当时小学授"国语"，初中"遽授古代之文字"，大学进而教"毛公鼎盘盂之文，更益深邃，未趋先步，试问莘莘学子能了解乎？"文科的学程，由"普通语体之文，一跃而研究世间不经见之书，敦煌卷子也，金石文字也，小说戏曲也，史科目录也"。谢先生认为如此以"速成之教授，授未入流之学子"，教育"终未入轨道也"。至于学术研究，"基本之书尚未全读，遽尔研究专门之学"，结果只能是"专门之学遍天下，而学日益荒芜矣！"谢国桢：《近代书院学校制度变迁考》，《张菊生先生七十生日纪念论文集》，第 281—321 页。

② 《奏定学务纲要》（璩鑫圭等编《中国近代教育史资料汇编·学制演变》，第 501—503 页）将所有学堂教员"列为职官"。学堂"职官"与通常意义的"官"不同，说其是刻意有别于传统的"宾师"身份而颇具"官"色彩的职衔，似不为过。

一，即是官员"事事徇其（绅）所请，几忘权限之所在"。① 此言并非针对江苏存古学堂，但与第四章所述该校史事若合符节，多少提示着当时官绅关系的紊乱失序，不仅出现在基层州县，在省府一级的"新政"事务中也较明显。至少在历来的科举大省江苏，上层精英士绅在地方"新政"事务上的话语权和活动空间似乎超过我们此前的认知。② 类似江苏存古学堂这样"官力"授权下的"士治"，在清季地方政务的实际操作层面具体是怎样一种存在，还可进一步探讨。③

　　尽管实际运作不甚理想，但江苏存古学堂"总教治校""教员皆兼管理学生"的办学取向既节省经费，又与尊"师"轻"官"、学问至上的校风相辅相成，有助于维护教学研究的绝对主体地位，避免行政管理对学术研究和教考事务可能存在的妨害，多少提示着与传统教育颇有渊源的管理运作方式，尽管被时人及后之研究者批评有加，其实未必不能融入"新教育"体系中，发挥正面功效。

　　清季主持安徽学务的沈曾植也力图沟通中西，但与当时主流的"中体西用"论不同，强调必先对中西学皆有"真了解"方可为之。他秉承"中西学各有体用"的文化观，坚信中西学各有"相沿教法"，力主安徽存古学堂以传统的"书院日程"为根基，将理学灌注于学生的日常生活中。在他的"世界眼光"看来，至少就"古学教法"而言，时人所谓"中用"层面未必全是消极负面的元素，有些可能还是欲保存"中体"而不能全然摒弃者，且与"西用"层面的"外国大学高等教法"相通。若取"实践中的主义"眼光观之，张之洞固为"中体西用"论的力倡

---

① 程德全：《到苏接篆后上亲贵及政府书》，扬州师范学院历史系编《辛亥革命江苏地区史料》，江苏人民出版社，1961，第 17 页。

② 江苏似乎不是鲜见特例。宣统元年四川高等学堂教员廖平的今文经说讲义被学部认定为违背"学堂规则"，他因而被四川提学使赵启霖辞退教职并禁止学堂讲授。而该校教员吴虞反孔非儒的言论已被学部指摘为"丧心病狂，莫此为甚"，但"经人调解"后，他不仅免于刑狱之灾，甚至还保住了部分学堂教职。当时"省"一级的"地方"政、学势力在"新政"实际运作中的话语权和活动能力，似乎仍有研究空间。《致青木正儿》（1921 年 11 月 19 日），田苗苗整理《吴虞集》，中华书局，2013，第 421 页；《学部李熙、柯邵忞、戴展诚等致赵提学公函》，赵尔巽档案，档案号：468。

③ 当时苏州以绅为主体、"师"前"官"后的办学运作并不鲜见。宣统二年冬，苏州府中学堂在与江苏谘议局争存时，也是"郡绅"冲锋在前。叶昌炽：《缘督庐日记》，宣统二年十一月初八日，第 6550—6551 页。

者，且在其植入"新教育"建制的过程中扮演重要角色，①但他办存古学堂所欲存之"古"同样不仅是"古学"，还包括传统书院的部分办学和研学方式，并认同罗振玉"略如以前书院"的"国学馆"计划。作为主流思想言说风靡一时的"中体西用"究竟在多大程度上成为当时国人的"行动指南"，清季民初精英士人公开的政论言说与其内心初衷，以及实际"政务"运作的错位，似乎皆有进一步讨论的空间。

概而言之，清季各省存古学堂的兴办进程多以开放而不失其故为表征，大体呈现出"在传统中变"的演进脉络。安徽和四川是其中较突出的例子。清季安徽官绅在区域文化学术发展的内在理路上深度契合，在文教事业上通力合作，终而形成士林心态、官绅关系、学术风尚以及文教事业相辅相成的互动格局。川省的"存古"履迹同样浸透着士绅的鼎力支持与积极配合，在民初尤有相当独特的走向：四川政局变幻无常，政权更迭频繁，但不论何人何派在位，浓郁的"存古之风"始终是官方与民间在"存古"事业上持续合作的基础。在此氛围中，清季四川存古学堂得以异于他省而在民元后不间断地办理下去，成为当时蜀学传承和发展的重要载体，为 20 世纪的蜀中教育界储备了一批中学师资和经史"专修之才"。该校的办学理念、治学取径、学术风尚凸显出民初蜀学的嬗替脉络和部分特性，影响深远，至今不无余波。

除存古学堂外，清季朝野还有诸多出以"存古之义"的办学努力。它们与存古学堂交错缠结的历史履迹，相当能体现清季民初"多歧互渗"的时代特征。清季"新政"之初谕令各省书院"均改学堂"、废八股改试策论后，相当数量年龄较大的"旧学寒儒"游离于"新教育"体系外，体恤并安抚这一群体成为各地主政者普遍的要务。枢府在力倡改书院为学堂的同时，低调默许办校士馆作为士子应课备考之所。不少省份保留书院或兴办校士馆的规模和力度实不可谓小，不同程度地形成了新旧教育竞存的局面，在新旧教育转型的实际进程中留下了深刻的印记。

至光绪二十九年冬颁行《奏定学堂章程》并谕令递减科举后，"新

---

① 《劝学篇·设学》（苑书义等主编《张之洞全集》第 12 册，第 9725—9732 页）明确提出兴办学堂的首要之法是"新、旧兼学。四书五经、中国史事、政书、地图为旧学，西政、西艺、西史为新学，旧学为体，新学为用，不使偏废"。

教育"之外的书院和校士馆面临生存空间被挤压的境遇，而各地安抚"旧学寒儒"的压力不减，甚至更为凸显。"安旧学"与"存古学"交相变奏的情形屡见不鲜。在省垣以外的府县乃至更基层的乡镇，书院或校士馆以仿办存古学堂之名，充数于"新教育"中的情形并不鲜见。而在"阖省"层级，豫、湘、赣等省相继以递减科举的政令为据，奏请为"旧学寒儒"专设学堂以"宽筹出路"，"兼彰存古之义"。

豫、湘两省的办学努力虽与存古学堂有不同程度的关联，但皆以考课为重心，以科举递减后保留的优拔考试为指针，并未照西式学堂办法开展日常的课程教学活动，与张之洞兴办存古学堂的方案明显异趣。而江西力图完全在"新教育"既有建制内开办"于保存国粹之中寓恤寒畯之意"的明经学堂，也以失败告终，提示着在《奏定学堂章程》内兼顾普通学科的"养成经学专家"方案不具现实可行性。对于"专力中学、务造精深"的存古学堂而言，无论是沿用传统书院考课而疏离于西式学堂办法，抑或完全融入"新教育"既有规章的做法，在当时的情势下，皆非适宜的中学人才培养模式。

张之洞倡设存古学堂之初，该校即处于明显不利的舆论氛围中。质疑和反对声几乎贯穿该校在全国的兴办进程。质疑者视其为"新教育"的典型，表达对"新政学务"将"教学"与"入官"分为两途的不满。实际上张之洞对存古学生的毕业"功名"和"深造出路"皆有较周详的考虑，但质疑者仍希望能明确"录用之等级"，提示着"学而优则仕"的传统观念仍在相当程度上深入人心。

时人的质疑或也有助于我们理解张之洞力图在存古学堂培养"好古研精、不骛功名之士"，以矫正时弊、转移风气、挽回世道人心的良苦用心。他为存古毕业生设计了较周详的奖励出身和升学方案，但并未如时人期待的那样明确学堂奖励出身的"功名"对应的"录用之等级"。倾重清代汉学的古学研习方案而未有只字言及"入官用世"，且将理学完全摒除在外，似乎也不无疏离"官学"意识形态之意。从《劝学篇》的"专门著述之学"到存古学堂的"专力中学"方案，大体可说是清人追求"学术独立"这一长期努力在晚清"专门"办学层面的延续。但除沈曾植办安徽存古学堂，倡言"不导人以利禄之途"外，清季兴办存古学堂的官绅大多仍以"学而优则仕"的理念，将毕业奖励出身置于相当重要的位置。

在清末最后几年兴办"新教育"的进程中，官绅中似乎皆已鲜见完全摒斥西学的"深闭固拒"之士。时人办学取向的"新旧之别"更多表现为趋新程度的多层次差异。虽然朝野在趋新的大方向上基本趋同，且在国粹的传承和保存方式等方面不无类似思虑，但民间舆论基本掌握在更为激进趋新的"谈新学者"手里，他们大多不满官方力求"救时局""保国粹"二者并行不悖的做法，对于中学在"新教育"中的轻重缓急地位与官方有不小的分歧。原本是趋新程度的多层次差异却以新旧对立的形式在社会舆论中，在谘议局、资政院、中央教育会等政治舞台上显现出来。

今之研究者若以后见之明为清季时人贴上或新或旧的标签固然不妥，但清季时人言说中确实存在的"新""旧"分野无论如何不容忽视。这样的新旧界域，大约在光绪末年的社会舆论中以及苏州等地的士林学界已相当分明。新与旧之间俨然已没有多少中间地带。存古学堂和张之洞等基本被划归到"守旧"阵营。"孤陋寡闻、顽固方深""窒塞新机"等成为该校的常规"形象"。张氏去世后，舆论对其"毁多于誉"，且毁誉双方无论支持或反对保存国粹，几乎异口同声地"盖棺论定"其晚年为政方针由趋新转为保守。这一较其在世时更极端的"守旧"形象，与其"不新"与"太新"之间的自定位和办学实践形成鲜明对照，影响着时人对官方办学旨趣的认知，左右了民元后相当长时间里学术界的理解和定位。

若以较开阔的眼光看，清季国学教育和人才培养中的若干关键症结，无论是"大步跃进"的社会心态下，追求"躐等""速效"的办学风尚与需要长时期沉潜和积累的古学研究之间的张力，还是"不讲新学则势不行，兼讲旧学则力不给"的情势下，"普通"与"专门"学程的脱节与错位，[1] 国学浩博与"新教育"有限有程的矛盾，抑或西式"学堂办法"（尤其是校务管理和运作模式）与传统中学研习和传承方式的权衡与整合，皆是长期困扰晚清民国文教学界的难题。概而言之，张之

---

[1] 如何安顿知识和学术生产流程中"普通"和"专门"两面的关系，是清季民初知识精英持续关注和思考的重要面向。新文化运动时陈独秀和胡适等对此即有专门讨论且不无争议，但关注的重心乃至"普通""专门"的具体内涵皆与清季明显异趣，详另文。

洞、沈曾植等的"存古"愿景在当时多少有些曲高和寡，就实际成效而言，各地所办存古学堂也算不上特别成功，但毕竟是我们在面对文化危机，力图接续和传承中国传统学问时曾经有过的思考和选择，应该可以从文教事业的兴办角度推动我们更深入地认知清季民初的时代特性和"新教育"的利弊得失；或也有助于我们跳脱出对传统的过度解构（deconstruct），进而厘清有关"古学"及其保存方式的迷思（myths），探索出一条既契合中国传统特性而又适宜时代发展的"存古"之路。①

存古学堂等清季民初保存与传承中国传统学术的机构，也为深入观察当时"道咸新学"、乾嘉余晖与西学共振而相互加持的学术演进履迹提供了具体而微的视角。王国维眼中"道咸新学"的代表人物正是倡办安徽存古学堂的晚清大儒沈曾植。② 无论是四川致用学堂的经学科目设置，还是粹化学堂矫"重文轻理"之弊的努力，甚至江苏存古学堂这一崇尚"郑、许之学"的乾嘉汉学大本营，皆不同程度地带有"道咸新学"的印记。廖平与刘师培在民初四川国学院的学术交融和互动，正是道咸以降今文经学的兴起与乾嘉汉学相辅相成的例子。

汉、宋的息争与调和这一"道咸新学"的重要表征，实际至清季科举停废后仍是不少知识精英关注并思考的核心。当时"西潮"固已呈席卷之势，但学术思想界由传统的"汉、宋"到"新（西学）、旧（中学）"的话语权势转移并不完全是叠踵交替的过程，还有交融并汇的一面。宋恕办粹化学堂，即力图在"调和中西"的框架下"调和汉宋"。"撤汉、宋之篱"也是传统学术在清季安徽嬗替的重要表征。而安徽、四川、江苏的传统学术演进理路皆不同程度地体现出注重师承"家法"而又不失开放包容的共性特征，大体可说是传统中国的"国性"（nation-

---

① 20世纪80年代初季羡林比较清华留美预备学校与清华国学研究院的异同，认为前者是"西方式的新制度，有严格的教学计划，开设课程，计算学分，规定毕业年限，决定招生办法，都按计划进行"，后者"什么计划也没有，招生和毕业都比较灵活"。在季先生看来，"正规制大学大批量地培养了国家建设所需要的干部，也出了一些著名的学者、教授"，而"不怎么正规"但"其精神却与古代书院一脉相通"的国学研究院"培养出来的人数要少得多，但几乎个个都成了教授，还不是一般的教授。这个结果实在值得我们深思"。季羡林：《论书院》，《群言》1988年第10期。

② 《沈乙庵先生七十寿序》，《王国维全集》卷8，第618—619页。

al identity）在近代特定时空中带有鲜明时代风貌的承续。①

　　胡适在充分肯定顾颉刚搜求姚际恒遗著的工作时，将民初中国学术界“一个明显的倾向”表述为“'正统'的崩坏，'异军'的复活”。② 甚可思的是，青年顾颉刚正是在宣统元年于时任江苏存古学堂经学分教孙宗弼的书架上始见姚际恒《古今伪书考》一书，从而引发思想的“洪大震荡”，以至“头脑大革命”。③ 顾先生虽在报考存古学堂的试卷中“痛驳”郑玄经说而未被录取，却与沈修、孙宗弼等过从甚密。被乾嘉学者“打入另册”的《古今伪书考》至清季成为官立文教学术机构和顾颉刚这样的青年“异军”分享的智识资源，治学“宗许、郑”的孙宗弼更是青年顾颉刚在学术上的重要引导者，④ 多少提示着“正统”与“异军”并未完全针锋相对，而有“和而不同”的一面。在清季民初的苏州，“'正统'的崩坏”未必是“'异军'的复活”直接冲击所致，更像是沿着清学自身的内在理路，以“在传统中变”的方式，相对自然而静默地画上休止符。概而言之，清季民初中国传统学术虽饱受西潮冲击，但似乎仍在知识精英的努力下，沿其自身的内在理路演进。其在近代学术转型进程中承上启下的地位和意义，尚有较宽广的研究空间，也是笔者以后努力的方向。

---

① 注重“家法”的传统至少可以远溯至秦汉时“博士”的设立。而据沈曾植的观察，清代汉学的特点正是“讲家法至严，旧学家亦绝无门户之见”。沈曾植：《致缪荃孙》（宣统三年五月初二日），《艺风堂友朋书札》上册，第 180 页。这里所谓“绝无门户之见”的“旧学家”或有所指。但若说清代汉学“讲家法”和“无门户之见”是渊源有自，应不为过。

② 《致钱玄同》（1932 年 5 月 10 日），《胡适全集》第 24 卷，安徽教育出版社，2003，第 118 页。

③ 顾颉刚：《古今伪书考·跋》（1914 年 3 月 1 日）、《古今伪书考·序》（1930 年 2 月 23 日），《顾颉刚全集》第 7 册，第 1—5、6—14 页。

④ 顾颉刚在《记三十年前与圣陶交谊》（《顾颉刚全集》第 33 册，第 103 页）中说：“圣陶之写篆文，予之治经学，皆孙先生诱导之。”

参考文献

一　原始档案

四川大学档案馆藏四川存古学堂档案

台北"国史馆"藏清末学部档案

中国第一历史档案馆藏晚清学部档案、宪政编查馆档案、赵尔巽档案

中国社会科学院近代史研究所藏瞿鸿禨档案、梁鼎芬档案、锡良档案、张之洞档案

二　报刊

《北京公益报》、《北洋学报》、《大公报》（天津）、《东方杂志》、《福建教育官报》、《甘肃官报》、《广东教育官报》、《广西官报》、《广益丛报》（重庆）、《河北》、《河南教育官报》、《湖北官报》、《湖北教育官报》、《湖南官报》、《湖南教育官报》、《吉林教育官报》、《教育杂志》、《教育周报》、《陕西官报》、《申报》、《盛京时报》、《时事新报》、《蜀报》、《四川国学杂志》、《四川教育官报》、《文牍月刊》、《新民报》、《新新新闻》、《学部官报》、《学风》、《浙江官报》、《政治官报》、《直隶教育杂志》

三　地方志、文史资料

韩定山：《我所亲历的甘肃存古学堂》，朱有瓛主编《中国近代学制史料》第 2 辑，华东师范大学出版社，1987

何域凡：《存古学堂嬗变记》，四川省政协文史资料委员会编《四川文史资料集粹》第 4 卷，四川人民出版社，1996

湖北省地方志编纂委员会编《湖北省志》，湖北人民出版社，2000

罗灿：《关于湖北存古学堂的回忆》，中国人民政治协商会议湖北省委员会文史资料研究委员会编《湖北文史资料》第 8 辑，1984

民国《名山县新志》

《天全县志》编纂委员会编《天全县志》，四川科学技术出版社，1997

谢祖仪：《回忆父亲谢无量》，重庆市政协文史资料研究委员会编《重庆
　　文史资料选辑》第 23 辑，1984

四　其他资料

曹元弼：《复礼堂日记》（辛巳年、壬午年），湖北省博物馆藏手稿

曹元弼：《复礼堂文集》，王有立主编《中华文史丛书》第 6 辑，华文书
　　局，1969 年影印 1917 年刊本

曹元弼：《孙得之孝廉暨子伯南明经传》，《吴中孙氏两先生学行纪》，孙
　　氏味经庐印行，苏州图书馆藏

曹允源：《（江苏）省立第二图书馆书目三编》

陈宝泉：《五十自述》，《退思斋诗文存》，沈云龙主编《近代中国史料丛
　　刊》第 57 辑，文海出版社，1970

陈步编《陈石遗集》，福建人民出版社，2001

陈声暨编《侯官陈石遗先生年谱》卷 5，《陈石遗集》附录一

陈志坚：《求一得斋算学七种·自序》，光绪三十年松江稽文墨斋写刻本

陈智超编注《陈垣来往书信集》，上海古籍出版社，1990

邓之诚：《张君孟劬别传》，卞孝萱、唐文权编《民国人物碑传集》，团
　　结出版社，1995

樊增祥：《樊山政书》，文海出版社，1971 年影印宣统二年刊本

《福建省谘议局宣统二年会议记录》，出版日期不详

故宫博物院明清档案部编《清末筹备立宪档案史料》下册，中华书
　　局，1979

顾潮编著《顾颉刚年谱》，中国社会科学出版社，1993

胡思敬：《国闻备乘》，中华书局，2007

胡珠生编《宋恕集》，中华书局，1993

纪钜维：《泊居賸稿》《泊居賸稿续编》，1924 年排印本

蒋镜寰：《江苏省立苏州图书馆图书目录第一期》，1933 年 10 月

金天羽：《大鹤山人传》，《天放楼文言遗集》卷 3，卞孝萱、唐文权编
　　《民国人物碑传集》，团结出版社，1995

阚铎：《吴县王捍郑先生传略》，王仁俊辑《玉函山房辑佚书续编三种》，
　　上海古籍出版社，1989

康有为：《清词人大鹤先生墓表》，蒋贵麟主编《康南海先生遗著》第 19
　　册，宏业书局，1987

李稚甫编校《李审言文集》，江苏古籍出版社，1989

林伯桐：《学海堂志》，同治五年续刻本，陈谷嘉、邓洪波主编《中国书
　　院史资料》中册，浙江教育出版社，1998

《刘师培全集》，中共中央党校出版社，1997 年影印 1936 年宁武南氏
　　《刘申叔遗书》本

卢前：《长洲吴先生行状》（1939 年 10 月），卞孝萱、唐文权编《民国人
　　物碑传集》，团结出版社，1995

罗继祖：《永丰乡人行年录》，京都，中文出版社，1990

罗时宪：《小学达诂录》，《四库未收书辑刊》第 10 辑第 2 册，北京出版
　　社，2000 年影印 1913 年求是轩刻本

罗振玉：《集蓼编（雪堂自述）》，《罗雪堂先生全集》第 5 编第 1 册，大
　　通书局有限公司，1973

蒙默先生采访记录，2003 年 6 月 6 日

缪荃孙：《艺风老人日记》，北京大学出版社，1986

缪荃孙：《艺风老人自订年谱》，沈云龙主编《近代中国史料丛刊》正编
　　第 51 辑，文海出版社，1970

潘懋元等编《中国近代教育史资料汇编·高等教育》，上海教育出版
　　社，1993

钱桂笙：《畬李采卿书》，《钱隐叟遗集》，1921 年铅印本

钱实甫编《清代职官年表》，中华书局，1980

《清实录》，中华书局，1987 年影印本

璩鑫圭等编《中国近代教育史资料汇编·学制演变》，上海教育出版
　　社，1991

《荣庆日记》，谢兴尧整理点校，西北大学出版社，1986

《山东谘议局议案》第 2 册，宣统元年

沈维骥：《海粟子初存文》，京华印书局民国年间印本

孙宗翰：《先考事略（先兄伯南公附）》，《吴中孙氏两先生学行纪》，孙

氏味经庐印行，苏州图书馆藏

孙宗翰：《先兄伯南公行述》，苏州图书馆藏，1984 年复印件

汤化龙等：《恳请将故儒姚彦长宣付史馆列传儒林文附大总统指令第 271 号》，《姚彦长事略》，湖北省图书馆藏民国间印本

汪辟疆：《杨守敬熊会贞传》，卞孝萱、唐文权编《民国人物碑传集》，团结出版社，1995

王葆心：《姚东安先生六十岁行状》，《姚彦长事略》，湖北省图书馆藏民国间印本

王大隆：《吴县曹先生行状》，卞孝萱、唐文权编《民国人物碑传集》，团结出版社，1995

王国维：《静庵文集》，辽宁教育出版社，1997

王季烈：《蒙古鄂卓尔文恪公家传》，卞孝萱、唐文权编《辛亥人物碑传集》，团结出版社，1991

王季烈：《三品衔翰林院侍讲元和邹公家传》，苏州图书馆藏抄件

王季烈：《螾庐未定稿（附续编）》，沈云龙主编《近代中国史料丛刊》第 40 辑，文海出版社，1969

王蘧常编《沈寐叟年谱》，《民国丛书》第 76 辑，上海书店，1991 年影印本

王蘧常：《清故贞士元和孙隘堪先生行状》，卞孝萱、唐文权编《民国人物碑传集》，团结出版社，1995

王仁俊：《江苏存古学堂词章学宗旨教法》，《江苏存古学堂纲要》，光绪三十四年三月

王仁俊：《江苏存古学堂点阅参考书》，《江苏存古学堂纲要》，光绪三十四年江苏存古学堂印行

王栻主编《严复集》，中华书局，1986

王欣夫：《蛾术轩箧存善本书录》，鲍正鹄、徐鹏标点整理，上海古籍出版社，2002

《吴梅全集·日记卷下》，王卫民校注，河北教育出版社，2002

吴庆坻：《蕉廊脞录》，中华书局，1990

吴天任：《梁节庵先生年谱》，艺文印书馆，1979

吴之英：《厄言和天》，1920 年名山吴氏刻寿栎庐丛书本

谢无量：《徐子休先生家传》，徐炯：《霁园遗书·诗钞》，霁园先生遗书刊行会，1944
许全胜：《沈曾植年谱长编》，中华书局，2007
许同莘编《张文襄公年谱》，商务印书馆，1946
学部总务司编《第一次教育统计图表（光绪三十三年）》，沈云龙主编《近代中国史料丛刊》第3编第95册，文海出版社，1986年影印本
学部总务司编《学部奏咨辑要》（宣统二年），沈云龙主编《近代中国史料丛刊》第3编第96册，文海出版社，1986年影印本
严修自订，高凌雯补，严仁曾增编《严修年谱》，齐鲁书社，1990
《杨守敬函稿》，刘信芳整理，《东南文化》1992年Z1期
杨守敬自述，熊会贞补述《邻苏老人年谱》，郗志群整理，谢承仁主编《杨守敬集》第1册，湖北人民出版社，1988
姚葵常等：《先君哀启》，《姚彦长事略》，湖北省图书馆藏民国间印本
叶昌炽著，王季烈辑《缘督庐日记钞》，台湾学生书局，1964年影印本
《艺风堂友朋书札》，上海古籍出版社，1980
苑书义等主编《张之洞全集》，河北人民出版社，1998
张采田：《史微》，多伽罗香馆丛书第一种
张采田、孙德谦：《新学商兑》（原名《辩宗教改革论》），多伽罗香馆丛书第五种
《张文襄公事略》，《清代野史》第6辑，巴蜀书社，1987
赵炳麟：《赵柏岩集》，黄南津等点校，广西人民出版社，2001
赵启霖：《瀞园自述》，《赵瀞园集》，湖南出版社，1992
中国第二历史档案馆编《中华民国史档案资料汇编》第3辑《教育》，江苏古籍出版社，1991
中国革命博物馆整理《吴虞日记》，四川人民出版社，1984
中国科学院历史研究所第三所主编《锡良遗稿·奏稿》第1册，中华书局，1959
中央文史研究馆编《中央文史研究馆馆员传略》，中华书局，2001
周从煊：《象谿遗稿》，民国间刊本
朱芳圃编《清孙仲容先生诒让年谱》，台湾商务印书馆，1980
朱寿朋编《光绪朝东华录》，中华书局，1985

朱有瓛主编《中国近代学制史料》第 2 辑，华东师范大学出版社，1987

朱有瓛主编《中国近代学制史料》第 3 辑上册，华东师范大学出版社，1990

五　研究著作

〔美〕A. W. 恒慕义主编《清代名人传略》下册，中国人民大学清史研究所《清代名人传略》翻译组译，青海人民出版社，1995

蔡振生：《张之洞教育思想研究》，辽宁教育出版社，1994

陈景磐、吕达：《张之洞的教育活动及其基本的教育思想——"中学为体，西学为用"》，《教育研究与实验》1982 年第 2 期

陈平原：《中国现代学术之建立——以章太炎、胡适之为中心》，北京大学出版社，1998

陈青之：《中国教育史》，《民国丛书》第 1 编第 48 册，上海书店，1989 年影印本

陈翊林：《最近三十年中国教育史》，上海太平洋书店，1932

程俊英编《中国大教育家》，中华书局，1948

程歗、谈火生：《分科设学和清末民初中国的学术转型》，《山西大学学报》（哲学社会科学版）2002 年第 2 期

丁致聘编《中国近七十年来教育记事》，国立编译馆，1934

董宝良、熊贤君主编《从湖北看中国教育近代化》，广东教育出版社，1996

董宝良：《重视改革清末封建传统教育的张之洞》，《华中师范大学学报》（哲学社会科学版）1986 年第 4 期

冯天瑜：《张之洞与湖北近代教育》，《武汉师范学院学报》（哲学社会科学版）1984 年第 3 期

傅乐诗等：《近代中国思想人物论——保守主义》，时报文化出版事业有限公司，1985

傅斯年：《史料论略及其他》，辽宁教育出版社，1997

龚书铎、黄兴涛：《"儒臣"的应变与儒学的困境——张之洞与晚清儒学》，《清史研究》1999 年第 3 期

龚书铎、宋小庆：《辛亥革命时期文化四题》，《北京师范大学学报》（人

文社会科学版）2001 年第 6 期

关晓红：《晚清学部研究》，广东教育出版社，2000

关晓红：《张之洞与晚清学部》，《历史研究》2000 年第 3 期

郭秉文：《中国教育制度沿革史》，《民国丛书》第 3 编第 45 册，上海书
　　店，1991 年影印本

郭书愚：《四川存古学堂的兴办进程》，《近代史研究》2008 年第 2 期

胡思敬：《国闻备乘》，中华书局，2007

黄继宗：《论戊戌时期两种不同的劝学观》，《社会科学研究》1987 年第
　　4 期

黄继宗：《剖析二十世纪初年的教育改革》，《西南师范大学学报》1986
　　年第 2 期

黄玉兰：《张之洞与我国近代教育》，《历史教学》1986 年第 5 期

金虹：《学古堂藏书考》，许培基编著《苏州图书馆史事片羽》，2002

黎仁凯：《张之洞历史定位之我见》，《历史教学》2003 年第 9 期

黎仁凯、钟康模：《张之洞与近代中国》，河北大学出版社，1999

李喜所：《辛亥革命时期的教育改革》，《南开学报》2001 年第 5 期

李细珠：《张之洞与清末新政研究》，上海书店出版社，2003

李学勤：《古文字学十二讲·第九讲："小学"的宝藏》，《文史知识》
　　1985 年第 7 期

刘宝厚：《甘肃近代著名学者、教育家刘尔炘》，《兰州大学学报》（社会
　　科学版）1991 年第 4 期

刘迪香：《存古学堂：从书院到学堂的过渡》，《湖南大学学报》1999 年
　　第 1 期

刘龙心：《学科体制与近代中国史学的建立》，罗志田主编《20 世纪的中
　　国：学术与社会·史学卷》，山东人民出版社，2001

刘起釪：《〈尚书〉与历代"石经"》，《史学史研究》1983 年第 3 期

刘正伟：《督抚与士绅——江苏教育近代化研究》，河北教育出版社，2001

吕达：《论张之洞的教育思想》，《上海师范大学学报》（哲学社会科学
　　版）1983 年第 3 期

罗福惠：《辛亥时期的精英文化研究》，华中师范大学出版社，2001

罗志田：《传教士与近代中西文化竞争》，《历史研究》1996 年第 6 期

罗志田：《国家与学术：清季民初关于"国学"的思想论争》，三联书店，2003

罗志田：《见之于行事：中国近代史研究的可能走向》，《历史研究》2002年第1期

罗志田：《近代中国史学十论》，复旦大学出版社，2003

罗志田：《裂变中的传承——20世纪前期的中国文化与学术》，中华书局，2003

罗志田：《民国趋新学者区分国学与国故学的努力》，《社会科学研究》2001年第4期

罗志田：《民国史研究的"倒放电影"倾向》，《社会科学研究》1999年第4期

罗志田：《清季保存国粹的朝野努力及其观念异同》，《近代史研究》2001年第2期

罗志田：《权势转移：近代中国的思想、社会与学术》，湖北人民出版社，1999

罗志田：《温故知新：清季包容欧化的国粹观》，李国章、赵昌平主编《中华文史论丛》总第66辑，上海古籍出版社，2001

罗志田：《昨天的与世界的：从文化到人物》，北京大学出版社，2007

马东玉：《论张之洞洋务思想的多元性》，《文史哲》1992年第4期

欧阳哲生主编《傅斯年全集》第2卷，湖南教育出版社，2003

钱基博：《现代中国文学史》，上海书店出版社，2004

乔志强：《辛亥革命前夕学堂的兴起》，《山西大学学报》1981年第4期

任时先编著《中国教育思想史》，《民国丛书》第4编第43册，上海书店，1992年影印本

桑兵：《盖棺论定"论"难定：张之洞之死的舆论反应》，《学术月刊》2007年第8期

桑兵：《民国学界的老辈》，《历史研究》2005年第6期

桑兵：《晚清学堂学生与社会变迁》，学林出版社，1995

商金林：《拥抱时代的浪潮（下）——叶圣陶的中学时代（1907—1912）》，《新文学史料》1998年第1期

商务印书馆编《最近三十五年之中国教育》，《民国丛书》第2编第45

册，上海书店，1990 年影印本

史革新：《略论晚清汉学的兴衰与变化》，《史学月刊》2003 年第 3 期

舒新城编《近代中国教育思想史》，中华书局，1929

四川大学校史编写组编《四川大学史稿》，四川大学出版社，1985

苏全有：《对清末道德教育失败的反思——以存古学堂为考察中心》，《贵州社会科学》2007 年第 6 期

苏云峰：《张之洞与湖北教育改革》，"中研院"近代史研究所专刊（35），1976

陶行知：《光绪二十九年癸卯学制（奏定学堂章程）系统图及说明》，《新教育》第 4 卷第 2 期，收入朱有瓛主编《中国近代学制史料》第 2 辑上册，华东师范大学出版社，1989

王炳照：《书院教学的革新精神》，《寻根》2006 年第 2 期

王道瑞：《新发现的徐锡麟刺杀恩铭史料浅析——读恩铭幕僚张仲炘给端方的信》，《历史档案》1991 年第 4 期

王东杰：《学术"中心"与"边缘"互动中的典范融合：四川大学历史学科的发展（1924—1949)》，《四川大学学报》2006 年第 4 期

王汎森：《从传统到反传统——两个思想脉络的分析》，《中国近代思想与学术的系谱》，河北教育出版社，2001

王汎森：《从经学向史学的过渡——廖平与蒙文通的例子》，《历史研究》2005 年第 2 期

王先明：《近代新学——中国传统学术文化的嬗变与重构》，商务印书馆，2000

王先明：《张之洞与晚清"新学"》，《社会科学研究》2000 年第 4 期

王运来：《试论江苏高等教育主体的近代化》，《民国档案》2000 年第 1 期

谢放：《中体西用之梦——张之洞传》，四川人民出版社，1995

熊贤君：《现代中国国学教育运动形成原因破译》，《华东师范大学学报》（教育科学版）2006 年第 1 期

许丽梅：《民国时期四川"五老七贤"述略》，硕士学位论文，四川大学，2003

喻大华：《张之洞在晚清儒学没落过程中的卫道活动》，《南开学报》

2000 年第 1 期

张国淦：《历代石经考》，1930 年铅印本

章征科、刘学照：《张之洞对近代化追求的政治文化特色新论》，《学术月刊》2004 年第 1 期

赵俊芳：《〈华阳国志〉汉魏丛书本述略》，《古籍整理研究学刊》1998 年第 6 期

郑鹤声：《张之洞氏之教育思想及其事业》，《教育杂志》总第 25 卷第 2 期、第 3 期连载，1935 年

郑师渠：《章太炎刘师培交谊论》，《近代史研究》1993 年第 6 期

周汉光：《张之洞与广雅书院》，中国文化大学出版部，1983

左玉河：《从四部之学到七科之学——学术分科与近代中国知识系统之创建》，上海书店出版社，2004

Ayers, William, *Chang Chih-tung and Educational Reform in China* (Cambridge, Mass.：Harvard University Press, 1971)

Bernal, Martin, "Liu Shih-p'ei and National Essence," in Charlotte Furth, ed., *The Limits of Change*：*Essays on Conservative Alternatives in Republican China*, Cambridge：Harvard University Press, 1976. 中译本见《刘师培与国粹运动》，傅乐诗等《近代中国思想人物论——保守主义》，时报文化出版事业有限公司，1985

Cameron, Meribeth, "Chang Chih-tung," in Arthur W. Hummel, ed., *Eminent Chinese of the Ch'ing Period* (*1644 - 1912*), Washington：U. S. Government Print Office, 1943